LA PHYSIQUE

DU MÊME AUTEUR
À LA MÊME LIBRAIRIE

- *Métaphysique*, introduction, traduction et notes de J. Tricot, 2 vol., 320 et 320 pages (editio *minor*).
- *Métaphysique*, édition refondue avec commentaire, 2 vol., LVIII et 768 pages (editio *major*).
- *Métaphysique Delta*, introduit, traduit et commenté par R. Bodéüs et A. Stevens, 240 pages.
- *Métaphysique Epsilon*, introduit, traduit et commenté par E. Berti, 240 pages.
- *Métaphysique Lambda*, introduit, traduit et commenté par F. Baghdassarian, 432 pages.
- *Métaphysique Èta*, introduit, traduit et commenté par P.-M. Morel, 240 pages.
- *Éthique à Eudème*, introduction, traduction et notes de V. Décarie, 300 pages.
- *Éthique à Nicomaque*, introduction, traduction et notes de J. Tricot, 580 pages.
- *De l'âme*, introduction, traduction et notes de J. Tricot, 264 pages.
- *De la Génération et de la Corruption*, introduction, traduction et notes de J. Tricot, 192 pages.
- *Histoire des animaux*, introduction, traduction et notes de J. Tricot, 780 pages.
- *La Physique*, introduction de L. Couloubaritsis, traduction et notes de A. Stevens, 336 pages.
- *La Politique*, introduction, traduction et notes de J. Tricot, 404 pages.
- *Les Économiques*, introduction, traduction et notes de J. Tricot, 80 pages.
- *Les Météorologiques*, introduction, traduction et notes de J. Tricot, XVII-230 pages.
- *L'Organon, traité de logique*, introduction, traduction et notes de J. Tricot :
  - Tome I-II : *Catégories. De l'interprétation*, 170 pages.
  - Tome III : *Premiers Analytiques*, 378 pages.
  - Tome IV : *Seconds Analytiques*, 256 pages.
  - Tome V : *Topiques*, 368 pages.
  - Tome VI : *Réfutations sophistiques*, 164 pages.
- *Parva Naturalia* suivi du traité pseudo-aristotélicien *De Spiritu*, introduction, traduction et notes de J. Tricot, 196 pages.
- *Sur la Nature. Physique II*, introduction, traduction et notes de L. Couloubaritsis, 160 pages.
- *Traité du Ciel*, suivi du traité pseudo-aristotélicien *De Spiritu*, introduction, traduction et notes de J. Tricot, 224 pages.

BIBLIOTHÈQUE DES TEXTES PHILOSOPHIQUES

ARISTOTE

LA PHYSIQUE

Introduction et traduction
de
A. STEVENS

PARIS
LIBRAIRIE PHILOSOPHIQUE J. VRIN
6, Place de la Sorbonne, V^{e}
2020

Imprimé en France

ISSN 0249-7972

ISBN 978-2-7116-2425-6

www.vrin.fr

INTRODUCTION

Lorsqu'Aristote entreprend l'étude scientifique du devenir naturel, le contexte intellectuel est plutôt défavorable à ce type d'étude. Le désintérêt de Socrate pour toute philosophie qui ne dise rien sur la manière correcte de mener sa vie exerce une influence profonde et durable; les sophistes ont jeté le doute sur toute prétention à atteindre une vérité universelle et stable; Platon refuse d'accorder au discours sur l'univers sensible un autre statut que celui de vraisemblable, et attribue tout ce qu'on peut y observer de régulier et d'intelligible à l'action de principes transcendants, non physiques. L'ontologie issue de Parménide, qui exclut du statut d'être tout ce qui n'est pas éternel et immuable, si elle a peu de succès sous sa forme hyperbolique de négation de tout mouvement, n'en a pas moins suscité de redoutables arguments contre la possibilité de rendre compte du devenir de manière logiquement cohérente. Les philosophies physiques dites « présocratiques » semblent archaïques et démunies face aux assauts de la dialectique et des nouvelles exigences ontologiques. Certes, nous avons conservé de cette époque des témoignages de débats portant sur des questions physiques, dans le sillage de certains courants présocratiques et en particulier dans le domaine physiologico-médical, mais il n'y a là rien de comparable à l'ambition de fonder sur des bases nouvelles une science générale de toute la nature, capable de répondre aussi aux objections parménido-platoniciennes. Si les propositions de ses prédécesseurs physiciens sont désormais insuffisantes, Aristote, en les parcourant pour y faire apparaître ce qu'elles ont apporté d'essentiel et de toujours valide, adopte implicitement le cadre de pensée institué par ces premiers hommes de science et destiné à fonder toute la tradition scientifique européenne jusqu'à nos jours. Il repose sur cette conviction que les changements naturels sont explicables de manière scientifique, par un nombre limité de règles et de causes immamentes aux corps matériels. De manière scientifique, c'est-à-dire que nous pouvons les énoncer sous forme de propositions qui sont vraies partout et toujours. Et surtout, des principes immanents : ces régularités et cette explicabilité se trouvent dans la nature elle-même sans qu'il soit besoin de recourir à un autre ordre de réalité. On m'objectera peut-être la transcendance du premier moteur, et certes on ne peut nier cette unique exception à la naturalité des principes dans la physique d'Aristote. Mais il faut remettre à sa juste place la démonstration des moteurs immobiles des sphères cosmiques, la place d'un principe parmi d'autres et non celle d'une clé de voûte dont dépendraient toutes les autres causes.

Puisque la *Physique* est un traité consacré à la science du devenir naturel, il n'est pas étonnant d'y voir évoquer tantôt la nature, tantôt le changement. Les deux thèmes sont indissolublement liés, la nature étant définie comme le principe de changement qui se trouve à l'intérieur même de certains étants, c'est-à-dire la condition immanente de production d'un changement en eux. Les étants appelés pour cette raison « naturels » sont de deux types : ce sont d'une part tous les êtres vivants, végétaux et animaux, et d'autre part l'ensemble des corps, vivants et inertes, en tant qu'ils se déplacent ou se transforment par une nécessité inhérente à leur matière[1]. Tous ces corps peuvent en outre être soumis à des changements non naturels parce que contraints, imposés de l'extérieur par leurs interactions, en ce y compris tout ce qui est produit par la technique humaine. Cependant, les conditions de possibilité générales du changement et les notions nécessaires pour en rendre compte sont communes à tous les types de changement, de sorte que de très larges passages de la *Physique* exposent une théorie générale du changement et pas seulement la théorie du changement naturel qui constitue son objet propre. En outre, le changement technique est fréquemment utilisé comme paradigme pour mieux comprendre le changement naturel, dans la mesure où l'observation de ses conditions, par exemple la relation entre le moteur et le mû, y est plus facile. Lorsqu'en revanche certaines propriétés n'appartiennent qu'à l'un ou à l'autre, Aristote prend soin de le signaler et d'en donner la raison.

UNE ÉTUDE DU DEVENIR NATUREL

En raison de son héritage philosophique, il était donc nécessaire à Aristote de commencer par justifier la possibilité même d'une étude scientifique du devenir naturel.

1. Les changements naturels non vitaux incluent la chute des corps lourds et l'élévation des légers, le déplacement circulaire des corps astraux, les transformations des éléments premiers, c'est-à-dire tout ce qui relève aujourd'hui des domaines astronomique, météorologique, géologique et chimique. *Cf.* II 1, 192b12-23; VIII 4, 255b30-31.

Cette première étape sera assurée, d'une part, en affirmant la pluralité de l'être contre le monisme ontologique de Parménide, d'autre part en montrant qu'il est possible d'instituer un certain nombre de principes des phénomènes naturels, c'est-à-dire de conditions de possibilité nécessaires et suffisantes pour en rendre compte de manière universelle. En effet, si l'on peut montrer que tous les phénomènes naturels ont pour conditions d'apparition et d'intelligibilité un nombre limité de facteurs, toujours identiques quant à leur fonction même s'ils sont individuellement différents pour chaque cas particulier, alors on aura atteint la structure explicative de la réalité naturelle.

La conception du principe qui est ainsi mise en œuvre correspond à la définition générale de ce terme dans la *Métaphysique*: «Il est donc commun à tous les principes d'être le terme premier à partir duquel une chose est ou devient ou devient connue; et parmi eux les uns sont immanents, les autres extérieurs. C'est pourquoi la nature est principe, ainsi que l'élément, la pensée, la décision, l'essence et la fin» (Δ 1, 1013a17-21). Dans ce même chapitre, la notion de cause est donnée pour un cas particulier de celle de principe, dans la mesure où celui-ci peut aussi désigner un commencement qui n'est pas cause de ce qui suit; en outre, ce qui rend un phénomène compréhensible pour nous n'est pas nécessairement ce qui le cause, même si l'on donne au mot «cause» toute l'extention que lui accorde Aristote, incluant la notion de condition permanente de l'existence d'un certain étant.

Puisque donc dans les étants naturels il faut rendre compte à la fois d'une permanence et d'un changement, il est nécessaire de distinguer les principes responsables respectivement de l'une et de l'autre. Ce sera le rôle de deux fonctions essentielles de la philosophie aristotélicienne: la matière et la forme. La matière est le terme général qui désigne ce qui demeure identique sous le changement et reste toujours susceptible de changer; elle se définit donc par la puissance, et n'a d'autre être par elle-même qu'un être potentiel. Toutes ses propriétés, toutes ses déterminations effectives ou réalisables sont des formes. Seule l'analyse logique peut séparer ces deux fonctions, celle de détermination et celle de sujet des déterminations, mais il n'existe aucune matière qui soit sans forme ni aucune forme qui ne se trouve d'une manière ou d'une autre dans une matière[1]. Ces deux concepts essentiels de la philosophie aristotélicienne sont introduits progressivement au cours du premier livre, à partir de l'examen des propositions héritées à propos des principes. La proposition unanime des philosophes précédents, selon laquelle les contraires doivent être les premiers principes, donne lieu à l'apparition du couple forme et privation, et, dans un second temps, la nécessité d'attribuer ces contraires à un sujet fait apparaître la notion de matière.

Le tour ontologique que prend l'enquête s'explique également par les difficultés mentionnées par certaines philosophies concernant la relation du devenir à l'être et au non-être. Aristote ne peut éviter de répondre à ce défi, sous peine de voir ruiner les fondements mêmes de son entreprise. C'est pourquoi, il commence par expliquer le changement en termes de remplacement d'une privation par la forme correspondante, dans une certaine matière. Cela lui permet de renverser

1. À l'exception probable des intelligences motrices des sphères cosmiques, qui sont absolument séparées de toute matière, et dont on ne voit pas quel type d'être elles pourraient constituer si ce n'est des formes, même si dans aucun texte ce n'est dit explicitement.

l'affirmation parménidienne selon laquelle la venue à l'être est impossible tant à partir de l'être qu'à partir du non-être. Il montre au contraire que toute génération se fait à la fois à partir de quelque chose qui est, parce que la matière n'est pas un non-étant mais une substance qui se transforme en une autre, et à partir de quelque chose qui n'est pas, à savoir la privation de la nouvelle forme, puisque la privation est en tant que telle un non-étant. Par exemple, pour que vienne à l'être une substance, il faut que préexiste à la fois une autre substance qui lui servira de matière (du bois pour un lit, des chairs et des os pour un animal) et la forme qui indique de quelle espèce est cette substance. Celle-ci préexiste, pour les générations naturelles, dans le géniteur qui la transmet à sa descendance, et dans les productions artificielles, dans l'esprit du concepteur qui la transmet à la matière qu'il travaille. On peut remonter, de sujet en sujet, jusqu'aux matières premières que constituent les quatre éléments, qui sont eux-mêmes des substances composées d'une forme et d'une matière, et qui peuvent se transformer l'un en l'autre. Quant à leur substrat commun, il est impossible à atteindre car une matière non déterminée par une forme ne peut pas exister isolément en acte. Aucun néant n'a donc jamais précédé les étants, qui existent depuis toujours sous une forme ou sous une autre, et seul un non-être relatif, absence déterminée d'un certain être, doit être reconnu pour expliquer les différents types de devenir.

La nature comme principe et cause

Ces justifications étant établies, Aristote peut en venir à son sujet principal et entreprendre de définir la nature. Celle-ci ne se confond pas avec l'ensemble des êtres naturels, mais désigne soit le processus même de développement, selon la signification ancienne et étymologique du terme *phusis* (193b12-18), soit un principe et une cause de mouvement et de repos dans un être naturel (192b21-23), – et un être naturel, nous l'avons vu, est un être qui possède en lui le principe de ses changements. C'est pourquoi la nature se trouve toujours dans un sujet, et ces sujets sont des substances naturelles ou « par nature » mais ne sont pas eux-mêmes des natures (193a28-31, b5-6, b32-34). La nature est une cause selon chacun des quatre types de cause, car elle peut être à la fois la matière, la forme, la fin et l'origine du mouvement pour les corps naturels. Ici encore, la proximité avec le livre Δ de la *Métaphysique* est manifeste : les mêmes significations du mot *phusis* se retrouvent au chapitre 4 de ce livre, accompagnées de nombreuses expressions et exemples identiques, et la description des quatre types de causes reproduit intégralement le chapitre Δ 2. Cela ne fait pas cependant du livre II de la *Physique* un traité sur les causes, car l'ensemble de ces informations est intégré dans le cadre d'une étude propre et sert à justifier en quoi la nature constitue un exemple de chacun de ces types[1].

À propos du finalisme naturel, il est bon de lever un certain risque de mécompréhension. En effet, l'analogie avec la finalité technique, qui est délibérée et intentionnelle, ne doit pas conduire à prêter à Aristote une anthropomorphisation de la nature ou une téléologie cosmique selon laquelle chaque être serait agencé comme une pièce ajustée à un plan global.

1. Je pense que l'emprunt a dû se faire dans ce sens-là, de *Métaphysique* Δ vers la *Physique*, et non dans le sens inverse, car le style de ce chapitre, en particulier la structuration selon la polysémie et les différentes modalités d'application du terme « cause », appartient manifestement à la démarche de Δ plutôt qu'à celle de la *Physique*.

Elle signifie simplement que chaque être vivant se développe non pas au hasard ou selon les nécessités de sa matière, mais en suivant une sorte de programme de développement qui se trouve dans sa semence, plus précisément dans la forme spécifique transmise par celle-ci. Or, cette forme spécifique indique les fins propres à une certaine espèce, c'est-à-dire les activités que cette espèce est capable de développer lorsqu'elle s'épanouit sans entraves. Il y a donc un déterminisme du développement de chaque être individuel (et non de chaque espèce), au sens où l'information suivant laquelle la matière doit s'agencer jusqu'à son terme se trouve déjà au départ du processus. C'est en ce sens seulement qu'il faut comprendre la fameuse expression « la nature ne fait rien en vain », dans la mesure où tout ce qui s'installe pendant le développement mène à la capacité d'accomplir l'ensemble des fonctions d'une espèce donnée. Les autres changements n'ont pas nécessairement une telle fin, au sens d'un but ou d'un accomplissement, même si tous ont pour terme le point où ils s'arrêtent.

Le hasard et la nécessité

L'investigation concernant les quatre causes conduit ensuite Aristote à examiner si le hasard, que certains prédécesseurs concevaient comme la cause de phénomènes cosmiques et biologiques, trouve effectivement sa place parmi les causes naturelles. Il commence par l'exclure de tous les phénomènes qui se produisent toujours ou le plus souvent de la même façon; en effet, on ne parle de hasard que lorsqu'il n'y a ni régularité ni nécessité à ce que les choses se passent ainsi. C'est pourquoi, ni les mouvements des astres ni les générations des êtres vivants ne peuvent être expliqués par ce type de cause, comme semblaient l'affirmer respectivement Démocrite et

Empédocle[1]. Ensuite, parmi les événéments qui se produisent parfois, on ne parle de hasard qu'à propos de ceux qui sont aussi susceptibles d'être visés, lorsqu'ils se produisent sans avoir été visés (II 5, 196b10-24). Par exemple, on dit qu'on rencontre quelqu'un par hasard si à ce moment-là on n'avait pas l'intention de le rencontrer, alors qu'on aurait pu l'avoir. Ou encore, si une pierre tombe et frappe un homme, on parle de hasard ou de mouvement spontané[2] car l'acte de frapper n'a pas été visé, alors qu'il aurait pu l'être si quelqu'un avait jeté la pierre. Le hasard n'est donc pas une absence de cause, car la chute d'une pierre ou la rencontre d'un ami résultent bien d'un enchaînement de causes, mais il est le nom qu'on donne à cet enchaînement lorsqu'il ne s'est pas fait en vue d'une fin alors qu'il l'aurait pu. Le hasard n'est pas non plus la contingence, car il ne s'oppose pas à la nécessité : on peut dire que la chute de la pierre était nécessaire dans la mesure où l'ensemble des forces agissant sur elle devait inéluctablement la déplacer, et que le fait qu'elle tombe sur un homme était tout aussi nécessaire dans la mesure où celui-ci se trouvait à cet endroit à ce moment, en raison d'un autre enchaînement de causes ; le hasard exprime le fait qu'il n'y avait aucun but dans la rencontre de ces deux chaînes causales.

1. Il faut préciser cependant que ces deux philosophes ne recouraient pas au hasard pour expliquer les régularités des phénomènes (pas plus que ne le fait la science moderne) mais bien pour expliquer l'apparition d'une nouvelle sorte de choses. Or, Aristote pensait que l'ordonnance actuelle de l'univers était éternelle et dotée depuis toujours des mêmes espèces d'êtres vivants, de sorte qu'il n'éprouvait pas le besoin d'expliquer l'apparition de mondes ou d'espèces, ce qui réduisait d'autant le rôle du hasard dans son système.

2. Sur la distinction entre « hasard » et « mouvement spontané », voir la note à 195b30.

Par ailleurs, Aristote distingue plusieurs sortes de nécessités, parmi lesquelles la cause nécessaire d'un événement singulier est tout autre chose que la cause nécessaire d'une régularité naturelle, où la nécessité consiste dans le fait qu'un phénomène aura toujours lieu de la même manière parce qu'il est commandé par une certaine essence[1].

UNE ÉTUDE DU CHANGEMENT ET DE SES CONDITIONS

Le troisième livre s'ouvre sur une justification programmatique des matières qui doivent être abordées pour compléter la science de la nature : d'abord, celle-ci ne peut ignorer ce qu'est le mouvement[2]; ensuite, puisque le mouvement est un continu, et que cette notion implique celle d'infini, il faut se demander de quelle manière l'infini existe[3]; enfin, il

1. *Cf.* les trois significations du terme « nécessaire » en *Métaphysique* Δ 5 : ce qui est condition de possibilité pour autre chose ; ce qui est contraint ; et ce qui ne peut être ou se produire autrement en vertu de sa propre nature.

2. C'est seulement au livre V qu'Aristote distingue explicitement « changement » (*metabolè*) et « mouvement » (*kinèsis*). Le changement est un terme générique qui inclut les trois sortes de mouvements (quantitatifs : croissance et décroissance, qualitatifs : altérations, et locaux : déplacements), et en outre les venues à l'être et destructions de substances, qui ne sont pas des mouvements car elles ont lieu entre termes contradictoires et non contraires. Avant cela, il parle indifféremment de l'un ou de l'autre, non parce qu'il ignore encore la différence mais parce qu'il n'en a pas encore besoin : « ne distinguons pas pour le moment entre parler de mouvement ou de changement » (IV 10, 218b19-20).

3. La justification donnée au début du chap. 4 lorsqu'est entamée cette étude est légèrement différente : puisque la science de la nature concerne certaines quantités telles que les grandeurs, le mouvement et le temps, il est nécessaire de se demander si celles-ci sont toutes finies ou s'il existe un certain infini.

semble que le mouvement ne puisse exister sans le lieu, le vide et le temps, de sorte qu'il faudra également examiner quel type de réalité peut être accordé à ceux-ci.

La définition du mouvement comme « acte de ce qui est en puissance, en tant que tel » (201a10-11) a suscité une abondante littérature, pour cette raison qu'elle ne semble pas constituer une véritable définition par le genre et la différence, et en outre parce qu'il semble circulaire de définir un mouvement par la puissance de ce même mouvement. En effet, si l'on définit par exemple l'altération comme « l'acte de l'altérable en tant que tel », l'altérable désigne le corps qui peut être altéré et l'altération est l'effectivité de cette puissance : lorsque cette puissance est actualisée, il y a altération. Mais pour savoir ce que c'est que l'altérable il faut savoir ce que signifie « altérer », ce qui n'est pas expliqué dans la proposition, de sorte qu'il faut déjà savoir ce qu'il s'agit de définir. Plutôt donc que d'une définition, il s'agirait d'une description destinée à écarter l'une ou l'autre conception erronée, en affirmant que le changement se produit toujours dans un corps et que ce corps doit être capable de recevoir des formes différentes selon quatre des dix catégories (car le paragraphe consacré à l'énoncé des catégories concernées fait partie intégrante de la description). Le changement n'est ni le corps, ni l'une des déterminations qu'il peut recevoir, mais l'acquisition effective de l'une de ces déterminations. Cependant, Aristote considère que par cette proposition il a placé le changement « dans un genre » (201b18-19), et il ajoute aussitôt une différence au sein de ce genre : le changement est « un acte incomplet » (b31-32), tandis que d'autres actes sont dits complets du fait qu'ils atteignent instantanément leur résultat, par exemple la vue[1]. Si donc il doit y avoir une définition du changement en bonne et due forme, ce sera plutôt « acte incomplet » que « acte du changeable en tant que tel ». La notion de processus duratif est acquise grâce à cette différence, même s'il peut nous sembler étonnant qu'elle ne soit pas énoncée plus explicitement. Ensuite, il faut encore considérer comme un complément nécessaire à la définition le fait que cet acte soit unique pour l'agent ct pour le patient, bien qu'il se définisse différemment pour chacun des deux. Un acte de construction, par exemple, implique à la fois qu'un constructeur construise et qu'une maison soit construite. Le constructeur actualise ainsi sa puissance de construire, et la maison actualise sa puissance d'être construite. Cependant, au moment où la construction se produit effectivement, elle n'est pas double mais constitue un seul acte pour le constructeur et pour la maison. À cette occasion s'éclaire aussi la relation qu'entretient le changement avec les catégories de l'agir et du pâtir : tout changement est à la fois un agir et un pâtir (202b19-21), mais l'agir et le pâtir incluent aussi les actions qui ne sont pas des changements; le changement ne constitue donc pas une catégorie unique qui réunirait ces deux-là, et il ne peut pas davantage être rangé sous une seule catégorie; c'est probablement pourquoi le terme qui occupe dans sa définition la place du genre est un terme transcatégorial, dont la validité universelle est ensuite limitée à une division au sein de chacune des deux catégories de l'agir et du pâtir.

1. La distinction est explicitée en *Métaphys.* Θ 6, 1048b18-36 et *Éthique à Nicomaque* X 3, 1174a13-b14, mais elle est mentionnée ici comme quelque chose de connu.

Infini, lieu et vide

L'étude de l'infini consiste d'abord en une longue réfutation des théories affirmant son existence soit en tant que grandeur infinie indépendante de tout corps (ce qui revient à affirmer une quantité qui n'a pas pour sujet une substance), soit en tant que corps infini du type de l'élément premier chez certains présocratiques. À côté de ces conceptions qu'il refuse, Aristote reconnaît qu'existent nécessairement deux types d'infinis, l'un par la division, car les continus sont infiniment divisibles, l'autre par l'addition, car le temps, le mouvement et les nombres se poursuivent à l'infini (III 6, 206a9-12, 25-33). Dans les deux cas, l'infini n'existe qu'en puissance, mais en un sens particulier de la puissance, qui ne s'oppose pas complètement à la réalisation (206a14-b20). Le passage est remarquable, car il décrit un mode d'être tout à fait particulier, celui des réalités qui sont constamment en train d'advenir et de disparaître et ne demeurent à aucun moment dans une existence stable. Cela concerne en première instance les parties du temps telles que le jour ou l'année, qui se renouvellent indéfiniment au sens où elles sont toujours autres mais aussi toujours les mêmes: chacune d'entre elles a une extension finie mais leur répétition est infinie. Ce type de choses existe donc en puissance, dans la mesure où surgiront toujours de nouvelles parties, mais aussi d'une certaine manière en acte, puisque ce sont des réalités effectives et non seulement virtuelles. Dans le cas de l'infini par répétition de la division, on a une totalité infinie qui à la fois existe entièrement et simultanément en acte (en tant que la grandeur finie que l'on divise est donnée simultanément dans son intégralité) et n'existe qu'en puissance en tant que somme de toutes les divisions possibles.

La théorie du lieu, développée ensuite au livre IV, ne doit pas être comprise comme une théorie de l'espace. S'il y a un sens à parler de lieu, c'est parce qu'on observe que les corps se trouvent quelque part, occupent une place et s'échangent leurs places. L'hypothèse d'un espace indépendant de la matière est envisagée (elle était défendue notamment par les atomistes) mais écartée comme inutile. D'une part, en effet, Aristote considère la matière universelle comme incréée, de sorte qu'il n'y a pas à concevoir à l'origine un espace vide qui aurait reçu ensuite la matière, et d'autre part, selon sa théorie de la substance, l'extension existe parce qu'existent des substances matérielles étendues, et non l'inverse : un espace abstrait n'est pas nécessaire comme condition de l'extension. Le lieu est donc défini à partir de l'extension des corps, mais aussi à partir de la notion d'inclusion, car il est ce dans quoi se trouve chaque corps ; c'est pourquoi sa définition sera « la première limite immobile du contenant » (IV 4, 212 a 20) – et non « du contenu » car la limite du contenu se déplace avec le contenu, tandis que le lieu est indépendant de chaque corps particulier puisqu'il peut en être détaché et être occupé successivement par des corps différents. Une telle définition entraîne nécessairement l'impossibilité d'affirmer l'existence du vide au sens d'un lieu vide de tout corps. En outre, elle permet à Aristote d'assumer que l'univers dans sa totalité n'est pas dans un lieu, puisqu'il n'est plus dans aucun contenant, de sorte qu'il devient inutile de se demander si au-delà de l'univers il y a du vide (212b8-10, 14-22).

Si donc Aristote écarte comme inutile l'existence d'un espace absolu coïncidant avec l'univers physique, il admet en revanche un espace mathématique, mais qui est « seulement pensé » (208b25) : les figures géométriques, n'étant pas corporelles, ne sont pas dans un lieu mais elles ont des dimensions déployées dans un espace mathématique abstrait. Tout ce que la géométrie peut démontrer concernant le continu, par exemple quant au rapport entre les limites inétendues et l'étendue limitée par elles, tout cela est utilisable par la physique du continu, comme le montreront les démonstrations du livre VI. Il y a donc bien correspondance entre l'espace mathématique et la continuité physique corporelle, mais, d'une part, cela n'entraîne pas la nécessité de poser l'existence d'un espace physique redoublant l'extension des corps, et d'autre part cela n'a rien à voir avec la théorie du lieu, qui est strictement limitée au rapport de chaque corps avec la place qu'il occupe relativement aux autres corps.

L'hypothèse de l'existence du vide est, elle aussi, examinée en rapport avec le mouvement. Pour la réfuter, Aristote s'attache à démontrer que non seulement le mouvement n'a pas besoin du vide, mais qu'en outre il y semblerait plutôt impossible car toute tentative de rendre compte de sa vitesse ou de sa direction dans le vide mène à des conséquences absurdes. La pertinence argumentative de cette partie est parmi les plus faibles de l'ouvrage, de même que la réfutation de la thèse selon laquelle le vide intérieur aux corps peut expliquer la différence entre le dense et le rare. On peut se demander si l'obstination dont fait preuve Aristote à ce sujet, qui correspond mal à son attitude scientifique habituelle, est due à la crainte qu'en donnant raison sur ce point à l'atomisme, on se voie contraint de lui donner raison plus généralement jusqu'à renoncer à la théorie du continu. Or, ce n'est pas le cas, car l'hypothèse d'un vide entre certains corps et à l'intérieur des corps n'empêche pas la divisibilité à l'infini de toute grandeur, vide compris.

Temps et continu

Enfin vient l'étude du temps, célèbre à juste titre pour sa subtilité, et pas seulement parce qu'il s'agit de la première investigation systématique du temps selon l'ensemble de ses aspects subjectifs et objectifs. Elle débute dans la plus grande perplexité quant à son existence même, puisque le passé n'est plus, le futur n'est pas encore, et le présent est tellement fugitif qu'il semble insaisissable. En fait, affirme Aristote, seuls le passé et le futur ont une extension et sont des parties du temps, même si leur mode d'être est tel qu'ils ne demeurent que dans la mémoire ou dans l'anticipation; le présent, quant à lui, n'a pas d'extension mais constitue la limite, toujours mouvante, entre les deux. Aristote appelle cette limite *to nun*, qui signifie le maintenant ou l'instant présent, mais aussi tout instant en général, car toute période de temps peut être déterminée en utilisant deux instants comme limites entre lesquelles elle se déploie. L'expérience subjective permet d'établir qu'il n'y a pas de temps sans mouvement (IV 11, 218b21–219a10) et, plus précisément, sans l'antérieur et postérieur qui se trouve dans le mouvement. La démonstration ne repose sur aucune certitude sensible concernant l'étant extérieur mais sur la seule évidence d'une quelconque activité mentale (pensée, rêve, imagination,…) dont la non permanence révèle une succession d'états différents, succession qui implique l'écoulement du temps. De là vient la célèbre définition du temps comme « nombre du mouvement selon l'antérieur et postérieur » (219b2). Le terme « nombre » doit être compris en un sens très particulier, qu'Aristote appelle « nombre nombré » par opposition au « nombre nombrant ». Celui-ci est le nombre mathématique dont on se sert pour compter ou mesurer des choses quelconques, mais il ne faut pas trop vite en déduire que le nombre nombré est la capacité correspondante des choses quelconques à être nombrées, c'est-à-dire mesurées par une certaine unité ou placées dans une série ou un ensemble. Si c'était le cas, le temps ne serait pas indissociablement lié au mouvement, mais serait l'aspect nombrable de n'importe quel étant. Or seul le mouvement possède cette dimension quantitative tout à fait particulière, qui se manifeste par un écart entre un état antérieur et un état postérieur. À ce propos, il faut prendre garde au fait que les notions d'antérieur et de postérieur ne sont pas des notions originellement temporelles, mais au contraire des conditions préalables pour que se produise le temps. Elles sont utilisées pour désigner un écart, une différence dans le mouvement, que l'on identifie rétrospectivement comme temporelle (219a14-19). Comme Aristote l'expose aussi en *Métaphysique* Δ 11 (1018b9-15), toute succession n'est pas temporelle, car des positions dans l'espace peuvent être dites antérieures et postérieures sans référence au temps, pourvu qu'elles soient considérées relativement à un point d'observation arbitrairement choisi, par rapport auquel l'une est plus proche et l'autre plus lointaine. Une succession devient temporelle quand la coexistence est impossible entre les positions, et cette impossibilité est due au changement, qui détruit une position chaque fois qu'il en fait advenir une autre. Voilà pourquoi le changement est la condition d'existence du temps, et pourquoi le temps est essentiellement défini par la non-coexistence, par l'exclusion mutuelle de toutes ses positions. Quant à sa mesure, si l'on peut étalonner le temps à partir de n'importe quelle unité de mesure choisie conventionnellement, les unités privilégiées n'en sont pas moins les phénomènes cosmiques les plus réguliers, à partir desquels sont définis le jour et l'année. Ceux-ci produisent un temps universel qui unifie la multiplicité des temps particuliers, à côté de la simple unité générique de tous les temps[1]. D'autre part, l'infinité du temps est garantie par le fait que chaque instant unifie nécessairement deux périodes de temps, de sorte qu'il ne peut y avoir un futur sans passé ni un passé sans futur (222a33-b7).

On pourrait suggérer avec François De Gandt que les trois livres suivants exposent une « topique » des mouvements, consistant à vérifier « la pertinence de certains attributs généraux pour le cas des mouvements : unité, contrariété, comparabilité, divisibilité »[2]. L'idée de « topique » ne doit cependant pas être comprise comme une application mécanique de questions stéréotypées, car il s'agit d'approfondir la connaissance proprement scientifique du changement par l'investigation de l'ensemble de ses propriétés. Ainsi, les distinctions entre, d'une part, le changement par soi et par accident, d'autre part, le changement et le mouvement, permettent de préciser quels sont les sujets appropriés à chaque sorte de changement et quels en sont les termes immobiles (V, 1-2). La réflexion sur les différentes manières selon lesquelles un mouvement peut être dit un mène à la conclusion que seul un mouvement continu peut se poursuivre pendant un temps infini sans se diviser en plusieurs. La même mise en valeur du continu ressort des définitions des différentes sortes de liaisons entre grandeurs (contiguïté, succession, contact, etc.), dont la continuité est la plus forte. Or, l'analyse de la continuité des

1. Pour la première mesure universelle, *cf.* 223 b 15-23, et pour l'unité générique du temps, *cf.* 224 a 2-15.

2. Fr. De Gandt, « Sur la détermination du mouvement selon Aristote et les conditions d'une mathématisation », dans Fr. De Gandt, P. Souffrin (éd.), *La Physique d'Aristote et les conditions d'une science de la nature*, Paris, Vrin, 1991, p. 96.

grandeurs et des conséquences qui en découlent constitue l'un des thèmes centraux de la *Physique*, nécessaire à la résolution de plusieurs difficultés. C'est en particulier par cette analyse qu'Aristote parvient à répondre aux arguments de Zénon d'Élée, qui reposent sur l'antinomie entre une conception atomiste et une conception continuiste du mouvement, de la distance et du temps (voir les détails au chap. VI 9, et les notes explicatives).

Le mouvement perpétuel

C'est aussi en s'appuyant sur sa théorie de la continuité qu'Aristote répond à la question qui ouvre le livre VIII : le mouvement est-il apparu à un certain moment dans l'univers et s'arrêtera-t-il un jour ou bien existe-t-il depuis toujours et se poursuivra-t-il perpétuellement ? L'argument principal en faveur de sa perpétuité a déjà été fourni au livre IV à propos du temps : puisque le temps ne peut avoir de terme, ni dans un sens ni dans l'autre, et puisque le temps est toujours lié au mouvement, alors le mouvement non plus ne peut avoir de terme. Ceci n'implique pas qu'un seul et même mouvement doive être infini, car une succession ininterrompue de mouvements pourrait également satisfaire la perpétuité du temps, mais nous verrons qu'Aristote écarte – peut-être un peu rapidement – cette alternative. Au livre VIII, le complément d'argumentation consistera seulement à répondre à trois objections qui pourraient infirmer la thèse. La première est que tout changement va d'un terme à un autre, de sorte qu'aucun changement ne pourrait être infini. La deuxième repose sur l'observation que certains corps inanimés sont tantôt en repos, tantôt en mouvement alors que leur moteur existe toujours. La troisième, jugée la plus difficile, établit une analogie entre l'univers et les êtres vivants qui peuvent à leur guise se mettre en repos ou en mouvement.

La structure du livre est commandée par les réponses à ces trois objections, au terme desquelles la thèse est considérée comme suffisamment confirmée. Pour la première difficulté, il suffit de montrer qu'au moins un mouvement continu est possible pendant un temps infini, à savoir le mouvement circulaire (chap. 7-8). En effet, une telle réponse est suffisante pour contrer l'objection qui niait la *possibilité* d'un tel mouvement, même si elle est insuffisante pour en démontrer la *nécessité*. La réponse à la deuxième difficulté consiste à montrer que parmi les étants, les uns sont toujours immobiles, les autres toujours en mouvement, et la plupart tantôt en repos tantôt en mouvement, et ensuite que la troisième sorte a pour cause de son alternance les deux premières sortes (chap. 3-5). Enfin, la dernière réponse requiert une étude approfondie de la notion d'automoteur, qui aboutit à une définition très restrictive : seuls les vivants peuvent être dits automoteurs, et uniquement pour les mouvements dont ils décident eux-mêmes, à l'exception de tout ce que la nature opère en eux selon la nécessité biologique (chap. 6). Aristote peut dès lors exclure que l'univers soit automoteur et puisse comme tel interrompre ou reprendre de lui-même son mouvement.

Au passage il a démontré aussi que les corps simples inanimés soumis à la pesanteur et à la légèreté ne sont pas des automoteurs, mais que leur mouvement s'explique ultimement par la nature même du lourd et du léger, c'est-à-dire par une nécessité d'essence (255b15-16). On pourrait dès lors se demander si Aristote ne disposait pas là d'un modèle cinétique applicable aux sphères célestes sans qu'il soit besoin de recourir à une cause non physique. En effet, puisqu'il a reconnu dans le traité *Du ciel* que le cinquième élément (qu'il appelle l'éther) possède, en vertu de son essence, la propriété de poursuivre toujours son mouvement circulaire uniforme si rien n'y fait obstacle, peut-on estimer que cette propriété constitue un moteur suffisant pour garantir l'éternité des mouvements célestes ? Est-il nécessaire de la garantir en outre par un autre type de moteur, extérieur et séparé par rapport au mobile ?

En réalité, comme le fait remarquer très judicieusement Stephen Menn[1], le mouvement naturel de l'éther ne peut expliquer ni l'axe que suit la rotation de chaque sphère, ni les vitesses de rotation, qui sont différentes pour chaque sphère.

Cependant, la démonstration de la nécessité de moteurs extérieurs aux sphères, qui marque l'introduction dans la physique d'un principe non physique, repose d'abord sur l'une des grandes erreurs de la science aristotélicienne, à savoir l'affirmation qu'un mobile s'arrête dès que son moteur cesse d'agir sur lui. L'observation du mouvement des projectiles, qui se poursuit alors que le mobile n'est plus en contact avec le moteur et même lorsque celui-ci n'est plus agissant, aurait pu conduire Aristote à admettre l'inertie, mais il préfère expliquer cette particularité par une transmission de la motricité au milieu traversé, de sorte qu'il ne s'agit pas d'un mouvement continu mais d'une succession de mouvements contigus possédant chaque fois un moteur différent[2]. Dès lors, pour expliquer un mouvement perpétuel, il ne lui reste plus d'autre

1. *Cf.* S. Menn, « Aristotle's Theology », *The Oxford Handbook of Aristotle*, éd. Christopher Shields, Oxford University Press, 2012.

2. *Phys.* VIII 10, 266b27-267a19. Il ne mentionne d'ailleurs pas cette expérience en vue d'examiner l'hypothèse de l'inertie, mais d'abord pour réfuter la nécessité du vide, et ensuite pour refuser que ce soit là un mouvement continu.

ressource que de poser un moteur perpétuellement agissant. Or, aucun corps ne peut être éternellement en acte d'une façon immuable, de sorte que ce moteur doit être sans matière (car toute matière peut changer) et sans grandeur (car il doit avoir une puissance infinie, or il n'existe pas de grandeur infinie et une grandeur finie ne peut avoir de puissance infinie)[1]. Là se termine l'enquête physique car il appartient à une autre science de connaître la nature de tels étants; on considère que le complément est apporté au livre Λ de la *Métaphysique*, lorsqu'Aristote présente les moteurs des sphères comme des substances noétiques douées d'une vie propre et mouvant à la manière du désirable et du pensable – mais il faut reconnaître que cette présentation reste très insuffisante pour que nous comprenions pleinement la relation des moteurs aux sphères ainsi que leur mode de causalité[2].

Quant à la possibilité alternative de garantir la perpétuité du mouvement de l'univers par une succession de mouvements contigus plutôt que par un seul mouvement continu, elle n'est jamais explicitement réfutée, mais, à partir de la démonstration concernant le premier principe cinétique, il est clair qu'elle ne peut être valable qu'à la condition de poser un principe responsable du renouvellement perpétuel des mouvements consécutifs, de sorte qu'on retombe sur la nécessité d'un seul principe premier universel; cependant, celui-ci pourrait ne pas être un moteur mais, par exemple, une loi de conservation des forces. Une telle exigence apparaît

1. Démonstration au livre VIII, chap. 10.

2. *Cf.* Stevens, « La causalité de l'intellect dans la *Métaphysique* et le traité *De l'âme* », dans L. Couloubaritsis, S. Delcomminette (éd.), *La causalité chez Aristote*, Paris-Bruxelles, Vrin-Ousia, 2011.

lorsqu'Aristote mentionne la proposition d'Empédocle, selon lequel deux mouvements dominent en alternance la structure de l'univers, l'un produisant son expansion jusqu'à la séparation maximale des éléments et l'autre causant sa contraction jusqu'à leur concentration maximale. Aristote ne dit pas que la thèse est impossible, mais il blâme seulement Empédocle de ne pas avoir indiqué la raison pour laquelle les forces de dispersion et de concentration dominent alternativement, c'est-à-dire la cause de la nécessité de l'alternance entre les deux mouvements (252a5-10). Il aurait pu, dès lors, consacrer davantage de place à la recherche d'un tel principe, plutôt que de l'écarter rapidement pour ne considérer que le modèle du mouvement continu unique. Ce désintérêt, voire cette réticence, vis-à-vis du modèle des mouvements multiples me semble motivée par deux raisons correspondant à deux de ses principes méthodologiques. Le premier est le principe d'adéquation de la théorie aux phénomènes observés, principe correct mais desservi par des observations erronées dont il n'a pas été capable de s'affranchir, en l'occurrence l'observation du mouvement circulaire régulier des astres fixes. Certes, poussé par des thèses rivales, il a été obligé de déployer de nombreux arguments à l'appui de sa conception d'un univers unique, fini, sphérique, limité par une ultime couche d'éther. Mais même les moins mauvais de ces arguments (développés principalement dans le premier livre du traité *Du ciel*) reposent ultimement sur l'illusion de l'observation géocentrique. Le second principe, d'emblée plus contestable, est axiologique : si le plus simple est possible, la nature l'a plus probablement réalisé, de sorte qu'il ne faut pas choisir une explication double si une simple est possible. On arrive ici aux limites de la rationalité d'Aristote, qu'on aurait tort cependant d'attribuer à l'influence de son époque : un tel principe en effet est couramment invoqué par des physiciens actuels, alors qu'au contraire plusieurs contemporains d'Aristote le refusaient[1].

LES MÉTHODES DE RECHERCHE EN PHYSIQUE

Lorsque, dans la *Métaphysique*, Aristote entreprend de fonder une science universelle des étants en tant qu'étants, il oppose celle-ci à toutes les autres sciences théoriques, qui toutes sont régionales, c'est-à-dire découpent une certaine partie du réel et en étudient les propriétés. Dans la première version de cette présentation (Γ 1, 1003a21-26 et 3, 1005a33-b2), il cite d'abord pour exemple les mathématiques, puis, revenant un peu plus loin sur la physique, signale qu'elle aussi est une science régionale car il existe des substances qui ne sont pas naturelles. Dans la deuxième version (E 1, 1025b10-18), il ajoute que les sciences régionales ne disent rien ni de l'essence ni de l'existence de leur objet, mais prennent celles-ci pour point de départ des démonstrations de leurs propriétés. L'essence (*ti esti*) et l'existence (*ei esti*) sont ou bien posées par hypothèse, ou bien admises par la certitude sensible. Comme l'a suggéré Enrico Berti, il est probable que la première manière de considérer l'objet est illustrée par les mathématiques, la seconde par la physique[2]. Cette assomption

1. Le principe de la réalisation du meilleur est également invoqué au livre VIII, 7, 260b22-24 à propos de l'existence d'un mouvement continu : « nous prenons toujours comme principe que le mieux existe dans la nature, s'il est possible ».

2. E. Berti, « Les méthodes d'argumentation et de démonstration dans la *Physique* (apories, phénomènes, principes) », dans Fr. De Gandt, P. Souffrin (éd.), *La Physique d'Aristote et les conditions d'une science de la nature*, Paris, Vrin, 1991, p. 55.

des propositions de base de toute science correspond à la théorie exposée dans les *Seconds Analytiques*: « Pour certaines choses il y a une autre cause, pour les autres non. C'est pourquoi il est clair que, parmi les essences, les unes sont non médiées et sont des principes, celles des choses dont à la fois l'existence et l'essence doivent être supposées ou être rendues manifestes d'une autre manière (c'est ce que fait l'arithméticien, car il suppose à la fois que l'unité existe et ce qu'elle est); tandis que pour les choses qui ont un moyen terme et une autre cause de leur essence, il est possible, comme nous l'avons dit, de faire apparaître la cause grâce à une démonstration quoique sans démontrer l'essence » (II 9, 93b21-28). Les essences qui n'ont pas d'autre cause sont celles des substances, tandis que celles qui ont une cause démontrable sont celles des phénomènes qui se produisent dans les substances, par exemple l'éclipse. Dans les deux cas l'essence elle-même n'est pas démontrable.

Quant à l'existence, pour les propriétés elle est démontrable par leur cause, tandis que pour les substances elle doit être posée ou acquise par la sensation [1].

Dans la *Physique*, c'est manifestement sur l'expérience sensible que reposent à la fois l'affirmation de l'existence et la définition de l'essence du domaine naturel, comme on le constate d'après des passages tels que: « Quant à nous,

1. Ce n'est d'ailleurs pas sur ce point que les sciences régionales sont opposées à la science générale de l'étant, comme si celle-ci pouvait démonter son propre objet. Cependant, contrairement aux sciences régionales, elle doit *justifier* l'existence et la définition d'un objet universel. On peut avancer que la justification est réalisée, en Γ 2, par la réfutation d'une incommunicabilité totale entre les genres de l'étant et par la mise en évidence de propriétés universelles inhérentes à tout ce qui est.

posons que les choses qui sont par nature, ou bien toutes ou bien quelques-unes, sont mues; c'est clair par induction » (I 2, 185a12-14), ou « Mais tenter de montrer que la nature existe, ce serait ridicule, car il est manifeste que de tels étants sont nombreux. Or, montrer les choses manifestes à partir des choses obscures est le fait d'un homme incapable de distinguer ce qui est connaissable par soi et ce qui n'est pas connaissable par soi » (II 1, 193a3-6). C'est pourquoi l'hypothèse de l'inexistence du mouvement n'est pas réfutée, ni mise à l'épreuve d'une autre façon (si l'on considère qu'au sens strict il n'y a réfutation que de ce dont il y a aussi démonstration). La thèse éléatique dont Aristote prend soin de montrer l'impossibilité est celle de l'unicité de l'étant, parce qu'elle a un effet destructeur sur l'ensemble de la science physique et même sur toute science qui distingue des principes de son objet (185a17-20). Ce faisant, comme il l'annonce lui-même, il n'opère pas en tant que physicien mais en tant que philosophe général ou ontologue. Revenant au livre VIII sur l'hypothèse de l'immobilité, il confirme que l'expérience sensible suffit à l'écarter, car celle-ci ne doit reposer sur aucune prédétermination quant au monde extérieur mais peut se suffire de l'évidence du mouvement mental : « s'il en est en vérité comme le prétendent certains, à savoir que l'étant est infini et immobile, en tous cas ce n'est pas ce qui apparaît à la sensation, mais plutôt que de nombreux étants sont en mouvement. S'il est vrai que c'est là une opinion fausse ou simplement une opinion, le mouvement existe cependant, même si c'est une imagination, même s'il semble qu'il en est tantôt ainsi tantôt différemment, car l'imagination et l'opinion semblent être des mouvements » (254a24-30; *cf.* aussi 253b2-7)[1].

Cependant, en continuant à suivre les *Analytiques*, on pourrait se demander si, une fois l'objet de la physique ainsi établi, le reste de l'étude peut être considéré comme une déduction de ses propriétés essentielles. Il ne fait pas de doute que les parties déductives occupent une place importante dans l'ouvrage : les propriétés du continu au livre VI, les propriétés diverses des changements aux livres V et VII, la démonstration des moteurs immobiles au livre VIII, tout cela est manifestement déduit à partir de la définition du changement, non certes sans recours à l'expérience, mais de la même façon que le géomètre a recours aux schémas et l'arithméticien aux calculs pour démontrer leurs théorèmes. C'est exactement de cette manière qu'à de multiples reprises Aristote met en place les éléments d'une situation cinétique (le mobile A, le temps B, la distance C, …) et évalue ce qui arrive lorsqu'on les fait varier.

L'opinion fréquente selon laquelle la *Physique* est une science de principes plutôt qu'une science démonstrative est due notamment à l'attention privilégiée que l'on accorde aux premiers livres, d'une façon certes justifiée en raison de leur importance philosophique, mais en négligeant le fait que tous les principes ne se situent pas au même niveau de la science. Il faut en effet distinguer, d'une part, l'instauration du cadre fixant les limites du domaine physique (existence et essence de

1. Il faut signaler en outre que certaines justifications épistémologiques sont plus amplement développées lors de l'étude des facultés cognitives dans le traité *De l'âme*, comme la validité de l'observation par les sens, ou le passage du sensible au pensable et du particulier à l'universel.

l'étant physique en général), et d'autre part la double question de l'essence et de l'existence posée à propos de réalités particulières à l'intérieur de ce cadre.

En ce qui concerne d'abord l'instauration du cadre, l'affirmation que toute connaissance est acquise par celle des principes et des causes du domaine considéré correspond parfaitement à la conception de la science exposée dans les *Analytiques*, selon laquelle une étape non démonstrative doit précéder la science démonstrative, et la saisie des termes premiers à partir desquels se construiront les démonstrations relève de l'intellection (*noûs*), qu'il faut pour cette raison appeler « principe de la science ». Or, l'intellection reçoit ses notions générales par induction à partir des sensations (*An. Post.* II 19), ce qui correspond bien à la démarche de la *Physique*. En revanche, les principes qui sont institués au livre I ne sont déjà plus les propositions premières de la science physique, mais les principes que celle-ci est désormais capable d'attribuer à son objet, l'étant soumis au changement naturel. Parallèlement à la mise à l'épreuve dialectique des opinions héritées, on assiste à une déduction du nombre et de la nature des principes du devenir à partir des notions mêmes de principe (« ce qui ne vient pas d'autre chose »), de contraire (« ceux qui ne peuvent venir l'un de l'autre »), de substance sujet (« les contraires ne sont pas substance »)[1]. Quant à l'étude, au livre II, de la manière dont la nature peut être dite une cause, elle fait converger l'observation empirique de cas particuliers avec

1. Comme l'attestent les conclusions de l'enquête en 188b25-26 : « par conséquent, toutes les choses qui viennent à l'être par nature seraient soit des contraires soit issues de contraires. » et en 191a3-4 : « combien sont les principes des choses naturelles soumises au devenir, et pourquoi ce nombre, on l'a dit ».

tout ce qui doit logiquement résulter de ce qu'est la nature et de ce qu'est la cause. Avec ces développements nous n'en sommes manifestement plus à l'étape préliminaire d'assomption des propositions de base concernant le domaine de la science, mais nous sommes déjà dans l'étape de développement de connaissances à partir d'elles, grâce à une intrication de moyens empiriques et logiques.

Ensuite, à l'intérieur du cadre constitué, les mêmes assomptions sont à nouveau nécessaires à propos de certaines réalités qui semblent liées au changement mais dont ni l'essence ni l'existence ne sont assurées. Lever le doute à leur propos constitue une nouvelle étape préliminaire, conditionnant cette fois toute démonstration concernant le mouvement, car il faut d'abord décider si l'on pourra utiliser comme termes des démonstrations les notions de vide, de lieu, d'infini et de temps. À leur propos, la dépendance de l'essence vis-à-vis de l'existence, mentionnée dans les *Analytiques*, est doublée d'une dépendance inverse de l'existence par rapport à l'essence ; par exemple, à propos du lieu : « Pour savoir s'il existe ou pas, il faut considérer ce que signifie son nom » (IV 7, 213b30; voir aussi la note *ad loc.*). La méthode mise au point pour affronter conjointement les deux incertitudes consiste à mettre à l'épreuve les significations proposées par ceux qui affirment son existence, et à sélectionner celle qui résistera à la réfutation. Comme on l'a déjà signalé[1], il s'agit d'une méthode dialectique, partant d'*endoxa*, c'est-à-dire de propositions qui possèdent une certaine autorité soit parce qu'elles

1. Berti a particulièrement insisté sur ce point. *Cf.* « Les méthodes d'argumentation et de démonstration dans la *Physique* (apories, phénomènes, principes) », *op. cit.*

sont reconnues par la majorité des gens soit parce qu'elles sont avancées par des spécialistes du domaine. La valeur scientifique de la mise à l'épreuve est garantie par la vérification que toutes les possibilités définissables *a priori* ont été envisagées. On ne doit donc pas se contenter des *endoxa* disponibles, mais y ajouter les possibilités qui n'auraient été proposées par personne (par ex. I 2, 184b15-20; VIII 3, 253a24-30). Ce qui est moins connu, c'est qu'une autre relation réciproque peut aussi faire progresser la recherche, celle qui existe entre l'essence et les propriétés. Ainsi, toujours à propos du lieu, Aristote a commencé par mettre en évidence certaines propriétés nécessaires pour éviter des difficultés ou contradictions; il propose ensuite, en s'appuyant sur celles-ci, d'atteindre la définition de l'essence, grâce à laquelle il pourra en retour confirmer la résolution des difficultés[1]. Quant à la définition de l'essence, elle se fait de la manière habituelle, en éliminant les hypothèses qui ne résistent pas à l'examen logique ou à la confrontation avec l'expérience.

Enfin, la manière dont on comprend le livre VIII influence le jugement sur le type de science que constitue la *Physique*. Il peut paraître étonnant, en effet, que la mise en évidence des premiers principes moteurs de l'univers soit atteinte par une démonstration et non par l'une des méthodes prônées pour l'instauration des principes. C'est au contraire tout à fait logique si l'on se souvient que, d'après les *Analytiques*, les causes d'un phénomène doivent être démontrées, or les premiers moteurs immobiles sont les causes du phénomène que constitue le mouvement des sphères célestes. Si ces moteurs sont donc principes en tant que causes premières d'une

1. Voir IV 4, 210b32-211a11 et la note.

propriété de certaines substances, ils ne sont pas principes de la science au sens où le sont l'affirmation de l'existence et la définition de l'essence de ses objets. Il est donc logique qu'ils soient étudiés à l'intérieur du cadre institué et par une méthode déductive.

RELATIONS ENTRE LA *PHYSIQUE* ET LA *MÉTAPHYSIQUE*

Les interactions sont nombreuses entre les thématiques de la *Physique* et celles de la *Métaphysique*, et les deux textes sont à bien des égards complémentaires, comme nous l'avons constaté à propos des considérations ontologiques du livre I ou de la théorie du hasard et de la nécessité au livre II[1]. En revanche, les emprunts au livre Δ, même si celui-ci constitue plutôt une annexe à la *Métaphysique* qu'une partie du corps de l'ouvrage, révèlent la proximité conceptuelle et la similitude des problématiques entre les deux traités. On a suggéré aussi que le second livre (α) ait été une introduction à la physique plutôt qu'à la métaphysique; cependant, si son insertion entre A et B brise une certaine continuité, il serait tout aussi maladroit de vouloir l'insérer au début de la *Physique*, qui possède sa propre introduction. Il est cependant intéressant de noter que les trois chapitres de *Métaphysique* α sont manifestement adaptés aux deux ouvrages, dans la mesure où tous deux partagent le même respect des considérations méthodo-

1. En revanche, je ne retiens pas pour indice de proximité le condensé de physique qui constitue les trois derniers chapitres du livre K, me rangeant à l'avis des spécialistes qui ont démontré l'inauthenticité de ce livre. K 9-12 est une copie légèrement abrégée de *Phys.* III 1-7 et V 1-3; le résumé supprime des exemples et des passages doxographiques, simplifie des argumentations, mais aussi condense l'expression au point d'en devenir parfois obscur.

logiques qui y sont développées, à savoir : la vérité théorique s'atteint par la découverte des causes (chap. 1) ; aucun enchaînement causal ne remonte à l'infini mais tous s'arrêtent à un principe premier (chap. 2) ; l'exposition de la science doit s'adapter à l'objet et à l'auditoire, et toutes les questions ne requièrent pas la précision mathématique (chap. 3).

D'autre part, les parcours doxographiques respectifs de *Phys.* I et de *Métaphys.* A évoquent certaines thèses de prédécesseurs de manière sensiblement différente, ce que l'on peut expliquer par la distinction de leur motivation : le premier a pour but de montrer que tous les prédécesseurs ont posé des contraires comme principes ; le second vise à évaluer en quoi chacun des philosophes a contribué à la découverte des quatre types de causes[1]. Dans le premier cas, Aristote se réclame d'un héritage dont l'autorité unanime confirme sa propre thèse, tandis que dans la *Métaphysique* il fait contraster l'achèvement de sa théorie des quatre causes avec la pauvreté des apports de ses prédécesseurs à ce sujet, déplorant qu'aucun philosophe excepté les platoniciens n'ait parlé de l'essence comme d'une cause (A 8, 988a34-b6), que Démocrite n'ait pas conçu les différences des atomes autrement que comme des affections de la cause matérielle (A 4, 985b10-19), ou encore qu'Empédocle et Anaxagore, tout en introduisant des causes cosmiques susceptibles d'agir en vue d'une fin, expliquent néanmoins tous les phénomènes sans jamais faire intervenir une fin (A 7, 988b6-16). Dans la *Physique*, après une première

1. Même si l'on ne peut avoir de certitude à ce sujet, il est probable que *Métaphysique* A soit postérieur à la *Physique*, en tous cas au livre I, auquel il est fait référence en A 5, 986b30 à propos du monisme ontologique de Parménide ainsi qu'en A 7, 988a22 à propos de la recherche des principes, et au livre II si la référence de A 3, 983a33 vise la théorie des quatre causes.

approbation commune concernant la conception des contraires, c'est à propos de questions plus ponctuelles que les mêmes philosophes sont réfutés : Empédocle à propos du hasard, Démocrite à propos du vide, Anaxagore quant à sa conception de l'infini – tandis que le modèle d'un moteur cosmique impassible et sans mélange est certainement l'apport le plus souvent approuvé chez ce dernier.

Physique et philosophie première

Par deux fois dans notre traité, Aristote renvoie explicitement l'examen d'une question à la philosophie première :

> En ce qui concerne le principe selon la forme, quant à savoir s'il est un ou multiple, quelle chose l'est ou quelles choses le sont, c'est la tâche de la philosophie première de le déterminer avec précision ; aussi, laissons-le de côté jusqu'à cette occasion. Quant aux formes naturelles et périssables, nous en parlerons dans nos prochains exposés (I 9, 192a34-b2).
> Quant à savoir ce qu'il en est du séparé et ce qu'il est, c'est la tâche de la philosophie première de le déterminer (II 2, 194b14-15).

Les deux passages trouvent un écho au livre B de la *Métaphysique*, dans lequel Aristote annonce les difficultés qui devront être résolues par la science qu'il cherche à instituer : « Mais il faut surtout chercher et traiter la question de savoir s'il y a en dehors de la matière quelque chose qui soit cause en raison de soi-même, ou bien non, si cela est séparé ou non, si c'est numériquement une seule chose ou plusieurs, et s'il y a quelque chose en dehors du composé (je parle de composé quand quelque chose est attribué à la matière) ou s'il n'y a rien, ou bien s'il y a quelque chose dans certains cas et non dans d'autres cas, et quels étants sont de ce type » (B 1, 995b31-36).

Cette difficulté est très clairement suscitée par l'héritage platonicien concernant la séparation des formes; elle sera examinée dans les livres M et N. D'autre part, la conception aristotélicienne du rapport entre la forme essentielle, la matière et le composé sera exposée aux livres Z et H d'une manière générale incluant aussi les composés intelligibles (mathématiques ou définitionnels). La tâche attribuée dans nos deux passages à la philosophie première, par contraste avec la physique, semble bien correspondre à cette étude qui concerne le principe formel non plus uniquement en fonction de son rôle dans les étants physiques mais en général et pour lui-même, en vue de déterminer ce qu'il est et quelle est sa séparabilité [1].

On trouve une confirmation de ce partage entre science naturelle et science générale de l'étant lorsque certaines questions, évoquées de manière aporétique dans la *Physique*, trouvent leur plein développement ou leur résolution dans la *Métaphysique*, en particulier au livre Z, comme les types de relations entre un tout et ses parties (*cf.* I 2, 185b11-16) ou les difficultés liées à la définition (en particulier quant à savoir si celle-ci doit inclure ou non la matière, *cf.* II 1, 194a1-7; II 9, 200b4-8). Et si une réponse à la difficulté : « la substance est-elle la forme ou le sujet, ce n'est pas encore clair » (I 7, 191a19-20) est déjà donnée au livre II (192b33-34 ; 193b3-5), elle fera l'objet d'un nouveau questionnement en *Métaphysique* Z 3, où elle sera confirmée et longuement justifiée.

1. Certains traducteurs renvoient plutôt aux chap. 6-10 de *Métaphysique* Λ où se trouve l'étude des moteurs immobiles des sphères célestes, mais, si ce renvoi est éventuellement possible pour le deuxième passage (quoique peu probable), il est à exclure pour le premier, car les moteurs immobiles ne sont pas présentés comme des principes formels.

Quant aux polysémies de l'être et de l'un, qui au premier livre de la *Physique* sont utilisées pour réfuter les théories monistes ou univoques de l'être, elles font partie des convictions les plus anciennes d'Aristote, mais leur étude trouve son aboutissement aux livres Γ et I de la *Métaphysique*, grâce à la détermination du type d'unité susceptible de rassembler les multiples significations sans les réduire à une seule et d'éviter ainsi la pure homonymie.

PHYSIQUE ANCIENNE ET PHYSIQUE MODERNE

Il serait tout à fait stérile de vouloir lire la *Physique* d'Aristote comme on lirait un traité de physique moderne. Bien plus qu'une différence de méthode, c'est l'objet même de la recherche qui oppose ces deux époques de la science. Comme nous l'avons vu, ce qui intéresse Aristote c'est d'arriver à une compréhension générale des êtres naturels à partir de leurs conditions de possibilité et d'en déduire leurs propriétés nécessaires. En revanche, établir un calcul précis des trajectoires et des vitesses ne l'intéresse absolument pas. C'est pourquoi son rapport aux mathématiques a souvent été mal compris, et François De Gandt a eu raison de le déplorer: « Une opposition trop tranchée et sans nuances entre la science mathématique du mouvement et la *Physique* d'Aristote serait gravement infidèle aux textes mêmes »[1]. Rien ne permet en effet d'affirmer qu'Aristote était réfractaire à l'usage des mathématiques ou inconscient de l'importance prépondérante des valeurs quantitatives dans l'explication des phénomènes

1. Fr. De Gandt, « Sur la détermination du mouvement selon Aristote et les conditions d'une mathématisation », *op. cit.*, p. 85.

naturels; il faut souligner au contraire que toutes les notions principales qu'il passe en revue sont des notions quantitatives et sont étudiées en tant que telles. Mais les opérations quantitatives sont toujours utilisées en vue d'une autre connaissance qui est le véritable but de l'enquête. Ainsi, par exemple, au livre VI, l'historien des sciences observe que « la vitesse n'est pas étudiée pour elle-même, et il importe, pour ne pas fausser la perspective, de bien saisir son rôle dans l'argumentation d'Aristote. (...) Dans cette perspective de l'analyse du continu, la vitesse sert à relier grandeur, temps et mouvement, afin de montrer qu'ils ont la même structure. Aristote ne définit pas la vitesse en tant que telle, il se contente de préciser, avec "certains" autres penseurs, ce que signifie "plus rapide" ou "plus vite" (*to thatton*) »[1]. De même, au livre VII, chap. 5, l'étude des proportionnalités est particulièrement développée, mais il ne faut pas se tromper sur la portée de ce passage : « L'affirmation d'une proportion entre force et poids, ou entre distance et temps, est une réponse (ou un aspect de la réponse) à une question fondamentale qui déborde largement l'analyse des machines et des poids : à quelles conditions peut-on mettre en relation plusieurs mouvements ? Cela a-t-il un sens, en général, de chercher à comparer deux mouvements ? »[2].

D'autre part, c'est l'exactitude même des mathématiques qui fait penser à Aristote que leur adéquation aux corps physiques n'est pas parfaite, car les éléments géométriques – points qui n'occupent aucun espace, lignes à une seule dimension, etc. – n'existent pas tels quels dans les corps mais

1. Fr. De Gandt, « Sur la détermination du mouvement selon Aristote et les conditions d'une mathématisation », *op. cit.*, p. 101.

2. *Ibid.*, p. 98.

résultent d'une épuration de l'épaisseur et des autres propriétés réelles : « Et certes le mathématicien s'occupe aussi de ces figures, mais pas en tant que chacune est limite d'un corps naturel, et il n'étudie pas les propriétés en tant qu'elles appartiennent à de tels étants. C'est pourquoi il les sépare, car par la pensée elles sont séparables du mouvement, sans que cela entraîne de différence et sans qu'il résulte aucune erreur de cette séparation » (II 2, 193b31-35). Aristote connaît la géométrie de son époque, qui a déjà pour éléments et axiomes à peu près tous ceux qui seront systématisés par Euclide environ un demi-siècle plus tard. Mais si l'on prend pour objet d'étude la réalité sensible, il faut lui préférer des mathématiques plus physiques, telles que l'optique, l'harmonique ou l'astronomie, qui adaptent l'instrument mathématique à l'objet observé : « la géométrie fait porter son examen sur la ligne physique, mais pas en tant que physique, tandis que l'optique étudie la ligne mathématique, non pas en tant que mathématique, mais en tant que physique » (II 2, 194a9-12).

Les progrès scientifiques réalisés à l'époque moderne corrigeront certaines erreurs telles que l'explication du mouvement des projectiles par l'action du milieu traversé ou celle de la pesanteur qui considérait celle-ci comme une propriété inhérente aux corps en vertu de leur nature. Si ces progrès ont été réalisés en opposition à un dogmatisme scolastique désormais figé dans une répétition stérile, ce n'est certes pas à Aristote qu'il faut imputer une telle résistance, mais ce fut plutôt une manière de retrouver, à l'aide de nouveaux instruments ou de nouveaux points de vue, le souci aristotélicien de toujours faire converger l'observation et le raisonnement.

Concernant l'extension de l'univers, l'opposition vis-à-vis d'Aristote à l'époque moderne consistera principalement à concevoir un espace infini, indépendant des corps et indifférent à son contenu, qui selon Gassendi ne devrait être dit ni substance ni attribut, ni corps ni lieu d'un corps. En effet, c'est seulement en refusant ces distinctions aristotéliciennes qu'il estime possible d'échapper aux critiques adressées au vide des atomistes, pour attribuer à celui-ci à la fois une existence par soi (incorporelle) et certaines propriétés de l'étendue telles que la continuité, c'est-à-dire la divisibilité à l'infini. Une telle conception de l'espace ne fait cependant pas l'unanimité à cette époque non plus, puisque Descartes utilise à peu près les mêmes arguments qu'Aristote pour refuser la proposition de Gassendi, arguant qu'un néant ne pourrait avoir aucune propriété, que l'étendue doit nécessairement appartenir à une substance, et que la distinction entre le corps et l'espace occupé par le corps ne se fait qu'en esprit[1].

PLACE DE LA *PHYSIQUE* DANS LE CORPUS ET UNITÉ DE L'OUVRAGE

La *Physique* occupe logiquement la première place dans une série d'ouvrages consacrés à la connaissance théorique des étants naturels, chacun des suivants en étudiant une région ou un aspect plus particulier : le traité *Du ciel* les parties de l'univers, le traité *De la génération et la corruption* la formation des corps à partir des quatre éléments, les *Météorologiques* les phénomènes affectant la terre et le ciel, enfin les traités biologiques se consacrant plus particulièrement

1. Gassendi, *Syntagma philosophicum*, Physique, section I, livre II : *De loco et tempore*; Descartes, *Principes de la philosophie*, II, art. 16-19. Je remercie mes collègues philosophes des sciences, Laurence Bouquiaux et Alexandra Torrero-Abad, de m'avoir informée sur ce point.

aux êtres vivants. Cet ordre de progression est indiqué explicitement au début des *Météorologiques* par une récapitulation des matières déjà exposées et de celles qui restent à traiter[1]. D'autre part, il est corroboré par les renvois d'une œuvre à l'autre, renvois rétrospectifs vers la *Physique* dans les autres œuvres, renvois prospectifs vers d'autres œuvres dans la *Physique*[2]. Certes, il faut toujours garder à l'esprit que l'ensemble de ces procédés organisationnels, par renvois ou par programmes, peut avoir été ajouté par un éditeur ancien, car nous savons que le rassemblement des traités en un seul *corpus*, selon un ordre d'exposition thématique, n'a pas été réalisé par Aristote lui-même. Je ne pense pas utile de revenir sur le problème de la généalogie de l'œuvre aristotélicienne, qui heureusement n'occupe plus le devant de la scène alors qu'il a pendant longtemps accaparé l'attention des chercheurs sans qu'il en résulte un grand progrès dans notre connaissance. Nous devons rester conscients du fait que n'avons pas de certitude concernant l'ordre de rédaction des traités, mais cela ne doit pas exagérément nous perturber, puisque la complémentarité des matières abordées est claire et puisqu'on ne constate dans l'ensemble aucune incompatibilité de doctrine qui nous obligerait à supposer qu'Aristote a modifié significativement sa pensée d'une période à l'autre de sa vie[3].

1. *Météor.* I 1, 338a20-339a10.

2. Par exemple, en 213a5 on trouve un renvoi, concernant l'étude de la transformation mutuelle des éléments premiers, à une œuvre ultérieure qu'on peut identifier comme le quatrième livre du traité *Du ciel*. D'autre part, *Du ciel* I 7, 274a21 renvoie à l'étude déjà menée sur l'infini dans le traité « sur les principes », qui ne peut désigner que *Phys.* III, 4-8.

3. Contrairement à ce que soutient A. Mansion (*Introduction à la physique aristotélicienne*, Louvain, Éditions de l'Institut Supérieur de Philosophie,

Il semble que l'ensemble des huit livres n'ait reçu que tardivement son titre unique de « Physique » (littéralement « Conférence de physique » : *phusikè akroasis*). Dans la liste des œuvres d'Aristote transmise par Diogène Laërce, qui copie une liste antérieure à l'édition d'Andronicos de Rhodes, on trouve à la fois des « Leçons sur la nature » en quatre livres, et un « Sur le mouvement » en quatre livres. Certains commentateurs grecs ont contesté cette division, pour faire passer la ligne de partage plutôt entre les livres V et VI. Les références internes ne sont pas systématiques à cet égard : l'expression « *en tois phusikois* » renvoie au livre III en *Phys*. VIII 1, 251a9 et 10, 267b21, mais au livre VIII en *Métaphys*. Λ 8, 1073b31-33 (« car le corps mû circulairement est éternel et sans arrêt : nous l'avons démontré dans nos études physiques ») ; l'expression « *en tois peri kinèseôs* » renvoie au livre VIII en *De Gen. Corr*. 318a3-4 (« À propos de cette cause, nous avons dit précédemment, dans nos études sur le mouvement, qu'elle est d'une part immobile durant le temps entier, d'autre part toujours mue), au livre VI en *Phys*. VIII 8, 263a11, ainsi qu'en *Métaphys*. Θ 8, 1049b36 et *Du ciel* I 5, 272a30 et 7, 275b21, tandis que ce même livre VI est mentionné en VIII 5, 257b1 sous les termes « *en tois katholou tois peri phuseôs* ». Enfin, l'expression « *en tois peri tas archas* », « dans les études sur les principes », renvoie au livre III en *Du ciel* I 7, 274a21.

1946), en se reposant exclusivement sur les exemples avancés par W. Jaeger (*Aristoteles, Grundlegung einer Geschichte seiner Entwicklung*, Berlin, 1923), qui sont pourtant très discutables. Des variations dans l'exposé d'une même question peuvent être dues aux besoins de l'argumentation dans des contextes différents, ou éventuellement à une progression de la connaissance, mais l'hypothèse d'un véritable revirement n'est jamais nécessaire.

La conclusion la plus logique qu'on puisse tirer de cette diversité est qu'Aristote n'avait pas lui-même donné de titre à son ouvrage et qu'il s'y référait, selon les besoins de la question traitée, soit comme à une étude de la nature, soit comme à une étude du mouvement, soit comme à une étude des principes de la nature. On ne saurait que très artificiellement limiter chacune de ces thématiques à certains livres plutôt qu'à d'autres.

Des doutes ont été émis sur le statut du livre VII, dont le contenu, proche de celui du livre VIII mais moins développé, a pu sembler constituer une variante ou une première esquisse de celui-ci. Rien ne permet cependant d'étayer l'hypothèse d'une date différente, car n'y a pas de raison de penser que le livre VIII est tardif, comme le fait Ross en arguant qu'il y est fait allusion aux moteurs des sphères et non seulement au premier moteur de l'univers, ce qui ne serait possible qu'après les travaux de Callippe de Cyzique, soit après 330. En réalité, la théorie des multiples moteurs, qu'Aristote présente également en *Métaphysique* Λ 8, était déjà celle d'Eudoxe de Cnide, mort en 355 (ou 342). Quant à l'hypothèse d'une redondance des contenus, elle disparaît si l'on prête attention à la motivation générale de chacun des deux livres. Alors que le livre VIII est tout entier structuré à partir de la question de la perpétuité du mouvement de l'univers, le livre VII apporte plutôt une série de compléments à certaines problématiques déjà abordées dans les livres précédents. Ainsi, les deux premiers chapitres reprennent l'examen entamé au livre III, 2, concernant le contact entre moteur et mobile et la question de la mobilité du moteur, question qui trouvera ses derniers arguments au livre VIII, 5. Le chapitre 3 développe la digression sur les affections et dispositions acquises en V 4, 228a6-19. Le chapitre 4 approfondit l'étude des conditions de la comparabilité des mouvements entamée au livre V 4. Enfin, le chapitre 5 met en évidence une limite à la proportionnalité entre la force et le mouvement, qui sera utilisée en VIII 3 pour réfuter la thèse du mobilisme universel. Le livre entier semble donc bien nécessaire et sa place justifiée par la confirmation et l'approfondissement de certains acquis qui seront utiles au livre VIII. Quant au fait que deux versions d'inégale qualité nous aient été transmises pour les trois premiers chapitres par des traditions différentes, cela ne constitue pas un argument pour mettre en question l'authenticité du livre [1].

D'une manière générale, à défaut d'une continuité strictement linéaire, la complémentarité entre toutes les parties de l'ouvrage et la progression dans le traitement des différentes problématiques est manifeste pour qui parcourt le sommaire des huit livres exposé ci-dessous.

NOTE SUR LES MANUSCRITS ET LES CHOIX ÉDITORIAUX

Le texte de référence est celui de Ross, parfois confronté avec les éditions de Bekker, Prantl, Carteron et Cornford. Je ne signale un désaccord entre éditeurs que dans les cas où le sens du texte en est affecté.

Les manuscrits utilisés par ces éditeurs sont les suivants :

E : Parisiensis 1853, début Xe siècle : livres I – VIII
F : Laurentianus 87,7, XIVe siècle : livres I – VIII
G : Laurentianus 87,6, XIIe siècle : livre IV
H : Vaticanus 1027, XIVe siècle : livres IV (2e partie) – VIII
I : Vaticanus 241, XIIIe siècle : livres I – VIII

1. Voir ci-dessous, la note concernant les manuscrits.

J : Vindobonensis 100, Xe siècle : livres I – VIII

K : Laurentianus 87, 24, XIIIe siècle : livres VI – VIII

Le E semblait le meilleur, en dépit de quelques erreurs de copie ou de grammaire, jusqu'à ce que Ross introduise pour la première fois le J, appartenant probablement à la famille de FGHI, et qui apporte des variantes intéressantes. Le K semble être indépendant des deux autres familles de manuscrits, mais il est malheureusement limité aux trois derniers livres.

Il faut y ajouter, pour la première version du livre VII :

b : Parisiensis 1859, XIVe siècle

c : Parisiensis 1861, XVe siècle

j : Parisiensis 2033, XVe siècle

y : Bodl. Misc. 238, XVIe siècle

C'est ce *textus primus* que suivent les commentateurs grecs et que les éditeurs attribuent à Aristote lui-même, tandis que le *textus alter*, présenté par les manuscrits plus anciens, est manifestement de moindre qualité (voir notamment les incohérences du passage 243a3-244a18, de nombreuses imprécisions, et la particularité stylistique signalée en note à 245b23).

Les éditeurs ont également utilisé la Version arabo-latine d'Averroes (livres I-IV), ainsi que les commentaires de Philopon (P) et de Simplicius (S) et la paraphrase de Thémistius (T).

Quand il y a désaccord entre les manuscrits et les commentateurs, Carteron, Cornford et Ross choisissent souvent la leçon de ces derniers, en vertu du fait qu'ils possédaient une version des textes antérieure à tous nos manuscrits. Il faut cependant leur objecter que la tradition qui a mené jusqu'à nous les œuvres des commentateurs n'est pas plus à l'abri des erreurs de copie que celle du texte aristotélicien, ce qui ôte toute justification au privilège accordé à l'une ou à l'autre.

BIBLIOGRAPHIE

Éditions et traductions

Aristotelis Opera, éd. I. Bekker, Berlin, 1831, vol. 1.

Aristotelis Physica. Recensuit C. Prantl, Leipzig, Teubner, 1879.

ARISTOTE, *Physique*, texte établi et traduit par H. Carteron, Paris, Les Belles Lettres, 2 vol., 1926-1931.

ARISTOTLE, *The Physics*, text and translation by P. H. Wicksteed and F. M. Cornford, London, Heinemann (Loeb Classical Library), 2 vol., 1929-1934.

Aristotle's *Physics*, A revised text with introduction and commentary, by W. D. Ross, Oxford, Clarendon Press, 1936.

Aristotle's *Physics I, II*, translated with introduction and notes by W. Charlton, Oxford, 1970.

Aristotle's *Physics III, IV*, translated with notes by E. Hussey, Oxford, 1983.

ARISTOTE, *Physique*, traduction, présentation et notes par P. Pellegrin, Paris, GF-Flammarion, 2000.

SIMPLICIUS, *In Aristotelis Physicorum libros commentaria*, éd. H. Diels, Berlin, 2 vol., 1882-1885.

PHILOPON, *In Aristotelis Physicorum libros commentaria*, éd. H. Vitelli, Berlin, 2 vol., 1887-1888.

SIMPLICIUS, *Commentaire sur la* Physique *d'Aristote, Livre II, chapitres 1-3*, introduction, traduction, notes et bibliographie par A. Lernould, Lille, Presses universitaires du Septemtrion, 2019.

THEMISTIUS, *In Aristotelis Physicorum libros paraphrasis*, éd. H. Schenkl, Berlin, 1900.

Sélection d'études

ALGRA K., *Concepts of Space in Greek Thought*, Leiden-New York, Brill, 1995.

ANTON J. P., *Aristotle's Theory of Contrariety*, London, Routledge & Kegan Paul, 1957.

APOSTLE H. G., *Aristotle's Theory of Mathematics*, Chicago, Chicago University Press, 1952.

AUBENQUE P., « Sur la notion aristotélicienne d'aporie », dans *Aristote et les problèmes de méthode. Actes du 2e Symposium aristotelicum*, S. Mansion (éd.), Louvain, Presses Universitaires, 1961, p. 3-19 ; dans P. Aubenque, *Problèmes aristotéliciens Philosophie théorique*, Paris, Vrin, 2009, p. 39-52.

BALAUDÉ J.-Fr. et WOLFF Fr. (éd.), *Aristote et la pensée du temps*, Nanterre, Presses de l'Université Paris X, « Le temps philosophique » n°11, 2005.

BARREAU H., « Zénon d'Élée et les paradoxes du mouvement », *Synthèse*, s. 9, III, 67-68, 1972, p. 205-231.

BERTI E., « Physique et métaphysique selon Aristote, *Phys.* I 2, 184b25-185a5 », *Naturphilosophie bei Aristoteles und Theophrast*, ed. I. Düring, Heidelberg, 1969, p. 18-31.

– « La critica di Aristotele alla teoria atomistica del vuoto », *Democrito e l'atomismo antico*, éd. F. Romano, Università di Catania, Facoltà di lettere e filosofia, 1980, p. 135-159.

– « La suprématie du mouvement local selon Aristote : ses conséquences et ses apories », *Aristoteles Werk und Wirking* (P. Moraux gewidmet), t. 1, éd. J. Wiesner, Berlin-NY, 1985, p. 123-150.1985, t. 1, p. 123-150.

– « Les méthodes d'argumentation et de démonstration dans la *Physique* (apories, phénomènes, principes) », dans F. De Gandt, P. Souffrin (éd.), *La Physique d'Aristote et les conditions d'une science de la nature*, Paris, Vrin, 1991, p. 53-72.

BESNIER B., « La définition aristotélicienne du changement », dans P.-M. Morel (éd.), *Aristote et la notion de nature*, Presses Universitaires de Bordeaux, 1997, p. 15-35.

BODÉÜS R., *Aristote et la théologie des vivants immortels*, Montréal-Paris, Bellarmin-Les Belles Lettres, 1992.

BONELLI M. (dir.), *Physique et métaphysique chez Aristote*, Paris, Vrin, 2012.

BOTTER B., *Dio e divino in Aristotele*, Academia Verlag, 2005.

BRAGUE R., *Du temps chez Platon et Aristote. Quatre études*, Paris, P.U.F., 1982.

BRUNSCHWIG J., « Qu'est-ce que la *Physique* d'Aristote ? », dans F. De Gandt et P. Souffrin (éd.), *La Physique d'Aristote et les conditions d'une science de la nature*, Paris, Vrin, 1991, p. 11-40.

BROADIE S., « Que fait le premier moteur d'Aristote ? Sur la théologie du livre Lambda de la *Métaphysique* », *Revue Philosophique de la France et de l'Étranger*, 118, 1993, p. 375-411.

CARTERON H., *La notion de force dans le système d'Aristote*, Paris, Vrin, 1923.

CAVEING M., *Zénon d'Élée : prolégomènes aux doctrines du continu : étude historique et critique des fragments et témoignages*. Paris, Vrin, 1982.

CERAMI C. (éd.), *Nature et sagesse. Les rapports entre physique et métaphysique dans la tradition aristotélicienne*, recueil de textes en hommage à P. Pellegrin, Louvain, Peeters, 2014.

CLEARY J. J., *Aristotle and Mathematics*, Leiden-New York, Brill, 1995.

COULOUBARITSIS L., *La* Physique *d'Aristote*, Bruxelles, Ousia, 1997.

– « Le statut du devenir dans *Métaph.* Z et H », dans J. Wiesner (éd.), *Aristoteles Werk und Wirkung (P. Moraux gewidmet)*, Berlin-New York, de Gruyter, 1985, t. 1, p. 288-310.

CRUBELLIER M., PELLEGRIN P., *Aristote. Le philosophe et les savoirs*, Paris, Seuil, 2002.

DE GANDT Fr., « Sur la détermination du mouvement selon Aristote et les conditions d'une mathématisation », dans F. De Gandt, P. Souffrin (éd.), *La Physique d'Aristote et les conditions d'une science de la nature*, Paris, Vrin, 1991, p. 85-105.

FALCON A., *Aristotle and the science of nature : unity without uniformity*, Cambridge University Press, 2005.

FEREJOHN M. J., *The Origins of Aristotelian Science*, New Haven, Yale Univ. Press, 1991.

FURTH M., « Specific and individual form in Aristotle », dans D. Devereux, P. Pellegrin (éd.), *Biologie, logique et métaphysique chez Aristote*, Paris, Editions du CNRS, 1990, 1990, p. 85-111.

GHINS M., « Two difficulties with regard to Aristotle's treatment of time », *Revue de philosophie ancienne*, 9 (1), 1991, p. 84-98.

GOLITSIS P., *Les commentaires de Simplicius et de Jean Philopon à la physique d'Aristote : tradition et innovation*, Berlin, Walter de Gruyter, 2008.

GOLDSCHMIDT V., *Temps physique et temps tragique chez Aristote*, Paris, Vrin, 1982.

HAPP H., *Hyle. Studien zum aristotelischen Materie-Begriff*, Berlin-New York, de Gruyter, 1971.

IRWIN T. H., *Aristotle's First Principles*, Oxford, Clarendon Press, 1988.

JAEGER W., *Aristoteles, Grundlegung einer Geschichte seiner Entwicklung*, Berlin, 1923; *Aristote : fondements pour une histoire de son évolution*, trad. fr. par O. Sedeyn, Combas, Éditions de l'éclat, 1997.

JUDSON L. (éd.), *Aristotle's Physics : A Collection of Essays*, Oxford, Oxford University Press, 1991.

KOSMAN L. A., « Aristotle's Definition of Motion », *Phronesis*, 14, 1969, p. 40-62.

KOSTMAN J., « Aristotle's Definition of Change », *History of Philosophy Quarterly*, 4, 1987, p. 3-16.

KOUREMENOS Th., *The Proportions in Aristotle's Phys. 7.5*, Stuttgart, Steiner, 2002.

KRETZMANN N. (éd.), *Infinity and Continuity in Ancient and Medieval Thought*, Ithaca, New York, Cornell University Press, 1982.

KULLMANN W., *Wissenschaft und Methode : Interpretationen zur aristotelischen Theorie der Naturwissenschaft*, Berlin-New York, de Gruyter, 1974.

– *Aristoteles und die moderne Wissenschaft*, Stuttgart, Franz Steiner Verlag, 1998.

LEAR J., « Aristotelian Infinity », *Proceedings of the Aristotelian Society*, 80, 1979-80, p. 187-210.

LE BLOND J.-M., *Logique et méthode chez Aristote. Étude sur la recherche des principes dans la physique aristotélicienne*, Paris, Vrin, 1970[2] (1939).

LERNER M.-P., *La notion de finalité chez Aristote*, Paris, P.U.F. 1969.

LINDEN J.-I. (éd.), *Aristotle on Logic and Nature*, Louvain, Peeters, 2019.

MANSION A., *Introduction à la physique aristotélicienne*, Louvain, Éditions de l'Institut Supérieur de Philosophie, 1946.

MENN S., « Aristotle's Theology », *The Oxford Handbook of Aristotle*, éd. Christopher Shields, Oxford University Press, 2012.

MORAUX P., *Les listes anciennes des ouvrages d'Aristote*, Louvain, Presses Universitaires, 1951.

MOTTE A., RUTTEN Chr., SOMVILLE P. (éd), *Eidos dans la philosophie grecque, des origines à Aristote*, Louvain, Peeters, 2003.

OWEN G. E. L., « Τιθέναι τὰ φαινόμενα », *Aristote et les problèmes de méthode*, *Actes du 2*e *Symposium aristotelicum*, éd. S. Mansion, Louvain, Presses Universitaires, 1961, p. 83-103.

PIETSCH Chr., *Prinzipienfindung bei Aristoteles*, Stuttgart, Teubner, 1992.

ROBIN L., *La théorie platonicienne des Idées et des nombres d'après Aristote*, Paris, Alcan, 1908.

SCHÜSSLER I., « Le rapport temps/espace chez Aristote et Bergson », dans *L'espace et le temps : actes du XXII*e *congrès de l'Association des Sociétés de philosophie de langue française (Dijon, 29-31 août 1988)*, Paris, Vrin, 1991, p. 122-127.

SOLMSEN F., *Aristotle's System of the Physical World*, Ithaca, New York, Cornell University Press, 1960.

SORABJI R., *Time, Creation and the Continuum. Theories in Antiquity and the early Middle Ages*, London, Duckworth, 1983.

– *Matter, Space and Motion : Theories in Antiquity and their sequel*, London, Duckworth, 1988.

STEVENS A., *L'ontologie d'Aristote, au carrefour du logique et du réel*, Paris, Vrin, 2000.

– « De l'analogie entre point et maintenant chez Aristote et Hegel », *Revue de philosophie ancienne*, 9 (2), 1991, p. 153-167.

– « Le rôle de la mesure dans la détermination du temps », dans J.-Fr. Balaudé et Fr. Wolff (éd.), *Aristote et la pensée du temps*, Nanterre, Presses de l'Université Paris X, Collection « Le temps philosophique » n° 11, 2005, p. 63-78.

– « La causalité de l'intellect dans la *Métaphysique* et le traité *De l'âme* », dans L. Couloubaritsis, S. Delcomminette (éd.), *La causalité chez Aristote*, Paris-Bruxelles, Vrin-Ousia, 2011.

– « Approches physique et métaphysique de l'*eidos* », Acte du colloque « Nature et sagesse. les rapports entre physique et métaphysique dans la tradition aristotélicienne », éd. C. Cerami (à paraître).

TANNERY M., « Sur la composition de la physique d'Aristote », *Archiv für Geschichte der Philosophie*, 7, 1894, p. 225-29; 9, 1896, p. 115-118.

WARDY R., *The Chain of Change. A Study of Aristotle's Physics VII*, Cambridge, Cambridge Univ. Press, 1990.

WATERLOW S., *Nature, Change and Agency in Aristotle's Physics*, Oxford, Clarendon Press, 1982.

WIELAND W., *Die aristotelische Physik. Untersuchungen über die Grundlegung der Naturwissenschaft und die sprachlichen Bedingungen der Prinzipienforschung bei Aristoteles*, Göttingen, Vandenhoeck und Ruprecht, 1992 (1962).

WOLFF Fr., « Les principes de la science chez Aristote et Euclide », *Revue de métaphysique et de morale*, 104, 2000, p. 329-362.

SOMMAIRE DES HUIT LIVRES

I. *Les principes du devenir*

1. (184a10) La méthode scientifique consiste à atteindre les principes par divisions et distinctions dans un tout d'abord confus.

2. (184b15) Inventaire de toutes les possibilités concernant le nombre des principes des étants, et référence aux philosophes qui les ont éventuellement proposées. La thèse des Éléates, selon laquelle il n'y a qu'un seul étant immobile, n'est pas une thèse physique. Un tel étant ne peut être d'aucune catégorie, et l'on ne voit pas non plus selon quel type d'unité il est dit un.

3. (186a4) Réfutation de l'univocité parménidienne de l'être, à partir des ontologies platonicienne et aristotélicienne.

4. (187a12) Un principe unique a été proposé soit comme matière commune des étants, soit comme indistinction originaire se différenciant ensuite (Empédocle et Anaxagore). Difficultés de la théorie d'Anaxagore.

5. (188a19) Tous les physiciens ont posé avec raison les contraires comme principes, même s'ils ont choisi des contraires différents, car tout changement se fait à partir des contraires.

6. (189a11) Les principes ne pouvant donc être ni un seul ni une infinité, ils seront deux (les contraires) plus un (le substrat des contraires).

7. (189b30) Tout devenir se produit dans un sujet qui demeure : la substance pour les attributs et la matière pour les substances. C'est pour cette raison que les principes du devenir sont trois.

8. (191a23) Résolution de la difficulté des Éléates à partir de cette théorie : tout sujet possède une multiplicité d'attributs qui sont et d'attributs qui ne sont pas, de sorte que ce qui est peut advenir à partir de ce qui n'est pas.

9. (191b35) Réfutation de Platon à partir de cette théorie : il faut distinguer la privation de la matière.

II. *La nature et les causes des étants naturels ; le hasard et la nécessité*

1. (192b8) Définition des étants naturels et de ce qu'est la nature en eux, à savoir principe moteur, matériel, formel et final.

2. (193b22) Distinction entre la physique et les mathématiques; de même que la technique, la physique s'occupe à la fois de la matière et de la forme.

3. (194b16) Exposé des quatre types de causes et de leurs modes d'être (antérieure et postérieure, par soi et par accident, en acte et en puissance).

4. (195b30) Le hasard et le mouvement spontané sont parfois mentionnés parmi les causes, mais sans cohérence ni justification.

5. (196b10) Le hasard et le mouvement spontané ne sont pas causes de qui se produit toujours ou le plus souvent mais de ce qui se produit parfois sans intention alors que cela peut

aussi se produire avec intention. Ce sont donc des causes accidentelles et indéterminées.

6. (197a36) Le hasard est un cas particulier de mouvement spontané réservé au domaine de l'action choisie. Tous deux se trouvent parmi les causes d'origine du mouvement mais sont postérieurs à la nature et à l'intellect.

7. (198a14) Le physicien doit rendre compte des quatre causes, y compris lorsque celles-ci ne sont pas elles-mêmes des étants physiques, comme les moteurs immobiles et les essences.

8. (198b10) Les organes naturels qui sont adaptés à leur fonction, ainsi que les espèces qui se reproduisent à l'identique, ne sont pas explicables par le seul hasard de la rencontre et la seule nécessité de la sélection, comme le pensait Empédocle.

9. (199b34) La nécessité intervient dans les causes matérielles, au sens de la condition nécessaire à la réalisation de la fin.

III. *Le mouvement et ses notions connexes*

1. (200b12) L'étude de la nature doit comprendre celle du mouvement et des notions que celui-ci implique (infini, lieu, vide, temps). Définition du mouvement comme acte du mobile en tant que tel.

2. (201b16) Difficultés d'autres propositions de définition. Le mouvement est un acte incomplet. Le contact entraîne une modification dans le moteur s'il est mobile.

3. (202a13) L'acte du moteur et du mobile est le même et un, et il se trouve dans le mobile, mais son énoncé est différent pour le moteur et pour le mobile.

4. (202b30) Étude de l'infini : certains l'ont conçu comme une substance (les pythagoriciens et Platon), les autres comme l'attribut d'une substance (Anaxagore et Démocrite). Différentes raisons de penser que l'infini existe. Différents types d'infinis.

5. (204a8) L'infini ne peut être une substance, car il exprime une quantité et même une propriété de quantités. S'il est attribut, c'est son sujet qui est principe. Arguments logiques et physiques contre l'existence d'un corps infini.

6. (206a9) L'infini existe en puissance par la division des grandeurs et par l'addition dans le temps. Il est défini comme ce au-delà de quoi il y a toujours quelque chose. Son mode d'existence est proche de celui de la matière, non du tout.

7. (207a33) Confirmation de l'impossibilité d'une grandeur infinie par l'addition.

8. (208a5) Réponse à certaines objections contre cette impossibilité.

IV. *Notions connexes au mouvement, suite*

1. (208a27) Étude du lieu: indices de son existence; difficulté de définir sa nature.

2. (209a31) Le lieu est une limite, mais pas au sens où l'est la forme essentielle. Il n'est ni la forme ni la matière de la chose qu'il contient mais en est séparable.

3. (210a14) Le lieu est un contenant, et tout contenant est d'une autre nature que son contenu (car il n'est pas possible d'être en soi-même immédiatement).

4. (210b32) Reprise des propriétés qui semblent vraies, qu'il faudra confirmer à partir de l'essence. Rapport entre le lieu et le mouvement. Le lieu n'est pas non plus l'étendue entre

les extrémités du corps contenu. Il est la première limite immobile du corps contenant.

5. (212a31) Le tout n'est pas dans un lieu car il n'est pas contenu; il peut se mouvoir sur lui-même sans être dans un lieu. Distinction entre être dans un lieu en puissance et en acte, par soi et par accident. Résolution des difficultés grâce à cette conception.

6. (213a12) Étude du vide: examen des arguments des prédécesseurs soit pour affirmer soit pour nier son existence.

7. (213b30) Le vide semble exister comme un lieu dans lequel ne se trouve aucun corps tangible. Il n'est pas nécessaire de le poser comme cause ou condition du mouvement.

8. (214b12) Il doit exister un mouvement naturel pour chaque corps, qui suppose des directions dans le tout, ce qui n'est pas possible dans le vide. Le mouvement y serait d'une vitesse infinie.

9. (216b22) Le vide n'est pas la cause du rare et du léger, en tant qu'intérieur aux corps. Explication des raréfactions et densifications par la puissance commune.

10. (217b29) Étude du temps: difficultés à concevoir l'existence et la nature de l'instant et du temps, à partir des conceptions héritées.

11. (218b21) Démonstration qu'il n'y a pas de temps sans changement à partir de l'expérience subjective. Le continu, l'antérieur et le postérieur sont d'abord dans la grandeur, ensuite dans le mouvement, ensuite dans le temps. Définition du temps comme le nombre du mouvement selon l'antérieur et postérieur. L'instant est limite, à la fois toujours autre et toujours le même.

12. (220a27) Comment le temps est à la fois le même et différent. Mesure réciproque du temps et du mouvement.

Être dans le temps signifie avoir son existence mesurée par le temps.

13. (222a10) L'instant unifie en acte et divise en puissance. De ce fait, le temps est nécessairement infini. Justification de certaines expressions temporelles.

14. (222b30) Rapport du temps avec un âme nombrante. De quelle façon le temps est unique. Il y a une mesure naturelle première des mouvements et donc des temps.

V. *Distinctions et propriétés des changements*

1. (224a21) Distinction entre changement par soi et par accident. La forme ne change pas. Distinction entre les changements (termes contradictoires) et les mouvements (termes contraires).

2. (225b10) Il n'y a pas de changement dans les catégories autres que substance, qualité, quantité et lieu, donc pas de changement du changement. Le repos est privation de mouvement dans ce qui est capable de mouvement.

3. (226b18) Définition des expressions « ensemble », « en contact », « intermédiaire », « consécutif », « contigu », « continu ».

4. (227b3) Conditions pour que des mouvements soient les mêmes par le genre, par l'espèce et par le nombre ; conditions pour qu'ils soient consécutifs, contigus et continus ; conditions pour qu'ils soient uniformes.

5. (229a7) Conditions pour que des mouvements soient contraires.

6. (229b23) Le repos est contraire au mouvement correspondant ; l'absence de changement substantiel n'est pas un repos. Tous les changements peuvent être dus à la nature ou

contre nature, ces deux types étant d'une certaine manière contraires.

VI. *Propriétés des continus (grandeur, mouvement, temps)*

1. (231a21) Les points et les instants ne sont ni continus ni consécutifs. Démonstration du fait que la grandeur, le mouvement et le temps ne peuvent être composés d'indivisibles, car cela entraînerait qu'un mouvement soit achevé sans avoir été en train de se faire.

2. (232a23) Démonstration de la continuité du temps à partir des rapports de vitesses : le plus rapide divise le temps, le plus lent la longueur. Réponse, sur cette base, à l'argument de Zénon sur l'impossibilité de parcourir une distance infiniment divisible.

3. (233b33) Démonstration du fait que l'instant indivisible est la limite commune aux temps antérieur et postérieur ; qu'il n'y a ni mouvement ni repos dans l'instant.

4. (234b10) Démonstration du fait que tout ce qui est soumis au changement est divisible ; que le mouvement est divisible selon les parties du mû et selon le temps. Correspondance entre les divisions du temps, du mouvement, du mû et de la quantité modifiée.

5. (235b6) Démonstration du fait qu'il y a un moment premier du changement accompli, qui est un insécable, mais qu'il n'y a pas de moment premier du changement en train de se faire ni de première partie du corps changée. Quant aux termes du changement, pour les quantités et les lieux, il n'y a pas de partie première où le changement est accompli, mais il y en a pour les qualités.

6. (236b19) Démonstration du fait qu'il n'y a pas de temps premier où un changement a été accompli car dans tout temps il y a une infinité de changements accomplis et de changements en train de se faire, ceux-ci se précédant toujours l'un l'autre.

7. (237b23) Démonstration du fait qu'un mouvement fini ne peut se faire en un temps infini, ni un mouvement sur une grandeur infinie en un temps fini ; que le fini ne parcourt pas l'infini, ni l'infini le fini ; que le mouvement sur une grandeur infinie est nécessairement infini.

8. (238b23) Démonstration du fait que la mise au repos se fait dans le temps ; qu'il n'y a pas de temps premier de la mise au repos, ni du repos lui-même.

9. (239b5) Réfutation des quatre arguments de Zénon sur base de la théorie de la continuité. Réponse à deux autres difficultés apparentes.

10. (240b8) Nouvelles démonstrations du fait que l'indivisible ne peut être mû, sauf par accident, car cela impliquerait que le temps, le mouvement et la grandeur soient composés d'indivisibles. Impossibilité d'un changement infini, à l'exception du transport circulaire.

VII. *Reprise et approfondissement de certaines propriétés des mouvements*

1. (241b34) Nécessité qu'il y ait un moteur pour tout mouvement et un moteur premier pour tout enchaînement de moteurs mus.

2. (243a32) Le moteur qui est l'origine du mouvement doit être en contact avec le mû. Illustration par divers mouvements qui se ramènent au mouvement local ; ensuite extension aux altérations et aux mouvements quantitatifs.

3. (245b3) Les altérations concernent les qualités sensibles et se distinguent des venues à l'être. Les dispositions acquises du corps et de l'âme ne sont pas des altérations.

4. (248a10) Seuls les mouvements de même espèce sont comparables.

5. (249b27) Proportionnalité entre la force motrice, la masse mue, le temps et la distance. Il y a cependant un seuil sous lequel la force est insuffisante pour mouvoir la quantité correspondante.

VIII. *Continuité du mouvement de l'univers*

1. (250b11) Le mouvement doit avoir existé depuis toujours et existera toujours (car s'il est apparu à un certain moment, ce surgissement doit être expliqué par un changement antérieur, et en outre le temps est infini en raison du statut de l'instant). Critique d'Anaxagore et de Démocrite.

2. (252b7) Présentation de trois objections selon lesquelles le mouvement a pu apparaître dans un univers immobile; annonce de leur résolution prochaine.

3. (253a22) Résolution de la deuxième objection: démonstration de l'impossibilité que tout soit en repos ou tout en mouvement, ou que rien ne soit alternativement en repos et en mouvement. Insertion dans le cadre général de la recherche, qui consiste à distinguer trois types d'étants, respectivement toujours immobiles, toujours mus et alternativement mus et immobiles.

4. (254b7) Distinction des mouvements par soi et par accident, sous l'action d'autre chose et sous sa propre action, par nature et contre nature. Explication du mouvement des corps qui sont mus par nature sous l'action d'autre chose (le lourd et le léger).

5. (256a4) Dans tout enchaînement de moteurs, nécessité d'un premier automoteur. Les automoteurs ont nécessairement une partie mue et une partie motrice immobile.

6. (258b10) Distinction entre les moteurs immobiles éternels et non éternels; nécessité d'un éternel pour garantir l'éternité du mouvement de l'univers. Les moteurs des automoteurs ont une cause extérieure (ce qui répond à la troisième objection mentionnée au chap. 2).

7. (260a20) Réponse à la première objection: le seul mouvement qui puisse être éternellement continu est le transport, qui est aussi le premier des mouvements tant chronologiquement qu'ontologiquement.

8. (261b27) Suite du chap. 7 : parmi les transports, seul le circulaire peut être éternellement continu, car en aucun point il ne doit être divisé en acte (ce qui permet de confirmer la réponse au premier argument de Zénon).

9. (265a13) Le transport circulaire est aussi le premier des transports et la mesure des autres.

10. (266a10) Le premier moteur immobile est sans grandeur et toujours disposé de la même manière par rapport au mû. Le mouvement des projectiles n'est pas continu.

ARISTOTE

PHYSIQUE

LIVRE PREMIER

1. | Puisque le savoir et la science se produisent, dans toutes **184a10** les disciplines qui comportent principes, causes ou éléments, par l'acquisition de ceux-ci (c'est alors, en effet, que nous estimons connaître une chose, quand nous en avons acquis la connaissance des causes premières, des principes premiers, et jusqu'aux éléments), il est clair que pour la | science de la 15 nature aussi, il faut tenter de déterminer d'abord tout ce qui concerne les principes[1]. La démarche naturelle consiste à aller de ce qui est plus connu et plus clair pour nous vers ce qui est plus clair et plus connu par nature, car les mêmes choses ne sont pas connues pour nous et absolument. C'est pourquoi il est nécessaire de progresser de cette manière de ce qui est moins clair | par nature mais plus clair pour nous vers ce qui est 20 plus clair et plus connu par nature. Or, les choses qui nous sont d'abord manifestes et claires sont les plus confuses, mais plus tard, à partir de celles-ci, les éléments nous deviennent connus et les principes les divisent[2]. C'est pourquoi il faut aller

1. Sur la notion de principe et son importance scientifique, *cf.* Introduction, p. 30-37.

2. Les choses plus connues « absolument » ou « par nature » sont, pour Aristote, les plus simples et celles qui dépendent le moins d'autres choses, tandis que les plus connues pour nous sont celles qui nous apparaissent le plus immédiatement, le plus souvent prises dans de multiples compositions et

des choses en général vers les choses particulières : le tout est
25 plus connu selon | la sensation, et le général est un certain tout, car il comprend plusieurs choses comme ses parties. D'une
184b10 certaine manière les noms se trouvent | dans la même situation par rapport à la définition, car ils signifient un certain tout d'une manière indéfinie, par exemple le cercle, tandis que la définition de celui-ci le divise en cas particuliers[1]. Les petits enfants aussi appellent d'abord tous les hommes pères, et mères toutes les femmes, et distinguent plus tard chacun d'entre eux.

184b15 2. | Il est nécessaire que le principe soit ou bien un ou bien multiple, et s'il est un, qu'il soit ou bien immobile, comme le disent Parménide et Mélissos, ou bien mû, comme le disent les physiciens, les uns affirmant que le principe premier est l'air, les autres l'eau ; s'ils sont multiples, ils sont ou bien finis, ou bien infinis, et s'ils sont finis mais plus nombreux que un,
20 ils sont deux, trois, | quatre ou un autre nombre, et s'ils sont infinis, ils sont ou bien, comme chez Démocrite, d'un seul genre mais différents par la figure, ou bien différents par la forme et même contraires[2]. Par ailleurs, ceux qui cherchent combien sont les étants mènent une recherche similaire, car ils

dépendant de multiples causes. Pour progresser dans la connaissance, il convient donc de distinguer et d'analyser les différents composants et attributs d'un ensemble, et de déterminer les causes dont dépend chacun de ces éléments.

1. Le mot « cercle » a plusieurs significations, de sorte qu'il constitue un ensemble indistinct tant que l'on n'a pas précisé selon quelle définition on le considère.

2. Les atomes forment une seule sorte d'étants, qui diffèrent entre eux seulement par certaines qualités ou relations, tandis que les « particules » infinies d'Anaxagore, une fois sorties de l'indétermination originelle, constituent des espèces essentiellement distinctes (*cf.* 187a20-b7).

cherchent d'abord si ce d'où viennent les étants est un ou multiple, et, dans ce dernier cas, si c'est en nombre fini ou infini, de sorte qu'ils cherchent si le | principe et l'élément est 25 un ou multiple[1].

Ainsi donc, examiner si l'étant est un et immobile, ce n'est pas faire porter son examen sur la nature, | car, de même que le **185a1** géomètre n'a plus d'argument contre celui qui réfute ses principes, puisque cette réfutation concerne soit une autre science soit une science commune à toutes, de même celui qui étudie les principes n'en aura plus non plus, puisque l'étant n'est plus principe s'il est seulement un et un de cette façon, le principe étant principe d'une ou de plusieurs choses[2]. | Il est d'ailleurs 5 pareil d'examiner si l'étant est un de cette façon et de discuter n'importe quelle autre thèse débattue pour la seule discussion (comme la thèse héraclitéenne[3] ou comme si l'on disait que

1. À la ligne 23, il n'est pas nécessaire d'adopter la correction de Bonitz, suivie par Ross, qui remplace par πρώτων le πρῶτον des manuscrits ; je conserve cette leçon, avec Carteron et Cornford, ainsi que la place du mot après ζητοῦσι. La signification de la phrase n'est pas obscure : Aristote affirme qu'on ne peut chercher combien sont les étants sans chercher combien sont leurs principes ou éléments. Cela signifie probablement que pour connaître le nombre de types ou de genres d'étants (car il ne s'agit pas bien sûr d'en connaître le nombre d'individus), il faut savoir d'abord ce qui définit et différencie ces types, c'est-à-dire leurs principes.

2. Sur l'institution par chaque science des principes de son objet, *cf.* Introduction, p. 30. L'objection qu'adresse ici Aristote aux Éléates vaut pour toute science quelle que soit sa méthode d'institution des principes car, si son objet est absolument unique, elle ne pourra y distinguer ce qui est principe et ce qui résulte du principe.

3. En *Métaphysique* Γ 5, Aristote oppose ceux qui soutiennent par conviction et ceux qui soutiennent pour le seul plaisir du discours contradictoire, la thèse attribuée à Héraclite, selon laquelle être et ne pas être sont la même chose.

l'étant est un seul homme), ou de réfuter un raisonnement éristique, comme le sont précisément les deux raisonnements, aussi bien celui de Mélissos que celui de Parménide; en effet,
10 ils partent de prémisses fausses | et ne construisent pas de syllogismes. Celui de Mélissos est davantage grossier et dépourvu de difficulté; mais si l'on concède une absurdité, les autres arrivent; il n'y a là rien de difficile[1]. Quant à nous, posons que les choses qui sont par nature, ou bien toutes ou bien quelques-unes, sont mues; c'est clair par induction[2]. En même temps, il
15 ne convient pas de tout réfuter, mais | tout ce qu'on démontre erronément à partir des principes, et non le reste, par exemple réfuter la quadrature fondée sur les segments appartient au géomètre, mais réfuter celle d'Antiphon n'appartient pas au géomètre[3]. Cependant, comme ils n'étudient pas la nature

1. *Cf.* ci-dessous, 186a12, ainsi que *Réf. soph.*, 5, 167b1-20 et 6, 168b32-37, où il est reproché à Mélissos de déduire, à partir de « tout ce qui est né a un commencement », la réciproque « tout ce qui a un commencement est né ».

2. L'induction consiste à partir de l'observation de cas particuliers pour en tirer une affirmation générale, ici le fait qu'au moins certaines choses sont mues (on ne peut en dire plus par la seule observation). Le procédé suppose qu'on accorde une certaine confiance aux sensations, mais sur la question du mouvement Aristote affronte ailleurs le doute sceptique en disant que, même si nous imaginons seulement sentir, cette imagination est déjà un mouvement (VIII 3, 254a24-30).

3. La proposition d'Antiphon, rapportée par Simplicius et Thémistius, consistait à admettre qu'un polygone ayant un nombre de côtés extrêmement grand, quoique fini, est identique à un cercle. Cette proposition contredit un principe de base de la géométrie selon lequel une droite ne peut être tangente à un cercle qu'en un point, de sorte qu'il faudrait un polygone à un nombre infini de côtés. Puisque donc Antiphon s'oppose à un principe du géomètre, celui-ci ne peut lui répondre car il ne démontre pas ses principes mais seulement ce qui en est déductible. Pour Antiphon, comme semble-t-il pour Protagoras (selon *Métaphys.* B 2, 997b32), il est vain de chercher une vérité mathématique au-delà de ce qui se révèle à la sensation, or, à l'échelle de celle-ci, une droite et

mais qu'il leur arrive de parler de difficultés physiques, il est peut-être bon de discuter un peu | à leur propos, car cet examen 20 comporte de la philosophie.

Le commencement le plus approprié de tous, puisque « être » se dit de plusieurs façons[1], est de se demander comment le disent ceux qui disent que toutes choses sont une : toutes choses sont-elles substance ou quantité ou qualité[2], et ensuite, sont-elles une seule substance, par exemple un seul homme ou un seul cheval ou une seule âme, | ou une seule qua- 25 lité, par exemple blanc, chaud, ou une des autres choses de cette sorte ? En effet, toutes ces propositions sont très différentes et impossibles à dire. Car si les étants sont et substance et quantité et qualité, qu'ils soient détachés les uns des autres ou pas, ils sont multiples. D'autre part, s'ils sont tous qualité ou quantité, que la substance existe | ou qu'elle n'existe pas, 30 c'est absurde, s'il faut appeler absurde l'impossible. En effet, rien d'autre n'est séparé excepté la substance[3], car tout se dit

une courbe peuvent se confondre sans passage à l'infini. Quant à la tentative de quadrature proprement géométrique, les commentateurs la rapprochent de la démonstration à partir des lunes découpées dans le cercle, peut-être attribuable au mathématicien Hippocrate de Chio (2e moitié du 5e s.).

1. Cf. *Métaph.* Δ 7, E 2-4 : lorsqu'on dit qu'une chose est, on peut signifier par là qu'elle est par soi ou par accident, qu'elle est en puissance ou en acte, qu'elle est selon l'une ou l'autre des dix catégories, et qu'elle est au sens où elle est vraie. Ici Aristote envisage seulement la multiplicité des catégories, parmi lesquelles il est nécessaire de choisir où se place ce dont on parle.

2. La substance est la première catégorie ou classe d'étants, celle qui contient les sujets dont les autres sont des attributs. La question se pose donc de savoir si, lorsqu'on dit que tout est un, on entend par là que tout est de la même substance (par exemple « tout ce qui est est eau ») ou de la même qualité (« tout est indéterminé ») ou de la même quantité (« tout est infini »), etc.

3. « Séparé » signifie ici « indépendant », au sens où le sujet est une condition d'existence pour les attributs tandis que les attributs ne sont pas

d'un sujet qui est substance. Or, Mélissos dit que l'étant est infini[1]. L'étant est donc une certaine quantité, car l'infini est dans la quantité, tandis que la substance ne peut être infinie, 185b1 pas plus que la qualité ou l'affection | (si ce n'est par accident, lorsqu'elle est en même temps une certaine quantité), puisque la définition de l'infini se sert de la quantité et non de la substance ni de la qualité. Si donc l'étant est à la fois substance et quantité, il est deux et non un; s'il est seulement substance, 5 | il ne sera pas infini et n'aura aucune grandeur, car il serait une quantité.

En outre, puisque l'un lui-même se dit de plusieurs façons, comme l'étant, il faut réfléchir à la façon dont ils disent que le tout est un. Est dit un soit le continu, soit l'indivisible, soit ce dont la définition de l'être essentiel est la même et une, comme 10 le jus fermenté et le vin[2]. Si donc il est | continu, l'un est multiple, car le continu est divisible à l'infini. (Il y a d'ailleurs une difficulté à propos de la partie et du tout, qui n'est peut-être pas liée à la définition mais existe par elle-même, quant à savoir si la partie et le tout sont un ou multiples, et de quelle

nécessaires pour qu'existe le sujet. Puisque donc seuls les sujets, c'est-à-dire les substances, sont indépendants, tout ce qui est ne pourrait être d'une autre catégorie sans impliquer aussi l'existence d'une substance.

1. *Cf.* fragments 2 à 6 DK ; il n'est pas certain que Mélissos ait affirmé un infini spatial en plus de l'infini temporel, mais peu importe ici, car dans les deux cas l'infini est quantitatif.

2. Je traduis par « l'être essentiel » l'expression τὸ τί ἦν εἶναι, littéralement « le ce-qu'était-être », que la tradition latine a transmis sous le terme « quiddité ». Les modes d'unité sont présentés d'une manière plus rigoureuse en *Métaph.* Δ 6 et I, 1 : une chose peut être dite une parce qu'elle est un continu ou parce qu'elle est un tout, ou comme une définition et un universel, ou enfin comme une chose particulière. Dans tous les cas, elle est dite une en tant qu'indivisible, de sorte que l'indivisible est l'essence qui définit l'un.

façon un ou multiples ; et s'ils sont multiples, comment ils sont multiples ; et pour les parties non continues, | si chacune des 15 deux est une avec le tout en tant qu'indivisible, du fait qu'elles sont mêmes à elles-mêmes[1]). D'autre part, si l'un est comme indivisible, il n'y aura ni quantité ni qualité, et l'étant ne sera ni infini comme le dit Mélissos, ni fini comme le dit Parménide, car la limite est indivisible, non le limité. Enfin, si c'est par la définition que sont un | tous les étants, comme un pardessus 20 et un manteau, le résultat est qu'ils utilisent le langage d'Héraclite, car ce sera même chose que l'être du bien et du mal, du non bien et du bien, de sorte que ce sera même chose que le bien et le non bien, l'homme et le cheval, et leur discours ne concernera pas le fait que les étants sont un, mais bien qu'ils ne sont | rien, et ce sera même chose que l'être de telle qualité et 25 de telle quantité[2].

Les derniers des anciens se donnaient aussi beaucoup de mal pour que la même chose ne soit pas à la fois une et multiple. C'est pourquoi, les uns ont supprimé le mot « est », comme Lycophron, les autres ont réformé la syntaxe de l'expression : l'homme n'est pas blanc mais a blanchi, n'est pas marchant | mais marche, pour éviter de rendre l'un multiple en y ajoutant 30 le mot « est », parce qu'ils croyaient que l'un ou l'étant se dit d'une seule façon. Or, les étants sont multiples soit par la définition (par exemple, l'être du blanc est autre que celui du

1. Pour un examen approfondi de la relation entre la partie et le tout, tant dans les étants que dans les définitions, voir *Métaphysique* Z, chap. 10-12 et H, chap. 6.

2. Vouloir unifier tous les étants sous une même définition relève d'un coup de force du langage vis-à-vis de la réalité, qui aboutit à supprimer toutes les déterminations essentielles en les rendant équivalentes. Cette difficulté est longuement développée en *Métaphys.* Γ 5.

cultivé, alors qu'une même chose peut être les deux, de sorte que l'un est multiple), soit par la division, comme le tout et les
186a1 parties. Et là, | désormais embarrassés, ils reconnaissaient que l'un est multiple, comme s'il n'était pas possible que la même chose soit une et multiple sans être des choses opposées; en effet, l'un existe et en puissance et en acte [1].

186a4 3. | Pour qui progresse de cette manière, il est manifeste-
5 ment impossible que | les étants soient un, et ce à partir de quoi ils le montrent n'est pas difficile à réfuter. Tous deux, en effet, aussi bien Mélissos que Parménide, raisonnent de manière éristique, car ils assument des prémisses fausses et leurs raisonnements sont dépourvus de syllogismes. Celui de Mélissos surtout est grossier et dépourvu de difficulté; or, si l'on
10 concède une absurdité, | les autres arrivent; il n'y a là rien de difficile. Que donc Mélissos commet un paralogisme, c'est clair, puisqu'il considère comme acquis que, si tout ce qui est né a un commencement, ce qui n'est pas né n'en a pas. Ensuite, ceci aussi est absurde, de croire qu'il y a un commencement de tout (de la chose et non du temps), et non seulement de la venue
15 à l'être au sens strict | mais aussi de l'altération, comme s'il n'y avait pas de changement en bloc. Ensuite, pourquoi est-il

1. Le terme ἐντελέχεια est en général synonyme de ἐνέργεια, l'acte : tous deux expriment l'être effectif par opposition à l'être potentiel, et il sera question indifféremment de l'*entelecheia* ou de l'*energeia* du mobile. L'équivalence entre les deux termes trouve sa seule exception dans le contexte de l'opposition entre un acte instantané et un processus duratif, opposition en vertu de laquelle le mouvement ne peut être appelé acte; dans ce contexte, Aristote utilise exclusivement ἐνέργεια pour désigner cet acte (cf. *Métaphysique* Θ 6, 1048b18-36; *Éthique à Nicomaque* X 3, 1174a13-b14). C'est pour cette raison aussi que le mouvement sera appelé « acte incomplet » (ἐνέργεια ἀτελής) au livre III, 2, 201b31-32.

immobile, s'il est un? De même, en effet, que la partie, qui est une, par exemple cette eau-ci, se meut dans elle-même, pourquoi pas aussi le tout? En outre, pourquoi n'y aurait-il pas d'altération? Par ailleurs, l'étant ne peut pas non plus être un quant à la forme, si ce n'est quant à celle d'où il vient | (c'est 20 ainsi que certains physiciens le disent un, mais pas de cette manière-là), car l'homme est différent du cheval par la forme, de même que les contraires le sont entre eux.

Contre Parménide, on peut utiliser le même type d'arguments, même si certains autres lui sont propres, et la réfutation consiste à dire d'une part qu'il se trompe, d'autre part qu'il ne conclut pas: il se trompe en ce qu'il considère | que l'être se dit simplement, alors qu'il se dit de plusieurs 25 façons, et il ne conclut pas parce que, si l'on considérait les seules choses blanches, même si le blanc signifie une seule chose, les choses blanches n'en seraient pas moins multiples et non une, car le blanc ne serait un ni par la continuité ni par la définition. En effet, l'être du blanc sera autre que l'être du réceptacle. Et il n'y aura rien de séparé | à côté du blanc, car ce 30 n'est pas en tant que séparé mais en tant qu'essentiellement autre, que le blanc est différent de ce à quoi il appartient[1]. Mais cela, Parménide ne le voyait pas encore.

Dès lors, il doit nécessairement considérer non seulement que l'être signifie une seule chose, quel que soit le sujet auquel

1. On retrouve l'exigence de distinguer l'être du sujet et celui de l'attribut, qui mène à la reconnaissance d'une multiplicité de formes d'être. On voit qu'Aristote ne cherche pas à comprendre ce que l'ontologie parménidienne pouvait comporter de particulier, et qu'en l'envisageant selon ses propres catégories il en manque évidemment la signification.

il est attribué, mais aussi qu'il signifie cela même qu'est l'être[1] et cela même qu'est l'un. En effet, l'accident se dit d'un sujet,
35 | de sorte que ce dont l'être est un accident ne serait pas, car il
186b1 serait autre | que l'être et donc il serait un certain non-être. Donc cela même qu'est l'être ne sera pas une propriété d'autre chose. En effet, celle-ci ne pourra être un étant, à moins que l'être ne signifie plusieurs choses, de telle façon que chacune soit quelque chose. Mais on a posé que l'être signifie une seule chose. Si donc cela même qu'est l'être n'est attribut de rien
5 | mais que d'autres lui soient attribués, pourquoi cela même qu'est l'être signifiera-t-il plutôt l'être que le non-être? Supposons, en effet, que cela même qu'est l'être soit aussi blanc[2] mais que l'être du blanc ne soit pas cela même qu'est l'être (car l'être ne peut pas lui être attribué, car ce qui n'est pas cela même qu'est l'être n'est aucun être); alors le blanc n'est pas être; et non comme un certain non-être, mais comme abso-
10 lument non-être. | Donc cela même qu'est l'être n'est pas être, car il est exact de dire qu'il est blanc, or cela signifiait non être; par conséquent, si le blanc signifie cela même qu'est l'être, alors l'être signifie plusieurs choses. Et certes l'être n'aura pas

1. L'expression ὅπερ ὂν signifie l'être qui n'est rien d'autre qu'être, c'est-à-dire le fait même d'être. Aristote va montrer que, si c'est ainsi que le comprend Parménide, l'être ne peut être ni un attribut ni un sujet. Il ne peut être un attribut (a35-b4) car son sujet ne serait pas un étant, puisqu'on suppose que l'être a une seule signification et ne peut désigner deux choses différentes. Il ne peut être un sujet (b4-14) car il devrait recevoir au moins un attribut, or celui-ci ne serait pas un étant, pour la même raison que l'être ne désigne qu'une seule chose.

2. Je suis Ross qui supprime le ταὐτό des manuscrits, car on attend un exemple d'attribution au sujet « cela même qu'est l'être », et il est difficile de trouver un tel exemple dans la proposition : « cela même qu'est l'être est la mêmc chose que le blanc ».

non plus de grandeur, s'il est cela même qu'est l'être, car l'être est autre pour chacune des parties.

Que, d'autre part, cela même qu'est l'être se divise en un autre cela même qu'est l'être, | c'est manifeste par la 15 définition : par exemple, si l'homme est cela même qu'est l'être, il est nécessaire que l'animal aussi soit cela même qu'est l'être, ainsi que le bipède[1]. En effet, s'ils ne sont pas cela même qu'est l'être, ils seront des accidents. Donc ils seront attribués soit à l'homme soit à un autre sujet. Mais c'est impossible, car on appelle accident ce qui peut aussi bien appartenir que ne pas appartenir, | ou bien ce dans l'énoncé 20 de quoi se trouve le sujet auquel il est attribué[2] ; par exemple, le fait d'être assis est considéré comme séparable du sujet, tandis que dans le camus se trouve l'énoncé du nez, auquel nous disons que le camus est attribué[3]. En outre, tout ce qui

1. Le même résultat arrive dès que l'on cherche à définir l'être ainsi compris. En effet, le genre et la différence qui composent la définition doivent exprimer l'essence du sujet, de sorte qu'ils devront exprimer eux aussi cela même qu'est l'être, de sorte que l'être sera à nouveau multiple. L'exemple scolaire de l'homme, animal bipède, n'est évidemment donné qu'à titre indicatif.

2. Je suis Ross et Conford, qui suppriment, avec les ms FIJ et les commentateurs grecs anciens, une troisième possibilité formulée comme suit : « soit ce dans quoi se trouve l'énoncé < du sujet > auquel il est attribué ». En effet, il ne s'agit pas d'un troisième cas distinct mais d'une autre formulation du deuxième cas.

3. Si, pour éviter de multiplier cela même qu'est l'être, on propose que les attributs n'expriment pas la même chose que le sujet, alors ils seront des attributs séparables du sujet, ce qui entraîne une autre sorte de multiplicité. Les attributs séparables sont de deux sortes : le pur accident, au sens où non seulement l'homme peut être debout ou couché mais d'autres animaux le peuvent également, et le propre (ou accident *par soi* – cf. *Anal. Post.* I 4, 73a34-b3), c'est-à-dire un attribut qui n'appartient qu'à ce sujet-là, par exemple le camus au nez ; et c'est pour cette raison qu'un tel attribut possède nécessairement le

se trouve dans l'énoncé définitionnel ou dont celui-ci est
25 composé, | tout cela n'a pas dans son énoncé celui du tout, par exemple dans le bipède celui de l'homme ou dans le blanc celui de l'homme blanc. Si donc il en va pour eux de la première manière et que le bipède soit un accident de l'homme, il doit en être séparable, de sorte que l'homme pourrait ne pas être bipède, ou alors dans la définition du
30 bipède | se trouve la définition de l'homme. Mais c'est impossible, car c'est celui-là qui se trouve dans la définition de celui-ci. Et si le bipède et l'animal sont attribués à autre chose, et que chacun ne soit pas cela même qu'est l'être, l'homme aussi serait parmi les attributs de cette autre chose [1]. Mais admettons que cela même qu'est l'être ne soit attribut de rien, et qu'à ce à
35 quoi les deux sont attribués, | le composé des deux est attribué aussi ; le tout sera-t-il donc composé d'indivisibles ? [2].

nom ou la définition de son sujet dans sa propre définition, au contraire de la différence, qui se trouve dans la définition de son sujet mais n'a pas son sujet dans sa définition (comme le rappelle la phrase suivante).

1. Si « animal » et « bipède » sont des attributs séparables qui peuvent s'attribuer à d'autres sujets que « homme », alors, puisqu'on a posé que « homme » est la même chose qu'« animal bipède », l'homme aussi pourra être attribué à un autre sujet.

2. Pour ce dernier argument, difficile à interpréter, l'explication de Ross me semble la plus plausible : on constate une contradiction entre la nécessité que cela même qu'est l'être ne soit pas un attribut et la théorie de la définition selon laquelle les deux composants sont ses attributs et en même temps forment un tout identique à lui ; par conséquent la seule solution serait d'abandonner la théorie de la définition par décomposition en genre et différence, de sorte que toute chose serait indivisible. Aristote tient compte de cette difficulté lorsqu'il adopte partiellement la théorie platonicienne de la définition, en refusant que les composants définitionnels correspondent à une composition effective de la substance par plusieurs substances.

| Certains ont fait des concessions aux deux arguments : **187a1** à celui selon lequel tout est un si l'être signifie une seule chose, en disant que le non-être est ; à l'autre, celui de la dichotomie, en créant des grandeurs insécables. Manifestement il n'est pas vrai que, si l'être signifie une seule chose et ne peut signifier en même temps | la contradiction, il n'y aura aucun non-être, car 5 rien n'empêche que le non-être ne soit pas au sens absolu mais soit un certain non-être[1]. En revanche, dire que, si à côté de l'être lui-même il n'y a rien d'autre, toutes choses seront une, c'est absurde. Qui comprend en effet l'être lui-même autrement que comme cela même qu'est l'être ? Et s'il en est ainsi, rien n'empêche cependant que les étants soient multiples, | comme on l'a dit. Qu'il est donc impossible que l'étant soit un 10 de cette façon, c'est clair.

4. | Quant aux physiciens, ils s'expriment de deux **187a12** manières. Les uns, considérant comme un le corps sujet, que ce soit l'un des trois éléments ou un autre, plus dense que le feu et plus léger que l'air, | font naître les autres choses par conden- 15 sation et raréfaction pour produire la multiplicité. Celles-ci sont des contraires, et sont en général l'excès et le défaut, comme le grand et le petit selon Platon, excepté que celui-ci considère les contraires comme la matière et l'un comme la

1. Tout ce chapitre a pour toile de fond la distinction entre non-être absolu et non-être relatif établie par Platon dans le *Sophiste*. On sait que la théorie d'Aristote est que l'être a plusieurs significations variant notamment en fonction des sujets auxquels on l'attribue. Mais il ajoute ici que, même si on le limite à une seule signification, il sera toujours possible de l'attribuer au non-être et donc de dire que le non-être est ; en effet, c'est impossible pour le non-être absolu, c'est-à-dire le rien, mais c'est possible pour le non-être relatif, c'est-à-dire pour ce qui est quelque chose tout en n'étant pas autre chose.

forme[1], tandis que ceux-là considèrent l'un comme la matière
20 sous-jacente et les contraires comme des différences | et des formes. Les autres disent que se distinguent par séparation à partir de l'un les contrariétés contenues en lui, comme Anaximandre et tous ceux qui affirment l'existence de l'un et du multiple, comme Empédocle et Anaxagore; car eux aussi distinguent les autres choses par séparation à partir du mélange. Ils diffèrent entre eux du fait que le premier les fait
25 se produire périodiquement, le second | une seule fois, et que le second considère comme infinis les homéomères et les contraires, le premier seulement ce qu'on appelle les éléments. Anaxagore semble avoir estimé les choses infinies de cette façon, parce qu'il prenait pour vraie l'opinion commune des physiciens, que rien ne naît du non-étant (car pour cette raison
30 ils disent que « toutes choses étaient ensemble » | et lui-même a établi que devenir de telle sorte c'est être altéré, tandis que les autres appelaient cela mélange et séparation), et, en outre, du fait que les contraires adviennent les uns à partir des autres : ils préexistent donc les uns dans les autres, car, s'il est nécessaire que tout ce qui vient à l'être vienne à l'être ou bien à partir d'étants ou bien à partir de non-étants, et que, de ces deux possibilités, venir à l'être à partir de non-étants soit impossible
35 (avec cette opinion | tous les physiciens sont d'accord), ils estimèrent que se passe nécessairement ce qui reste, à savoir que tout vient à l'être à partir d'étants préexistants, mais qui, à
187b1 cause de la petitesse de leur masse, | ne nous sont pas percepti-

1. Cf. *Métaphysique* N 1, 1087b4-19 : la dyade indéterminée du grand et du petit est assimilée par Aristote à son propre concept de matière, dans la mesure où elle est sans détermination par elle-même mais reçoit ses déterminations de l'un, celui-ci évoquant le rôle déterminant de la limite et de la mesure. Voir aussi ci-dessous, chap. 9, 192a6-20.

bles. C'est pourquoi ils disent que tout est mêlé dans tout, parce qu'ils voyaient tout naître de tout, et que toutes choses paraissent différentes et sont appelées différemment les unes des autres selon ce qui abonde le plus dans le mélange des infinis; en effet, il n'y a rien qui soit exclusivement | blanc ou 5 noir ou doux ou chair ou os, mais ce que chaque chose possède en plus grande quantité, c'est cela qui semble être sa nature [1].

Si donc l'infini est inconnaissable en tant qu'infini, l'infini selon la pluralité ou la grandeur est une quantité inconnaissable, et l'indéfini selon la forme est une sorte de chose inconnaissable [2]. | Mais si les principes sont infinis en 10 pluralité et en forme, il est impossible de connaître les choses qui en dépendent, car nous estimons connaître le composé uniquement lorsque nous savons de quelles choses il est composé et en quelles quantités. En outre, si ce dont la partie peut être quelconque selon la grandeur et la petitesse, cela peut nécessairement l'être aussi | (je veux dire l'une de ces parties 15 immanentes en lesquelles le tout se divise); et si un animal ou une plante ne peut être quelconque selon la grandeur et la petitesse, il est manifeste qu'aucune de ses parties ne peut être quelconque, sinon le tout le serait de même. Or, la chair, l'os et les choses de cette sorte sont des parties de l'animal, et les

1. *Cf.* Anaxagore, fragments 1-7 DK.

2. L'expression κατ'εἶδος, ainsi que le ἐκ τίνων de la ligne b12, empêchent de penser que le ποῖόν τι signifie ici une qualité. De même que le τοιόνδε de la ligne a30, il exprime l'être-tel d'une chose, c'est-à-dire son être spécifique, son essence, la sorte de chose qu'il constitue. Cependant, le rapport étroit attesté dans ces expressions entre la qualité et l'essence n'est ni fortuit ni exceptionnel : il est confimé par le fait que les corps matériels sont constitués et distingués entre eux par les qualités tangibles principielles telles que chaud et froid, sec et humide, rugueux et lisse, etc. (ceci est longuement développé dans *De la génération et la corruption*, II 2-4, 329b7-332a2).

20 fruits des plantes. | Il est donc clairement impossible que la chair ou l'os ou une autre partie soit quelconque en grandeur, ni vers le plus ni vers le moins. En outre, si toutes les choses de cette sorte se trouvent les unes dans les autres et ne viennent pas à l'être mais se séparent alors qu'elles s'y trouvent et sont dites d'après le plus abondant, et si n'importe quoi vient à l'être à partir de n'importe quoi (par exemple, de l'eau se
25 séparant de la chair | et la chair de l'eau), alors que tout corps fini est épuisé par un corps fini, il est manifeste que chaque chose ne peut se trouver dans chaque chose. En effet, si l'on extrait la chair de l'eau, et à nouveau celle qui s'est formée à partir du reste par séparation, même si la quantité séparée est
30 toujours plus petite, | elle ne pourra dépasser une certaine taille en petitesse. Par conséquent, si la séparation s'arrête, tout ne sera pas dans tout, car dans le reste d'eau il ne se trouvera plus de chair, et si elle ne s'arrête pas mais que l'extraction continue toujours, dans une grandeur finie se trouveront des grandeurs
35 égales finies en nombre infini, ce qui est impossible. | En outre, si tout corps dont on a extrait une partie devient nécessairement plus petit, et si la quantité de chair est limitée en grandeur et en petitesse, il est manifeste que de la plus petite partie de
188a1 chair | aucun corps ne se séparera, car il serait plus petit que la plus petite. De plus, dans les corps infinis il se trouverait déjà une chair infinie ainsi que du sang et un cerveau, séparés les uns des autres, mais n'existant pas moins, et chacun infini;
5 | mais cela est déraisonnable.

D'autre part, que tout ne sera jamais séparé, il le dit sans le savoir, mais avec raison; en effet, les affections sont inséparables; si donc les couleurs et les états acquis sont mélangés et qu'on les sépare, il y aura du blanc et du sain qui ne seront rien d'autre ni attribués à un sujet. Par conséquent, il est absurde cet
10 intellect qui cherche l'impossible, puisqu'il veut | séparer alors

que c'est impossible à faire, et selon la quantité et selon la qualité, selon la quantité parce que la grandeur la plus petite n'existe pas, selon la qualité parce que les affections sont inséparables. Il considère incorrectement aussi la venue à l'être des choses d'espèce semblable; dans un sens, en effet, la boue se divise en boues, | dans un autre sens, non, et ce n'est pas de la même façon que les briques viennent de la maison et la maison des briques, et que l'eau et l'air sont et adviennent l'un de l'autre. Il vaut mieux prendre des principes moins nombreux et finis, comme le fait Empédocle. 15

5. | En tous cas, tous font principes les contraires[1], et ceux qui disent que | le tout est un et non mû (en effet, Parménide prend pour principes le chaud et le froid, et les appelle feu et terre)[2], et ceux qui disent qu'il est rare et dense, et Démocrite qui affirme le plein et le vide, dont il dit que l'un est comme étant et l'autre comme non-étant, utilisant en outre la position, la figure et l'ordre (or ceux-ci sont des genres de contraires : haut | et bas pour la position, devant et derrière, pourvu et dépourvu d'angles, droit et circulaire). Que donc d'une certaine façon tous font des contraires les principes, c'est clair. Et c'est avec raison, car les principes ne doivent provenir ni les uns des autres ni d'autres choses, et tout doit venir d'eux. Or, ces caractéristiques appartiennent aux premiers contraires : du **188a19** 20 25

1. Cette position commune résiste à toute réfutation et peut servir de point de départ à l'enquête positive.

2. Il s'agit cette fois d'une référence à la deuxième partie du Poème parménidien, qui expose une théorie physique du mélange entre deux éléments opposés. Aristote ne cherche jamais à comprendre le rapport entre les deux parties du Poème.

30 fait d'être premiers, | ils ne viennent pas d'autres choses, et du fait d'être contraires ils ne viennent pas les uns des autres.

Mais il faut examiner aussi du point de vue logique comment cela se passe. Il faut admettre d'abord qu'aucun de tous les étants n'est disposé par nature à produire ou à subir n'importe quoi sous l'effet de n'importe quoi, et qu'une chose quelconque n'advient pas à partir d'une chose quelconque, à 35 moins qu'on le considère par accident; | comment, en effet, le blanc adviendrait-il à partir du cultivé, sauf si le cultivé est un accident du non-blanc ou du noir?[1] Or le blanc advient à partir **188b1** du non-blanc et non de n'importe quel non-blanc | mais du noir ou des intermédiaires, et le cultivé à partir du non-cultivé, non pas de n'importe lequel mais de l'inculte ou d'un intermédiaire, s'il y en a. Il n'y a pas davantage destruction vers la première chose venue, comme du blanc vers le cultivé, si ce 5 n'est par accident, | mais vers le non-blanc, et non n'importe quel non-blanc mais le noir ou l'intermédiaire. De la même manière le cultivé va vers le non-cultivé, non pas vers n'importe lequel mais vers l'inculte ou un intermédiaire, s'il y en a. Et c'est pareil pour les autres choses, car ceux des étants qui ne 10 sont pas simples mais | composés relèvent du même raisonnement, mais comme il n'y a pas de nom pour les dispositions opposées, il nous échappe que cela arrive; car nécessairement tout ce qui est harmonisé advient à partir du non-harmonisé et

1. L'expression «par accident» signifie ici, comme souvent, «par attribution à un même sujet». Le raisonnement est le suivant: lorsqu'un sujet devient cultivé, le cultivé advient à partir du non-cultivé; de même, si le sujet devient blanc, le blanc advient à partir du non-blanc; si maintenant un sujet cultivé devient blanc, on peut dire que le blanc advient à partir du cultivé, mais seulement parce que le cultivé est aussi non-blanc. Donc un attribut advient toujours à partir de son contraire et non d'un autre attribut quelconque.

le non-harmonisé à partir de l'harmonisé, et l'harmonisé se détruit en une disharmonie, non pas n'importe laquelle mais | l'opposée. Et peu importe que l'on parle d'harmonie, d'ordre 15 ou de composition, car il est manifeste que c'est le même raisonnement. Quant à la maison, la statue ou quelque autre chose, elles adviennent semblablement puisque la maison advient à partir de la non-composition et de la séparation de telles choses de telle manière, et la statue ou l'une des choses qui ont pris une configuration advient | à partir de l'absence 20 de configuration; et chacune d'elles est soit un ordre, soit une composition. Si donc cela est vrai, tout ce qui advient adviendrait et tout ce qui est détruit serait détruit soit à partir des contraires soit vers les contraires et leurs intermédiaires. Quant aux intermédiaires, ils viennent des contraires, par exemple les couleurs du blanc et du noir; | par conséquent, 25 toutes les choses qui viennent à l'être par nature seraient soit des contraires soit issues de contraires.

Jusqu'ici, la plupart des autres aussi ont suivi à peu près la même voie, comme nous l'avons dit précédemment, car tous disent que les éléments et ce qu'ils appellent principes sont les contraires, même s'ils posent cela sans raisonnement, comme forcés par | la vérité elle-même. La différence entre eux est que 30 les uns prennent les premiers, les autres les derniers, les uns les plus connus selon la raison, les autres selon la sensation, car certains prennent le chaud et le froid, d'autres l'humide et le sec, d'autres encore l'impair et le pair, et certains enfin | posent 35 comme causes de la venue à l'être la discorde et l'amitié, or tout cela diffère de la manière qu'on a dite. Par conséquent, ils disent d'une certaine façon la même chose, d'une autre des choses différentes, différentes comme il semble à la plupart, mais les mêmes | en tant qu'analogues; en effet, ils puisent **189a1** dans la même série car, parmi les contraires, les uns contien-

nent, les autres sont contenus. Dans cette mesure donc, ils parlent semblablement et différemment, moins bien et mieux, les uns prenant les plus connus selon la raison, comme on l'a
5 dit | précédemment, et les autres selon la sensation; en effet, le général est connu selon la raison, la chose particulière selon la sensation, car la raison est du général et la sensation du particulier, par exemple le grand et le petit sont connus selon la
10 raison, le rare et le dense selon la sensation. Que donc | les principes doivent être contraires, c'est manifeste.

189a11 6. | La suite consisterait à dire s'ils sont deux ou trois ou plusieurs. Un seul, en effet, ce n'est pas possible, parce que les contraires ne sont pas une seule chose; ni un nombre infini, parce que l'étant ne serait pas connaissable[1], et parce qu'il y a une seule contrariété dans tout genre un, or la substance est un seul genre[2], et enfin parce qu'il est possible que tout vienne de
15 | principes finis, or il vaut mieux que ce soit de principes finis, comme le dit Empédocle, plutôt que de principes infinis; il estime en effet rendre compte de tout ce qu'Anaxagore expli-

1. S'il fallait d'abord passer par la connaissance d'une infinité de choses, on n'y arriverait jamais. Il faut remarquer que ce n'est pas le cas des atomes, car ils constituent une seule sorte de principes même s'ils sont en nombre infini, de sorte qu'ils sont connaissables en tant que genre (*cf.* 184b20-22).

2. Il y a une seule contrariété principielle dans chaque genre, les autres couples de contraires pouvant être rapportés à ce premier. Il n'est pas évident de savoir à quel couple Aristote pense pour les substances. Ross suggère qu'il s'agit de la forme et la privation, dont il vient d'être donné une série d'exemples. Cependant, ce couple est considéré comme principe général dans toutes les catégories et non seulement dans les substances. Ce qui est propre aux substances, c'est que la forme et la privation n'y constituent pas à proprement parler une contrariété mais une contradiction, de sorte que l'opposition principielle dans ce genre serait celle de l'affirmation et de la négation.

que par des principes infinis[1]. En outre, il y a des contraires antérieurs à d'autres et certains adviennent à partir d'autres, comme le doux et l'amer, le blanc et le noir, mais les principes doivent | demeurer toujours[2]. 20

Que donc ils ne sont ni un ni infinis, c'est clair d'après tout cela. Puisqu'ils sont finis, il y a un argument pour ne pas se contenter de deux; en effet, on serait confronté à la difficulté de savoir comment la densité serait naturellement capable de produire la rareté, et celle-ci la densité. Et il en va de même pour toute autre contrariété, car l'amitié ne rassemble pas la discorde | ni ne produit rien à partir d'elle, pas plus que la 25 discorde à partir de l'amitié, mais toutes deux agissent sur une troisième chose distincte d'elles. Certains en prennent même plusieurs pour constituer la nature des étants. Outre cela, on se heurterait aussi à cette difficulté, si l'on ne plaçait pas une autre nature sous les contraires, que nous ne voyons les contraires être la substance d'aucun des étants; | or, il ne faut 30 pas que le principe soit dit d'un sujet; en effet il y aurait un principe du principe, car le sujet semble être principe et antérieur à l'attribut[3]. De plus, nous affirmons qu'une substance n'est pas contraire à une substance; comment donc de non-

1. Suivant un principe méthodologique d'économie, il est inutile de multiplier les explications quand on peut rendre compte de tout en les limitant.

2. À supposer qu'il existe une infinité de contraires, tous ne doivent pas être dits principes car la plupart peuvent être ramenés à un ou quelques couples premiers qui ne sont plus issus d'aucun autre et qui donc sont les seuls véritables principes.

3. Les substances elles-mêmes ne sont pas des contraires (cf. *Catégories* 5, 3b24-27), et tous les contraires semblent être des attributs d'un sujet; or le sujet est principiel par rapport aux attributs car ceux-ci ne peuvent exister sans lui; par conséquent, il faut inclure les sujets parmi les principes, en plus des contraires.

substances une substance viendrait-elle ? Ou comment une non-substance serait-elle antérieure à une substance ? C'est
35 pourquoi, si l'on considère | comme exact l'argument précé-
189b1 dent et celui-ci, il est nécessaire, | si l'on veut conserver les deux, de placer un troisième principe sous les autres, comme l'affirment ceux pour qui le tout est une seule nature, par exemple l'eau ou le feu ou leur intermédiaire. L'intermédiaire semble d'ailleurs préférable, car le feu, la terre, l'air et l'eau
5 sont déjà | enchevêtrés avec les contrariétés ; aussi ce n'est pas sans raison que certains posent autre chose comme sujet, et que, parmi les autres, certains posent l'air, car c'est l'air qui possède le moins de différences sensibles, et ensuite l'eau. Mais tous, en tous cas, configurent cette chose une par les
10 contraires, à savoir par la densité et la rareté et par le | plus et le moins ; or ce sont là clairement, d'une manière générale, l'excès et le défaut, comme on l'a dit précédemment. Et cette opinion semble ancienne, qui affirme que l'un et l'excès et le défaut sont principes des étants, quoique ce ne soit pas toujours de la même façon mais, pour les anciens, les deux contraires
15 produisent et l'un pâtit, tandis que | certains des penseurs ultérieurs disent plutôt que l'un produit et que les deux contraires pâtissent[1].

Ainsi donc, dire que les éléments sont trois, à l'examen de ces arguments et d'autres du même genre, semble avoir quelque raison, comme nous l'avons dit, mais pas plus que
20 trois ; en effet, pour le pâtir l'un suffit, et s'il y avait | deux contrariétés de quatre étants, il faudrait qu'en dehors de chacune existe une autre nature intermédiaire ; et si, étant deux, elles pouvaient advenir l'une de l'autre, l'une des

1. *Cf.* 187a16-18 et la note.

contrariétés serait superflue. En même temps, il est impossible que les contrariétés premières soient multiples. En effet, la substance est un seul genre de l'étant, de sorte que les principes se différencieront | entre eux uniquement par l'antériorité et la postériorité et non par le genre, car dans tout genre il y a une seule contrariété, et toutes les contrariétés semblent remonter à une seule[1]. 25

Que donc l'élément n'est ni un ni plus nombreux que deux ou trois, c'est manifeste; quant à savoir lequel de ces deux nombres, comme nous l'avons dit, cela constitue une grande difficulté.

7. | Comment nous l'envisageons, disons-le donc en nous occupant d'abord de tout devenir, car il est naturel de dire ce qui est commun avant d'étudier ce qui est propre à chaque chose[2]. Nous affirmons, en effet, qu'une chose advient à partir d'une autre, et une différente à partir d'une différente, en parlant soit des choses simples, soit des choses composées. Je veux dire ceci : un homme peut devenir | cultivé, et le non-cultivé peut devenir cultivé ou | l'homme non-cultivé devenir homme cultivé. Je dis donc que ce qui devient est simple quand c'est l'homme et le non-cultivé, et que ce que cela devient est simple quand c'est le cultivé, et je dis que ce que cela devient et ce qui devient sont composés quand nous affirmons que **189b30** 35 **190a1**

1. *Cf.* 189a13-14 et la note.

2. L'étude du devenir en général s'oppose à la distinction entre les différents types de changement, et principalement à la distinction entre devenir absolument (c'est-à-dire venir à l'être) et devenir quelque chose (c'est-à-dire subir un changement d'attribut), qui est explicitée en 190a31-34. Que cet ordre de la recherche soit dit « naturel » fait écho à la remarque méthodologique qui ouvre le livre, selon laquelle nous commençons par le plus connu pour nous, qui correspond au commun et au non-distingué (*cf.* πέφυκε en 184a16).

5 l'homme non-cultivé | devient homme cultivé[1]. Dans l'un des cas, on dit non seulement « devenir ceci » mais aussi « à partir de ceci », par exemple « cultivé à partir du non-cultivé », tandis que dans l'autre cas on ne le dit pas toujours : le cultivé n'est pas devenu à partir de l'homme, mais l'homme est devenu cultivé. D'autre part, parmi les choses qui deviennent de la manière dont nous disons que les choses simples
10 deviennent, | l'une devient en subsistant, l'autre sans subsister, car l'homme subsiste et existe en devenant homme cultivé, tandis que le non-cultivé et l'inculte ne subsistent ni comme simples ni comme composés.

Cela étant défini, à partir de toutes les choses en devenir on peut saisir ceci, si l'on veut bien le considérer comme nous le
15 disons, que quelque chose doit | toujours être sujet en tant que ce qui devient, et que, si celui-ci est un quant au nombre, il ne l'est pas quant à la forme; car ce qui est le même quant à la forme l'est aussi quant à la définition, car l'être de l'homme n'est pas le même que l'être de l'inculte[2]. Et l'un demeure,

1. « Ce qui devient » (*to gignomenon*) désigne d'abord indifféremment le terme initial du changement et le sujet qui subit le changement; « ce que cela devient » désigne le terme final du changement. Ensuite, à la phrase suivante, la distinction est faite entre l'attribut qui est terme initial et le sujet qui ne l'est pas. Alors qu'en grec on utilise dans les deux cas le même verbe *gignesthai*, en français on réserve plutôt le verbe « devenir » pour le sujet et on utilise un verbe tel qu'« advenir » ou « venir à l'être » pour l'attribut.

2. Le sujet qui se transforme est un seul corps mais il peut être désigné par une multiplicité d'attributs qui n'ont pas tous la même définition ni ne renvoient aux mêmes aspects. Parmi ces attributs il faut principalement distinguer celui qui désigne ce qui demeure malgré la transformation et ceux qui par elle apparaissent et disparaissent. Cette distinction permet de répondre à la difficulté de garantir l'identitié du sujet sous ses diverses modifications. À partir de 190b1 il sera précisé que même la génération d'une substance doit se

l'autre pas : le non-opposé demeure (car l'homme demeure), tandis que le cultivé et | l'inculte ne demeurent pas, ni le 20 composé des deux, par exemple l'homme inculte. Par ailleurs, venir à l'être à partir de quelque chose (et non devenir ceci) se dit plutôt lorsque ce quelque chose ne demeure pas, par exemple « le cultivé vient à l'être à partir de l'inculte » et non « à partir de l'homme »; cependant, on parle parfois ainsi également des choses qui demeurent, | car nous disons que la 25 statue vient à l'être à partir du bronze et non que le bronze devient statue. Quant à ce qui vient à l'être à partir de l'opposé qui ne demeure pas, il se dit des deux façons : « ceci vient à l'être à partir de ceci » et « ceci devient ceci », puisque le cultivé vient à l'être à partir de | l'inculte et que l'inculte 30 devient cultivé. C'est pourquoi il en va de même pour le composé : on dit que le cultivé vient à l'être à partir de l'homme inculte et que l'homme inculte devient cultivé. Mais comme le devenir se dit de plusieurs façons et que certaines choses sont dites non pas venir à l'être mais devenir ceci, tandis que les substances seulement sont dites advenir absolument, pour les autres il est manifestement nécessaire que soit sujet la chose qui devient; car quantité, qualité, | relation, 35 temps et lieu viennent à l'être alors que quelque chose est sujet, du fait que seule la substance n'est attribuée à aucun autre sujet, | mais que tout le reste est attribué à la substance. **190b1** Cependant, que même les substances et tous les autres étants qui sont absolument viennent à l'être à partir d'un sujet, c'est manifeste pour qui l'examine attentivement, car il y a toujours quelque chose qui est sujet, à partir de quoi vient à l'être ce qui

faire à partir d'un sujet qui préexiste à la substance en question et demeure en elle comme sa matière.

vient à l'être, comme les plantes et les animaux à partir de la
5 | semence. Et les choses qui viennent à l'être de façon absolue
le font les unes par transfiguration, comme la statue à partir du
bronze, les autres par addition, comme celles qui croissent, les
autres par soustraction, comme l'Hermès à partir de la pierre,
les autres par composition comme la maison, les autres par
altération comme celles qui se transforment quant à la matière.
Or il est manifeste que toutes les choses qui adviennent ainsi
10 | adviennent à partir de sujets. Par conséquent, il est clair
d'après ce qu'on a dit que tout ce devient est toujours composé,
et qu'il y a d'une part ce qui devient et d'autre part ce que cela
devient, et que cela est double car ce peut être le sujet ou l'opposé.
Et je dis qu'est opposé l'inculte, et qu'est sujet l'homme,
15 et que | l'absence de configuration, de forme, d'ordre, c'est
l'opposé; que le bronze, la pierre, l'or, c'est le sujet.

Puisqu'il y a donc des causes et principes des étants
naturels, à partir desquels comme premiers ceux-ci existent et
sont devenus, non par accident mais ce que chacun est dit être
20 conformément à son essence, il est manifeste que | tout vient à
l'être à partir du sujet et de la forme; l'homme cultivé est en
effet composé, d'une certaine manière, d'homme et de cultivé,
car on décomposera les énoncés en énoncés des composants. Il
est donc clair que les choses qui viennent à l'être le font à partir
de ces principes.

D'autre part, le sujet est un quant au nombre, deux quant
25 à la forme; en effet, | l'homme, l'or et, d'une manière générale,
la matière sont numérables car ils sont plutôt des cecis, et
ce n'est pas par accident qu'advient de là ce qui advient; en
revanche, la privation qui est la contrariété est un accident.

Quant à la forme, elle est une, par exemple l'ordre ou la culture ou un autre attribut de ce genre [1].

C'est pourquoi, en un sens il faut dire que | les principes 30 sont deux, en un sens trois, et en un sens que ce sont les contraires, par exemple si l'on parle du cultivé et de l'inculte ou du chaud et du froid ou de l'harmonieux et du disharmonieux, et en un sens que non, car il est impossible que les contraires pâtissent l'un par l'autre. Mais ceci est résolu aussi du fait que le sujet est autre chose, car il n'est pas | un contraire. 35 Par conséquent, d'une certaine manière les principes ne sont pas plus nombreux que les contraires, mais sont pour ainsi dire deux quant au nombre ; cependant, ils ne sont pas non plus tout à fait deux, | puisque leur être est différent, mais trois ; sont **191a** différents, en effet, l'être de l'homme et celui de l'inculte, l'être du non-configuré et celui du bronze [2].

Ainsi donc, combien sont les principes des choses naturelles soumises au devenir, et pourquoi ce nombre, on l'a dit ; et il est clair que quelque chose doit être sujet des contraires et que les contraires doivent être deux. Mais | d'une 5 autre manière ce n'est pas nécessaire, car l'un des contraires sera suffisant pour produire le changement, par son absence et

1. La matière est définie ici en général comme le sujet, c'est-à-dire comme ce qui reçoit une certaine forme lors d'un changement, en préexistant à ce changement et en demeurant après qu'il se soit produit. Elle est toujours une substance, soit qui se transforme en une autre substance lors d'une génération, soit qui subit un changement d'attribut. La privation est le contraire de la forme qui advient, et elle est dite un accident probablement parce qu'elle n'est pas une condition de l'apparition de la forme comme l'est la matière.

2. Au premier abord on peut dire que les principes du changement sont ses deux termes, l'initial et le final ; mais on vient de constater que le terme initial est double car on désigne de cette façon aussi bien la matière que la privation, or elles ont une signification et une essence différentes.

sa présence. Quant à la nature sujet, elle est connaissable par analogie. En effet, de la même façon que se situe le bronze par rapport à la statue, le bois par rapport au lit, ou la matière et
10 l'informe, avant d'avoir reçu sa forme, par rapport à | l'une des autres choses qui possèdent une forme, ainsi se situe cette nature par rapport à la substance, au ceci et à l'étant[1]. Elle est donc un principe, sans être une ni un étant de la même façon que l'est le ceci; un autre principe est l'énoncé[2], et enfin son contraire, la privation.

15 En quel sens ils sont deux et en quel sens | plusieurs, on l'a dit plus haut. On a donc expliqué d'abord que seuls les contraires sont principes, ensuite qu'il est nécessaire qu'il y ait quelque chose comme sujet, ce qui fait trois; d'après ce qui vient d'être dit on voit clairement quelle est la différence des contraires, quelle relation les principes ont entre eux et quel est
20 le sujet. Maintenant, la substance est-elle la forme | ou le sujet, ce n'est pas encore clair[3]. Mais que les principes sont trois,

1. Dans certaines substances, la matière qui fut le sujet de leur venue à l'être est facile à identifier, car on a vu le bois, qui est lui-même une substance déterminée, être transformé en lit, et on voit bien comment le bois demeure encore dans le lit. Ces exemples peuvent servir à identifier, par analogie, des matières plus difficiles à connaître, notamment celle des êtres vivants. La substance, le ceci et l'étant sont trois manières de désigner la substance composée de matière et de forme, par opposition à la matière seule. Non que celle-ci ne soit pas substance et étant, mais elle l'est seulement en puissance; et elle n'est pas un ceci car cette expression est réservée à ce qui est déterminé, c'est-à-dire à une forme ou à ce qui possède une forme.

2. Le *logos* n'a pas seulement ici un sens linguistique, mais est utilisé comme synonyme de *eidos* pour désigner un caractère déterminant d'un sujet et en même temps son énoncé affirmatif par opposition à la négation privative.

3. *Cf.* II 1, 192b33-193a32. La question sera reprise dans la *Métaphysique*, aux livres Z et H, où sera complétée la démonstration du fait que la substance

comment ils sont trois, et quelle est leur manière d'être, c'est clair. Combien donc et quels sont les principes, considérons que nous l'avons ainsi étudié.

8. | Disons ensuite que de cette seule manière se résout **191a23** aussi la difficulté des anciens, car les premiers qui cherchèrent d'un point de vue | philosophique la vérité et la nature des 25 étants, furent détournés en quelque sorte sur une autre voie, repoussés par leur inexpérience, et ils affirment qu'aucun des étants ne vient à l'être ni ne se détruit, du fait que nécessairement ce qui advient advient soit à partir de l'étant soit à partir du non-étant, et que dans les deux cas c'est impossible[1] : | en 30 effet, l'étant ne vient pas à l'être (car il est déjà) et à partir du non-étant rien ne peut venir à l'être car il faut que quelque chose soit sujet. Et ainsi, en amplifiant les conséquences, ils affirment que la multiplicité n'existe pas, mais seulement l'étant lui-même. Ceux-là donc ont adopté cette opinion à cause de ce qu'on vient de dire. Quant à nous, nous disons que le fait d'advenir à partir d'un étant | ou d'un non-étant, ou le fait 35 que l'étant et le non-étant produisent ou sont affectés ou deviennent telle chose quelconque, d'une certaine façon n'est en rien | différent du fait que le médecin produit ou est affecté **191b1** ou qu'à partir du médecin quelque chose est ou advient, de sorte que, puisque cela se dit de deux façons, il est clair que ce qui advient à partir de l'étant et l'étant produisent ou sont

s'entend de trois façons : comme matière, comme forme et comme composé des deux.

1. *Cf.* Parménide, fragment 8. « L'étant » signifie « ce qui est » et « le non-étant » « ce qui n'est pas ». Comme déjà signalé au chap. 3, l'erreur des Éléates vient de leur conception univoque de l'être qui les empêche d'accepter plusieurs étants différents, dont les uns peuvent naître à partir des autres.

affectés. Ainsi donc, le médecin construit une maison non en
5 tant que médecin mais en tant que | constructeur, et il devient blanc non en tant que médecin mais en tant que noir, tandis qu'il soigne et devient non-médecin en tant que médecin. Et puisque nous disons que le médecin produit ou est affecté ou devient quelque chose à partir de médecin surtout et principalement quand c'est en tant que médecin qu'il est affecté ou produit ou devient cela, il est clair qu'advenir à partir du
10 non-étant signifie aussi que c'est | en tant que non-étant[1]. C'est précisément en ne faisant pas cette distinction qu'ils se sont égarés, et du fait de cette ignorance ils ont persisté dans l'ignorance, au point de croire qu'aucune des autres choses n'advient et n'est, mais de supprimer tout le devenir. Quant à nous, nous affirmons aussi que rien n'advient absolument du non-étant, mais qu'il y a d'une certaine manière une venue à l'être à partir
15 du non-étant, en quelque sorte par accident, | car à partir de la privation, ce qui est par soi non-étant devient quelque chose, alors qu'il ne s'y trouvait pas. Or, cela étonne et semble impossible, que quelque chose advienne à partir du non-étant. Et semblablement nous disons que l'étant n'advient pas non plus à partir de l'étant, si ce n'est par accident, mais qu'ainsi il

1. De la même manière qu'une chose qui est possède de multiples aspects, de sorte qu'on peut la considérer « en tant que » telle ou telle, ainsi une chose qui n'est pas sous un certain aspect peut être sous d'autres aspects. Le non-médecin, par exemple, est en même temps un homme et un musicien et une multitude d'autres choses. En comprenant ainsi le non-être comme désignant seulement l'un des aspects d'une chose qui est, il n'est pas illogique de dire qu'à partir de lui advient un être (par exemple, un médecin à partir d'un non-médecin), mais à condition qu'il y ait un sujet préexistant. En effet, Aristote admet l'impossibilité de la venue à l'être à partir du non-être seulement si celui-ci concerne le sujet du devenir : s'il ne préexiste aucun corps, aucun corps ni aucune propriété ne pourra jamais advenir.

advient lui aussi, de la même manière que si | l'animal advenait 20 à partir de l'animal et un certain animal à partir d'un certain animal, par exemple un chien à partir d'un chien et un cheval d'un cheval[1]. En effet, le chien adviendrait non seulement à partir d'un certain animal, mais aussi à partir de l'animal, mais il n'adviendrait pas en tant qu'animal, car celui-ci existe déjà; si en revanche un certain animal doit advenir sans que ce soit par accident, ce ne sera pas à partir de l'animal, et si un certain étant doit advenir, ce ne sera pas à partir de | l'étant[2]; ni à partir 25 du non-étant car on a dit ce que signifie pour nous « à partir du non-étant », à savoir : « en tant que non-étant ». En outre, le fait que toute chose est ou n'est pas, nous ne le supprimons pas.

Voici donc une façon de traiter la question; une autre est qu'on peut dire les mêmes choses selon la puissance et l'acte;

1. Je suis Ross qui, sur une suggestion de Laas, ajoute <ἐκ κυνὸς ἢ ἵππος>, car il serait absurde de dire qu'un chien vient à l'être à partir d'un cheval (et l'on n'est pas ici dans un raisonnement par l'absurde). L'étant naît de l'étant par accident car ce n'est pas le même étant qui naît de lui-même mais on doit distinguer deux choses différentes qui reçoivent le même attribut « étant »; c'est ce qui justifie l'expression « par accident », c'est-à-dire « par attribution ». De la même manière, l'animal naît de l'animal non pas au sens où une même chose naît d'elle-même mais au sens où deux choses différentes reçoivent toutes deux l'attribut « animal »; et de même pour les noms d'espèces.

2. Si en revanche on ne l'entend pas par accident, c'est-à-dire en tant que deux choses distinctes reçoivent le même attribut, alors il n'est pas vrai de dire que l'étant vient à l'être à partir de l'étant, car il est impossible qu'une chose naisse à partir d'elle-même. La fin du raisonnement rappelle que, de la même manière, il n'est pas possible de naître à partir du non-étant en tant que tel mais seulement en tant que privation d'un certain étant. Enfin, il est précisé qu'en considérant chaque chose comme à la fois étant et non-étant selon différents aspects, on ne déroge pas au principe de non-contradiction selon lequel il est impossible d'être et de ne pas être en même temps *sous le même aspect* (*Métaph.* Γ 3, 1005b19-25).

30 mais on a déterminé cela ailleurs avec plus de précision[1]. | Par conséquent, comme nous le disions, les difficultés qui les forçaient à supprimer certaines des choses mentionnées, sont résolues ; c'est à cause de cela, en effet, que les anciens s'éloignaient tant de la voie de recherche consacrée à la venue à l'être, à la destruction et au changement en général, car cette nature, s'ils l'avaient observée, aurait résolu toute leur ignorance.

191b35 9. | Certains autres ont pris cette nature en considération, mais pas suffisamment. D'abord, ils reconnaissent que **192a1** quelque chose vient à l'être à partir du non-étant, | dans la mesure où ils donnent raison à Parménide[2] ; ensuite, il leur paraît qu'étant une par le nombre, par la puissance aussi cette nature n'est qu'une. Or c'est très différent, car nous disons que matière et privation sont différentes, et que l'une d'entre elles, 5 la matière, est non-étant | par accident, tandis que la privation est non-étant par soi, et que l'une, la matière, est presque, et d'une certaine manière est, une substance, tandis que la privation ne l'est pas du tout. Pour eux au contraire, le non-étant est semblablement le grand et le petit, que ce soit l'ensemble des

1. Les notions de puissance et d'acte sont très précieuses pour concilier l'être et le non-être dans les choses en devenir ; on peut dire, en effet, que le sujet qui n'est pas un certain attribut mais va le devenir est celui-ci en puissance, et que donc le non-être en ce sens est un être en puissance. En revanche, ce qui ne peut absolument être n'est pas même être en puissance. La référence peut renvoyer à *Métaphys.* Δ 7 ou Θ 6, ou, si l'on considère ces passages comme postérieurs au présent livre, à un ouvrage antérieur qui serait perdu.

2. Parménide refusait explicitement que l'étant vienne à l'être à partir du non-étant (*cf.* fragment 8, 7-10) ; mais ceux qui admettent une venue à l'être d'un certain étant tout en voulant maintenir l'univocité de l'être défendue par Parménide, sont contraints d'admettre qu'un étant ne peut venir d'un autre étant (sinon l'étant serait pluriel), de sorte qu'il doit venir du non-étant.

deux ou chacun séparément[1]. Par conséquent cette sorte de triade est tout à fait différente de la nôtre. En effet, ils sont allés jusqu'à | voir qu'une nature doit être sujet, mais ils la font une, 10 car même si l'on en fait une dyade, en l'appelant le grand et le petit, on n'en fait pas moins une seule et même chose, car on néglige l'une des deux. La nature sujet est une cause auxiliaire à la forme pour les choses en devenir, comme une mère; mais l'autre partie de la contrariété | a pu souvent être imaginée, 15 pour qui la considérait par la pensée comme productrice de mal, ne pas exister du tout. En effet, puisqu'il y a quelque chose de divin, de bon et d'attirant, nous disons qu'il y a d'une part son contraire, d'autre part ce qui est ainsi disposé qu'il tend vers lui et le désire, selon sa propre nature, tandis que pour eux il arrive que le contraire désire | sa propre destruction[2]. 20 Pourtant, la forme ne peut tendre ni vers elle-même, parce qu'elle n'est pas déficiente, ni vers son contraire, car les contraires sont destructeurs l'un pour l'autre, mais c'est la matière qui tend vers elle, comme la femelle vers le mâle et le laid vers le beau, quoiqu'elle ne soit pas laide en soi, mais par accident, ni femelle en soi, mais par | accident. Elle est détruite 25 et vient à l'être d'une certaine façon, d'une autre pas. En tant que ce dans quoi, elle est détruite par soi (car ce qui est détruit

1. *Cf.* chap. 4, 187a16-18 et la note. Aristote identifie maintenant la dyade indéterminée à la *chôra* introduite par Platon dans le *Timée* pour désigner ce dans quoi les formes viennent s'inscrire pour produire les étants naturels. Il y voit donc une préfiguration de sa propre notion de matière, qui elle aussi est déterminée par la forme, mais il reproche à Platon sa confusion entre celle-ci et la privation.

2. Pour Aristote, c'est la matière qui désire la forme, celle-ci étant pour elle sa fin et son bien, et la matière ne se confond aucunement avec la privation, qui est le contraire de la forme. Si, en effet, le contraire de la forme désire la forme, alors il désire sa propre disparition.

est en elle, c'est la privation) ; en tant qu'elle est en puissance, elle n'est pas détruite par soi, mais est nécessairement indestructible et sans venue à l'être car, si elle venait à l'être, il
30 faudrait d'abord que quelque chose soit le sujet | d'où elle vienne et qui se trouve en elle ; or cela, c'est la nature elle-même, de sorte qu'elle serait avant d'être venue à l'être (car j'appelle matière le sujet premier de chaque chose, à partir duquel elle vient à l'être et qui se trouve en elle, et ce non par accident[1]). Et si elle est détruite, elle retournera à cette extrémité, de sorte qu'elle sera détruite avant d'avoir subi la destruction.

En ce qui concerne le principe selon la forme, quant à
35 savoir s'il est | un ou multiple, quelle chose l'est ou quelles choses le sont, c'est la tâche de la philosophie première de le
192b1 déterminer avec précision ; aussi, | laissons-le de côté jusqu'à cette occasion. Quant aux formes naturelles et périssables, nous en parlerons dans nos prochains exposés[2].

Que donc les principes existent, quels ils sont et en quel nombre, considérons que nous l'avons ainsi déterminé ; mais disons-le à nouveau en reprenant par un autre commencement.

1. Il s'agit nécessairement, dans cette parenthèse comme dans toute la phrase, de la matière ultime, commune à tous les corps, car elle seule n'est jamais venue à l'être et ne disparaîtra jamais, tandis que les matières prochaines ou intermédiaires viennent d'une matière antérieure.

2. Sur la distinction entre l'étude physique des formes naturelles et l'étude « métaphysique » du principe formel, voir l'Introduction, p. 39-40.

LIVRE II

1. | Parmi les étants, les uns sont par nature, les autres sont dus à d'autres causes. Sont par nature les animaux et leurs parties, les | plantes et les corps simples comme la terre, le feu, l'air et l'eau; ce sont ceux-là et ceux de cette sorte que nous disons être par nature, et tous ils se distinguent manifestement des choses qui ne sont pas constituées par nature. En effet, les étants par nature ont tous manifestement en eux-mêmes un principe de mouvement et de repos, les uns | selon le lieu, les autres selon la croissance et la décroissance, les autres encore selon l'altération, tandis qu'un lit, un manteau et toute autre chose de ce type, en tant qu'ils ont reçu chacun leur attribution et dans la mesure où ils sont produits par l'art[1], n'ont aucune tendance innée au changement, mais en tant qu'il leur arrive d'être en pierre, | en terre ou en un mélange des deux, ont cette tendance innée, seulement dans cette mesure, du fait que la nature est un principe et une cause du mouvement et du repos pour ce dans quoi elle se trouve en premier, par soi et non par accident[2] (je précise « non par accident », parce que quelqu'un

192b8 10 15 20

1. La *technè* désigne tous les métiers productifs, y compris la médecine et les beaux-arts auxquels le mot « art» est souvent limité dans l'usage courant.

2. Les étants naturels ne sont pas seulement les êtres vivants mais aussi les corps inertes, simples ou composés, considérés en dehors de toute intervention technique. La nature est principe de mouvement dans tous ces corps, d'un côté

pourrait devenir lui-même cause de sa propre santé en étant
25 médecin, | et pourtant ce n'est pas parce qu'il recouvre la santé qu'il possède l'art médical, mais c'est par accident que le même homme est médecin et recouvre la santé ; c'est pourquoi l'un est parfois séparé de l'autre). Il en va de même pour chacune des autres choses produites, car aucune d'elles ne possède le principe de sa production en elle-même mais les
30 unes dans d'autres choses et à l'extérieur, comme | une maison et chacune des autres productions manuelles, les autres en elles-mêmes mais non par elles-mêmes, toutes celles qui peuvent être causes par accident pour elles-mêmes.

La nature est donc ce qui vient d'être dit ; et possède une nature tout ce qui possède un tel principe. Et tout cela est substance, car c'est là un certain sujet et la nature se trouve toujours dans un sujet. Ces corps-là existent conformément à
35 la nature, ainsi que tout ce qui leur appartient par | eux-mêmes, par exemple pour le feu le transport vers le haut : ce transport
193a1 n'est pas nature | ni ne possède une nature, mais il existe par nature et conformément à la nature.

Qu'est-ce donc que la nature, on l'a dit, de même que ce qu'est être par nature et conformément à la nature. Mais tenter de montrer que la nature existe, ce serait ridicule, car il est
5 manifeste | que de tels étants sont nombreux. Or, montrer les choses manifestes à partir des choses obscures est le fait d'un homme incapable de distinguer ce qui est connaissable par soi et ce qui n'est pas connaissable par soi. Qu'on puisse être affecté de cette déficience, c'est clair, car un aveugle de naissance pourrait raisonner sur les couleurs, de telle manière

comme cause du développement des vivants et de toutes leurs fonctions vitales, de l'autre côté comme cause des déplacements et transformations inhérents à la matière.

que, nécessairement, pour ce genre de gens, leur discours porte | sur les mots, mais ils ne pensent rien. 10

Il semble à certains que la nature et la substance des étants qui sont par nature est ce qui appartient en premier à chaque chose, sans être ordonné par soi-même, comme la nature du lit est le bois et celle de la statue le bronze. Antiphon en donne pour indice que, si l'on enterre un lit et que la putréfaction ait la force de faire monter une pousse, cela ne deviendra pas un lit mais du bois, parce l'un | existe par accident, la disposition 15 conventionnelle et l'art, tandis que la substance est ce qui demeure en étant continuellement affectée[1]. Ensuite, si chacune de celles-ci subit cette même transformation vers une autre, par exemple le bronze et l'or vers l'eau, les os et le bois vers la terre, et de même | pour quoi que ce soit d'autre, c'est 20 cela qui est leur nature et leur substance. C'est pourquoi les uns disent que la nature des étants est le feu, les autres la terre, les autres l'air, les autres l'eau, et les uns certains d'entre eux, les autres tous. En effet, ce que chacun d'entre eux a supposé être de ce type, que ce soit un ou multiple, il dit que c'est cela, et pas plus que cela, qui constitue toute la substance, | tandis que 25 toutes les autres choses en sont des propriétés, des états acquis et des dispositions, et que de celles-là n'importe laquelle est

1. Chercher la substance des étants, c'est chercher ce qui demeure en dépit des affections diverses des corps, c'est-à-dire ce qui fait leur identité et leur permanence. Pour certains, cette substance est la matière car c'est elle qui demeure lorsque la forme d'un corps est modifiée. Il était typique des sophistes d'opposer la nature et la convention (*nomos*), mais si la distinction est facile dans les objets produits par l'art, elle est plus difficile dans les étants dont la forme est elle aussi naturelle. Les anciens physiciens, auxquels il est fait référence à la ligne 21, concevaient également la nature comme une matière première à partir de laquelle les étants prenaient leurs différentes formes, mais Aristote reconnaît ailleurs qu'ils y ajoutaient un principe de différenciation lui aussi naturel.

éternelle (car elles n'ont pas de changement à partir d'elles-mêmes), tandis que les autres viennent à l'être et sont détruites un nombre de fois infini.

La nature se dit donc, d'une part, comme la matière première qui est sujet pour chacun des étants possédant en eux-
30 mêmes | un principe de mouvement et de changement, et d'une autre façon, c'est la forme essentielle suivant l'énoncé[1]. En effet, de même qu'on appelle art ce qui résulte de l'art et ce qui est artisanal, de même on appelle nature ce qui résulte de la nature et ce qui est naturel. Dans le premier cas, nous ne dirions pas qu'une chose résulte de l'art si elle est un lit seulement en
35 puissance et n'a | pas encore la forme du lit, et nous ne dirions pas que c'est de l'art, et pas davantage nous ne le dirions pour les choses constituées par nature; en effet, la chair ou l'os en
193b1 puissance | n'ont pas encore leur propre nature avant d'avoir reçu la forme suivant l'énoncé par lequel nous définissons ce qu'est la chair ou l'os, et ils ne sont pas non plus par nature. Par conséquent, d'une autre façon, la nature des choses qui possèdent en elles-mêmes un principe de mouvement serait
5 la forme essentielle, non séparable | si ce n'est logiquement[2] (quant au composé des deux, il n'est pas nature mais est par nature, par exemple un homme). Et celle-ci est davantage nature que la matière, car on nomme chaque chose quand elle

1. La nature est donc à la fois un principe matériel et un principe formel. La redondance dans l'expression ἡ μορφὴ καὶ τὸ εἶδος τὸ κατὰ τὸν λόγον a pour fonction de désigner, parmi toutes les formes naturelles, celles qui définissent essentiellement un corps et indiquent de quelle substance il s'agit. La conjonction de *morphè* et *eidos* a toujours cette signification, alors que chacun des deux termes pris séparément peut aussi désigner une affection quelconque d'un sujet.

2. Cette fois l'expression κατὰ τὸν λόγον renvoie au processus d'analyse logique des substances hylémorphiques, dont une décomposition physique est impossible.

est en acte plutôt que quand elle est en puissance [1]. En outre, un homme vient à l'être à partir d'un homme, mais pas un lit à partir d'un lit; c'est pourquoi ils disent que ce n'est pas la figure qui est | la nature, mais le bois, parce que, s'il germait, il 10 viendrait à l'être non un lit mais du bois. Si donc cette figure-là est art, la forme est aussi nature, car un homme vient à l'être à partir d'un homme [2]. En outre, la nature entendue comme la venue à l'être est un chemin vers une nature; elle n'est pas comme la guérison qui est appelée chemin non vers l'art de guérir mais vers la santé, | car il est nécessaire que la guérison 15 vienne de l'art de guérir et non qu'elle aille vers l'art de guérir; ce n'est pas ainsi que la nature est en rapport avec la nature, mais ce qui se développe progresse ou se développe de quelque chose vers quelque chose. Qu'est-ce donc qui se développe? Non pas ce à partir de quoi, mais ce vers quoi. La forme est donc nature [3]. Par ailleurs, la forme et la nature se disent de deux façons, car la privation | est d'une certaine 20 manière une forme. Mais s'il y a une privation et un contraire

1. La matière est la puissance du corps composé tandis que la forme est son acte; or l'acte est antérieur à la matière logiquement et ontologiquement (cf. *Métaph.* Θ 8); par conséquent, la forme est plus nature que la matière, au sens de plus déterminante.

2. À la ligne 11, je garde la leçon τέχνη des manuscrits plutôt que la correction φύσις de Ross. Le texte est compréhensible comme tel: dans les productions techniques seule la matière est nature tandis que dans les productions naturelles la forme aussi est nature, et c'est pour cette raison qu'un être d'une certaine forme a pour principe un autre être de la même forme.

3. Ce nouvel argument en faveur du fait que la nature est principe non seulement en tant que matière et en tant que productrice, mais aussi en tant que forme, repose sur la langage, tant ordinaire que scientifique, selon lequel on dit que c'est la plante qui se développe et non la semence, de sorte qu'on désigne le processus naturel par son aboutissement, la forme réalisée, qui doit donc être tenue pour un principe du processus naturel.

dans la venue à l'être absolue ou pas, il faut l'examiner plus tard[1].

193b22 2. | Puisqu'on a déterminé en combien de sens se dit la nature, il faut étudier ensuite en quoi le mathématicien diffère du physicien (car les corps naturels possèdent des plans et des 25 volumes, | des longueurs et des points, dont l'examen relève du mathématicien), et en outre si l'astronomie est une autre science que la physique ou en est une partie, car il serait absurde qu'il revienne au physicien de savoir ce qu'est le soleil ou la lune mais aucune de leurs propriétés par soi, d'autant plus que ceux qui s'occupent de la nature parlent manifestement aussi 30 de la figure de la lune | et du soleil et se demandent si la terre et l'univers sont sphériques ou pas. Et certes le mathématicien s'occupe aussi de ces figures, mais pas en tant que chacune est limite d'un corps naturel, et il n'étudie pas les propriétés en tant qu'elles appartiennent à de tels étants. C'est pourquoi il les sépare, car par la pensée elles sont séparables du mouvement, 35 sans que cela entraîne de différence | et sans qu'il résulte aucune erreur de cette séparation[2]. Les partisans des Idées

1. Il sera établi au livre V (chap. 1-2) que, la substance n'ayant pas de contraire, la venue à l'être d'une substance n'est pas un mouvement entre deux contraires mais un changement entre contradictoires.

2. Aristote appelle ἀφαίρεσις (abstraction) cette séparation des objets mathématiques, qu'ils soient géométriques comme dans les exemples donnés ici, ou arithmétiques (cf. *De l'âme*, 403b5, 429b18, 431b12; *Du ciel*, 299a16). Ces objets mathématiques ne sont pas différents dans les corps et lorsqu'ils sont considérés abstraitement par la pensée, de sorte qu'on atteint bien par la méthode mathématique une vérité concernant les grandeurs. En revanche, le mathématicien ne peut se prononcer sur le type d'appartenance de ces propriétés aux corps sensibles, ni sur tout ce qui concerne ceux-ci en dehors des grandeurs. Par conséquent, de la distinction effectuée entre les deux sciences, on ne peut conclure qu'Aristote refuse l'usage des mathématiques en physique; il reconnaît au contraire leur utilité pour ce qui concerne les grandeurs, mais

agissent de même sans s'en rendre compte : ils séparent les propriétés naturelles, | qui sont moins séparables que les **194a1** mathématiques. On peut le voir clairement en tentant de donner les définitions des deux types d'objets, tant d'eux-mêmes que de leurs propriétés. D'une part, en effet, l'impair, le pair, le droit, le courbe, et en outre le nombre, | la ligne et la 5 figure seront définis sans le mouvement, mais pas la chair, l'os et l'homme, car ceux-là se disent comme le nez camus et non comme le courbe[1]. Les sciences les plus physiques parmi les mathématiques, comme l'optique, l'harmonique et l'astronomie le montrent aussi, car d'une certaine manière elles font l'inverse de la géométrie. En effet, la | géométrie fait porter son 10 examen sur la ligne physique, mais pas en tant que physique, tandis que l'optique étudie la ligne mathématique, non pas en tant que mathématique, mais en tant que physique[2].

conteste la réduction de l'étude des corps sensibles à celle de leurs propriétés mathématiques.

1. La définition des objets mathématiques et de leurs propriétés ne doit inclure aucune référence à une matière en devenir, tandis que pour les objets physiques c'est nécessaire. Par exemple, « camus » ne peut être défini sans faire référence au corps sensible qu'est le nez, tandis que « courbe » peut recevoir une définition purement mathématique, sans référence à de la matière sensible. Au livre Z de la *Métaphysique*, Aristote revient longuement sur la question de la matière dans les définitions, confirmant qu'un terme comme « animal », même s'il est défini seulement quant à sa forme, doit inclure une référence à la sensibilité, donc au sensible. Ces réflexions sont clairement dirigées contre la mathématisation des principes et des définitions de la part des platoniciens, qui est longuement réfutée en *Métaphysique* M et N pour son incapacité à rendre compte de la réalité sensible.

2. Ces distinctions sont développées en *Anal. Post.* I 13, 78b39-79a16. En *Métaphysique* Λ 8, 1073b 3-8, c'est à l'astronomie mathématique qu'est confiée la tâche de calculer le nombre de sphères nécessaire pour rendre compte du mouvement apparent de chaque planète.

Puisque la nature se dit de deux façons, comme la forme et comme la matière, il faut l'étudier comme si nous cherchions ce qu'est la camuserie. Par conséquent, les choses de cette 15 sorte ne sont pas sans matière ni ne résultent de la | matière[1]. En effet, il est clair qu'à ce sujet on pourrait se demander, puisqu'il y a deux natures, quelle est celle dont traite le physicien[2]. À moins que ce soit du composé des deux ? Mais si c'est du composé des deux, c'est aussi de chacune des deux. Est-ce donc à la même science ou à deux différentes qu'il appartient de connaître chacune ? Si l'on regarde du côté des anciens, il semblerait que le physicien s'occupe de la matière, 20 | car c'est pour une petite part qu'Empédocle et Démocrite ont touché à la forme et à l'être essentiel[3]. Mais si l'art imite la nature, et s'il appartient à la même science de connaître la forme et la matière jusqu'à un certain point (par exemple, au médecin : la santé, et la bile et le phtegme dans lesquels se trouve la santé ; de la même manière, au bâtisseur : la forme de 25 la | maison et sa matière, tuiles et bois, et de même pour les

1. Les étants physiques ne sont pas *kata tèn hulèn*, car ils ne sont pas explicables seulement par la matière mais aussi par la forme, qui en est indépendante.

2. Cette question constitue une aporie qui peut être développée à la manière des apories du livre B de la *Métaphysique* : on aura donc d'abord un argument en faveur de la thèse selon laquelle le physicien ne s'occupe que de la matière (194a18-21), et ensuite deux arguments en faveur de la thèse opposée (194a21-27 ; a27-b9).

3. Dans le parcours doxographique de *Métaphysique* A, Aristote ne reconnaît explicitement à Empédocle et à Démocrite que la pensée des causes matérielle et motrice, estimant qu'aucun philosophe excepté les platoniciens n'a parlé de l'essence comme d'une cause (A 8, 988a34-b6). Il mentionne les différences des atomes comme si elles n'étaient que des affections de la cause matérielle (A 4, 985b10-19) et les proportions d'Empédocle comme des essences pour les corps mais pensées de manière trop confuse (A 10, 993a15-24).

autres métiers), alors il doit appartenir à la physique de connaître les deux natures. En outre, ce en vue de quoi et la fin appartiennent à la même science que tout ce qui est en vue de cela. Or, la nature est fin et ce en vue de quoi (car pour les choses dont le mouvement continu a une fin, | cette extrémité 30 est aussi ce en vue de quoi; c'est pourquoi le poète est ridicule quand il se laisse aller à dire: « il atteint le terme pour lequel il est né », car on ne veut pas n'importe quelle extrémité comme fin, mais seulement la meilleure[1]), puisque les arts aussi produisent la matière, les uns simplement, les autres en la rendant adéquate à la fin, et nous utilisons toutes choses comme si elles existaient en vue de nous-mêmes | (car nous aussi sommes en 35 quelque sorte une fin, car ce en vue de quoi se dit de deux façons, comme il est exposé dans les livres *Sur la philosophie*[2]). Or, les arts | qui commandent à la matière et la **194b1** connaissent sont deux: celui qui l'utilise et celui qui dirige la technique de production. C'est pourquoi l'art qui utilise est

1. Il faut distinguer, d'un côté, l'extrémité quelconque d'un processus et, de l'autre, l'extrémité visée comme un but, à laquelle Aristote réserve le mot « fin » (*telos*). La mort est l'extrémité de la vie, mais pas sa fin: celle-ci est le bonheur, c'est-à-dire sa meilleure réalisation possible. La nature est fin en tant qu'elle est le développement complet de la forme. Nous ne savons pas quel est le poète auquel il est fait référence.

2. Les deux significations de ce en vue de quoi sont donc, d'une part, le but proprement dit (par exemple, pour l'artisanat, l'outil produit de manière à assurer sa fonction), d'autre part, la personne pour qui ce but sera utile (par exemple, celui qui utilisera l'outil). Cette distinction se trouve également en *De l'âme* II 4, 415b2 et *Métaphys.* Λ 7, 1072b1. En ce qui concerne la référence, certes l'expression ἐν τοῖς περὶ φιλοσοφίας pourrait désigner des livres quelconques de philosophie, mais elle serait alors inutilement vague, de sorte que l'on s'accorde à y voir une allusion au dialogue perdu intitulé *Sur la philosophie*, qui comportait trois livres et fut rédigé probablement pendant la période académique d'Aristote, quoiqu'on y trouve déjà une critique de la théorie des idées.

aussi dirigeant d'une certaine façon, et la différence se situe dans le fait que, d'un côté, le dirigeant est apte à connaître la forme et, de l'autre, le producteur est apte à connaître la
5 | matière : le pilote connaît et prescrit quelle doit être la forme du gouvernail, et le fabricant de quel bois et par quels mouvements il sera réalisé. Ainsi, dans les produits de l'art, c'est nous qui produisons la matière en vue de la fonction, tandis que dans les choses naturelles, elle se trouve en elles. En outre, la matière fait partie des relatifs, car à une autre forme correspond une autre matière.

10 Jusqu'à | quel point donc le physicien doit-il connaître la forme et l'essence ? N'est-ce pas comme le médecin connaît le nerf et le forgeron le bronze, jusqu'à un certain point[1], car chacun existe en vue de quelque chose, y compris dans ces choses qui sont séparables par la forme mais sont dans une matière ? Car l'homme engendre l'homme et le soleil aussi[2].

1. La correction de Ross, qui supprime le γὰρ de la l. 12 et modifie l'accentuation du του, pour former une seule expression : μέχρι τοῦ τίνος ἕνεκα ἕκαστον, n'est pas nécessaire, car on peut trouver un sens satisfaisant au texte apporté par les meilleurs manuscrits. Certes le μέχρι του n'est pas une réponse suffisante à la question μέχρι πόσου, mais la réponse se trouve dans la suite de la phrase et le μέχρι του n'a pas d'autre rôle que de l'introduire, en reprenant d'ailleurs celui de la ligne 194a23.

2. La connaissance qu'ont les artisans des matières qu'ils travaillent doit inclure la connaissance de leur fonction ; de la même manière, la connaissance qu'a le physicien des formes des corps doit inclure leur fonction. Il doit savoir en particulier que, dans la génération des animaux, la forme a pour fonction de guider le développement de l'embryon, c'est-à-dire une fonction finale. C'est probablement l'évocation implicite de ce cas particulièrement important qui explique la proposition « car l'homme engendre l'homme », rappel stéréotypé d'une théorie bien connue (*cf.* 193b8-12). Tout aussi stéréotypée est l'addition « et le soleil aussi », allusion au fait que le soleil est une des causes motrices de la reproduction des êtres vivants, dans la mesure où il commande le cycle des saisons (cf. *Métaphys.* Λ 5, 1071a15-16 et *De la génération et la corruption* II 10, 336a15-b24).

Quant à savoir ce qu'il en est du séparé et ce qu'il est, c'est la tâche de la philosophie | première de le déterminer[1]. 15

3. | Ceci étant déterminé, il faut examiner, au sujet des **194b16** causes, quelles elles sont et quel est leur nombre. Puisque notre étude a pour but de connaître, et que nous n'estimons pas connaître chaque chose avant d'avoir saisi pour chacune le pourquoi (c'est-à-dire | saisi la cause première), il est clair que 20 c'est ce que nous devons faire aussi pour la venue à l'être et la destruction et pour tout le changement naturel, afin que, connaissant leurs principes, nous tâchions d'y ramener chacune des choses que nous cherchons.

D'une certaine façon donc[2], on appelle cause ce à partir de quoi quelque chose advient, et qui se trouve en elle, par exemple le | bronze est cause de la statue, l'argent de la coupe, 25 ainsi que les genres de ceux-ci. D'une autre façon, elle est la forme et le modèle, c'est-à-dire l'énoncé de l'être essentiel et les genres de celui-ci (par exemple, le genre de l'octave est le rapport de deux à un, et en général le nombre), ainsi que les parties qui se trouvent dans la définition. En outre, elle est ce d'où vient le premier principe du changement | ou du repos, par 30 exemple celui qui a délibéré est cause, ainsi qu'un père de son enfant, et d'une manière générale ce qui produit de ce qui est produit et ce qui fait changer de ce qui change. Elle s'entend encore comme la fin, c'est-à-dire ce en vue de quoi, comme la santé est la fin de la promenade. Pourquoi se promène-t-on? Nous dirons que c'est pour être en bonne santé, et, ayant dit cela, nous pensons avoir donné | la cause. Et toutes les choses 35

1. *Cf.* I 9, 192a34-b2, et l'Introduction, p. 39-40.

2. À partir d'ici, et jusqu'à 195b21, le texte est identique à celui de *Métaphysique* Δ 2. L'exposé est très systématique, révélant une théorie complètement instituée et ne nécessitant plus de recherche.

qui, sous l'effet d'un autre moteur, sont intermédiaires avant la
195a1 fin, comme pour la santé l'amaigrissement, la purgation, | les remèdes ou les instruments, car tout cela est en vue de la fin, et ils diffèrent entre eux en tant que les uns sont des activités, les autres des instruments.

Voilà à peu près toutes les façons de dire les causes, et il arrive, en raison de ces multiples façons de les exprimer, qu'il
5 y ait | plusieurs causes pour la même chose, et ce non par accident; par exemple, pour la statue, l'art statuaire et le bronze, et non d'un autre point de vue mais en tant qu'elle est statue, mais ce n'est pas de la même manière, car l'un est comme matière, l'autre comme ce d'où vient le mouvement. Certaines sont même causes l'une de l'autre, comme l'exer-
10 cice est cause de la bonne santé et celle-ci de | l'exercice, mais pas de la même façon, puisque l'un est comme fin, l'autre comme principe du mouvement. Enfin, la même chose peut être cause des contraires, car ce qui est cause de tel effet par sa présence, nous le rendons parfois cause du contraire par son absence, par exemple l'absence du pilote est cause du naufrage du navire, là où sa présence aurait été cause de son salut.

15 | Toutes les causes que nous venons de citer tombent dans les quatre modes les plus manifestes. En effet, les lettres pour les syllabes, la matière pour les objets fabriqués, le feu et les choses de ce type pour les corps, les parties pour le tout et les prémisses pour la conclusion, sont causes comme ce à partir
20 de quoi; et, parmi ces choses, les unes sont comme le | sujet, par exemple les parties, les autres comme l'être essentiel, par exemple le tout, la composition et la forme. Ensuite, la semence, le médecin, l'homme qui a délibéré et d'une manière générale ce qui produit, tout cela est cause en tant que ce d'où vient le principe du changement ou du repos. Enfin, il y a les causes en tant que la fin et le bien des autres choses, car ce en

vue de quoi doit être le meilleur | et la fin des autres choses – et 25
peu importe qu'on parle du bien lui-même ou du bien apparent.

Voilà donc quelles sont les causes et combien elles sont d'espèces; quant aux manières d'être des causes, elles sont nombreuses mais, si on les ramène aux principales, elles ne sont elles aussi que quelques-unes[1]. Les choses, en effet, sont dites causes de plusieurs façons, et, parmi celles de même espèce, l'une est | antérieure et l'autre postérieure, par exem- 30
ple, de la santé, le médecin et l'homme de métier, et de l'octave, le double et le nombre, et toujours les contenants par rapport aux choses particulières. En outre, les genres de ces causes sont aussi causes à la manière de l'accident, par exemple la cause d'une statue est d'une certaine manière Polyclète et d'une autre manière un statuaire, parce que c'est un accident | pour le statuaire d'être Polyclète[2]. Les contenants aussi sont 35
causes par accident, par exemple si l'on veut que l'homme ou l'animal | en général soit cause de la statue. Et parmi les **195b1**
accidents, les uns sont plus éloignés, les autres plus proches, par exemple si l'on disait que le blanc et le cultivé sont causes de la statue. D'autre part, toutes les causes, qu'elles soient

1. Le terme τρόποι désigne ici différents modes ou manières d'être, c'est-à-dire différents statuts que peuvent revêtir les causes, y compris à l'intérieur de la même espèce. On trouvera, dans l'ordre, les différences suivantes : 1) l'antériorité ou la postériorité (par ex. l'espèce dernière est cause antérieurement aux genres); 2) le fait d'être cause par soi ou par accident; 3) le fait d'être cause en puissance ou en acte ; 4) le fait d'être une cause simple ou complexe.

2. Ce n'est pas en tant qu'il s'appelle Polyclète que tel individu réalise une statue, mais en tant qu'il possède l'art de sculpter, en tant qu'il est statuaire. Comme l'ajoute la phrase suivante, ce n'est pas non plus en tant qu'il est homme ni en tant qu'il est animal, de sorte que ces déterminations du statuaire sont également accidentelles par rapport à la sculpture, au sens où elles sont seulement des attributs du sculpteur – et peu importe ici que ce soient des attributs essentiels, c'est-à-dire nécessaires, ou proprement accidentels, c'est-à-dire non nécessaires pour être sculpteur.

proprement dites ou accidentelles, se disent tantôt comme
5 potentielles | tantôt comme actuelles, par exemple pour bâtir une maison, le bâtisseur ou le bâtisseur en train de bâtir[1]. On parlera semblablement pour les choses dont les causes sont causes, par exemple cette statue ou une statue ou une image en général, et ce bronze ou le bronze ou la matière en général,
10 et de même pour les accidents. | En outre, les unes et les autres peuvent aussi se dire de façon combinée, par exemple ni Polyclète ni un statuaire, mais le statuaire Polyclète. Cependant, toutes ensemble sont au nombre de six, dites selon les couples suivants : comme le particulier ou comme le genre,
15 comme l'accident ou comme le genre de | l'accident, comme combinées ou comme simples, et toutes soit actuelles soit en puissance. Elles se distinguent dans la mesure où les choses actuelles et les choses particulières sont et ne sont pas en même temps que ce dont elles sont causes, par exemple cet homme qui soigne en même temps que ce malade qui guérit, cet
20 homme qui bâtit en même temps que cette | maison en train d'être bâtie, tandis que pour les choses en puissance ce n'est pas toujours le cas, car la maison et le bâtisseur ne périssent pas en même temps. D'autre part, il faut toujours chercher pour chaque chose la cause la plus haute, comme pour les autres domaines, par exemple l'homme bâtit parce qu'il est bâtisseur, et le bâtisseur bâtit selon l'art de bâtir, donc celui-ci est la
25 cause antérieure. | Et c'est pareil dans tous les cas. En outre, les genres sont causes des genres, les choses particulières des choses particulières, par exemple le statuaire de la statue, et celui-ci de celle-là. Et les puissances sont causes des possibles,

1. L'homme capable de bâtir n'est pas cause d'une maison de la même manière que l'homme en train de bâtir effectivement.

les actuelles des réalisées. Considérons ainsi que nous avons suffisamment déterminé le nombre et les modes des causes.

4. | Le hasard et le mouvement spontané[1] sont aussi **195b30** appelés causes, et bien des choses sont et adviennent par le hasard et par le mouvement spontané; de quelle manière le hasard et le mouvement spontané font-ils partie de ces causes, sont-ils les mêmes ou différents, et en général qu'est-ce que le hasard et le mouvement spontané, | voilà ce qu'il faut donc 35 examiner. Quelques-uns, en effet, se demandent s'ils existent ou non, | car rien, disent-ils, n'advient par hasard, mais il y a **196a1** une cause déterminée pour tout ce que nous disons advenir par mouvement spontané ou par hasard, par exemple le fait d'aller par hasard à l'agora et de rencontrer celui qu'on voulait, mais sans penser l'y rencontrer, a pour cause le fait d'y être venu dans l'intention | de faire des affaires[2]. De même, pour les 5 autres choses qui sont dites dues au hasard, il est toujours possible d'en saisir la cause, mais ce n'est pas le hasard, puisque, si le hasard était une certaine chose, cela paraîtrait une chose vraiment absurde, et on pourrait se demander pourquoi aucun des anciens sages, parlant des causes de la

1. Traditionnellement, on traduit τύχη par «fortune» et αὐτόματον par «hasard». En fait, les deux termes devraient être traduits par l'unique mot «hasard» car nous ne faisons plus la distinction établie par Aristote entre les deux notions (*cf.* ci-dessous, chap. 6). Pour rendre néanmoins la distinction, je choisis de traduire αὐτόματον par «mouvement spontané» en suivant l'étymologie, plutôt que de conserver le traditionnel «fortune» qui ne correspond pas aux exemples fournis pour la τύχη.

2. Aristote ne refuse pas cette opinion, attribuée à «quelques-uns», que tout événement a une cause (ou plusieurs), et que donc le hasard ne consiste pas en l'absence de toute cause. Comme l'annonce déjà l'exemple donné, le hasard caractérise une cause qui produit un événement sans intention de le produire, là où il aurait été possible de le produire avec cette intention. Il est donc limité aux actions susceptibles d'être visées.

10 venue à l'être et de la destruction, n'a rien établi | à propos du hasard; mais, semble-t-il, eux non plus ne croyaient pas que rien soit dû au hasard.

Mais ceci aussi est étonnant : beaucoup de choses adviennent et sont par hasard et par le mouvement spontané, dont, sans ignorer que chacune peut être rapportée à une cause des choses en devenir, comme le dit l'argument ancien suppri-
15 mant le | hasard[1], tous disent pourtant que, parmi elles, les unes sont par hasard, les autres non. C'est pourquoi, d'une façon quelconque, ils auraient dû en faire mention. Cependant, ils n'estimaient pas non plus que le hasard faisait partie de ces causes telles que amitié, discorde, intellect ou feu ou quelque autre de ce type. Il est donc absurde, soit qu'ils n'en aient pas
20 admis l'existence, soit que, tout en l'ayant conçue, | ils l'aient passée sous silence, surtout en s'en servant quelquefois, comme Empédocle qui dit que l'air ne se sépare pas toujours vers la région la plus haute, mais n'importe comment au hasard. Il dit en effet dans sa cosmogonie : « il se trouva alors courant ainsi, mais souvent autrement », et, selon lui, les parties des animaux sont advenues pour la plupart par hasard[2].
25 Il s'en trouve d'autres | pour donner comme cause du ciel et de tous les mondes le mouvement spontané, car c'est par le mouvement spontané qu'advient le tourbillon et le mouvement qui sépara et disposa le tout en l'ordre actuel[3]. Ceci

1. Simplicius reprend à Eudème l'hypothèse qu'il serait fait allusion ici à un argument de Démocrite expliquant par des causes physiques des phénomènes apparemment dus au hasard.

2. *Cf.* fragments 57-61 DK : lors des phases de zoogonie, les quatre éléments, s'unissant sous la poussée de l'Amitié, créent toutes sortes d'agrégats dont seuls survivent les mieux adaptés. Voir aussi ci-dessous, 198b32 et la note.

3. Selon Simplicius, Démocrite aurait dit qu'« un tourbillon de toutes sortes d'idées s'est séparé du tout » (fragment 167 DK), mais sans en indiquer de cause.

encore est tout à fait digne d'étonnement : tout en disant que les animaux et les plantes ne | sont ni n'adviennent par hasard, 30 mais ont pour cause soit la nature soit l'intellect soit autre chose de cette sorte (car ce n'est pas n'importe quoi qui advient à partir de la semence de chaque étant, mais de telle un olivier, et de telle autre un homme), ils considèrent pourtant que le ciel et les plus divins des étants visibles[1] adviennent par le mouvement spontané et n'ont aucune cause | telle que celle des ani- 35 maux et des plantes. Et certes, s'il en est ainsi, cela vaut la peine d'être abordé, et on a bien fait d'en dire | un mot : outre **196b1** que cette théorie soit absurde pour d'autres raisons, il est encore plus absurde de l'affirmer quand on ne voit rien dans le ciel advenir par mouvement spontané et, au contraire, dans ce qu'ils prétendent ne pas être soumis au hasard, on voit bien des choses arriver par hasard; il serait assurément vraisemblable | que le contraire se passe. Pour d'autres encore le hasard 5 semble être une cause, mais invisible à la pensée humaine parce qu'étant quelque chose de divin et de démonique.

Par conséquent, il faut examiner ce qu'est chacun des deux, le mouvement spontané et le hasard, s'ils sont les mêmes ou différents et comment ils se rangent parmi les causes qu'on a déterminées.

5. | D'abord, puisque nous voyons que certaines choses **196b10** adviennent toujours de la même façon et d'autres le plus souvent, il est manifeste que d'aucune de ces deux sortes le hasard et ce qui est par hasard ne sont dits la cause, ni de ce qui advient nécessairement et toujours ni de ce qui advient le plus

1. Cette expression désigne les astres, non qu'Aristote adhère à l'identification populaire des astres aux dieux de la mythologie, mais parce qu'il appelle « divin » ce qui est éternel et immuable (*cf.* Bodéüs 1992, Botter 2005).

souvent. Mais puisqu'il y a d'autres choses qui adviennent à
15 côté de celles-là et que tous les disent dues au | hasard, il est manifeste que le hasard et le mouvement spontané sont quelque chose, car nous savons que les choses de cette sorte sont dues au hasard et que les choses dues au hasard sont de cette sorte. Parmi les choses en devenir, les unes adviennent en vue de quelque chose, les autres pas; et parmi les premières, les unes adviennent par choix, les autres sans choix[1]; mais dans les deux cas elles font partie de celles qui adviennent en
20 vue de quelque chose. Par conséquent, il est clair que, | parmi celles qui échappent au nécessaire et au plus souvent, certaines peuvent admettre le fait d'être en vue de quelque chose. Sont en vue de quelque chose toutes celles qui pourraient être accomplies soit par la pensée soit par la nature. Ainsi donc, les choses de cette sorte, quand elles sont advenues par accident, nous disons qu'elles sont dues au hasard (car, de même qu'un
25 étant peut être par soi | ou par accident, de même une cause peut l'être aussi, par exemple, pour une maison, l'art de bâtir est une cause par soi, le blanc ou le cultivé une cause par accident; la cause par soi est donc déterminée, celle par accident indéterminée, car il peut y avoir une infinité d'accidents pour une chose unique). Donc, comme on l'a dit,
30 lorsque cela se passe dans les choses | qui adviennent en vue d'une fin, on dit alors qu'elles sont dues au mouvement spon-

1. Le choix ou la décision (προαίρεσις) est un acte réservé par Aristote aux êtres humains, de sorte que les choses produites par choix sont toutes des productions humaines. Celles qui ne sont pas produites par choix mais sont néanmoins « en vue de quelque chose » sont les productions naturelles qui sont régies par une cause finale, c'est-à-dire par le fait que le résultat se trouve déjà au point de départ, en tant que terme vers lequel se dirige le processus. Il ne faut pas confondre ce finalisme du mouvement ou du développement, interne à chaque être en devenir, avec ce qui serait un finalisme unique pour tous les êtres naturels, c'est-à-dire une certaine orientation de la nature tout entière.

tané et au hasard[1] (la différence entre ces deux causes, il faudra la déterminer plus tard, mais qu'il soit manifeste dès à présent que toutes deux font partie des choses qui adviennent en vue d'une fin); par exemple, quelqu'un aurait pu venir en vue de récupérer de l'argent, s'il savait que son débiteur faisait une quête; or il n'est pas venu | en vue de cela, mais c'est par 35 accident qu'il est venu et qu'il a fait cela pour recevoir de l'argent, et non parce qu'il se rend fréquemment à cet | endroit **197a1** ni par nécessité; quant au but, c'est-à-dire la récupération de l'argent, il ne fait pas partie des causes internes, mais des causes qui relèvent du choix et de la pensée. Dans ce cas-là, on dit qu'on est venu par hasard, tandis que, si l'on était venu par choix et en vue de cela, soit qu'on se rende toujours à cet endroit, soit qu'on y récupère fréquemment son argent, | ce ne 5 serait plus par hasard. Il est donc clair que le hasard est une cause par accident dans les choses qui adviennent par choix, parmi celles qui adviennent en vue d'une fin. C'est pourquoi, pour la même chose il y a pensée et hasard car il n'est pas de choix sans pensée.

Il est donc nécessaire que soient indéterminées les causes à partir desquelles peut advenir ce qui est dû au hasard. De là vient l'opinion que le hasard aussi relève de l'indéterminé | et 10 est invisible à l'homme, et que d'une certaine manière rien ne

1. Les expressions « par accident » et « par hasard » ne sont pas tout à fait équivalentes : « par accident » désigne tout ce qui n'est ni nécessaire ni le plus souvent, et, parmi ces événements-là, sont « par hasard » tous ceux qui pourraient aussi arriver en vue d'une fin. Des exemples d'événements accidentels se trouvent en *Métaphysique* E 2, comme un temps froid en été et chaud en hiver ou comme une guérison opérée non par un médecin mais par un architecte ou un cuisinier. Aristote défend ensuite (en E 3) l'existence d'événements accidentels pour contrer la conception déterministe selon laquelle tout arrive par nécessité, suivant un enchaînement inéluctable des causes et des effets.

semblerait advenir par hasard. Tout cela est dit correctement parce que c'est conforme au raisonnement. En effet, d'une part, il est possible que quelque chose advienne par hasard car des choses adviennent par accident et le hasard est cause comme accident mais n'est cause de rien absolument; par
15 exemple, la cause d'une maison est le bâtisseur, | et par accident le joueur de flûte, et pour le fait de venir récupérer son argent sans être venu pour cela, il y a un nombre infini de causes, comme vouloir voir quelqu'un, aller en justice pour poursuivre ou se défendre, aller voir un spectacle. Il est aussi exact de dire que le hasard est contraire à la raison, car la raison s'applique à ce qui existe soit toujours soit le plus souvent,
20 tandis que le | hasard réside dans les choses qui adviennent en dehors de cela. Par conséquent, puisque de telles causes sont indéterminées, le hasard aussi est indéterminé. Cependant, dans certains cas, on pourrait se demander si n'importe quelles causes peuvent être celles du hasard, par exemple, pour la santé, la chaleur interne ou la chaleur du soleil, mais non la coupe de cheveux; en effet, parmi les causes par accident, certaines sont plus proches que les autres.

25 | D'autre part, on dit que le hasard est bon quand arrive un bien, mauvais quand arrive un mal, et on parle de chance ou de malchance, quand le bien et le mal ont une ampleur importante. C'est pourquoi, quand il s'en faut de peu qu'on subisse un grand mal ou un grand bien, on se dit chanceux ou malchanceux, parce que la pensée les conçoit comme existants, car être
30 éloigné de | peu semble n'être pas du tout éloigné. En outre, la chance semble à juste titre incertaine, car le hasard est incertain, puisqu'aucune chose due au hasard ne peut être toujours ni le plus souvent. Ils sont donc tous deux, comme on l'a dit, causes par accident, et le hasard et le mouvement spontané,
35 dans les choses qui ne peuvent advenir ni absolument | ni

le plus souvent, et, parmi celles-là, dans toutes celles qui adviennent en vue d'une fin.

6. | Ils diffèrent néanmoins au sens où le mouvement **197a36** spontané est plus étendu, car tout ce qui est dû au hasard est aussi dû au mouvement spontané, mais celui-ci n'est pas toujours | dû au hasard; en effet, le hasard et ce qui est dû au **197b1** hasard se trouvent chez les êtres qui sont aussi concernés par la réussite et, en général, par l'action. C'est pourquoi le hasard concerne nécessairement les effets de l'action; un indice en est que la chance semble être la même chose que le bonheur ou en être proche, | or le bonheur est une certaine action car il est une 5 action réussie. Par conséquent, tout ce qui ne peut agir ne peut pas non plus produire quelque chose par hasard. Et pour cette raison, aucun étant inanimé, aucune bête, aucun petit enfant ne produit par hasard, parce qu'il n'a pas la faculté de choisir; et il ne leur arrive ni chance ni malchance, si ce n'est par ressemblance (comme, d'après | Protarque[1], les pierres 10 dont on fait les autels ont de la chance parce qu'on les honore, tandis que leurs compagnes sont foulées aux pieds). Mais le fait d'être affecté par hasard leur appartient d'une certaine manière, lorsque celui qui agit sur eux le fait par hasard; ce n'est pas possible autrement. Quant au mouvement spontané, il appartient aussi aux autres animaux et à de nombreux étants inanimés: | par exemple, le cheval, disons-nous, est venu 15 spontanément, parce qu'il a été sauvé en venant mais il n'est pas venu en vue de son salut; et le trépied est tombé spontanément, car il s'est dressé pour qu'on puisse s'asseoir, mais il n'est pas tombé dans le but qu'on puisse s'asseoir.

1. Il s'agit peut-être d'un disciple de Gorgias, que Platon met en scène dans le *Philèbe*.

Par conséquent, il est manifeste que, dans les choses qui
20 adviennent absolument en vue d'une fin, quand celles | dont la cause est extérieure ne sont pas advenues en vue de ce qui arrive, on parle alors de mouvement spontané; d'autre part, on parle de hasard pour celles qui, parmi toutes les choses qui adviennent par mouvement spontané, peuvent être choisies par les êtres possédant la capacité de choisir. Un indice en est l'expression « en vain », qu'on emploie lorsque ce qui était en vue d'une autre fin n'est pas advenu en vue de cette fin; par exemple, si la marche se fait dans un but d'évacuation, et que
25 celle-ci ne soit pas advenue quand on a marché, | on dit qu'on a marché en vain et que la marche a été vaine, parce que vain signifie ce qui, disposé par nature à produire une autre fin, n'atteint pas la fin pour laquelle il était disposé naturellement, puisque, si l'on disait qu'on s'est baigné en vain parce que le soleil ne s'est pas éclipsé, ce serait ridicule, car tel n'était pas le but. Ainsi le mouvement spontané, comme son nom
30 l'indique[1], existe quand | une chose est advenue elle-même en vain; en effet, la pierre n'est pas tombée en vue de frapper quelqu'un, donc elle est tombée par le mouvement spontané, car elle aurait pu tomber sous l'action de quelqu'un et en vue de frapper. Le mouvement spontané se distingue surtout du hasard dans les choses qui adviennent par nature, car, lorsque quelque chose est advenu contre nature, nous disons que cela
35 est advenu non pas par hasard | mais plutôt par le mouvement spontané. Et à cela s'ajoute encore cette différence, que la cause de l'un est extérieure, de l'autre intérieure.

1. Aristote explique l'étymologie du mot αὐτόματον par αὐτό (soi-même) et μάτην (en vain). Bailly le rapporte plutôt au verbe **maô*, signifiant « désirer avec ardeur ».

| Qu'est-ce donc que le mouvement spontané et qu'est-ce que le hasard, on l'a dit, et aussi en quoi ils diffèrent l'un de l'autre. Parmi les modes de la cause, chacun des deux appartient à ceux d'où vient le principe du mouvement, car ils sont toujours soit une des causes naturelles soit une des causes par la pensée, mais celles-ci | sont en nombre indéterminé. D'autre part, puisque le mouvement spontané et le hasard sont causes de ce qui peut avoir comme cause l'intellect ou la nature lorsque l'une de ces causes advient par accident, et puisque rien d'accidentel n'est antérieur aux choses par soi, il est clair que la cause par accident n'est pas non plus antérieure à la cause par soi. | Le mouvement spontané et le hasard sont donc postérieurs à l'intellect et à la nature ; par conséquent, si le mouvement spontané est surtout cause de l'univers, il est nécessaire que l'intellect et la nature soient antérieurement causes de bien d'autres choses et de cet univers [1]. **198a1** 5 10

7. | Qu'il y a des causes et qu'elles sont au nombre que | nous disons, c'est clair, car la question « pourquoi ? » **198a14** 15

1. On pourrait être tenté de mettre en doute la validité du principe « rien d'accidentel n'est antérieur au par soi », au moins du point de vue physique. Du point de vue logique, en effet, il n'est pas douteux que l'accidentel soit défini par référence au par soi. Mais du point de vue physique on pourrait envisager que l'organisation de l'univers soit due à la nature non par soi mais par accident, c'est-à-dire que les principes de mouvement inhérents aux corps naturels, au lieu d'agir selon leur tendance propre, seraient influencés dans leur action par une interaction fortuite avec une chose extérieure. Cependant, même dans ce cas, il faut poser d'abord l'existence de ces principes et de leur action propre, et ensuite introduire ce qui les fait produire un autre effet que leur seule action propre. L'accident introduit toujours un élément *en plus* du par soi. Dans le cas du hasard et du mouvement spontané, non seulement ils ne peuvent être définis sans la situation intentionnelle dont ils constituent l'absence, mais ils ne peuvent se produire physiquement que par la rencontre d'enchaînements de causes qui ultimement doivent être par soi (soit en tant que nécessités naturelles, soit en tant que productions intentionnelles).

comprend un tel nombre; en effet, le pourquoi se ramène finalement soit à l'essence dans les choses immobiles, comme dans les mathématiques (car il se ramène finalement à la définition du droit, de la mesure commune, ou d'autre chose), soit à ce qui a mû en premier (par exemple : pourquoi ont-ils fait la 20 guerre ? Parce qu'on les a pillés), | soit à une certaine fin (pour dominer), soit, dans les choses en devenir, à la matière. Il est donc manifeste que telles sont les causes, et en tel nombre.

Puisqu'il y a quatre causes, il appartient au physicien de les connaître toutes et il rendra compte du pourquoi d'une façon physique en le ramenant à toutes : la matière, la forme, ce qui a mû et ce en vue de quoi. Or, trois d'entre elles convergent 25 | souvent en une : l'essence et ce en vue de quoi sont une, et l'origine première du mouvement est aussi la même quant à l'espèce, car un homme engendre un homme[1]. Et d'une manière générale, il en est ainsi pour toutes les choses qui meuvent en étant mues, tandis que celles qui ne sont pas mues ne relèvent plus de la physique, car ce n'est pas en possédant en elles-mêmes mouvement et principe de mouvement qu'elles meuvent, mais en étant immobiles; c'est pourquoi il y a trois 30 | études à mener : l'une sur les choses immobiles, une autre

1. Il ne faut pas voir dans cette convergence une identification de trois causes qui seraient ramenées à une seule, car les trois rôles restent distincts et nécessaires. Dans les productions naturelles comme dans les productions artificielles, on peut dire que la cause formelle de l'être en devenir est en même temps sa fin, car le terme du processus est la réalisation complète de la forme; l'identification n'est cependant pas totale car la fin est la forme individuée dans une certaine matière et non la forme générale de l'espèce. En outre, dans les productions naturelles seulement, l'origine du mouvement doit appartenir à la même espèce que l'être en devenir. En revanche, dans les choses qui ne subissent pas de devenir, comme les objets mathématiques, il n'y a pas de fin ni de moteur, mais on en rend compte complètement par leur cause formelle (c'est-à-dire leur essence) et par un certain type de matière.

sur les choses mues mais impérissables, une autre sur les choses périssables[1].

Par conséquent, on rend compte du pourquoi quand on le ramène à la matière, à l'essence et à ce qui a mû en premier. En effet, pour la venue à l'être, c'est principalement de cette manière qu'on cherche les causes : quelle chose advient-elle après quelle chose ? qu'est-ce qui | a agi ou pâti en premier ? et toujours ainsi ce qui est consécutif. 35

Mais les principes qui meuvent de manière naturelle sont de deux sortes, dont l'une n'est pas naturelle | car elle ne possède pas en elle-même un principe de mouvement. Tel est ce qui meut sans être mû, comme l'est ce qui est complètement immobile et antérieur à toutes choses, ainsi que l'essence et la forme, car elles sont la fin et ce en vue de quoi, de sorte que, puisque la nature est en vue d'une fin, il faut aussi connaître cette forme | et rendre compte du pourquoi de toutes les façons[2] ; par exemple : parce que de telle chose advient nécessairement telle autre (cette provenance ayant lieu soit en général soit le plus souvent), et que, pour que cela soit, il faut que ceci soit (de même que la conclusion vient des prémisses), et en outre parce que c'était là son être essentiel, et parce que **198b1** 5

1. On retrouve cette division tripartite en *Métaphysique* Λ 1, 1069a30-b2, où il est précisé que les deux sortes de choses en mouvement (parmi lesquelles les impérissables sont les sphères d'éther et les astres) sont à étudier par la physique, et les choses immobiles par une autre science, qu'Aristote appelle ailleurs « philosophie première » (*cf.* Introduction).

2. Ce passage complète la brève allusion de la fin du chap. 2 : le physicien doit connaître deux types d'étants non physiques, les moteurs cosmiques immobiles et les essences des étants sensibles, non pas pour ce qu'ils sont eux-mêmes (car ils constituent les objets d'une science non physique) mais en tant que causes de phénomènes physiques.

c'était mieux ainsi, non pas absolument mais relativement à l'essence de chaque chose[1].

198b10 8. | Il faut dire d'abord pourquoi la nature fait partie des causes en vue d'une fin, et ensuite, à propos du nécessaire, comment il se trouve dans les choses naturelles; car tous remontent à cette cause-là en disant que, puisque telle est la nature du chaud, du froid et de chaque chose de ce genre, telles
15 choses existent et adviennent par nécessité; | et s'ils parlent d'une autre cause, ils l'abandonnent aussitôt qu'ils l'ont envisagée, que ce soit pour l'un l'amitié et la discorde, pour l'autre l'intellect[2].

Il y a une difficulté quant à savoir ce qui empêche la nature d'agir non en vue d'une fin ou parce que c'est meilleur, mais comme Zeus fait pleuvoir: non pour faire pousser le blé mais par nécessité, car l'évaporation qui s'est élevée doit se refroi-
20 dir et, une fois refroidie | et devenue eau, elle doit descendre; quant à la croissance du blé, elle arrive par accident à la suite de ce devenir. De même, si à cause de cela le blé est perdu sur l'aire, il n'a pas plu pour qu'il soit perdu, mais c'est arrivé par accident. Par conséquent, qu'est-ce qui empêche qu'il en soit

1. Le principe de l'accomplissement du meilleur n'est pas appliqué à la totalité du réel, mais de manière particulière à chaque être en devenir, dans la mesure où le principe formel interne à chacun guide son développement vers la meilleure réalisation possible compte tenu des circonstances.

2. Aristote déplore fréquemment qu'Empédocle et Anaxagore, qui avaient introduit des causes cosmiques susceptibles d'agir en vue d'une fin, expliquent néanmoins tous les phénomènes sans jamais faire intervenir une fin (cf. *Métaphysique* A 7, 988b6-16). La cause opposée à la finalité est la nécessité comprise comme un déterminisme des propriétés de la matière. Aristote va d'abord montrer pourquoi il lui semble que cette explication-là est insuffisante pour expliquer certaines régularités dans les processus naturels, et ensuite, au chapitre suivant, il exposera comment il comprend la nécessité inhérente à la matière.

ainsi également pour les parties dans la nature, par exemple que les dents poussent par nécessité, les unes | incisives, acérées et propres à déchirer, les autres molaires, plates et aptes à broyer les aliments, puisqu'elles ne se sont pas produites en vue de cette fin mais se sont trouvées ainsi par hasard[1] ? Et de même aussi pour les autres parties dans lesquelles semble exister le fait d'être en vue d'une fin. Il s'ensuit donc que là où toutes les choses sont arrivées comme si elles advenaient en vue d'une fin, | elles ont été conservées, étant disposées de la bonne façon par le mouvement spontané, tandis que toutes celles qui n'étaient pas ainsi ont péri et périssent, comme les bovins à face humaine, selon Empédocle[2]. C'est donc par ce raisonnement ou par tout autre semblable que l'on peut s'interroger, mais il est impossible qu'il en soit de cette façon. | Car ces choses et toutes celles qui sont par nature adviennent soit toujours de la même manière soit le plus souvent, mais aucune de celles qui résultent du hasard et du mouvement spontané. En effet, | il ne semble pas dû au hasard ni à une coïncidence qu'il pleuve souvent en hiver, mais ce le serait en

25 30 35 **199a1**

1. Je traduis ainsi le verbe *sumpesein*. Il s'agit bien ici d'opposer un organe apte à exercer une fonction parce que celle-ci a été visée par son développement et un organe apte à exercer une fonction parce que par hasard il se trouve adapté à celle-ci. Dans ce cernier cas, le hasard est le nom donné à une certaine nécessité, celle des transformations « mécaniques » de la matière.

2. *Cf.* 196a24 et la note. Ce qui empêche Aristote d'adopter une telle proposition, c'est, d'une part, l'absence d'indices que les espèces vivantes sont apparues à un certain moment, et, d'autre part, l'observation qu'elles se maintiennent de génération en génération sans changement morphologique notable, si ce n'est des déficiences accidentelles qui ne se reproduisent pas. La biologie darwinienne réalise la synthèse de ces deux positions, en reconnaissant à la fois le double principe d'apparition des espèces (hasard de la mutation et sélection par la nécessité vitale) et le principe de perpétuation de chaque espèce (code génétique).

été, ni qu'il y ait canicule en été, mais bien en hiver. Si donc il semble que cela se passe ou bien par coïncidence ou bien en vue d'une fin, et s'il n'est pas possible que ce soit par
5 coïncidence | ni par le mouvement spontané, alors c'est en vue d'une fin. Or, toutes les choses de cette sorte sont par nature, comme le reconnaîtraient ceux-là même qui parlent ainsi. Par conséquent, le fait d'être en vue d'une fin se trouve dans les choses qui adviennent et qui sont par nature. En outre, partout où il y a une fin, c'est en vue de cette fin que sont faites les étapes précédentes et suivantes. Donc chaque chose est par
10 nature comme elle est faite, | et est faite comme elle est par nature, si rien ne l'en empêche. Or, elle est faite en vue d'une fin, donc elle est par nature en vue de cette fin. Par exemple, si une maison faisait partie des choses qui adviennent par nature, elle adviendrait de la même façon que maintenant sous l'action de l'art, et d'autre part, si les choses naturelles advenaient non seulement par nature mais aussi par l'art, elles adviendraient
15 de la même façon qu'elles le font par nature. | L'un est donc en vue de l'autre.

En outre, d'une manière générale, l'art achève pour une part ce que la nature est incapable d'effectuer, et pour une part l'imite. Si donc les productions de l'art sont en vue d'une fin, il est clair que les productions de la nature le sont aussi, car les étapes suivantes et précédentes sont dans un rapport semblable dans les productions de l'art et dans les productions de la
20 nature[1]. | Cela se manifeste principalement chez les autres

1. On peut comprendre la nature par analogie avec la production technique, car les étapes de la production se succèdent de la même façon, de manière à mener au mieux à la réalisation complète. L'analogie est justifiée par le fait que les productions techniques se fondent sur le modèle des productions naturelles, soit par imitation, soit par continuation d'un processus que la nature ne peut mener jusqu'au bout.

animaux, qui n'agissent ni par art ni par recherche ni par délibération, d'où certains en arrivent à se demander si les araignées, les fourmis et les animaux de cette sorte travaillent avec l'intelligence ou avec autre chose. En allant un peu plus loin, dans les plantes aussi se produit manifestement ce qui est utile | pour la fin, par exemple les feuilles pour la protection du 25 fruit. Par conséquent, si c'est par nature et en vue d'une fin que l'hirondelle fait son nid et l'araignée sa toile, et si les plantes produisent les feuilles en vue des fruits et les racines non vers le haut mais vers le bas, en vue de la nourriture, il est manifeste qu'une telle cause existe | dans les choses qui adviennent et qui 30 sont par nature. Et puisque la nature est double, d'une part comme matière, d'autre part comme forme, et que celle-ci est la fin, les autres choses étant en vue de la fin, celle-ci serait la cause en vue de quoi.

D'autre part, l'erreur se produit aussi dans les productions de l'art: le grammairien peut écrire incorrectement et le médecin prescrire incorrectement | le remède; par suite, il est 35 clair qu'il peut y en avoir aussi dans les productions naturelles. | Si donc il existe certaines productions de l'art, dans lesquelles **199b1** ce qui est correct est en vue d'une fin, tandis que dans les choses ratées, certaines sont entreprises en vue d'une fin mais échouent, il doit en être de même dans les choses naturelles, et les monstres sont des erreurs de ce qui advient en vue d'une fin. | Et donc, dans les compositions des origines, si les bovins 5 n'avaient pas été capables d'aller vers un terme et une fin, ils seraient venus à l'être avec un principe dégradé, comme l'est la semence dans ce cas-ci[1]. En outre, il est nécessaire que la

1. La semence qui produit les monstres est un principe dégradé, abîmé. C'est pourquoi, si les bovins dont parlait Empédocle s'étaient vraiment développés d'abord avec une face humaine, il faudrait l'expliquer par une semence dégradée.

semence advienne d'abord, mais pas immédiatement les animaux; et l'expression « d'abord un tout naturel » désignait la semence[1].

10 En outre, dans les | plantes aussi existe ce en vue de quoi, mais il est moins articulé. Est-ce donc que dans les plantes aussi sont advenues, de même que les bovins à face humaine, des vignes à face d'olivier? Certes, cela est absurde, et pourtant il le faudrait si cela se produisait aussi dans les animaux. Enfin, il faudrait que dans les semences aussi le 15 devenir s'accomplisse n'importe comment. Or, | qui soutient cela détruit complètement les choses naturelles et la nature, car sont naturelles les choses qui, mues de façon continue à partir d'un principe interne, aboutissent à une fin; et à partir de chaque principe, la fin n'est ni la même ni fortuite pour chaque chose, mais chacune va toujours vers la même fin, si rien n'y fait obstacle.

Ce en vue de quoi et ce qui est en vue de cela peuvent aussi 20 être des effets du hasard; | par exemple, nous disons que par hasard l'étranger est arrivé, a libéré le prisonnier et est parti, lorsqu'il l'a fait comme s'il était venu en vue de cela, alors qu'il n'est pas venu en vue de cela[2]. Et c'est là un accident, car le hasard est parmi les causes par accident, comme nous l'avons dit précédemment; mais lorsque cela advient toujours 25 ou le plus souvent, | ce n'est plus ni par accident ni par hasard,

1. Référence au fragment 62 d'Empédocle, dont le vers 4 dit: « Tout d'abord il sortit de la terre des êtres en un tout naturel rassemblant les deux sexes » (trad. Dumont). Ici se trouve probablement l'argument principal d'Aristote contre une origine des espèces: quelle serait la toute première semence, et comment serait-elle apparue ?

2. D'après Philopon (*In Phys.* 324, 21), il y a là une allusion à l'emprisonnement de Platon à Égine, pour lequel Annicéris de Cyrène, arrivé par hasard, paya la rançon.

or, dans les choses naturelles, il en est toujours ainsi, si rien n'y fait obstacle.

Il est absurde de ne pas croire qu'il y a un devenir en vue d'une fin, si l'on n'a pas vu délibérer ce qui meut. Eh quoi ! même l'art ne délibère pas, et si l'art de construire les navires était dans le bois, il produirait semblablement à la nature ; par conséquent, | si le fait d'être en vue d'une fin est inhérent à l'art, il est inhérent à la nature[1]. C'est particulièrement visible lorsqu'un homme se guérit lui-même, car c'est à cela que ressemble la nature. Que donc la nature est une cause, et au sens de ce en vue de quoi, c'est manifeste. 30

9. | L'être par nécessité existe-t-il conditionnellement | ou aussi absolument ? On croit actuellement que l'être par nécessité se trouve | dans la venue à l'être comme si l'on considérait que le rempart est advenu par nécessité, parce que les choses lourdes sont naturellement portées vers le bas et les légères vers la surface, raison pour laquelle les pierres et les fondements sont en bas, la terre en haut en raison de sa légèreté, et le bois tout à fait à la surface, | car il est le plus léger. En réalité, il n'est pas advenu sans ces choses-là, mais pas non plus à cause d'elles, si ce n'est en tant que matière, mais en vue de couvrir et de protéger quelque chose. Et il en va de même dans tous les cas où se trouve ce qui est en vue d'une fin : rien n'advient sans les choses qui possèdent la nature nécessaire, et pourtant ce n'est pas à cause d'elles, si ce n'est en tant que **199b34** 35 **200a1** 5

1. Le fait que l'art ne délibère pas ne signifie pas que l'artiste ne délibère pas (Aristote l'affirme au contraire en *Éthique à Nicomaque* III, 5, 1112a18-b20). En effet, l'artiste délibère sur la manière dont il va mieux transmettre la forme à la matière, tandis que l'art est la forme elle-même. Or, dans les productions naturelles, le producteur n'est pas extérieur mais la nature est à la fois la forme et le moteur interne; si donc l'art était un moteur interne comme l'est la nature, il produirait aussi sans la délibération d'un agent.

10 | matière, mais en vue d'une fin; par exemple, pourquoi la scie est-elle faite ainsi? pour être ceci et en vue de ceci. Or, il est impossible qu'advienne ce en vue de quoi elle est faite si elle n'est pas de fer, donc il est nécessaire qu'elle soit de fer, s'il doit y avoir une scie et son œuvre. Le nécessaire est donc conditionnel et non comme une fin, car il est dans la matière, 15 tandis que ce en vue de quoi est dans | l'énoncé[1].

D'autre part, le nécessaire existe à peu près de la même manière dans les objets mathématiques et dans les choses qui adviennent par nature; en effet, puisque le droit est ceci, nécessairement le triangle a ses angles égaux à deux droits, mais non l'inverse; et pourtant si le triangle n'était pas, le droit ne serait pas non plus[2]. Mais dans les choses qui adviennent en 20 vue d'une fin, c'est l'inverse : | si la fin doit exister (ou existe déjà), l'antécédent aussi doit exister (ou existe déjà); s'il n'existe pas, de même que dans les mathématiques où, la conclusion n'étant pas, le principe ne sera pas, de même ici c'est la fin et ce en vue de quoi qui ne seront pas; car la fin est

1. En *Métaphysique* Δ 5, Aristote distingue trois significations du « nécessaire » : ce sans quoi quelque chose ne peut se faire; ce qui est contraint; ce qui ne peut être autrement. La nécessité conditionnelle attribuée ici à la matière relève de la première sorte, car sans une certaine matière un corps ne peut se constituer ou accomplir sa fonction. La condition s'exprime sous la forme : « si l'on veut qu'existe tel corps, il faut telle matière ». La matière n'est donc pas le but mais la condition, nécessaire et non suffisante, de la réalisation du but. Celui-ci est exprimé par le *logos* du corps réalisé, c'est-à-dire l'énoncé de son essence, qui est aussi sa cause formelle.

2. Dans les productions guidées par une fin, la matière est définie par les exigences du corps composé, mais son existence n'en dépend pas. La relation est inversée dans les objets mathématiques : le corps composé est une condition d'existence de ses composants mais pas une condition de définition; en effet, il n'y aurait pas d'angle droit s'il n'y avait pas certaines formes composées d'angles droits, mais l'angle droit est défini indépendamment de son inscription dans ces formes et est au contraire nécessaire pour la définition de celles-ci.

aussi principe, non de l'action mais du raisonnement[1] (dans les mathématiques le principe est toujours du raisonnement puisqu'il n'y a pas d'actions). Par conséquent, s'il doit y avoir une maison, il est nécessaire | que ces conditions adviennent 25 ou lui appartiennent ou existent, ou, d'une manière générale, qu'il y ait la matière en vue d'une fin, par exemple des tuiles et des pierres dans le cas d'une maison – et pourtant ce n'est pas grâce à elles qu'est et que sera la fin, si ce n'est en tant que matière. Cependant, d'une manière générale, si ces choses ne sont pas, il n'y aura ni maison ni scie, là s'il n'y a pas les pierres, ici s'il n'y a pas le fer; et pas davantage, dans l'exemple des mathématiques, n'existeront les | principes, si le 30 triangle n'est pas égal à deux angles droits.

Il est donc manifeste que le nécessaire dans les choses naturelles est ce qui est dit matière et les mouvements de celle-ci; et le physicien doit mentionner les deux causes, mais surtout celle en vue d'une fin, car celle-ci est cause de la matière et non la matière de la fin. Et la fin est ce en vue de quoi, et le | principe part de la définition et de l'énoncé, comme 35 dans les productions de | l'art: puisque telle est la maison, **200b1** il faut que telles choses adviennent et lui appartiennent par nécessité, et puisque la santé est ceci, il faut que telles choses adviennent par nécessité et lui appartiennent. De même, si l'homme est ceci, ces choses-ci sont nécessaires, et si telles sont celles-ci, il faudra celles-là. Toutefois, peut-être le

1. Cf. *De l'âme*, III 10, 433a15-17 : « Pour ce dont il y a désir, celui-ci est le point de départ de l'intellection pratique, tandis que l'aboutissement de celle-ci est le point de départ de l'action ». On retrouve la même idée ici : le désirable, qui est la fin de l'action au sens du but visé par elle, est le principe ou le point de départ (selon l'ambiguïté du terme *archè*) du raisonnement ou de la réflexion pratique, qui s'interroge sur l'opportunité et les moyens d'atteindre ce but; ensuite, de cette réflexion viendra l'action.

5 nécessaire est-il aussi dans l'énoncé, | car, pour qui a défini l'œuvre de scier comme telle division, celle-ci n'existera pas si la scie ne possède pas telles dents, et elles ne seront pas telles si elles ne sont pas de fer. Il y a, en effet, dans l'énoncé aussi, certaines parties qui sont comme la matière de l'énoncé [1].

1. La conception d'une matière non sensible dans les définitions, et la correspondance entre les parties de la définition, d'une part, la forme et la matière physiques d'autre part, sera reprise et approfondie dans *Métaphysique* Z, 10-12.

LIVRE III

1. | Puisque la nature est principe de mouvement et de changement, et que notre recherche porte sur la nature, ce qu'est le mouvement ne doit pas nous échapper, car, si on l'ignore, | on ignore nécessairement aussi la nature. Par ailleurs, après les déterminations concernant le mouvement, il faudra tenter d'aborder de la même manière ce que celui-ci implique. Or le mouvement semble faire partie des continus, et l'infini se manifeste en premier lieu dans le continu; c'est pourquoi il arrive souvent à ceux qui définissent le continu de se servir en outre de la notion d'infini, | le continu étant ce qui est divisible à l'infini. En outre, sans le lieu, le vide et le temps, le mouvement est impossible. Il est donc clair, pour ces raisons et parce que ces notions sont communes à toutes choses et sont universelles, que l'examen doit être entrepris en commençant par chacune d'elles (car l'étude des choses particulières est postérieure à celle des | choses communes), et d'abord, comme nous l'avons dit, par le mouvement. Une chose peut être soit seulement en acte soit en puissance et en acte[1], et peut être un ceci ou une quantité ou une qualité, ou semblablement l'une des autres catégories de l'étant. Parmi les relatifs, les uns se

200b12 | 15 | 20 | 25

1. Sur la traduction de ἐντελέχεια par « acte », *cf.* I 2, 186a3 et la note.

30 disent selon l'excès et le défaut, les autres | selon la capacité d'agir et de pâtir et en général selon la capacité motrice et mobile; en effet, le moteur est moteur du mobile et le mobile est mobile sous l'action du moteur[1]. D'autre part, il n'y a pas de mouvement hors des choses, car ce qui change change toujours selon la substance ou la quantité ou la qualité ou le 35 lieu, et | l'on ne peut saisir au-dessus de ceux-ci rien de commun, comme nous l'affirmons, qui ne soit ni un ceci ni une **201a1** quantité | ni une qualité ni aucun des autres attributs[2]. Par conséquent, il n'y aura ni mouvement ni changement de rien d'autre que de ce que nous avons cité, puisque rien d'autre n'existe en dehors de ceux-ci. Et chaque attribut appartient de deux façons à toutes choses; par exemple, le ceci, car il est 5 d'une part la forme, | d'autre part la privation; selon la qualité, l'un est blanc l'autre noir, et selon la quantité, l'un est complet l'autre incomplet. Et de même, selon le transport, l'un est vers le haut l'autre vers le bas, ou l'un est léger et l'autre lourd.

1. Une première étape pour arriver à définir le mouvement consiste à placer dans la catégorie des relatifs les deux choses sans lesquelles il ne peut y avoir de mouvement, le moteur et le mobile. Le fait qu'ils soient relatifs signifie qu'ils ne peuvent ni être définis l'un sans l'autre ni exister en tant que tels l'un sans l'autre; certes, en tant qu'ils sont des corps ou des forces ils sont indépendants l'un de l'autre, mais en tant qu'ils produisent ou subissent un mouvement ils sont dans une relation d'interdépendance.

2. L'ensemble des choses qui existent ne constitue pas un genre unique mais se divise immédiatement en les dix catégories ou genres les plus larges. Ces dix catégories sont donc à la fois exhaustives (elles embrassent tout ce qui est) et indépassables. Parmi les dix, quatre peuvent fournir les termes d'un changement, car tout changement est soit substantiel, soit quantitatif, soit qualitatif, soit local.

De sorte que du mouvement et du changement il y a autant d'espèces que de l'étant[1].

Puisqu'on a distingué dans | chaque genre ce qui est en acte 10 et ce qui est en puissance, l'acte de ce qui est en puissance, en tant que tel, c'est le mouvement[2]; par exemple, celui de l'altérable, en tant qu'altérable, est l'altération, celui de l'accroissable et de son opposé le décroissable (car il n'y a pas de nom commun aux deux) est la croissance et la décroissance, celui du générable et du destructible est la génération et | la destruc- 15 tion, celui du transportable le transport. Que tel soit bien le mouvement, c'est clair d'après ceci : lorsque le constructible, en tant que nous le disons tel, est en acte, il est en train d'être construit, et c'est cela la construction; de même pour l'apprentissage, la guérison, la rotation, le saut, la croissance et le vieillissement. D'autre part, puisque dans certains cas les mêmes choses sont | en puissance et en acte, non pas simultanément ni 20 sous le même rapport, mais comme ce qui est chaud en puissance et froid en acte, dès lors elles produiront et subiront entre elles de nombreuses affections, car tout sera à la fois susceptible de produire et de subir. Par conséquent, ce qui meut naturellement est aussi mobile car toute chose de cette sorte meut en étant mue | aussi elle-même. Il semble à certains que 25

1. La formule est un peu exagérée, puisque les espèces de changement se limitent à quatre catégories de l'étant, mais au sein de ces catégories toutes les espèces (ou formes) peuvent être des termes de changement.

2. Chaque corps est susceptible de subir une multitude de changements; il est donc en puissance chacune des formes qu'il est capable d'acquérir. Lorsque l'une de ces puissances est actualisée, on dit qu'il y a un changement dans ce corps. Le changement n'est pas la forme qui advient en acte, ni le passage de la puissance à l'acte, mais il est l'acte du corps correspondant à une de ses puissances. Sur la valeur de cette « définition », voir l'Introduction, p. 17-18.

tout ce qui meut est mû, mais à ce sujet on verra par d'autres arguments ce qu'il en est, car il y a quelque chose qui meut et qui est immobile[1], mais l'acte de ce qui est en puissance, quand, étant en acte, il est en acte non en tant que lui-même mais en tant que mobile, c'est le mouvement. Et je dis « en tant
30 que » en ce sens-ci : le bronze est | une statue en puissance, cependant l'acte du bronze en tant que bronze n'est pas mouvement, car l'être du bronze n'est pas le même que celui d'un mobile en puissance, puisque, s'il était le même absolument et par l'énoncé, l'acte du bronze en tant que bronze serait mouvement ; mais, comme on l'a dit, il n'est pas le même
35 (c'est clair | dans le cas des contraires : pouvoir être sain et
201b1 pouvoir | être malade sont différents, sinon ce serait même chose qu'être malade et être sain, mais le sujet, sain et malade, qu'il soit humeur ou sang, est le même et un). Puisque ce n'est pas la même chose, comme la couleur n'est pas la même chose
5 que le visible, l'acte de ce qui est capable, | en tant que capable, il est manifeste que c'est cela le mouvement.

Qu'il soit donc cela, et qu'un mouvement se produise lorsque l'acte lui-même est et ni avant ni après, c'est clair, car chaque chose peut tantôt être en acte tantôt non, comme le constructible, et l'acte du constructible en tant que constructi-
10 ble est la construction | (car l'acte est ou bien la construction ou bien la maison, mais lorsque la maison est, le constructible n'est plus ; or le constructible est en train d'être construit, donc

1. Il ne s'agit pas seulement du premier moteur immobile de l'univers, dont la nécessité est démontrée au livre VIII, mais ce peut être aussi, dans la théorie du mouvement des animaux, l'objet du désir qui met l'animal en mouvement sans être mû lui-même.

nécessairement l'acte est la construction[1]), et la construction est un certain mouvement. Ensuite, le même raisonnement s'appliquera aussi aux autres | mouvements. 15

2. | Que ce langage soit correct, cela ressort également de **201b16** ce que les autres en disent et de la difficulté à définir autrement le mouvement. En effet, on ne pourrait placer le mouvement et le changement dans un autre genre, et c'est clair pour qui examine comment | certains le situent, prétendant que le 20 mouvement est altérité, inégalité et non-être : rien de cela n'est mû nécessairement, ni les choses différentes, ni les choses inégales, ni les choses qui ne sont pas, mais il n'y a pas davantage de changement vers elles ou à partir d'elles qu'à partir des opposés. Toutefois la raison pour laquelle ils le placent parmi elles est que | le mouvement semble être quelque chose d'indé- 25 terminé, et que les principes de la deuxième série sont indéterminés parce que privatifs[2], puisqu'aucun d'eux n'est ni un ceci ni une qualité ni aucune des autres catégories. Or, la raison pour laquelle le mouvement semble être indéterminé est qu'on ne peut le placer absolument ni du côté de la puissance des étants ni du côté de l'acte, | car ni la quantité en puissance ni la 30

1. La maison est un acte au sens où une forme réalisée est un acte, tandis que la construction est un acte au sens d'une réalisation en train de se faire. Mais la maison ne peut être l'acte du constructible puisqu'elle ne coexiste pas avec lui, tandis que la construction a lieu pendant que le constructible existe comme tel et est en train de devenir construit.

2. Aristote mentionne quelquefois la répartition de tous les attributs en deux séries, l'une comprenant tous les termes positifs et l'autre tous les termes négatifs; ceux-ci sont indéterminés par eux-mêmes parce qu'ils se définissent par le positif correspondant (cf. *Métaphysique* A 5, 986a25; Γ 2, 1004b27; Λ 7, 1072a31). Ainsi, le mouvement ne serait que la négation de l'immobilité (qu'il faut distinguer du repos, celui-ci étant l'absence temporaire de mouvement dans un corps qui est mobile).

quantité en acte n'est mue nécessairement, et le mouvement semble être un certain acte, mais incomplet, à cause du fait que le possible dont il est l'acte est incomplet[1]. C'est pourquoi il est difficile d'appréhender ce qu'il est, car il est nécessaire de le placer du côté de la privation ou du côté de la puissance
35 ou du côté de l'acte | au sens strict, mais rien de tout cela
202a1 n'apparaît comme possible. Il reste | donc la manière qu'on a dite, qu'il est un certain acte, mais un acte tel que nous l'avons décrit, difficile à voir et pourtant possible.

D'autre part, est aussi mû tout moteur, comme on l'a dit, qui, étant en puissance, est mobile, et dont l'immobilité est un
5 repos (car pour ce à quoi | appartient le mouvement, l'immobilité est repos). En effet, être en acte par rapport à telle chose, en tant que telle, c'est la mouvoir; et il le fait par contact, de sorte qu'il pâtit en même temps. C'est pourquoi le mouvement est l'acte du mobile en tant que mobile, ce qui arrive par contact avec le moteur, de sorte que celui-ci pâtit en même temps[2]. Le moteur portera toujours une forme, que ce soit un ceci
10 | ou une qualité ou une quantité, qui sera principe et cause du mouvement, lorsqu'il mouvra; par exemple, l'homme en acte produit un homme à partir de l'homme en puissance[3].

1. Un acte complet (*teleios*) est un acte qui à chaque instant atteint son résultat, comme la vue ou la pensée, tandis qu'un acte incomplet atteint son résultat au terme d'un processus (cf. *Métaphysique* Θ 6, 1048b18-36; *Éthique à Nicomaque* X 3, 1174a13-b14; voir aussi livre I 3, 186a3 et la note).

2. Aristote reviendra au livre VII (chap. 2) sur la nécessité du contact entre le moteur et le mobile, pour préciser qu'elle ne s'impose qu'aux moteurs qui sont à l'origine du mouvement et non aux moteurs qui en sont la fin, car ceux-ci peuvent être immobiles et inaffectés par le mouvement qu'ils causent.

3. Dans les productions naturelles, c'est parce que le moteur possède lui-même une forme qu'il peut la transmettre, par exemple un homme transmet la forme « homme » parce qu'il la possède, ou, pour ses qualités, le feu transmet la

3. | Et ce qui était embarrassant devient clair : le **202a13** mouvement est dans le mobile, car il est l'acte de celui-ci sous l'action du moteur. | Et l'acte du moteur n'est pas un autre, car 15 il doit y avoir un acte pour les deux ; en effet, il est moteur par le fait d'être en puissance, et il est mouvant par le fait d'être en acte, mais sa puissance consiste à mettre le mobile en acte, de sorte que l'acte des deux sera un seul, de la même manière que la distance est la même de un à deux et de deux à un, ou en montant et en descendant, | car ces distances sont une, quoique 20 leur énoncé ne soit pas un ; et il en va de même pour le mouvant et le mû.

Il y a cependant une difficulté logique. En effet, il est sans doute nécessaire qu'il y ait un certain acte de ce qui est susceptible de produire et de ce qui est susceptible de pâtir : l'un est donc la production, l'autre la passion, et l'œuvre et la fin de l'un sont le produit, de l'autre l'affection. | Puisque donc 25 toutes deux sont des mouvements, si elles sont différentes, dans quoi se trouvent-elles ? Ou bien elles sont toutes deux dans ce qui pâtit et est mû, ou bien la production est dans ce qui produit et la passion dans ce qui pâtit, et s'il faut appeler celle-ci production, ce serait par homonymie. S'il en est ainsi, le mouvement sera dans le moteur, car le même énoncé s'appliquera au moteur et | au mû. Par conséquent, ou bien tout 30 moteur sera mû, ou bien, quoique possédant le mouvement, il ne sera pas mû. D'autre part, si toutes deux, la production et la passion, sont dans ce qui est mû et pâtit, et que l'enseignement

chaleur parce qu'il est lui-même chaud, ou encore la nourriture fait croître proportionnellement à sa quantité. Pour les déplacements, en revanche, Aristote admettra qu'un moteur peut les susciter sans être lui-même mobile, en tant qu'il est la fin et non l'origine. Voir aussi VIII 5, 257b9-12 et les deux notes.

et l'apprentissage, tout en étant deux, se trouvent dans celui qui apprend, d'abord l'acte de chaque chose ne se trouvera pas en elle, ensuite il est absurde d'être mû de deux mouvements à
3 la fois : | quelles seront les deux altérations qui appartiendront à une seule chose et iront vers une seule forme ? C'est impossi-
202b1 ble. Mais alors l'acte sera un. Cependant, | il est illogique que, pour deux choses différentes quant à l'espèce, il y ait un seul et même acte; et, si l'enseignement et l'apprentissage sont la même chose que la production et la passion, le fait d'enseigner sera la même chose que le fait d'apprendre, et le fait de produire sera la même chose que le fait de pâtir, de telle sorte que,
5 nécessairement, | celui qui enseigne apprendra et celui qui produit pâtira[1].

Ou alors il n'est pas absurde que l'acte de l'un se trouve dans l'autre (en effet, l'enseignement est l'acte de celui qui est susceptible d'enseigner, et se trouve certes dans quelque chose, et non coupé, mais l'acte de celui-ci dans celui-là). Rien n'empêche non plus qu'un seul acte soit le même pour deux choses (non comme le même quant à l'être mais comme
10 | l'étant en puissance se trouve par rapport à l'étant en acte), et il n'est pas nécessaire que celui qui enseigne apprenne ni, si le fait de produire et de pâtir sont la même chose, qu'ils le soient

1. La difficulté logique vient donc du fait que l'acte qui a lieu entre le moteur et le mû semble être différent pour le moteur et pour le mû, au point de recevoir un autre nom; faut-il donc considérer qu'il y a un seul acte ou bien deux ? S'il y en a deux, il y a des objections à les situer soit tous les deux dans le même corps soit l'un dans le moteur l'autre dans le mû. Mais s'il y en a un seul, produire et subir seront la même chose. La solution, énoncée au paragraphe suivant, sera qu'il y a un seul acte mais que son essence et sa définition comportent un élément différent selon qu'on le considère du côté du moteur ou du côté du mû.

au sens où est une la définition qui exprime l'être essentiel, comme un manteau et un pardessus, mais comme la route de Thèbes à Athènes et d'Athènes à Thèbes, ainsi qu'on l'a dit précédemment; en effet, | avoir toutes ses propriétés identiques n'appartient pas aux choses qui sont les mêmes de façon quelconque, mais seulement à celles dont l'être est le même. Et en réalité, ce n'est pas parce que l'enseignement est la même chose que l'apprentissage, que le fait d'apprendre est aussi la même chose que le fait d'enseigner, de la même façon que ce n'est pas parce qu'une seule distance sépare deux points distants que le fait d'être distant d'ici à là et de là à ici est une seule et même chose. Pour le dire globalement, ni l'enseignement | et l'apprentissage, ni la production et la passion, ne sont la même chose au sens strict, mais bien ce à quoi ils appartiennent, à savoir le mouvement; en effet, l'acte de ceci dans cela et de ceci sous l'effet de cela sont différents par l'énoncé. 15 20

On a donc dit ce qu'est le mouvement, en général et en particulier, car il n'est pas difficile de voir comment définir chacune de ses espèces : | l'altération est l'acte de l'altérable en tant qu'altérable. Et, pour une meilleure connaissance encore, c'est l'acte de ce qui en puissance peut produire et subir, en tant que tel, en général et ensuite selon chaque cas particulier, qu'il s'agisse de construction ou de guérison. Et on parlera de la même manière de chacun des autres mouvements [1]. 25

1. La définition générale peut donc être adaptée à chacune des espèces. Quant aux particularités de chacune, Aristote les développe au livre V, au moment où il distingue clairement, d'un côté, le changement selon la substance (venue à l'être et destruction), et de l'autre, les changements selon la qualité (altérité), la quantité (croissance et décroissance) et le lieu (translation ou transport).

202b30 4. | Puisque la science de la nature porte sur les grandeurs, le mouvement et le temps, dont chacun est nécessairement soit infini soit fini, même si tout n'est pas infini ou fini, par exemple l'affection ou le point (car pour de telles choses il n'est peut-être pas nécessaire d'être dans l'une des deux sortes[1]), 35 il conviendrait à qui | s'occupe de la nature d'étudier, en ce qui concerne l'infini, s'il existe ou pas, et si oui, quel il est.

203a1 Un indice que | l'étude à son sujet est bien propre à cette science est que tous ceux qui semblent avoir touché à une telle philosophie d'une façon digne d'intérêt ont composé un discours sur l'infini, et que tous l'ont posé comme un certain principe des étants, – certains, comme les pythagori- 5 ciens et Platon, disant que l'infini est par soi, | non comme un accident d'autre chose, mais en étant lui-même une substance[2]. Cependant, pour les pythagoriciens, l'infini est dans les choses sensibles (car ils ne considèrent pas le nombre comme séparé), et est ce qui se trouve au-delà de l'univers, tandis que pour Platon, il n'y a aucun corps au-delà, pas même les Idées, du fait qu'elles ne se trouvent nulle part, mais l'infini 10 est à la fois dans les | choses sensibles et dans les Idées. Et, pour les premiers, l'infini est le pair (car, enfermé et limité par l'impair, il confère aux étants l'infinité ; un indice en est ce qui

1. Les attributs « fini » et « infini » ne s'appliquent qu'aux quantités, de sorte qu'une affection ne peut être ni finie ni infinie, à moins que ce soit par accident, parce que son sujet a aussi une quantité, ou bien par métaphore, en attribuant à l'affection une certaine quantité (cf. *Métaphysique* Δ 13, 1020a25-28). Quant au point, il est considéré en géométrie comme dépourvu de toute grandeur, donc il échappe lui aussi à ces attributs.

2. Nous avons des attestations d'une telle théorie dans les fragments de Philolaos et dans le *Philèbe* de Platon, où l'un des genres des étants est appelé « les illimités », en un sens qui maintient l'ambiguïté entre les illimitations qualitative, quantitative et définitionnelle.

arrive dans les nombres, car, si l'on place les gnomons autour de l'un et séparément, | la forme qui en résulte est tantôt 15 toujours autre, tantôt une[1]), tandis que Platon conçoit deux infinis, le grand et le petit[2].

Tous les autres qui traitent de la nature posent toujours sous l'infini une autre nature, parmi ce qu'on appelle les éléments, comme l'eau, l'air ou leur intermédiaire. Parmi ceux qui conçoivent les éléments en nombre fini, aucun ne les fait infinis, tandis que ceux qui | conçoivent les éléments en 20 nombre infini, tels Anaxagore et Démocrite, l'un à partir des homéomères, l'autre à partir de la fécondité des figures, disent que l'infini est continu par contact. Et l'un dit que n'importe quelle partie est un mélange semblable au tout, à partir de l'observation que n'importe quoi advient à partir de n'importe quoi, car c'est vraisemblablement à partir de cela | qu'il dit 25 qu'à un certain moment toutes les choses sont ensemble, par exemple cette chair et cet os, et de même pour n'importe quoi, par conséquent, aussi, pour toutes choses et même pour toutes en même temps; car le principe de la discrimination se trouve non seulement dans chaque chose, mais aussi entre toutes. Puisqu'en effet ce qui advient advient à partir de ce type de corps, et qu'il y a venue à l'être de toutes choses, quoique pas

1. Les gnomons constituent, dans la doctrine pythagoricienne, une disposition en équerre des unités composant chaque nombre, de telle manière que les deux branches sont égales pour les nombres impairs, inégales pour les nombres pairs. Aristote associe également les couples pythagoriciens pair/ impair et illimité/limité en *Métaphys*. A 5, 986a17-19. On retrouve dans le fragment 2 de Philolaos l'idée que les étants sont composés de limitants et d'illimités.

2. Au livre I (4, 187a16-18 et 9, 192a6-12), Aristote réfutait plutôt la conception platonicienne du grand et du petit en tant que dyade indéterminée, comparable à sa propre notion de matière. Cependant, l'infinité quantitative est probablement comprise dans l'indétermination de ce genre d'étants.

30 | en même temps, il doit aussi y avoir un principe de la venue à l'être, et un principe unique, qu'il appelle Intellect; or, l'Intellect fait son œuvre en pensant à partir d'un certain commencement, de sorte que nécessairement toutes choses sont ensemble à un moment et commencent à être mues à un moment[1]. Démocrite, en revanche, dit que, parmi les choses premières, une différente n'advient pas d'une différente, et **203b1** pourtant, selon lui, leur corps commun | est principe de toutes choses, se différenciant en ses parties par la grandeur et la figure[2].

Que donc cette étude convient aux physiciens, c'est clair d'après tout cela. Et il est raisonnable que tous posent l'infini 5 comme principe, | car il ne peut exister en vain ni posséder d'autre puissance que celle de principe. En effet, tout est soit principe soit issu d'un principe, or il n'y a pas de principe de l'infini, car ce serait sa limite[3]. En outre, il est sans venue à l'être et indestructible parce qu'il est principe, car ce qui est venu à l'être doit nécessairement atteindre une fin, et il y a un 10 terme à toute destruction. | C'est pourquoi, comme nous le disons, il n'y a pas de principe de ce principe, mais lui-même

1. Anaxagore affirmait non seulement l'infiniment grand (attribué à l'univers et au nombre des éléments qui le composent) mais aussi l'infiniment petit, car il soutenait que chaque particule contient toutes les déterminations et est divisible à l'infini, de telle sorte que, étant tous deux infinis, le plus grand est égal au plus petit (cf. *fragments* B1-7DK).

2. Cette présentation des atomes comme formant un seul corps divisé en une infinité de parties peut paraître étrange; elle se justifie par le fait qu'ils forment une seule nature principielle, à côté de cet autre type de principe qu'est le vide.

3. Un corps infini peut certes avoir certains principes, notamment formel et matériel. Mais l'infini en tant que tel ne peut être déterminé, étant par définition l'absence de limites et de déterminations.

semble être celui de tout le reste, contenant et gouvernant tout, comme disent tous ceux qui n'admettent pas d'autres causes à côté de l'infini, telles que l'Intellect ou l'Amitié; et c'est cela le divin, car il est immortel et impérissable, comme le disent Anaximandre et la plupart | des physiologues [1]. 15

La conviction que l'infini existe peut venir principalement de cinq observations: du temps (car il est infini) et de la division des grandeurs (car les mathématiciens aussi utilisent l'infini); en outre, du fait que de cette seule manière la venue à l'être et la destruction ne s'épuiseraient pas, si était infini ce à partir de quoi | s'extrait ce qui vient à l'être; en outre, du fait 20 qu'on limite toujours le limité par rapport à quelque chose, de sorte que nécessairement il n'existe aucune limite s'il faut toujours limiter une chose par rapport à une autre [2]; enfin, surtout et principalement, ce qui pose la difficulté commune à tous: du fait qu'il ne s'épuise pas dans la pensée, le nombre aussi semble infini, | ainsi que les grandeurs mathématiques et 25 l'au-delà de l'univers. Mais si l'au-delà est infini, le corps semble l'être aussi, ainsi que les mondes [3]. En effet, pourquoi y

1. La description correspond maintenant à la matière unique qu'ont pensée les physiciens milésiens, à partir de laquelle ils expliquaient tous les phénomènes sans recourir à d'autres causes; celle-ci était infinie à la fois quant à la grandeur et quant au temps, mais, à l'exception notable de l'*apeiron* d'Anaximandre, elle n'était pas qualitativement indéfinie puisqu'elle était identifiée à l'un des élements premiers. L'adjectif « divin » est, pour Aristote comme pour la tradition antérieure, simplement synonyme d'« immortel » ou, plus exactement, d'éternel.

2. Puisqu'une limite sépare toujours deux choses, il n'y a pas de limite sans rien au-delà. Aristote utilise lui-même cet argument pour prouver l'éternité du temps (*cf.* VIII 1, 251b19-26), mais il le refuse à propos de l'espace de l'univers.

3. Dans certaines cosmologies, une distinction importante est faite entre l'univers (οὐρανός) et le monde (κόσμος) ou plutôt les mondes, car ceux-ci

aurait-il plus de vide ici ou là ? Par conséquent, si elle est en un seul endroit, la masse est partout. En même temps, s'il y a un
30 vide et un lieu infinis, il doit aussi y avoir un corps infini, | car, entre être possible et être, il n'y a pas de différence dans les choses éternelles[1].

Cependant, l'étude de l'infini comporte une difficulté car, qu'on le pose comme existant ou non, il arrive de nombreuses impossibilités. En outre, de quelle manière existe-t-il, comme une substance ou comme un attribut essentiel[2] d'une certaine nature ? Ou alors d'aucune des deux manières, mais il n'en
204a1 existe pas moins un infini ou des choses infinies | quant au nombre[3] ? Mais il appartient surtout au physicien d'examiner s'il existe une grandeur sensible infinie. Il faut donc d'abord déterminer de combien de façons se dit l'infini. D'une première façon, il est ce qu'on ne peut parcourir, parce que c'est impossible par nature, de même que la voix est invisible[4];

constituent des ordonnances locales et temporaires dans un tout éternel et toujours changeant. C'est le cas notamment dans la cosmologie atomiste, qui affirmait l'infinité à la fois du vide et du corps répandu en lui.

1. Cela revient au même de dire qu'une chose est éternelle et que son existence est nécessaire : en effet, il n'est pas possible qu'elle ne soit pas (quelle que soit la raison de cette impossibilité). Par conséquent, puisqu'elle *est* toujours effectivement, *a fortiori* elle *peut* toujours être mais ne comporte pas d'autre possible que cet être.

2. L'attribut « par soi » (καθ'αὑτό) est un attribut qui découle nécessairement de l'essence de son sujet, de sorte qu'il ne peut en être séparé.

3. Parmi les quantités on distingue les quantités continues (μέγεθος : la grandeur) et les quantités discrètes (πλῆθος : la pluralité); en français, cependant, on désigne plutôt celles-ci par « le nombre » même s'il ne s'agit pas du nombre mathématique.

4. *Cf.* 202b32 : à proprement parler, les choses qui n'ont pas de grandeur ne sont ni finies ni infinies, mais on peut les dire infinies au sens de « ce qui ne se

d'une autre, | il est ce qui comporte un parcours sans fin, ou ce qui se parcourt à peine, ou ce qui par nature peut être parcouru mais n'a ni parcours ni limite; et enfin, tout est infini par addition ou par division, ou par les deux. 5

5. | D'abord donc, que l'infini soit séparé des choses sensibles, étant par lui-même quelque chose d'infini, c'est impossible, car s'il n'est ni grandeur ni | pluralité, mais que l'infini lui-même soit une substance et non un attribut, il sera indivisible (car le divisible est soit grandeur soit pluralité), mais s'il est tel, il n'est pas infini, si ce n'est au sens où la voix est invisible. Mais ce n'est pas ainsi que le disent ceux qui affirment l'infini, ni que nous le cherchons, mais comme ce qui ne peut être parcouru. D'autre part, si | l'infini existe comme attribut, il ne pourrait être un élément des étants en tant qu'infini, pas plus que l'invisible n'est un élément du langage, bien que la voix soit invisible. En outre, comment l'infini peut-il être quelque chose par lui-même, si même le nombre et la grandeur ne le sont pas, dont l'infini est une affection par soi? Il est nécessaire qu'il le soit encore moins que le | nombre ou la grandeur. Il est manifeste aussi que l'infini ne peut exister comme un étant en acte ni comme une substance et un principe, car, quelque partie de lui qu'on prenne, elle sera infinie, s'il est morcelable (car l'être de l'infini et l'infini sont la même chose, si l'infini est substance et non attribué à un sujet), de sorte qu'il doit être ou bien indivisible ou bien | divisible en infinis; mais il est impossible que plusieurs infinis soient la même chose (et pourtant, comme une partie de l'air est air, de **204a8** 10 15 20 25

parcourt pas », comme la voix est ce qui ne se voit pas mais s'entend (ou ne s'entend pas, selon les cas).

même aussi une partie d'infini devrait être infinie, si du moins il est une substance et un principe) ; il est donc immorcelable et indivisible. Mais c'est impossible pour l'infini existant en acte, car il est nécessairement une certaine quantité. Donc
30 l'infini existe comme attribut. | Mais s'il en est ainsi, on a dit qu'il ne pouvait être dit principe, mais bien ce à quoi il est attribué, l'air ou le pair. Par conséquent, il se révèle absurde d'en parler comme les pythagoriciens, car ils font de l'infini une substance et en même temps ils le morcèlent.

35 Mais peut-être cette recherche est-elle trop générale, | de savoir si l'infini peut se trouver dans les objets mathématiques
204b1 | et dans les intelligibles, qui n'ont aucune grandeur ; quant à nous, c'est à propos des choses sensibles et de celles sur lesquelles porte notre recherche que nous examinons s'il y a en elles ou non un corps infini dans le sens de l'accroissement.
5 À l'examen logique | il semblerait qu'il n'y en ait pas, à partir d'arguments de ce type : si la définition du corps est ce qui est limité par une surface, il ne pourrait y avoir de corps infini, ni intelligible ni sensible (mais pas non plus de nombre tel qu'il soit séparé et infini, car le nombre ou ce qui possède un nombre
10 est nombrable ; si donc le nombrable peut être nombré, | l'infini aussi pourrait être parcouru[1]). Du point de vue physique on l'étudie plutôt d'après ceci : il ne peut être ni composé ni simple. D'une part donc, le corps infini ne sera pas composé si les éléments sont limités en nombre. En effet, il est nécessaire qu'ils soient plusieurs, que les contraires s'égalisent toujours

1. L'argument est faible car on pourrait concevoir un nombrable en puissance qui ne sera jamais nombré s'il n'existe pas d'entendement infini pour le faire ; il semble bien qu'Aristote accepte cette particularité pour le temps (*cf.* IV 14, 223a21-29).

et que pas un d'entre eux ne soit infini (car si | la puissance dans un corps est inférieure d'une quantité quelconque à celle de l'autre, par exemple si le feu est limité et l'air infini, peu importe de combien de fois une quantité égale de feu dépasse par la puissance une quantité égale d'air, pourvu qu'il y en ait un nombre : de toutes façons, il est manifeste que l'infini excèdera et détruira le limité) ; que chacun soit infini, c'est impossible, | car le corps est ce qui a de toutes parts une étendue, et l'infini ce qui s'étend sans limites, de sorte que le corps infini s'étendra de toutes parts à l'infini. Cependant, il n'est pas possible non plus que le corps infini soit un et simple, ni de la façon dont certains disent le corps qui existe à côté des éléments et à partir duquel ils les produisent, ni au sens absolu. | Certains, en effet, font de cela l'infini, et non l'air ou l'eau, pour que les autres éléments ne soient pas détruits par celui d'entre eux qui est infini ; car ils ont entre eux une contrariété, par exemple l'air est froid, l'eau humide, le feu chaud, et si l'un d'entre eux était infini, il détruirait dès lors les autres ; mais en réalité, disent-ils, il existe une autre chose d'où viennent ces éléments. | Mais une telle chose est impossible, non parce qu'elle est infinie (car à ce propos il faut donner un argument commun pour tous, aussi bien l'air, l'eau, et quel qu'il soit), mais parce qu'il n'existe pas un tel corps sensible en dehors de ce qu'on appelle les éléments, car toutes choses se dissolvent dans ce d'où elles viennent, de sorte qu'elles se trouveraient là à côté de l'air, du feu, de la | terre et de l'eau ; mais rien de tel ne se manifeste. Enfin, ni le feu ni un autre | élément ne peut être infini ; d'une manière générale, en effet, et indépendamment du fait que l'un d'entre eux soit infini, il est impossible que le tout, même s'il est limité, soit ou devienne l'un d'entre eux, à la manière dont Héraclite dit que tout devient feu à un certain moment (et le même argument | vaut aussi pour le corps un que

15 20 25 30 35 **205a1** 5

conçoivent les physiciens à côté des éléments), car tout change du contraire vers le contraire, par exemple du chaud vers le froid[1].

Mais il faut examiner de façon globale, d'après ce qui suit, si c'est possible ou si ce n'est pas possible. Et on verra par là que l'existence d'un corps infini sensible est absolument 10 impossible[2]. | En effet, tout sensible est par nature quelque part, et il y a un lieu pour chacun, le même pour la partie et pour le tout, par exemple pour toute la terre et pour une seule motte, pour le feu et pour l'étincelle. Par conséquent, si le corps total est homogène, il sera immobile ou bien toujours transporté ; or

1. L'impossibilité physique de l'existence d'un corps infini se résume donc en quatre points : le corps infini ne peut être ni composé de corps infinis (car ceux-ci se limiteraient entre eux) ni composé d'au moins un infini (car celui-ci détruirait les autres) ; il ne peut non plus être un seul des éléments ni un corps simple à part des éléments, car tous les autres corps ne peuvent pas se détruire en celui-là, car toute destruction a lieu vers le contraire. Héraclite, si l'on en croit le fragment 90 DK, pensait que le feu pouvait se transformer en n'importe lequel des autres éléments (quoique, d'après le fr. 31, il se change directement en eau, et ensuite celle-ci se change en les deux autres) ; nous n'avons pas de témoignage direct d'une conflagration universelle cyclique comme ce sera le cas chez les Stoïciens, même si certains doxographes attribuent à Héraclite une telle conception. Par ailleurs, il faut remarquer qu'en refusant ainsi que le tout soit un corps infini, Aristote n'a pas encore réfuté la thèse atomiste, selon laquelle le tout est un *vide* infini parsemé d'un nombre infini de corps finis.

2. Les mêmes hypothèses que dans la démonstration précédente sont réexaminées en prenant en compte cette fois le lieu dans lequel doit se trouver tout corps. De ce point de vue, un unique corps infini est impossible car il devrait se mouvoir vers son lieu naturel, or celui-ci serait partout (a10-19). Ensuite, un corps composé d'un nombre limité d'espèces d'éléments est impossible car l'espèce infinie détruira son contraire (a22-29 ; argument identique à la démonstration précédente), et un corps composé d'un nombre infini d'espèces d'éléments est impossible car il n'y a pas une infinité d'espèces de lieux correspondants (a29-b1).

ceci est impossible, car pourquoi serait-il porté plutôt vers le bas ou vers le haut ou dans un sens quelconque ? Je veux dire | par exemple que, si l'on prend une motte, où sera-t-elle mue 15 ou bien où demeurera-t-elle ? Car le lieu du corps qui lui est apparenté est infini. Occupera-t-elle donc le lieu entier ? Et comment ? Quels et où seront donc son repos et son mouvement ? Ou bien demeurera-t-elle partout ? Alors elle ne sera pas mue. Ou bien sera-t-elle partout mue ? Alors elle ne sera pas en repos. Si, par contre, le tout est dissemblable, | les lieux le 20 seront aussi, et d'abord le corps du tout ne sera pas un, si ce n'est par contact, ensuite ses parties seront soit limitées soit infinies en espèces ; d'une part donc, un nombre limité d'espèces, c'est impossible, car les unes seront infinies et les autres pas, si le tout est infini (par exemple le feu ou l'eau) et | celle-là 25 sera la destruction de ses contraires, comme on l'a dit précédemment (et pour cette raison, aucun physiologue n'a posé le feu ou la terre comme un et infini, mais soit l'eau soit l'air soit leur intermédiaire, parce que le lieu des deux premiers était clairement défini, tandis que les autres sont adaptés à la fois au haut et au bas[1]). D'autre part, si les corps simples sont infinis, | les lieux aussi seront infinis, et les éléments seront infinis, 30 mais si cela est impossible et que les lieux soient limités, le tout aussi sera nécessairement limité, car il est impossible de ne pas ajuster exactement le lieu et le corps ; en effet, ni le lieu total ne

1. Ross déplace cette phrase à la fin du paragraphe, après la ligne b1. La remarque devrait plutôt suivre la première réfutation (a10-19), dirigée contre l'hypothèse d'un seul corps homogène, puisque l'argument utilisé était que le feu et la terre devraient se mouvoir vers leurs lieux naturels. La copie du présent chapitre en *Métaphysique* K (dont les chapitres 9 à 12 reproduisent de manière légèrement abrégée *Phys*. III 1-7 et V 1-3) ne peut nous aider car elle ne contient pas cette phrase.

peut être plus grand que ne le peut le corps (et en même temps 35 le corps non plus ne sera pas infini), | ni le corps ne peut être **205b1** plus grand que le lieu, sinon il y aurait | un vide ou bien un corps pourrait par nature n'être nulle part[1].

Quant à Anaxagore, il parle de façon absurde du repos de l'infini : il dit que l'infini s'appuie sur lui-même, et ce parce qu'il est en lui-même (car rien d'autre ne le contient), comme si, là où se trouve une chose, elle s'y trouve par nature. 5 | Or, ce n'est pas vrai : une chose peut être quelque part par contrainte et non par nature. Si donc, autant que possible, le tout ne se meut pas (car ce qui s'appuie sur soi-même et est en soi-même est nécessairement immobile), il faut toutefois expliquer pourquoi sa nature est de ne pas se mouvoir. En effet, il ne suffit pas de se dérober en disant que c'est ainsi, car 10 n'importe quoi d'autre pourrait ne pas être mû, | alors que rien ne l'empêche d'y être naturellement disposé[2], puisque la terre n'est pas transportée, ni ne le serait si elle était infinie, mais bien si elle était écartée du centre ; mais ce n'est pas parce qu'il n'y a rien où elle pourrait se porter qu'elle resterait au centre, mais parce que telle est sa nature. Et pourtant, on pourrait dire qu'elle s'appuie sur elle-même ; si donc pour la terre ce n'est 15 pas cela la cause, | le fait d'être infinie, mais bien le fait qu'elle possède une pesanteur, que la pesanteur demeure au centre, et

1. Les arguments fondés sur le lieu anticipent sur l'étude de celui-ci qui sera menée aux chap. 1-5 du livre IV.

2. Ross propose une leçon alternative, avec le manuscrit E et les commentateurs : ὅτι οὐκ ἔχει ἀλλαχῇ κινεῖσθαι au lieu du ὁτιοῦν ἄλλο des manuscrits FIJ, que suivent Bekker et Cornford. Mais il est plus facile d'expliquer la leçon de E par une glose formée à partir de la ligne 12, que d'expliquer sa transformation en l'expression « n'importe quoi d'autre », qui présente en outre l'avantage d'introduire l'exemple de la terre.

que donc la terre est au centre, semblablement l'infini aussi pourrait demeurer en lui-même pour une autre raison, et non parce qu'il est infini et s'appuie sur lui-même. Et en même temps, il est clair que n'importe quelle partie devrait demeurer, car, de même que l'infini persiste lui-même en s'appuyant sur lui-même, | ainsi, si l'on considère n'importe quelle partie, elle 20 demeurera en elle-même; en effet, du tout et de la partie les lieux sont de même espèce, par exemple le lieu de la terre entière et de la motte est le bas, du feu entier et de l'étincelle le haut. Par conséquent, si le lieu de l'infini est d'être en lui-même, il est le même pour la partie, donc elle demeurera en elle-même.

D'une manière générale, il est manifestement impossible de parler à la fois | d'un corps infini et d'un lieu pour les corps, 25 si tout corps sensible a une pesanteur ou une légèreté et que, s'il est lourd, il possède par nature un transport vers le centre, s'il est léger, vers le haut; en effet, l'infini en aurait nécessairement aussi, or il est impossible qu'il subisse tout entier l'un ou l'autre mouvement, ou à moitié chacun des deux, car comment | le diviserait-on? ou comment l'infini aurait-il une 30 partie haute et une partie basse, ou une extrémité et un centre? En outre, tout corps sensible est dans un lieu, et les espèces et différences du lieu sont le haut, le bas, l'avant, l'arrière, la droite et la gauche, et ces espèces sont déterminées non seulement par rapport à nous et du fait de leur position, mais aussi dans le tout lui-même. | Mais il est impossible qu'elles existent 35 dans l'infini. Et, pour parler absolument, s'il est impossible | qu'un lieu soit infini, et si tout corps est dans un lieu, il est **206a1** impossible qu'un corps soit infini. Or, ce qui est quelque part est dans un lieu, et ce qui est dans un lieu est quelque part. Si donc l'infini ne peut pas davantage être quantité, car il serait une certaine quantité, comme une double ou une triple coudée

5 (puisque c'est ce que signifie | la quantité), de même il ne peut être dans le lieu, parce qu'il serait quelque part, c'est-à-dire en haut, en bas ou dans quelque autre des six dimensions, or chacune d'entre elles est une limite. Que donc il n'y a pas de corps infini en acte, c'est manifeste d'après cela.

206a9 6. | Mais si l'infini n'existe absolument pas, il est clair 10 qu'arrivent de nombreuses impossibilités[1]. | En effet, il y aura un commencement et une fin du temps, les grandeurs ne seront pas divisibles en grandeurs, et le nombre ne sera pas infini. Et lorsque, les choses étant ainsi déterminées, il apparaît que ce n'est possible d'aucune des deux façons, il faut un arbitre, et il est clair que d'une certaine façon il existe, d'une autre pas.

15 Le fait d'être se dit soit en puissance soit en acte, | et l'infini est soit par addition soit par division[2]. Or, que la grandeur ne soit pas infinie en acte, on l'a dit, mais par la division elle le peut, car il n'est pas difficile de réfuter les lignes insécables ; il reste donc que l'infini soit en puissance. Cependant, il ne faut pas comprendre qu'il est en puissance au sens où, de même 20 que, si ceci est capable d'être statue, | ceci sera statue, ainsi est infini ce qui le sera en acte ; mais puisque le fait d'être se dit de plusieurs façons, de même que le jour et l'année existent par le fait d'être toujours autres, de même aussi pour l'infini (car

1. Après avoir réfuté la possibilité d'un corps et d'un lieu infinis, Aristote admet cependant que certaines choses doivent être infinies, comme le temps et la division des continus, de sorte qu'il faut chercher quel est le mode d'existence de ce type particulier d'infinis.

2. La leçon qu'édite Ross (suivant les ms $E^{1}FJ^{2}PST$) est meilleure que celle de Bekker, Cornford et Carteron (qui éditent ἀφαιρέσει d'après $E^{2}IJ^{1}V$, c'est-à-dire « par soustraction »), car c'est le terme διαίρεσις qui sera toujours utilisé dans la suite du raisonnement, ou encore καθαίρεσις (« réduction » : 206b 13, 29, 207a 23, 208a 21).

dans ces cas aussi il y a être en puissance et en acte, car l'Olympiade existe à la fois parce que le concours | peut avoir lieu et parce qu'il a lieu)[1]. Par ailleurs, il est clair que l'infini se trouve de manière différente dans le temps et chez les hommes, et dans la division des grandeurs. D'une manière générale, d'abord, l'infini existe dans le fait de prendre toujours autre chose, et que cette chose soit toujours limitée mais toujours différente (c'est pourquoi | il ne faut pas prendre l'infini pour un ceci, comme un homme ou une maison, mais comme on parle du jour et de l'année, dont l'être n'advient pas comme une substance mais est toujours dans la venue à l'être ou la destruction, chaque fois limité mais toujours différent[2]), mais cela se passe, dans | les grandeurs, de telle manière que la partie considérée subsiste, et dans le temps et les hommes qui périssent, de telle manière qu'elle ne subsiste pas. 25 30 **206b1**

D'autre part, l'infini par addition est d'une certaine manière le même que celui par division; en effet, dans la grandeur finie, par addition | il se produit de façon inverse : quand on la divise d'une certaine manière on observe qu'on va à l'infini, et quand on augmente de la même manière il apparaît 5

1. Le jour existe à la fois en acte, en tant que jour présent, et en puissance, en tant que jour futur; de même pour l'année, qui en Grèce est nommée d'après les Jeux olympiques qui ont lieu tous les quatre ans. Ce mode d'être particulier, qui consiste à être à la fois toujours renouvelé et toujours la même chose, sera plus longuement étudié à propos du temps et de l'instant, aux chap. 10-14 du livre IV. On voit cependant déjà de quel genre d'infini Aristote reconnaît l'existence : celui d'un recommencement perpétuel dans une suite temporelle.

2. Cette parenthèse est indiquée par Ross entre crochets parce qu'elle manque chez certains commentateurs; il me semble cependant qu'elle est suffisamment attestée et importante pour le raisonnement. En revanche, j'ai omis la proposition qui la précède, qui manque dans presque tous les manuscrits et ne semble pas à propos : « en outre, l'être se dit de plusieurs façons ».

qu'on va vers le limité. En effet, dans la grandeur finie, si, après avoir pris une partie limitée, on l'augmente suivant la même proportion[1], si l'on ne prend pas une grandeur identique
10 au tout, on ne parcourra pas le fini; mais si | l'on augmente la proportion de manière à prendre toujours la même grandeur, on le parcourra, du fait que toute chose finie est épuisée par n'importe quelle partie limitée.

L'infini n'existe donc pas autrement que de cette façon, en puissance et par réduction (il est aussi en acte comme nous
15 disons que le sont le jour et le concours), | et il est en puissance de la même manière que la matière, et n'est pas par soi comme l'est le fini[2]. L'infini par addition est également en puissance, et d'une certaine manière nous disons qu'il est le même que celui par division, car on pourra toujours prendre quelque chose en dehors de lui mais on ne dépassera pas toute grandeur, de même que, dans la division, on ne dépasse pas
20 | tout limité, et il y aura toujours un plus petit.

Par conséquent, dépasser tout par l'addition n'est pas même possible en puissance, puiqu'il n'y a pas d'infini en acte comme attribut, comme les physiologues prétendent que le corps extérieur au monde, dont l'essence est l'air ou autre
25 chose de cette sorte, est infini. Mais s'il ne | peut y avoir un corps sensible ainsi infini en acte, il est manifeste qu'il ne pourrait non plus y en avoir en puissance par addition, si ce n'est, comme on l'a dit, inversement à la division, puisque pour cette raison Platon aussi a conçu deux infinis, parce qu'il semble y avoir excès et poursuite à l'infini tant par la

1. C'est-à-dire en divisant cette partie d'autant que la première : si on a commencé par la moitié, on prendra ensuite la moitié de la moitié, etc.

2. Le fini est déterminé par lui-même tandis que l'infini est déterminé par négation du fini ; il est rapproché de la matière en tant qu'indéterminé pouvant recevoir d'ailleurs une détermination.

croissance que par la réduction; | mais, s'il en conçoit deux, il 30
ne les utilise pas, car dans les nombres n'existe ni l'infini par réduction (car l'unité est le plus petit) ni celui par la croissance (car il conçoit le nombre jusqu'à la dizaine [1]).

Il en résulte que l'infini est le contraire de ce qu'on dit : | non pas ce au-delà de quoi il n'y a rien, mais ce au-delà de **207a1** quoi il y a toujours quelque chose, voilà ce qu'est l'infini. En voici un indice : on appelle infinies les bagues qui n'ont pas de chaton, parce qu'on peut toujours saisir quelque chose au-delà; on parle ainsi par ressemblance mais pas au sens propre, car il faudrait | qu'à cette propriété s'ajoute celle qu'on ne 5 saisisse jamais la même partie; or sur le cercle il n'en va pas ainsi, mais c'est le consécutif qui est chaque fois autre. Est donc infini ce dont, en le considérant selon la quantité, on peut toujours saisir quelque chose au-delà. Ce qui ne possède rien au-delà est complet et entier, car c'est ainsi que nous définissons l'entier : ce d'où | rien ne manque, par exemple un homme 10 ou un coffre entier [2]. Et comme est la chose particulière, ainsi est aussi le sens propre, par exemple l'entier est ce au-delà de quoi il n'y a rien, tandis que ce au-delà de quoi il y a un manque n'est pas tout, quoi qu'il lui manque. L'entier et le complet

1. Les nombres qui existent en soi et possèdent chacun leur essence distinctive ne vont pas plus loin que la dizaine, ce qui n'empêche pas qu'à partir d'eux toutes les multiplications sont possibles dans les opérations mathématiques.

2. Je traduis ὅλον par « entier », qu'il soit utilisé comme adjectif ou comme substantif, pour marquer la distinction avec (τὸ) πᾶν, « (le) tout », couramment utilisé pour désigner l'ensemble des étants. Au livre Δ de la *Métaphysique*, chap. 26, Aristote définit le *holon* comme un tout dont les parties ont une position particulière, et le *pân* comme un ensemble dont la place des parties est indifférente.

sont d'une nature soit tout à fait la même soit très proche. Or,
15 rien n'est complet sans avoir de fin, et la fin est | une limite. C'est pourquoi il faut considérer que Parménide s'est mieux exprimé que Mélissos car celui-ci dit que l'entier est infini, tandis que le premier dit l'entier fini, « égal à partir du centre ». Ce n'est pas, en effet, rattacher un fil à un fil que de rattacher l'infini au tout et à l'entier, puisque c'est pour cela qu'ils
20 confèrent | à l'infini la dignité d'envelopper toutes choses et de tout contenir en soi-même, parce qu'il a une certaine similitude avec l'entier. En effet, l'infini est la matière de l'achèvement de la grandeur et est l'entier en puissance, mais pas en acte; il est divisible par réduction et par addition inversée,
25 entier et fini non par soi mais par autre chose; et | il ne contient pas mais est contenu, en tant qu'infini. C'est pourquoi il est aussi inconnaissable en tant qu'infini, car sa matière n'a pas de forme[1]. Par conséquent, il est manifeste que l'infini est davantage dans l'énoncé de la partie que dans celui du tout, car la matière est une partie du tout comme le bronze est une partie de la statue de bronze, puisque, s'ils étaient ce
30 qui contient dans les choses sensibles, | alors le grand et le petit, dans les choses intelligibles, devraient aussi contenir les choses intelligibles. Or, il est absurde et impossible que l'inconnaissable et l'indéfini contienne et définisse.

1. Comme il est incomplet, on ne peut savoir exactement ce qu'il est, et c'est cette caractéristique qu'il partage avec la matière. Celle-ci, en effet, comme Aristote y insiste en *Métaphysique* Z 3, est indéfinie par elle-même et n'est connaissable qu'en tant qu'elle reçoit des formes qui la déterminent. L'infini est « la matière de l'achèvement » au sens où il tend vers celui-ci, mais il n'y arrive jamais, sinon celui-ci deviendrait sa forme et l'infini aurait changé de nature. On voit que la proximité entre fini et défini, infini et indéfini, n'est pas seulement terminologique mais aussi conceptuelle.

7. | Il est conforme à la raison qu'il ne semble pas exister un infini par addition tel qu'il excèderait toute grandeur, | mais qu'il en existe un dans la division ; en effet, comme la matière, l'infini est contenu | à l'intérieur et c'est la forme qui le contient. Et il est logique que dans le nombre il y ait une limite au plus petit mais que, dans le sens croissant, on dépasse toujours toute pluralité, tandis que pour les grandeurs, au contraire, dans le sens décroissant on excède toute | grandeur, mais dans le sens croissant il n'existe pas de grandeur infinie. La cause en est que l'un est indivisible, quelle que soit la chose une, par exemple l'homme est un homme et non plusieurs, tandis que le nombre est plusieurs uns et certaines quantités, de sorte qu'il est nécessaire de s'arrêter à l'indivisible (car deux et trois sont des noms dérivés, et de même pour | chacun des autres nombres), mais dans le sens croissant on peut toujours en concevoir car les dichotomies de la grandeur sont infinies. Par conséquent, il est infini en puissance, non en acte, mais le nombre saisi excède toujours toute pluralité limitée. Cependant, ce nombre de la dichotomie n'est pas séparé, et l'infinité ne demeure pas mais devient, comme | le temps et le nombre du temps. 207a33 35 207b1 5 10 15

Pour les grandeurs, c'est le contraire, car le continu se divise en infinis mais dans le sens croissant il n'y a pas d'infini. En effet, dans la même mesure où il peut être en puissance, il peut être en acte. Par conséquent, puisqu'il n'y a aucune grandeur sensible infinie, il ne peut y avoir | de dépassement à toute grandeur limitée, car il y aurait alors quelque chose de plus grand que l'univers. D'autre part, l'infini n'est pas le même dans la grandeur, le mouvement et le temps, comme s'il était une seule nature, mais le postérieur se dit selon l'antérieur, par exemple le mouvement est infini parce que l'est la grandeur sur laquelle il y a mouvement ou altération ou 20

25 croissance, et le temps est infini à cause | du mouvement. Contentons-nous donc de cela pour le moment, et plus tard nous tenterons de dire ce qu'est chacun, et pourquoi toute grandeur est divisible en grandeurs[1].

Ce raisonnement ne détruit pas l'étude des mathématiciens, en niant l'existence d'un infini tel qu'il serait en acte impossible à parcourir dans le sens croissant; en effet, 30 | ils n'ont pas besoin de l'infini (car ils n'en font pas usage), mais seulement d'une grandeur finie aussi grande qu'ils le désirent, car pour la plus grande grandeur, la division est possible dans la même proportion que pour n'importe quelle autre grandeur[2]. Par conséquent, pour la démonstration, elle ne diffèrera pas de celles-là, mais, quant à l'être, elle ne sera que dans les grandeurs existantes.

35 Et puisque les causes se divisent en quatre sortes, | il est **208a1** manifeste que l'infini est cause comme matière, que | son être est la privation et que son sujet par soi est le continu sensible[3]. Tous les autres, d'ailleurs, paraissent utiliser l'infini comme une matière, et c'est pourquoi il est absurde d'en faire ce qui contient et non ce qui est contenu.

1. Renvoi aux chapitres du livre IV consacrés au temps (10-14) et au livre VI pour la division des grandeurs. Il faudra aussi expliquer comment un mouvement et un temps peuvent être infinis tout en maintenant qu'il n'existe pas de grandeur infinie en extension (VIII, 7-8).

2. Les mathématiques de l'époque ont effectivement besoin, pour bon nombre de démonstrations, de l'infini par la division mais jamais de l'infini par l'extension.

3. L'infini est donc un attribut de certaines grandeurs continues: corps (seulement par la division), mouvements et temps. Il est cause matérielle de la division, mais il faudrait probablement dire « par accident », car c'est son sujet qui est divisé.

8. | Il reste à envisager les raisonnements selon lesquels **208a5** l'infini semble être non seulement en puissance mais comme chose séparée; les uns ne sont pas contraignants, mais les autres donnent lieu à quelques véritables réfutations. En effet, pour que le devenir ne s'épuise pas, il n'est pas nécessaire qu'un corps sensible soit infini en acte, car la | destruction 10 d'une chose peut être la venue à l'être d'une autre, le tout restant fini. De plus, être en contact et être fini sont choses différentes, car l'un est un relatif en rapport avec quelque chose (car tout est en contact avec quelque chose) et est un attribut d'une des choses finies, tandis que le fini n'est pas un relatif[1]; et en outre il ne peut y avoir contact entre n'importe quoi et n'importe quoi.

D'autre part, il est absurde | de se fier à la pensée, car ce 15 n'est pas dans la chose qu'il y a excès et défaut, mais dans la pensée. On pourrait, en effet, penser chacun d'entre nous agrandi plusieurs fois jusqu'à l'infini, mais personne à cause de cela ne sera hors de la ville ou de la taille que nous avons, parce que quelqu'un le pense ainsi, mais parce qu'il l'est; au contraire, la pensée est un accident. | Quant au temps et au 20 mouvement, ils sont infinis, de même que la pensée, sans que subsiste la partie saisie. Mais la grandeur n'est infinie ni par la réduction ni par la croissance pensée.

Mais à propos de l'infini, comment il est, comment il n'est pas, et ce qu'il est, on l'a assez dit.

1. Aristote refuse donc la relativité du fini par rapport à une limite qui viendrait l'achever de l'extérieur; en effet, chaque chose constitue un tout en vertu de sa propre forme et est ainsi définie par elle-même. Il ne faut donc pas confondre cette manière d'être du fini qui constitue un tout achevé, et la manière d'être limité pour un continu, qui reçoit une limite de l'extérieur, par exemple une ligne divisée ou une période fixée dans le temps.

LIVRE IV

1. | De même que pour l'infini, le physicien doit chercher à savoir, au sujet du lieu, s'il existe ou non, comment il existe et ce qu'il est[1]. Tout le monde prend comme point de départ, en effet, que les étants sont quelque part | (car ce qui n'est pas n'est nulle part : où est le bouc-cerf ou le sphinx ?), et, parmi les mouvements, le plus commun et le principal est celui selon le lieu, que nous appelons transport. Mais la question de savoir ce qu'est le lieu comporte de nombreuses difficultés, car il ne paraît pas le même à ceux qui l'étudient selon chacune de ses propriétés. En outre, nous ne possédons | venant des autres philosophes aucune position préalable des difficultés ni aucun début de solution à son sujet. **208a27** 30 35

| Que donc le lieu existe, cela semble clair d'après la substitution réciproque : là où maintenant il y a de l'eau, quand **208b1**

1. Le terme τόπος est toujours utilisé dans son acception courante de lieu ou de place occupée par un corps quelconque, soit une notion combinant celle de localisation et celle d'inclusion. Il n'a jamais le sens d'espace, même pas pour désigner l'espace mathématique, qui, tout en étant implicitement posé par la géométrie de l'époque, n'est jamais nommé ni thématisé en tant que tel. Aristote propose cependant une étude du rapport entre le mouvement, la vitesse, le temps et l'espace parcouru, mais en appelant celui-ci « grandeur » (*megethos*) ou « distance » (*diastèma*) ; c'est donc au livre VI qu'il faut chercher la théorie d'Aristote à ce propos, et non ici.

elle s'est retirée comme d'un vase, à son tour c'est de l'air qui s'y trouve, et lorsqu'un autre corps occupe ce même lieu,
5 celui-ci | semble être différent de toutes les choses qui s'y introduisent et qui changent, car là où il y a maintenant de l'air, avant il y avait de l'eau, de sorte que le lieu et la place vers laquelle et hors de laquelle ils se sont déplacés sont clairement autre chose que l'un et l'autre[1]. En outre, les transports des corps naturels simples, comme le feu, la terre, et les choses de
10 cette sorte, | montrent non seulement que le lieu est quelque chose, mais aussi qu'il a une certaine puissance. En effet, si rien n'y fait obstacle, chacun se porte vers son lieu propre, l'un en haut l'autre en bas, et ce sont là les parties et les espèces du lieu : le haut, le bas et le reste des six directions. Or, de telles
15 directions : le haut, | le bas, la droite, la gauche, n'existent pas seulement par rapport à nous, car elles ne sont pas toujours les mêmes pour nous mais dépendent de la position dans laquelle nous sommes tournés, c'est pourquoi la même chose est souvent à droite et à gauche, en haut et en bas, devant et derrière. Au contraire, dans la nature, chacune est déterminée à part : le haut n'est pas n'importe quoi, mais le lieu où
20 se porte | le feu et le léger; semblablement le bas n'est pas n'importe quoi mais le lieu où se portent les corps lourds et terrestres, parce que les directions ne diffèrent pas seulement par la position mais aussi par la puissance[2]. Les objets

1. L'expérience commune apporte une première indication en faveur de l'existence d'une place occupée par les corps, distincte d'eux dans la mesure où des corps différents peuvent occuper successivement une même place. Le terme χώρα est utilisé ici dans son sens courant et non dans le sens particulier qu'il reçoit dans le *Timée* de Platon (*cf.* ci-dessous, 209b12, et la note).

2. Le terme δύναμις ne signifie pas que les lieux exerceraient une sorte de force sur les corps, mais il est à prendre au sens aristotélicien de capacité ou de

mathématiques le montrent aussi : ils ne sont pas dans un lieu et pourtant, selon leur position par rapport à nous, ils ont une gauche et une droite, de sorte que leur | position est seulement 25 pensée [1], alors que par nature ils n'ont aucune de ces directions. En outre, les partisans du vide affirment l'existence du lieu, car le vide serait un lieu privé de corps.

Que donc le lieu soit quelque chose à côté des corps, et que tout corps sensible soit dans un lieu, on peut le concevoir pour ces raisons, et il semblerait qu'Hésiode | ait eu raison de mettre 30 au commencement le chaos. Il dit ceci : « La première de toutes choses fut le Chaos, mais ensuite la terre au large sein » [2], comme s'il fallait qu'existe d'abord une place pour les étants, parce qu'il estimait, comme la plupart des gens, que tout est quelque part et en un lieu. Mais s'il est ce genre de chose, la puissance du lieu serait prodigieuse et | antérieure à tout, car ce 35 sans quoi rien d'autre n'existe et qui existe | sans les autres est **209a1** nécessairement premier ; en effet, le lieu ne périt pas quand ce qui est en lui est détruit.

Quoi qu'il en soit, s'il existe, se pose la difficulté de savoir ce qu'il est, si c'est une masse corporelle ou une autre nature ;

potentialité, en l'occurrence la capacité à recevoir, la susceptibilité de recevoir un certain corps plutôt qu'un autre.

1. La leçon des manuscrits, ὥστε μόνον νοεῖσθαι αὐτῶν τὴν θέσιν, suivie par Carteron et Cornford, éclaire davantage le texte en décrivant la représentation mentale de l'espace géométrique, que celle qu'édite Ross à partir de Simplicius : « comme les choses dites seulement par la position » (ὡς τὰ μόνον λεγόμενα διὰ θέσιν).

2. *Théogonie* v. 116-117. Le Chaos, dans ce mythe des origines, n'a pas le sens actuel mais désigne un espace béant, vide. Aristote n'accepte cependant pas que le lieu (ou l'espace) ait pu exister d'abord indépendamment de tout corps, encore moins comme condition des corps. Il n'y a pas pour lui d'espace absolu mais seulement une extension qui accompagne les corps et est déterminée par eux.

car c'est son genre qu'il faut chercher en premier. Certes, il
5 possède trois dimensions[1] : | longueur, largeur et profondeur, par lesquelles on définit tout corps. Cependant, il est impossible que le lieu soit un corps, sinon deux corps se trouveraient au même endroit. En outre, s'il y a un lieu et une place du corps, il est clair qu'il y en aura aussi de la surface et des autres limites, car le même raisonnement leur convient: là où se
10 trouvaient auparavant | les surfaces de l'eau, se trouveront ensuite celles de l'air. Cependant, nous ne pouvons faire aucune différence entre le point et le lieu du point, de sorte que si le lieu n'est pas différent du point, il ne l'est pas non plus des autres choses, et le lieu n'est pas quelque chose à côté de chacune d'elles. Dès lors, que pourrions-nous bien poser que soit le lieu ? Ayant une telle nature il ne peut être ni un élément
15 ni | un composé d'éléments, que ceux-ci soient corporels ou incorporels; en effet, il possède une grandeur mais pas de corps, or les éléments des corps sensibles sont des corps, et à partir des intelligibles n'advient aucune grandeur. En outre, de
20 quoi pourrait-on poser que le lieu est cause pour les étants ? | En effet, aucune des quatre causes ne lui convient, ni comme matière des étants (car rien n'est constitué à partir de lui) ni comme forme et énoncé des choses, ni comme fin, et il ne meut pas les étants. En outre, s'il est lui-même un des étants, il sera quelque part. Car l'aporie de Zénon demande un développe-
25 ment : si tout étant est dans un lieu, | il est clair qu'il y aura aussi un lieu du lieu, et cela se prolongera à l'infini[2]. Enfin, de même

1. Le terme διάστημα, qui désigne ici les dimensions d'un volume, exprime en outre la notion d'extension et d'étendue.

2. Nous n'avons pas de source plus littérale pour ce témoignage. D'après les commentateurs grecs (Eudème, Simplicius, Philopon), Zénon, loin d'affirmer lui-même que « tout étant est dans un lieu » voulait au contraire

que tout corps est dans un lieu, dans tout lieu il y a un corps. Comment dès lors parlerons-nous des choses qui croissent? Car il est nécessaire, d'après cela, que le lieu croisse avec elles, si le lieu n'est ni plus petit ni plus grand que chacune. Pour toutes ces raisons donc, | il est nécessaire de se demander non 30 seulement ce qu'est le lieu, mais aussi s'il existe.

2. | Puisqu'on distingue le par soi et le par autre chose, le **209a31** lieu est, d'une part, commun (celui dans lequel se trouvent tous les corps), d'autre part, particulier (celui dans lequel ils se trouvent en premier)[1]. Je dis, par exemple, que toi, maintenant, tu es dans l'univers parce que tu es dans l'air et que l'air est dans l'univers, et dans l'air, parce que tu es | sur la terre, et de 35 même sur la terre, parce que tu es en ce lieu-ci | qui ne contient **209b1** pas plus que toi. Si donc le lieu est le contenant premier de chaque corps, il serait une sorte de limite, de sorte que le lieu semblerait être la forme essentielle de chaque chose, par quoi est définie la grandeur et la matière de la grandeur, car c'est là | la limite de chaque chose[2]. Pour qui l'examine ainsi, le lieu 5

montrer que cette proposition conduisait à des aberrations et que l'étant ne pouvait être qu'en lui-même, comme le disait Parménide (*cf.* aussi ci-dessous, 210b23). La proposition n'est pas valable non plus comme telle pour Aristote, mais seulement si l'on remplace « étant » par « corps » (comme il est conclu en IV 5, 212b28-29), ce qui nous ramène à une difficulté déjà mentionnée.

1. Un corps est par soi dans son lieu premier et par autre chose dans les lieux plus englobants, comme l'illustre l'exemple de la phrase suivante.

2. Selon la conception attribuée à Platon dans la *Métaphysique*, les limites sont les principes des corps et les conditions de leur existence. Nous avons déjà vu, à propos de l'infini au livre III, qu'Aristote rapprochait la définition et la limite, mettant à profit le double sens de l'*apeiron*, qui désigne à la fois l'infini en grandeur et l'indéterminé en qualité ou en essence. Cependant, il va distinguer maintenant les limites physiques ou mathématiques des limites au sens définitionnel, pour montrer qu'on ne peut confondre la forme essentielle d'un corps avec ses limites spatiales.

est la forme de chaque chose, mais en tant qu'il semble être l'extension de la grandeur, il est la matière; en effet, cette extension est autre chose que la grandeur; elle est ce qui est contenu et délimité par la forme, comme par une surface et une limite, et tels sont la matière et l'indéfini, car, lorsqu'on
10 | enlève la limite et les propriétés d'une sphère, il ne reste que la matière. C'est pourquoi aussi Platon dit dans le *Timée* que la matière et l'espace[1] sont la même chose, car l'espace et le réceptacle[2] sont une seule et même chose. Et quoiqu'il parle ici du réceptacle d'une autre façon que dans ce qu'on appelle
15 | les doctrines non-écrites, il n'en a pas moins fait apparaître le lieu et l'espace comme la même chose[3]. Tous en effet disent que le lieu existe, mais lui seul a entrepris d'étudier ce qu'il est.

Il est compréhensible qu'en l'examinant à partir de là il soit difficile de chercher à savoir ce qu'est le lieu, s'il doit être

1. *Timée* 52ab (*cf.* aussi 49a-50c). Platon appelle parfois *chôra* le réceptacle de l'univers sensible, c'est-à-dire ce dans quoi celui-ci est créé, qui n'est ni un vide ni un corps, et à propos duquel il utilise aussi la métaphore de « mère nourricière », interprétée par Aristote comme une métaphore de la matière. Dans ce contexte, la *chôra* ne signifie pas la place, car celle-ci est déterminée relativement à un corps alors que la *chôra* est antérieure à tout corps ; la traduction par « espace » convient le moins mal, dans la mesure où cela peut être dit indéfini et sans limites.

2. Le terme μεταληπτικόν, qui n'est pas utilisé par Platon, est probablement une variante des termes du *Timée* désignant le réceptacle (comme ὑποδοχή).

3. Quoi qu'il en soit de la controverse entre spécialistes sur le contenu et l'importance de ces « doctrines non écrites », il semble bien qu'Aristote fasse référence sous ces termes à la théorie des principes qu'il expose au livre M de sa *Métaphysique*, selon laquelle la matière est identifiée à la dyade indéterminée du grand et du petit (avec certaines variantes selon les courants platoniciens). Sous cette forme mathématique, il est plus difficile d'identifier matière et espace (ce qu'Aristote croit trouver dans le *Timée*), mais cela n'empêche pas d'identifier l'espace du *Timée* avec le lieu de l'univers.

n'importe lequel des deux, soit la matière, soit | la forme. Outre le fait que cela demande l'observation la plus élevée, il n'est pas facile de chercher à les connaître séparément l'une de l'autre. Mais en réalité, il n'est pas difficile de voir que le lieu ne peut être aucune des deux, car la forme et la matière ne peuvent être séparées de la chose, tandis que le lieu peut l'être : là où il y avait de l'air, il y a ensuite | de l'eau, comme on l'a dit, parce que l'eau et l'air se substituent l'un à l'autre, et il en va de même pour les autres corps, de sorte que le lieu n'est ni une partie ni une propriété acquise mais il est séparable de chaque chose. Et en effet il semble que le lieu soit une chose semblable à un vase, car le vase est un lieu transportable ; or, le vase | n'est rien de la chose. Dans la mesure donc où il est séparable de la chose, il n'en est pas la forme, et dans la mesure où il la contient, il est différent de la matière. D'autre part, pour ce qui est quelque part, il semble toujours y avoir et lui-même et autre chose en dehors de lui. Quant à Platon, il doit expliquer, si l'on me permet cette digression, pourquoi les Idées et les | nombres ne sont pas dans un lieu, puisque le lieu est ce qui peut contenir, que ce soit là le grand | et le petit ou bien la matière comme il est écrit dans le *Timée*. En outre, comment y aurait-il transport vers le lieu propre, si le lieu était la matière ou la forme ? Il est impossible, en effet, que ce dans quoi il n'y a pas de mouvement et qui n'a ni haut ni bas soit le lieu. Par conséquent, le lieu doit être cherché | parmi les choses de cette sorte. D'autre part, si le lieu est dans la chose elle-même (et il le faut, s'il est forme ou matière), le lieu sera dans le lieu, car la forme et l'indéfini changent et sont mus en même temps que la chose, et ne sont pas toujours au même endroit mais là où se trouve la chose ; de sorte qu'il y aura un lieu du lieu. Enfin, lorsque de l'eau est advenue à partir de l'air, | le lieu a été détruit, car le corps

20 25 30 35 **210a1** 5 10

advenu n'est pas dans le même lieu; quelle est donc cette destruction?

On a dit ainsi les raisons pour lesquelles le lieu est nécessairement quelque chose et ensuite celles pour lesquelles on pourrait être embarrassé concernant son essence.

210a14 3. | Après cela il faut envisager de combien de façons une 15 chose est dite dans une autre. | D'une première façon, ce sera comme on dit que le doigt est dans la main et, en général, la partie dans le tout; d'une autre, comme le tout est dans les parties, car le tout n'existe pas en dehors des parties. D'une autre façon encore, comme l'homme est dans l'animal et, en général, l'espèce dans le genre. D'une autre, comme le genre 20 est dans l'espèce et, en général, la partie de l'espèce | dans l'énoncé. Ou encore, comme la santé est dans le chaud et le froid et, en général, la forme dans la matière. En outre, comme les affaires grecques dépendent du roi et en général du premier moteur. Enfin, comme dans le bien et en général dans la fin, celle-ci étant ce en vue de quoi. Mais le sens principal est comme dans un vase et, en général, dans un lieu[1].

25 | On pourrait se demander si quelque chose peut être dans soi-même ou si rien ne le peut mais que tout doive être ou nulle part ou dans une autre chose. Et ceci se peut de deux façons : ou par soi, ou par autre chose. En effet, quand le contenant et le contenu sont les parties du tout, on dira que le tout est dans lui-même; car on le dit aussi par l'intermédiaire de ses parties, par

1. En *Métaphysique* Δ 23, 1023a8-25, Aristote dit que les significations de « être dans » sont les réciproques de celles de « avoir » ou « tenir » (ἔχειν), parmi lesquelles, cependant, le fait de contenir comme un récipient n'est pas signalé comme un usage principal (voir aussi une liste légèrement différente dans *Catégories*, 15, 15b17-32). Ici, en revanche, l'important est de relier l'être dans un lieu à l'être dans un contenant.

exemple on le dit blanc parce que | sa surface est blanche, et 30
savant parce que l'est sa faculté de raisonner. Donc l'amphore ne sera pas dans elle-même, ni le vin, mais l'amphore de vin le sera, car le contenu et le contenant seront les deux parties d'un même tout. C'est donc de cette façon qu'une chose peut être dans elle-même, mais ce n'est pas possible immédiatement; par exemple, le blanc est dans un corps, parce que la surface | est dans un corps, et de même la science dans l'âme: ces **210b1**
affirmations se font par l'intermédiaire de ceux-ci, qui sont des parties, du moins dans l'homme (l'amphore et le vin séparément ne sont pas des parties, mais ensemble oui; c'est pourquoi, lorsqu'elle a des parties, une chose peut être dans soi-même), par exemple le blanc est dans l'homme | parce que 5
dans le corps, et dans le corps parce que dans la surface; et dans celle-ci, ce n'est plus par autre chose. Et certes la surface et le blanc sont deux choses d'espèce différente, qui possèdent chacune une autre nature et une autre puissance.

En l'examinant de manière inductive, nous ne voyons donc rien qui soit dans soi-même suivant aucune des définitions, et par le raisonnement, | il est clair que c'est impossible, 10
car il faudrait que chacune des deux choses soit les deux ensemble, par exemple que l'amphore soit vase et vin et le vin vin et amphore, si quelque chose pouvait être dans soi-même. Par conséquent, même s'ils sont le plus possible l'un dans l'autre, l'amphore recevra le vin non pas en tant qu'étant vin elle-même, mais en tant qu'amphore, | et le vin sera dans 15
l'amphore non en tant qu'étant amphore lui-même mais en tant que vin. Il est donc clair qu'ils diffèrent quant à l'être, car l'énoncé est différent pour le contenu et pour le contenant. Par ailleurs, ce n'est pas possible non plus par accident, car deux choses seront ensemble dans la même: l'amphore elle-même sera dans elle-même, | si ce dont la nature est réceptrice peut 20

être dans soi-même, et il s'y trouvera en plus ce dont elle est réceptrice, par exemple, si elle contient du vin, le vin. On voit donc qu'être dans soi-même immédiatement est impossible[1].

Quant à l'aporie de Zénon, selon laquelle, si le lieu existe, il est dans quelque chose, elle n'est pas difficile à résoudre, car 25 rien n'empêche que le premier lieu soit dans autre chose, | non pas cette fois comme dans un lieu, mais comme la santé est dans les corps chauds en tant qu'état, et le chaud dans le corps en tant qu'affection. Par conséquent, il n'est pas nécessaire de remonter à l'infini[2].

Et ceci encore est manifeste, que, puisque le vase n'est rien de ce qui est en lui (car le contenant immédiat et le contenu sont différents), le lieu ne pourrait être ni la matière ni la forme, 30 | mais autre chose. En effet et la matière et la forme sont quelque chose de ce qui est contenu. Voilà donc pour le parcours des difficultés.

210b32 4. | Que peut bien être le lieu, on pourrait le rendre manifeste de la façon suivante. Prenons, à son sujet, tout ce qui semble avec vérité lui appartenir par soi[3]. Nous considérons

1. Cette conclusion était nécessaire pour écarter l'une des hypothèses faisant problème à propos du lieu, à savoir que le lieu soit un étant de même nature que les corps, pouvant être quelque part dans la mesure où il peut être en lui-même.

2. Tout en gardant la thèse que seuls les corps sont dans un lieu, rien n'empêche de concevoir une multiplicité de manières d'être dans quelque chose pour des incorporels.

3. Il est intéressant d'observer la méthode proposée : on part des propriétés qui ont été découvertes lors du parcours des difficultés et qui semblent désormais vraies grâce à la réfutation des hypothèses opposées ; pour transformer ces impressions en certitudes scientifiques, il faut atteindre le *ti esti*, l'essence de la chose, suite à quoi on pourra confirmer les propriétés par déduction à partir de cette essence. Ce programme montre aussi que le caractère de « contenant premier » attribué au lieu n'est pas encore sa définition mais une

assurément que le lieu est contenant premier | de ce dont il est **211a1** le lieu, et qu'il n'est rien de la chose; en outre, que le premier lieu n'est ni plus petit ni plus grand; qu'il peut être quitté et est séparable de chaque chose; en outre, que tout lieu possède un haut et un bas, et que chacun des corps est porté par nature et demeure | en ses lieux propres, ce qu'il fait soit vers le haut 5 soit vers le bas. Ces points étant établis, il faut étudier le reste. Il faut tenter de mener l'examen de manière à rendre compte de l'essence, de sorte que les difficultés seront résolues, et ainsi ce qui semble appartenir au lieu lui appartiendra, et | en outre la 10 cause de la difficulté et des embarras à son sujet sera manifeste. Car c'est ainsi que l'on peut au mieux montrer chaque chose.

Il faut donc d'abord comprendre qu'on ne mènerait pas de recherche sur le lieu s'il n'y avait pas un mouvement selon le lieu; car c'est à cause de cela que nous croyons que l'univers est dans un lieu, parce qu'il est toujours en mouvement. D'autre part, parmi les mouvements, | il y a d'une part le 15 transport, d'autre part la croissance et la décroissance, car dans la croissance et la décroissance il y a aussi un changement, et ce qui était ici auparavant s'est ensuite déplacé vers le plus petit ou le plus grand. Quant au mû, il l'est ou bien par soi en acte, ou bien par accident; et est mû par accident soit ce qui peut être mû aussi | par soi, comme les parties du corps et le 20 clou dans le navire, soit ce qui ne le peut pas mais est toujours mû par accident, comme la blancheur et la science, car elles ne changent de lieu que parce que change ce à quoi elles appartiennent. Nous disons qu'une chose est dans l'univers comme dans un lieu, parce qu'elle est dans l'air | et que l'air est 25

indication à confirmer. La définition ne sera atteinte qu'en 212a6, par une méthode réfutative à partir d'une liste de définitions possibles considérée comme exhaustive.

dans l'univers; et dans l'air non pas tout entier, mais nous disons qu'elle se trouve dans l'air à cause de la partie la plus proche et contenante de celui-ci (car si l'air entier était un lieu, le lieu de chaque chose ne pourrait être égal à chaque chose, or il nous semble qu'il est égal, et tel est le lieu premier dans lequel se trouve une chose). Lorsque donc le contenant n'est
30 pas séparé mais | continu à la chose, on ne dit pas que celle-ci s'y trouve comme dans un lieu, mais comme une partie dans un tout; lorsqu'il est séparé mais en contact avec elle, la chose se trouve dans l'extrémité immédiate du contenant, qui n'est pas une partie de son contenu et n'est pas plus grand que son étendue, mais égal, car les extrémités des corps en contact sont
35 au même endroit. Lorsqu'elle est continue, | la chose ne se meut pas dans le contenant mais avec lui, tandis que si elle en est détachée, elle se meut en lui – et peu importe que le
211b1 contenant soit mû ou pas. | En outre, quand la chose n'est pas séparée, elle est dite comme une partie dans un tout, par exemple la vue dans l'œil ou la main dans le corps, tandis que, quand elle est séparée, elle est comme l'eau dans le tonneau ou
5 le vin dans le vase, car la main se meut avec le corps | mais l'eau se meut dans le tonneau.

À partir de là, ce qu'est le lieu est désormais manifeste. En effet, il y a quatre choses dont le lieu doit nécessairement être l'une : une forme ou une matière ou une étendue entre les extrémités, ou les extrémités s'il n'y a aucune étendue à côté
10 de la grandeur du corps introduit. De celles-ci, | il est manifeste que trois sont impossibles, quoique, par le fait de contenir, le lieu semble être la forme, car les extrémités de ce qui contient et de ce qui est contenu sont au même endroit. Les deux sont donc des limites, mais pas de la même chose : la forme est limite de la chose, le lieu est limite du corps qui contient.
15 D'autre part, du fait que le contenu change | souvent et est

séparé, tandis que le contenant demeure, par exemple l'eau sortant du vase, le lieu semble être une certaine étendue intermédiaire, comme quelque chose existant à côté du corps déplacé. Cependant, ceci n'existe pas, mais n'importe quel corps est introduit, parmi ceux qui se déplacent et sont de nature à entrer en contact. S'il était une étendue | existant par 20 nature et demeurant au même endroit[1], il y aurait une infinité de lieux au même endroit (car, l'eau et l'air s'échangeant, toutes les parties feraient dans le tout la même chose que toute l'eau dans le vase), et en même temps le lieu serait changeant, de sorte qu'il y aurait un autre lieu du lieu et que plusieurs lieux | existeraient à la fois. Mais le lieu de la partie, dans lequel elle 25 se meut, lorsque le vase entier se déplace, n'est pas un autre lieu mais le même; c'est en effet dans le lieu où ils sont que s'échangent l'air et l'eau ou les parties de l'eau, mais pas dans le lieu où ils arrivent, celui-ci étant une partie du lieu qui est le lieu de l'univers entier. | Le lieu pourrait aussi sembler être la 30 matière, en tous cas si on l'observe dans un corps en repos, non séparé mais continu. En effet, de même que, s'il y a altération,

1. Le texte de cette proposition semble légèrement corrompu et a fait l'objet de certaines tentatives de reconstitution; j'ai traduit en restant le plus près possible de la leçon des manuscrits. Le sens de l'argument est le suivant: le lieu ne peut être l'étendue qui sépare les extrémités du contenant et qui correspond à l'extension du corps contenu, parce qu'une étendue sans corps n'existe pas par elle-même; on observe, en effet, qu'il y a toujours un corps quelconque dans tout contenant, de sorte que l'intermédiaire entre les extrémités du contenant doit être le corps lui-même et ses propres dimensions, qui ne sont pas séparables de lui. Si donc on identifie le lieu avec l'extension du corps, le lieu se déplacera avec le corps et se trouvera dans un autre lieu. Puisqu'il faut concevoir le lieu comme indépendant des corps qui s'y succèdent, le lieu ne peut être l'extension des corps, or il n'existe pas d'autre étendue que celle-là (si ce n'est, comme il l'a déjà signalé, l'étendue mathématique, qui est une abstraction de l'étendue physique corporelle).

il y a quelque chose qui est maintenant blanc alors qu'il était noir avant, maintenant dur alors qu'il était mou avant (c'est pourquoi nous avons dit que la matière était quelque chose), ainsi le lieu semble se présenter sous le même type d'appa-
35 rence, | si ce n'est que dans le premier cas, ce qui était air est maintenant eau, tandis que dans le cas du lieu, là où était l'air
212a1 se trouve maintenant l'eau. Mais la matière, | comme on l'a dit précédemment, n'est pas séparée de la chose et ne la contient pas, tandis que le lieu a les deux caractéristiques.

Si donc le lieu n'est aucune des trois possibilités, ni la forme ni la matière ni une étendue qui se trouverait toujours à
5 côté de celle de la chose déplacée, | nécessairement le lieu doit être la dernière des quatre : la limite du corps contenant[1], et j'appelle corps contenu celui qui est mobile par transport. Il semble que le lieu soit quelque chose d'important et de difficile à saisir, parce que son apparence est proche de celle de la matière et de la forme, et du fait que le déplacement du trans-
10 porté advient dans le contenant en repos ; | en effet, il paraît pouvoir être une étendue intermédiaire autre que les grandeurs en mouvement. À cela s'ajoute que l'air semble être incorporel, car le lieu paraît être non seulement les limites du vase, mais aussi l'intermédiaire comme vide. D'autre part, de même
15 que le vase | est un lieu transportable, ainsi le lieu est un vase indéplaçable. C'est pourquoi, quand ce qui est dans un mû se meut et change, comme un navire sur un fleuve, il se sert davantage du contenant comme d'un vase que comme d'un

1. Les commentateurs grecs ajoutent ici : « par laquelle il est en contact avec le contenu », et Ross les suit dans son édition, au contraire de Bekker, Cornford et Carteron. Comme il s'agit plutôt d'une explication que d'une suite de la définition (l'ajout ne figure pas dans la répétition de celle-ci à la ligne a20), je pencherais pour considérer ce membre comme une glose.

lieu. Le lieu veut être immobile, et c'est pourquoi le fleuve entier est plutôt un lieu, parce qu'entier il est immobile[1].

| Par conséquent, la première limite immobile du contenant, voilà ce qu'est le lieu. Et pour cette raison le centre de l'univers et l'extrémité relativement à nous du transport circulaire semblent être, au plus haut degré et principalement, l'un en haut et l'autre en bas, parce que le centre demeure toujours et que l'extrémité du cercle demeure en se comportant toujours semblablement. Par conséquent, puisque le | léger est ce qui est par nature porté vers le haut et le lourd vers le bas, le bas est la limite contenante du côté du centre et le centre lui-même, le haut est celle du côté de l'extrémité et l'extrémité elle-même. C'est pourquoi aussi le lieu semble être une certaine surface, et quelque chose comme un vase et un contenant. En outre, le lieu est simultané à la chose, | car les limites sont simultanées au limité. 20 25 30

5. | Ainsi donc, le corps pour lequel il existe, en dehors de lui, un corps qui le contient, est dans un lieu; celui pour lequel il n'y en a pas, non[2]. C'est pourquoi, même si un tel corps devient eau, ses parties seront mues (car elles sont **212a31**

1. L'immobilité du lieu ne doit pas être absolue mais relative au contenu. En effet, la limite intérieure d'un vase est bien le lieu de ce qui s'y trouve, même si le vase peut être déplacé; si c'est le cas, le lieu changera de lieu mais restera immobile par rapport à son contenu. En revanche, pour la même raison, l'eau contenue dans le vase ne peut être le lieu d'un objet contenu dans l'eau du vase. En effet, cette eau change constamment par rapport à l'objet – et de même pour les eaux d'un fleuve par rapport à un navire, tandis que la limite interne du fleuve est immobile par rapport à lui.

2. Autrement dit, il n'y a de sens à parler de lieu que dans la mesure où des corps sont contenus les uns dans les autres; il n'y a pas d'étendue en dehors de l'étendue des corps. Un peu plus loin, Aristote en tirera une conséquence importante à propos de l'univers (*cf.* 212b22 et la note).

contenues l'une dans l'autre), mais le tout sera mû d'une
35 certaine façon, d'une autre pas. | En effet, en tant que tout, il ne
212b1 change pas de lieu en même temps qu'elles, | mais il est mû en cercle car il est le lieu des parties, et certaines ne sont mues ni vers le haut ni vers le bas mais en cercle, tandis que les autres sont mues et vers le haut et vers le bas, toutes celles qui subissent condensation et raréfaction.

Comme on l'a dit, certaines choses sont dans un lieu en
5 puissance, d'autres en acte. C'est pourquoi, lorsqu'un | corps homogène est continu, ses parties sont dans un lieu en puissance, et lorsqu'elles sont séparées mais en contact comme un tas, elles y sont en acte[1]. Et les unes y sont par elles-mêmes (ainsi tout corps mobile par transport ou par croissance est quelque part par lui-même, tandis que l'univers, comme il a été dit, n'est pas tout entier quelque part ni dans un lieu, si du
10 moins aucun corps ne le contient, | mais, dans la mesure où elles sont mues, il est un lieu pour ses parties, car chacune des parties est contiguë à l'autre), les autres par accident, comme l'âme et l'univers, car toutes les parties de celui-ci sont dans un lieu d'une certaine façon, car elles se contiennent l'une l'autre sous forme de cercles[2]. C'est pourquoi le haut se meut en

1. Tant que les parties d'un corps ne sont pas distinguées entre elles, parce qu'il n'y a pas de séparations effectives à l'intérieur du corps homogène, elles ne sont pas effectivement dans un lieu puisqu'elles ne sont pas délimitées, mais elles sont dans un lieu en puissance car il est possible de les distinguer, et dès qu'on leur assignera des limites, on leur donnera du même coup un lieu. Pour la définition précise des termes « continu », « en contact », « contigu », *cf.* livre V, chap. 3.

2. Les parties de l'univers sont les sphères concentriques qui portent les planètes et les astres, ainsi que la terre qui occupe le centre. Tout en étant homogènes, ces sphères se distinguent l'une de l'autre par leurs mouvements différents, qui les font contiguës et non continues ; c'est pourquoi elles sont bien des parties dans un tout. Le tout, cependant, ne se meut pas par lui-même mais

cercle, mais le tout n'est pas quelque part, car le « quelque part » | est lui-même quelque chose, et il faut qu'il y en ait un 15 autre à côté de lui qui le contienne ; or, à côté du tout et de la totalité il n'est rien en dehors du tout, et c'est pourquoi toutes choses sont dans l'univers, car l'univers est probablement le tout. Cependant, le lieu n'est pas l'univers mais l'extrémité de l'univers et la limite immobile en contact avec le corps mobile ; | c'est pourquoi aussi la terre est dans l'eau, l'eau dans 20 l'air, l'air dans l'éther, l'éther dans le ciel, et le ciel n'est plus dans rien d'autre [1].

Il est manifeste d'après ceci que toutes les difficultés peuvent être résolues quand le lieu est énoncé de cette façon. En effet, il n'est pas nécessaire ni que le lieu s'accroisse en même temps que la chose, ni qu'il y ait un lieu du point, | ni que 25 deux corps soient dans le même lieu, ni qu'il y ait une étendue corporelle (car tout ce qui peut être intermédiaire entre les limites d'un lieu est un corps, et non l'étendue d'un corps). Et le lieu est aussi quelque part, non pas comme dans un lieu, mais comme la limite est dans le limité. En effet, ce n'est pas tout étant qui est dans un lieu, mais seulement le corps mobile. De plus, | il est logique que chaque corps soit porté vers son lieu 30 propre, car ce qui est consécutif et en contact sans contrainte est parent, et ce qui est naturellement ensemble est impassible

par l'intermédiaire de ses parties qui se meuvent en lui. De même, l'âme de chaque corps vivant n'est pas mue par elle-même, puisqu'elle n'est pas un corps, mais elle est mue par l'intermédiaire du corps lorsqu'il est mû ; et c'est ce que signifie l'expression « par accident ».

1. Sa définition du lieu permet à Aristote de justifier comment l'univers est fini sans que rien n'existe au-delà, pas même du vide : puisque le lieu est la limite du corps contenant, ce qui n'est pas contenu n'est pas dans un lieu, de sorte qu'au-delà de l'univers ne se trouve ni lieu ni quoi que ce soit qui occupe un lieu.

tandis que les corps en contact sont susceptibles de pâtir et d'agir entre eux. De même, il n'est pas illogique que tout demeure par nature dans son lieu propre, car c'est aussi le cas
35 de la partie, et ce qui est dans un lieu en tant que | divisible est une partie par rapport au tout, comme lorsqu'on meut une
213a1 partie d'eau | ou d'air. Et tel est aussi l'air par rapport à l'eau, comme la matière par rapport à la forme, l'eau étant la matière de l'air et l'air comme un certain acte de celle-ci, car l'eau est de l'air en puissance, et l'air de l'eau en puissance d'une autre
5 façon. Mais il faudra déterminer cela | plus tard[1]: il est nécessaire d'en parler au moment propice, et ce qui est dit maintenant peu clairement sera plus clair alors. Si donc la même chose est matière et effectivité (car l'eau est les deux choses, mais l'une en puissance, l'autre effectivement), elle pourrait être, d'une certaine manière, comme une partie par rapport au tout[2]. C'est pourquoi aussi il y a un contact entre ces
10 choses, et il y a fusion naturelle lorsque les deux | deviennent une seule en acte. On a donc dit, au sujet du lieu, et qu'il est et ce qu'il est.

213a12 6. | De la même manière, il faut concevoir qu'il appartient au physicien d'étudier, à propos du vide, s'il est ou pas, comment il est et ce qu'il est, de même qu'à propos du lieu;
15 car c'est d'une manière tout à fait proche | qu'on en a une incertitude ou une certitude suivant les diverses conceptions. En effet, ceux qui parlent du vide le posent comme une sorte de lieu et de vase, qui semble être plein quand il contient la masse

1. Renvoi probable à *Du ciel*, IV.

2. *Cf.* 212b3-6: de même que les parties peuvent être indistinctes ou distinguées au sein du tout, de même l'eau et l'air peuvent être distincts ou se confondre en se transformant intégralement en eau ou en air homogène.

dont il est réceptacle, et vide lorsqu'il en est privé, comme si la même chose était vide, pleine et lieu, mais que l'être de tout cela ne soit pas le même.

Il faut commencer | l'examen en considérant ce que disent ceux qui affirment son existence, ensuite ce que disent ceux qui nient son existence, et troisièmement les opinions communes sur ces sujets. Les premiers donc, cherchant à montrer qu'il n'existe pas, ne réfutent pas ce que les hommes veulent vraiment dire par « vide » mais ce qu'ils disent de façon erronée, comme Anaxagore et | ceux qui réfutent de la même manière. Ils démontrent, en effet, que l'air est quelque chose, en pressant des outres pour montrer que l'air résiste, et en l'enfermant dans des clepsydres. Mais les hommes entendent par « vide » l'étendue dans laquelle ne se trouve aucun corps sensible; cependant, pensant que tout ce qui est est corps, ils disent | que ce dans quoi il n'y a absolument rien, cela est vide, et c'est pourquoi ce qui est plein d'air est vide [1]. Il ne faut donc pas montrer que l'air est quelque chose, mais qu'il n'y a pas d'étendue autre que celle des corps, ni séparée ni existant en acte, qui divise tout le corps de telle façon qu'il ne soit pas continu, comme le disent Démocrite, Leucippe et | plusieurs autres physiologues, ou encore comme quelque chose d'extérieur au corps total, celui-ci étant continu [2].

20 25 30 **213b1**

1. Seule cette dernière conclusion est donc réfutée par Anaxagore et les autres, lorsqu'ils montrent que l'air est un corps. Mais ce qu'il est plus important et plus difficile de réfuter dans la conception courante (la conception « des hommes » en général), c'est le fait qu'il existe un lieu dans lequel ne se trouve aucun corps.

2. Il y a donc deux manières de concevoir l'existence du vide : soit comme séparant les particules corporelles dans un univers infini discontinu, comme dans la conception atomiste, soit comme extérieur par rapport à un univers fini qui ne contient pas de vide entre les corps.

Ceux-là donc n'arrivent même pas au seuil du problème, mais ceux qui disent qu'il existe y arrivent davantage. Ils disent premièrement que le mouvement selon le lieu
5 | n'existerait pas (c'est-à-dire le transport et la croissance); il semble, en effet, qu'il n'y aurait pas de mouvement s'il n'y avait pas de vide, car il est impossible au plein de recevoir quelque chose. Si c'était possible et qu'il y eût deux choses au même endroit, il serait possible à n'importe quel nombre de corps d'être ensemble, car on ne peut dire la différence qui
10 exclurait cela. Et, si cela est possible, | même le plus petit recevra le plus grand, car le grand est plusieurs petits, de sorte que, si plusieurs égaux peuvent se trouver au même endroit, plusieurs inégaux aussi. Mélissos montre donc aussi à partir de ces arguments que le tout est immobile, car, s'il se meut, il est nécessaire, dit-il, que le vide existe, or le vide n'est pas parmi les étants[1].

15 Voilà donc une première | façon de montrer l'existence du vide. Une autre est que certaines choses paraissent se concentrer et se serrer, par exemple, disent-ils, les jarres reçoivent le vin avec les outres comme si le corps condensé se rassemblait dans les vides intérieurs. En outre, la croissance semble pour
20 tous advenir à travers le vide, car la nourriture | est un corps et deux corps ne peuvent exister ensemble. Ils donnent également comme témoignage l'exemple de la cendre qui admet autant d'eau que le vase vide. Les pythagoriciens aussi affirmaient que le vide existe et qu'il pénètre dans l'univers à partir du souffle infini, comme si l'univers respirait aussi le
25 vide, qui délimite | les natures en ce sens que le vide est une certaine séparation des consécutifs et leur délimitation; ce

1. *Cf.* fr. 7 DK de Mélissos. Aristote traite la question d'une façon plus approfondie dans *De gen. et corr.* I, 8, 325a 2 *sq.*

serait d'abord le cas dans les nombres, car le vide détermine leur nature[1].

Telles sont donc à peu près toutes les raisons pour lesquelles les uns affirment, les autres refusent l'existence du vide.

7. | Pour savoir s'il existe ou pas, il faut considérer ce que signifie son nom[2]. Il semble que le vide soit un lieu dans lequel il n'y a rien. La cause en est que l'on croit que l'étant est un corps, or tout corps est dans un lieu, et le lieu où il n'y a aucun corps est vide, de sorte que, si quelque part il n'y a pas de corps, **213b30**

1. Ce passage constitue un témoignage important sur la conception discontinue du monde que proposaient les pythagoriciens, prenant pour modèle la série discontinue des nombres. Le discontinu implique des intervalles de séparation, qui auraient été conçus à la fois comme des séparations physiques et comme des limites définitionnelles. Ce qui se trouve au-delà de l'univers, considéré comme une sphère finie, était également problématique pour les pythagoriciens, comme l'atteste le témoignage d'Eudème sur Archytas de Tarente (contemporain de Platon), selon lequel celui-ci se demandait s'il pouvait n'y avoir rien au-delà de la limite de l'univers et sinon, s'il fallait y concevoir un corps ou un lieu (A 24 DK).

2. Dans les *Analytiques*, Aristote envisage plutôt la démarche inverse : on constate l'existence d'une chose et on s'interroge sur son essence, car il est vain de se demander ce qu'est une chose qui n'est pas (*Anal. Post.* II 1, 89b23-35 ; II 7, 92 b 5-8). Ici la théorie est complétée par la dépendance réciproque de l'existence vis-à-vis de l'essence : pour certaines choses dont l'existence est douteuse, on ne peut vérifier si elles existent sans savoir en tant que quoi elles existent. Cependant, la définition de leur essence n'est pas sûre non plus, de sorte que la recherche doit affronter les deux difficultés en même temps. Pour éviter que la double incertitude paralyse la recherche, la méthode suivie par Aristote consiste à poser une proposition provisoire de définition : en précisant la manière dont on l'entend, on pourra en effet vérifier si l'existence d'une chose est crédible ou pas, et de là confirmer ou non la définition. La méthode consiste donc toujours à partir d'*endoxa* pour vérifier, par une méthode réfutative et éliminatoire, laquelle parmi toutes les propositions possibles résiste à l'épreuve.

214a1 il y a là du vide [1]. Or on croit que tout corps | est tangible, et que tel est ce qui possède pesanteur ou légèreté. Il s'ensuit donc par syllogisme que le vide est ce où il n'y a rien de lourd ou de léger. C'est donc cela, comme nous l'avons déjà dit précédemment, qui s'ensuit par syllogisme. Or il serait absurde que le 5 | point soit vide, car ce doit être un lieu dans lequel il y a une étendue pour un corps tangible. Mais manifestement le vide se dit d'une première façon comme ce qui n'est pas rempli d'un corps sensible par le toucher, et est sensible par le toucher ce qui possède pesanteur et légèreté (c'est pourquoi on pourrait se 10 demander ce qu'on dirait si l'étendue possédait | une couleur ou un son : serait-elle vide ou non ? Ou alors, il est clair que, si elle peut recevoir un corps tangible, elle est vide ; sinon, non) ; d'une autre façon, comme ce dans quoi il n'y a aucun ceci ni aucune substance corporelle. C'est pourquoi certains disent que le vide est la matière du corps (ceux-là même qui le disaient aussi pour le lieu), ce qui n'est pas correctement dit, 15 car la | matière n'est pas séparée des choses tandis qu'ils cherchent le vide en tant que séparé.

1. Ou bien, suivant la leçon de la majorité des manuscrits, « là il n'y a rien ». Dans un premier temps, Aristote va se contenter de compléter et préciser la proposition selon laquelle le vide est un lieu qui ne contient pas de corps. Il y ajoute d'abord la condition que ce lieu soit susceptible de recevoir un corps (ce qui répond aussi à la question de savoir si un lieu ne contenant que de la couleur ou du son doit être considéré comme vide). Ensuite il précise que, si tout corps est tangible, en revanche tout corps ne possède pas une pesanteur ou une légèreté, probablement pour inclure l'éther parmi les corps qui occupent un lieu ; en effet, l'éther, qui occupe la majeure partie de l'espace entre la terre et la limite sphérique de l'univers, n'est porté ni vers le bas ni vers le haut mais circulairement, de sorte qu'il est tangible mais ni pesant ni léger. Dans un second temps, à partir de 214a16, il montrera que, défini comme un lieu, le vide ne peut exister. Le passage 214a24-b11 constitue une argumentation préliminaire destinée à écarter l'opinion que le vide est une condition nécessaire du mouvement.

Cependant, puisqu'on a défini le lieu, et que le vide est nécessairement, s'il existe, un lieu privé de corps, puisqu'on a dit de quelle manière le lieu existe et de quelle manière il n'existe pas, il est manifeste que le vide n'existe pas en tant que tel, ni comme séparé, ni comme inséparable. En effet, le | vide veut être non un corps mais l'étendue d'un corps, et c'est 20 pour cela que le vide semble être quelque chose, parce que le lieu le semble aussi et pour les mêmes raisons. En effet, le mouvement selon le lieu est atteint aussi bien par ceux qui affirment que le lieu est quelque chose à côté des corps qui y viennent, que par ceux qui affirment cela du vide. Ceux-ci croient que la cause du mouvement est le vide | en tant que ce 25 dans quoi il y a mouvement, et ce vide serait tel que le lieu est pour certains. Cependant, si le mouvement existe, il n'y a aucune nécessité que le vide existe. D'une manière générale d'abord, il n'est d'aucune façon cause de tout mouvement (raison pour laquelle il a échappé à Mélissos[1]), car le plein peut être altéré; mais il ne l'est pas non plus pour le seul mouvement local, car les corps peuvent se substituer | l'un à l'autre 30 sans qu'il y ait le moindre espace séparé à côté des corps en mouvement. On peut le voir aussi dans les tourbillons de choses continues, par exemple de liquides. D'autre part, la condensation peut se produire non pas vers le vide mais du fait que ce qui est à l'intérieur est expulsé | (par exemple, lorsque **214b1** l'eau compresse l'air qui se trouve en elle), et la dilatation non seulement par ingestion de quelque chose mais aussi par altération, par exemple si à partir d'eau advient de l'air. D'une manière générale, l'argument de la dilatation et de l'eau versée sur la cendre | se fait obstacle à lui-même, car ou bien 5 n'importe quoi ne se dilate pas, ou bien pas grâce à un corps, ou

1. *Cf.* ci-dessus 213b12-14.

bien il est possible que deux corps soient au même endroit (ils estiment donc résoudre la difficulté commune, mais ils ne montrent pas que le vide existe), ou bien tout corps est nécessairement vide, s'il se dilate de toutes parts et à travers le vide.
10 Le même raisonnement vaut aussi pour | la cendre. Il est donc manifestement facile de démonter les arguments par lesquels ils montrent l'existence du vide.

214b12 8. | Reprenons l'affirmation qu'il n'y a pas de vide séparé à la manière dont le disent quelques-uns[1]. En effet, s'il y a un transport par nature pour chacun des corps simples, par
15 exemple pour le feu vers le haut, pour la terre vers le bas | et le centre, il est clair que le vide ne sera pas la cause de ce transport[2]. De quoi donc le vide sera-t-il cause ? En effet, il semble être cause du mouvement local mais ne l'est pas. En outre, s'il y a quelque chose comme un lieu privé de corps, quand il est vide, où sera transporté le corps qui s'y trouvait
20 placé ? Ce ne peut être n'importe où. Le | même argument vaut aussi contre ceux qui considèrent le lieu comme quelque chose de séparé, vers quoi se fait le transport : comment ce qui y a été placé sera-t-il transporté ou demeurera-t-il ? Et en ce qui concerne le haut et le bas, le même raisonnement qu'au sujet du vide s'y applique à bon droit, car les partisans du vide en

1. « Séparé » signifie probablement : existant par soi-même comme une substance, tandis que « inséparable » signifie qu'il est quelque chose d'un corps, comme le lieu est la limite du corps contenant.

2. L'argumentation vise à montrer que non seulement on ne peut expliquer comment le vide serait cause de mouvement, mais qu'en outre il serait plutôt cause de l'impossibilité de tout mouvement ; en effet, les mouvements naturels, qui sont conditions de tous les autres, sont impossibles dans un espace indifférenciable. Les atomistes sont probablement visés ici mais la cause qu'ils attribuaient au mouvement des atomes était déjà controversée dans l'Antiquité. Si celle-ci n'était pas la pesanteur, alors leur conception d'un vide isotrope était cohérente.

font un lieu. Et comment une chose sera-t-elle ou bien dans le lieu | ou bien dans le vide ? En effet, cela n'arrive pas quand un 25 corps entier est considéré comme dans un lieu séparé et subsistant, car la partie, si elle n'est pas considérée à part, ne sera pas dans un lieu mais dans le tout. En outre, s'il n'y a pas de lieu, il n'y aura pas non plus de vide.

À ceux qui affirment le vide comme nécessaire pour que le mouvement existe, c'est plutôt le contraire qui arrive, | si l'on y 30 prête attention, à savoir que pas une seule chose ne peut être en mouvement si le vide existe; en effet, de même que, selon certains, la terre est en repos parce que toutes les directions sont semblables[1], ainsi dans le vide il y a nécessairement repos, car il n'est rien vers quoi un mouvement se fera plus ou moins volontiers, car, en tant que vide, | il ne possède pas de **215a1** différence. Ensuite, il faut dire que tout mouvement est soit contraint soit naturel; et si le contraint existe, il est nécessaire que le naturel existe aussi (car le contraint est contre nature et le contre nature est postérieur à celui par nature), de sorte que, s'il n'y a pas un mouvement par nature | pour chacun des corps 5 physiques, il n'y aura aucun des autres mouvements non plus[2]. Cependant, comment y en aura-t-il par nature s'il n'y a aucune

1. Le texte, très elliptique, dit seulement « à cause du semblable » ; il s'agit probablement de la théorie selon laquelle la terre, étant au centre de l'univers, ne se déplace pas parce que toutes les directions vers où elle pourrait aller sont égales, de sorte qu'elle reste comme en équilibre entre elles.

2. Les mouvements contraints incluent les chocs et autres interactions entre corps; celles-ci sont postérieures à un premier mouvement des corps, nécessaire pour expliquer comment ils en viennent à interagir entre eux. Pour Aristote, le premier mouvement naturel des corps est celui que commandent la pesanteur vers le bas et la légèreté vers le haut, et ensuite viennent les mouvements détournés par des obstacles (*cf.* VIII 4, 255b15-17 et la note). Puisque dans le vide, il n'y a pas de haut et de bas, il n'y aura pas de mouvements naturels, donc aucun autre mouvement non plus, puisque tous les autres sont postérieurs aux naturels.

différence dans le vide et l'infini ? En tant qu'il est infini, il n'aura ni haut ni bas ni centre, et en tant qu'il est vide, aucune
10 différence entre le haut et le bas ; car de même que | du rien il n'y a aucune différence, ainsi non plus du non-étant, or le vide semble être un certain non-étant et une privation. En revanche, le transport par nature est pourvu de différences, de sorte que la différence existera par nature. Ou bien donc il n'y a nulle part aucun transport par nature, ou bien, s'il y en a, le vide n'existe pas. En outre, les projectiles sont mus sans contact
15 avec ce qui les a poussés, | soit par changement de place réciproque, comme le disent quelques-uns[1], soit parce que l'air poussé les pousse d'un mouvement plus rapide que le transport du projectile qui le porte vers son lieu propre ; or, dans le vide rien de cela ne peut exister, et aucun transport ne sera possible, si ce n'est par un véhicule[2]. En outre, personne ne pourrait

1. Selon Simplicius, Alexandre, dans son commentaire à la *Physique*, attribuait à Platon la théorie selon laquelle l'*antiperistasis*, c'est-à-dire l'échange réciproque de places, était la cause du mouvement des projectiles. C'est aussi ce qu'affirme Plutarque (*Questions platoniciennes*, 1004d-1005f). Simplicius s'oppose à cette affirmation, estimant que Platon évoque ce phénomène comme argument contre l'existence du vide mais pas comme la *cause* du mouvement (*in Phys*., p. 1350-1351) ; il est probablement influencé par Plotin, qui refuse cette explication (*Ennéades*, IV, 5, 2, 40-41). Cependant, il semble bien que Platon utilise le terme *aitia* en ce sens lorsqu'il explique par la poussée circulaire d'abord la respiration puis d'autres phénomènes parmi lesquels le mouvement des projectiles (*Timée* 79a-80c ; le terme *antiperistasis* n'est pas utilisé mais plusieurs verbes expriment l'échange de places réciproque et la poussée circulaire). Aristote développe davantage sa conception lorsqu'il revient sur cette question au livre VIII, 10, 266b27-267a20.

2. Pour Aristote comme pour Platon, le mouvement des projectiles serait inexplicable dans le vide, alors que l'hypothèse d'une poussée du milieu environnant donne une explication satisfaisante. On ne voit pas clairement ici ce qui distingue les deux membres de l'alternative, soit changement de place réciproque, soit poussée du milieu, car dans le *Timée* les deux phénomènes

expliquer pourquoi une chose qui a été mue s'arrêtera | quelque part : pourquoi là plutôt qu'ailleurs ? Par conséquent, 20 ou bien elle sera en repos ou bien elle sera nécessairement portée à l'infini, si rien de plus fort n'y fait obstacle. En outre, une chose semble être portée vers le vide parce que celui-ci cède la place, mais, dans le vide, ce sera le cas dans tous les sens, donc elle sera portée dans tous les sens.

En outre, d'après ceci encore ce que je dis est manifeste : | nous voyons un corps du même poids être porté plus rapide- 25 ment pour deux raisons : à cause de la différence entre les milieux traversés, par exemple entre de l'eau et de la terre ou entre de l'eau et de l'air, ou à cause de la différence du transporté, due, si tout le reste est identique, à l'excès de poids ou de légèreté. D'une part donc, le milieu à travers lequel la chose est portée est cause, parce qu'il fait obstacle, | surtout quand il est 30 porté en sens contraire, ensuite aussi quand il est en repos ; et davantage encore quand il n'est pas facilement divisible, et tel est le plus dense. Ainsi, A | sera transporté à travers B en **215b1** un temps C, et à travers D, plus subtil, en un temps E, si la longueur de B est égale à celle de D, et ce proportionnellement à la résistance du corps. Supposons, en effet, que B soit de l'eau et D de l'air, autant l'air est plus subtil | et plus incorporel 5 que l'eau, d'autant plus rapidement A sera porté à travers D qu'à travers B. C'est donc le même rapport qui distingue l'air de l'eau et une vitesse de l'autre. Par conséquent, s'il est deux fois plus subtil, A traversera B en le double de temps que D, et le temps C sera le double | du temps E. Et toujours, d'autant 10 plus incorporel, moins résistant et plus facilement divisible

sont conjoints. Une certaine distinction est suggérée au livre VIII (voir 267a19 et la note).

sera ce à travers quoi la chose est portée, d'autant plus rapide sera le transport. Or, le vide ne possède aucune proportion selon laquelle il est excédé par le corps, pas plus que le rien par rapport au nombre[1]. En effet, si quatre excède trois de un, et
15 deux de davantage, | et un de davantage encore que deux, pour excéder le rien il n'a plus aucune proportion, car il est nécessaire que ce qui excède se divise en l'excédant et l'excédé, de sorte que quatre se diviserait en l'excédant et rien. C'est pourquoi aussi la ligne n'excède pas le point, si elle n'est pas
20 composée de points. Semblablement, le | vide ne peut avoir aucune proportion par rapport au plein, donc le mouvement non plus. Mais si, à travers le corps le plus subtil, une chose est transportée en autant de temps sur telle longueur, à travers le vide elle dépassera toute proportion[2]. Soit, en effet, le vide F, égal en grandeur à B et D. Si A le parcourt et est mû en un

1. Le « rien par rapport au nombre » exprime clairement le zéro, mais il serait anachronique d'utiliser ce terme. Selon la phrase suivante, le zéro n'est pas proportionnel au nombre parce qu'il ne s'inscrit pas dans la série des divisions d'un nombre : 4 = 3 + 1 ; 2 + 2 ; 1 + 3 ; mais pas 0 + 4 car ce ne sont pas des composants de 4.

2. La démonstration qui suit vise donc à montrer qu'il n'y aucun rapport proportionnel, ou aucune commensurabilité, entre le vide et le corps. C'est une démonstration par l'absurde : on fait l'hypothèse de la commensurabilité et on montre qu'il en résulte une conséquence impossible. En effet, si le vide peut être caractérisé comme un certain nombre de fois plus subtil que l'air, alors un mobile doit pouvoir y être transporté en un temps proportionnellement plus court ; or en ce même temps il parcourra aussi une partie de l'air, de sorte que dans le même temps il parcourra un corps plein et le vide. Cette conséquence est impossible car elle abolit la différence entre le plein et le vide. Aristote aurait pu ajouter que l'incommensurabilité constatée correspond à celle du fini et de l'infini : le vide étant infiniment plus subtil que n'importe quel corps, la vitesse d'un mobile devrait y être infinie. En 217a6-10, il est fait allusion à cette hypothèse comme si elle avait déjà été réfutée.

certain temps, soit G, | plus court que E, le vide possèdera cette 25
proportion par rapport au plein. Mais, dans un temps aussi long que G, A parcourra, de D, la distance H. Il la parcourra du moins si F est différent de l'air par sa subtilité selon la même proportion qu'a le temps E par rapport au temps G. | En 30
effet, si le corps F est plus subtil que D autant que E dépasse G, inversement | A parcourra F en une vitesse égale à G, s'il est **216a1**
transporté. Si donc il n'y a aucun corps en F, ce sera encore plus rapide. Or, c'était dans le temps G, de sorte que, dans le même temps, il parcourra un corps vide et plein. Mais c'est impossible. Il est donc manifeste que, s'il existe un temps dans lequel | une chose quelconque est portée dans le vide, il arrive- 5
ra cette impossibilité qu'un corps sera considéré parcourir dans le même temps un vide et un plein, car il y aura un corps proportionnel à l'autre comme un temps proportionnel à l'autre. Pour le dire en un mot, il est clair que la raison de ce qui arrive est l'existence d'une proportion de tout mouvement à un autre (car cela se produit dans le temps, | et il y a une 10
proportion de tout temps par rapport à un autre, s'ils sont tous deux limités), mais pas du vide par rapport au plein.

En tant donc que diffèrent les matières traversées, voilà ce qui arrive; et selon la différence des corps transportés il arrive ceci : nous voyons que les corps ayant une plus grande impulsion de pesanteur ou de légèreté en raison de leurs figures (si tout le reste est semblable), | sont portés plus rapidement sur 15
une distance égale, suivant la proportion qu'ont les grandeurs entre elles. Par suite, ce serait le cas aussi dans le vide. Mais c'est impossible, car pour quelle raison seraient-elles portées plus rapidement ? Dans les pleins, en effet, c'est une nécessité, car le supérieur en force divise plus rapidement, et il divise soit par sa figure soit par l'impulsion que possède | le transporté ou 20
le projectile. Tout aurait donc la même vitesse, mais c'est impossible.

Que donc, si le vide existe, il arrive le contraire de ce pour quoi les partisans du vide l'établissent, c'est manifeste d'après tout ce qui a été dit. Les uns croient donc que le vide existe, si doit exister le mouvement selon le lieu, en étant quelque chose
25 de distinct par soi, ce qui revient au même | que de dire que le lieu est quelque chose de séparé ; or, ceci est impossible, on l'a dit précédemment.

Si on le considère par soi, ce qu'on appelle le vide pourrait paraître réellement vide. En effet, de même que, si l'on plonge un cube dans de l'eau il sortira une quantité d'eau égale au cube, c'est le cas aussi dans l'air mais cela échappe à la sensa-
30 tion. Et | toujours, dans tout corps recevant un déplacement, il est nécessaire, s'il n'y a pas de compression, qu'une chose se déplace vers où elle est naturellement disposée à se déplacer, soit toujours vers le bas, si le transport naturel est vers le bas, comme pour la terre, soit toujours vers le haut, si c'est du feu, soit dans les deux sens, soit selon ce qu'est le corps introduit. Mais dans le vide c'est impossible (car il n'est aucun corps),
35 | et la même étendue qui se trouvait avant dans le vide semble-
216b1 rait s'être répandue à travers le cube, | comme si l'eau ou l'air n'étaient pas déplacés par le cube de bois, mais répandus partout à travers lui. Cependant, le cube possède la même grandeur que celle qu'occupe le vide et, qu'il soit chaud ou
5 froid, lourd ou léger, | il n'en est pas moins différent, par son être, de toutes ses affections, même s'il n'en est pas séparé, et je veux dire la masse du cube en bois. Par conséquent, même s'il était séparé de toutes les autres affections et n'était ni lourd ni léger, il occuperait un vide égal et se trouverait dans la même partie du lieu et du vide, égale à lui-même. Qu'est-ce
10 qui différenciera donc le | corps du cube du vide et du lieu égaux ? Et si tel est le cas pour deux choses, pourquoi un nombre quelconque de choses ne seraient-elles pas au même

endroit ? Voilà donc une première affirmation absurde et impossible.

En outre, il est manifeste que le cube, même s'il change de place, possèdera encore ce que possèdent tous les autres corps. Par conséquent, s'il ne diffère en rien du lieu, pourquoi faut-il concevoir un lieu pour les corps | à côté de la masse de chacun, 15
si la masse n'est pas affectée ? Il n'est en rien utile qu'il y ait autour de lui une autre étendue égale de cette sorte. (En outre, il doit être clair qu'il y a comme un vide dans les choses mues. Mais en réalité il n'y en a nulle part à l'intérieur du monde, car l'air est quelque chose même s'il ne le semble pas, et l'eau ne le semblerait pas non plus, si les poissons étaient de fer, car la distinction du sensible se fait par le toucher[1]). | Que donc il 20
n'existe pas de vide séparé, c'est clair d'après ceci.

9. | Il en est certains pour qui c'est à cause du rare et **216b22**
du dense qu'ils croient manifeste que le vide existe. En effet, s'il n'y a ni rare ni dense, il ne peut y avoir resserrement et compression. Et si cela n'existe pas, | ou bien le mouvement en 25
général n'existera pas, ou bien le tout s'enflera, comme le dit Xouthos[2], ou bien l'eau et l'air s'échangeront toujours en quantité égale (je veux dire, par exemple, que, si de l'air est advenu à partir d'un vase d'eau, en même temps, de la même quantité d'air, doit être advenu autant d'eau) ; ou bien le vide existe par nécessité, car la compression et l'extension sont

1. Les lignes 17 à 20 figurent dans tous les manuscrits mais sont absentes chez les commentateurs anciens ; elles sont éditées comme inauthentiques par Bekker, Ross, Cornford et Carteron. S'il est difficile de juger de leur authenticité, en tous cas elles constituent une digression qui sépare le raisonnement de sa conclusion.

2. Nous n'avons pas d'autre information à propos de ce Xouthos que le commentaire de Simplicius, selon lequel il s'agit d'un pythagoricien ayant professé que le monde s'enfle et se resserre alternativement.

30 impossibles autrement. | Si donc ils appellent le rare ce qui possède de nombreux vides séparés, il est manifeste que, si un vide séparé n'est pas davantage possible qu'un lieu possédant sa propre étendue, il n'y a pas de rare de cette manière. Et s'il n'est pas séparé, mais que se trouve néanmoins en quelque chose un certain vide, c'est moins impossible, mais il arrive 35 d'abord que le vide n'est pas cause de tout mouvement, | mais du mouvement vers le haut (car le rare est léger, raison pour **217a1** laquelle | ils disent le feu rare), ensuite que le vide n'est pas cause de mouvement en tant que ce dans quoi, mais, de la même manière que les outres, en se déplaçant elles-mêmes, emportent vers le haut ce qui leur est continu, ainsi le vide porte vers le haut. Cependant, comment serait possible un transport du vide ou un lieu du vide ? Il y aurait un vide du vide, 5 | vers lequel il serait porté. En outre, comment rendront-ils compte, pour le lourd, du transport vers le bas ? Il est clair aussi que, si une chose est d'autant plus portée vers le haut qu'elle est plus rare et plus vide, si elle était absolument vide, elle serait portée avec une vitesse maximale. Or, ce mouvement-là est probablement impossible, et le même raisonnement, selon 10 lequel dans le vide tout est immobile, montre | aussi que le vide est immobile, car les vitesses sont incomparables [1].

Mais puisque nous nions l'existence du vide, le reste pose de véritables difficultés, à savoir que le mouvement n'existera

1. L'argument selon lequel aucun corps ne peut se mouvoir dans le vide car sa vitesse serait incommensurable avec celle dans un milieu plein vient d'être développé en 215a29-216a11. Ici, il est ajouté que pour la même raison une portion de vide ne pourrait se déplacer car sa vitesse serait incommensurable avec celle de n'importe quel corps, même le plus léger. L'argument est spécieux, car un corps absolument vide ne serait plus un corps ; personne ne prétend donc que le vide lui-même se meut, mais seulement des corps comprenant une certaine quantité de vide.

pas si n'existent pas condensation et raréfaction, ou que l'univers s'enflera, ou qu'autant d'eau viendra toujours de l'air que de l'air viendra de l'eau (il est clair, en effet, que davantage d'air advient à partir de l'eau, | donc nécessairement, s'il n'y a 15 pas de compression, ou bien il fait gonfler l'extrémité contiguë en la poussant, ou bien quelque part ailleurs une même quantité d'eau se transforme à partir d'air pour que la masse totale du tout soit égale, ou bien rien n'est en mouvement ; car, s'il y a changement de place, cela arrivera toujours, à moins d'une révolution circulaire, or le transport n'est pas toujours circulaire, | mais aussi en ligne droite). Voilà donc les raisons 20 pour lesquelles certains pourraient affirmer le vide.

Nous au contraire, nous disons, d'après nos principes établis, qu'il y a une matière unique pour les contraires tels que le chaud et le froid et les autres contrariétés physiques, que l'étant en acte advient à partir de l'étant en puissance, et que la matière n'est pas séparée mais autre quant à l'être | et une par le 25 nombre, selon les cas, pour la couleur, la chaleur et le froid[1]. Or, la matière d'un corps est la même, qu'il soit grand ou petit. C'est clair, car lorsque l'air advient à partir de l'eau, la même matière, sans rien acquérir en plus, est devenue autre chose, mais elle est devenue en acte ce qu'elle était en puissance, et ensuite elle est devenue eau à partir de l'air, | passant tantôt de 30 la petitesse à la grandeur, tantôt de la grandeur à la petitesse. Semblablement donc, même si une grande quantité d'air se transforme en une masse plus petite et une plus petite advient à partir d'une plus grande, la matière se transforme en l'une et l'autre parce qu'elle est les deux en puissance. De même, en effet, que la même matière devient du chaud à partir du froid et du froid à partir du chaud, parce qu'elle l'était en puissance, de

1. Tout ceci a été établi au livre I.

même elle devient également du plus chaud à partir du chaud,
217b1 | sans que rien dans la matière ne soit devenu chaud qui ne fût déjà chaud lorsqu'elle était moins chaude, de même que, si la circonférence courbe d'un cercle plus grand devient celle d'un cercle plus petit, qu'elle soit la même ou une autre, en aucun
5 cas n'est advenue une courbe qui n'était pas | courbe mais droite (car le moins ou le plus ne résultent pas d'une perte de la forme); et pas davantage il n'est possible de trouver dans la flamme une grandeur où ne se trouve aussi chaleur et éclat. C'est donc ainsi que la chaleur antérieure se rapporte à la postérieure. Par conséquent, la grandeur et la petitesse de la masse sensible ne s'étendent pas parce que la matière acquiert
10 quelque chose en plus, mais parce que | la matière est les deux en puissance, de sorte que la même chose est dense et rare, et que leur matière est unique (et le dense est lourd, le rare léger)[1]. En outre, de même que la circonférence du cercle, quand elle est réduite, ne prend pas une autre courbe mais réduit celle qu'elle avait, et que, quelque partie du feu que l'on
15 prenne, elle sera toujours | chaude, ainsi aussi le tout demeure par réduction et extension de la même matière[2]. Car il y a deux

1. L'argument est donc que, même s'il y a des différences de taille lorsqu'un élément plus dense devient plus rare et inversement, cela n'entraîne pas une augmentation ou une diminution de la quantité totale de matière dans l'univers. On pourrait objecter à Aristote que cela entraîne néanmoins des différences de taille de cette matière globale, de sorte qu'il ne répond pas à l'hypothèse d'une inflation de l'univers. En outre, son explication alternative de la différence entre le rare et le dense, ramenée à une différence de forme essentielle, n'exclut pas davantage que cette différence soit constituée par la présence plus ou moins importante de vide intérieur.

2. Ces lignes 12 à 16 sont jugées « douteuses » par Philopon, et Simplicius signale qu'elles ne se trouvent pas dans tous les manuscrits. Je ne vois pas de raison, cependant, de les supprimer comme le font Bekker, Cornford et Ross. En revanche, la phrase suivante devrait être déplacée, car elle se rattache

attributs pour chacun des deux, pour le dense et pour le rare : le lourd et le dur semblent denses, et leurs contraires, le léger et le mou, semblent rares, mais le lourd et le dur ne s'accordent pas dans le plomb et dans le fer.

| D'après ce qui a été dit, il est manifeste qu'il n'y a de vide 20 ni comme chose distincte, ni en général ni dans le rare, ni en puissance, à moins de vouloir de toutes façons appeler vide la cause du transport. De cette façon, la matière du lourd et du léger, en tant que telle, serait le vide, car le dense et le rare, selon cette contrariété, | sont producteurs du transport, tandis 25 que, selon le dur et le mou, ils sont producteurs de l'affection et de l'absence d'affection, et non d'un transport mais plutôt d'une différenciation.

À propos du vide, comment il est et comment il n'est pas, considérons-le comme défini de cette façon.

10. | À la suite de ce qu'on vient de dire, il faut poursuivre **217b29** au sujet du temps. | Et d'abord il est bon de parcourir les 30 difficultés à son sujet, y compris d'après les arguments extérieurs[1], pour savoir s'il est parmi les étants ou parmi les non-étants, et ensuite quelle est sa nature.

manifestement au raisonnement des lignes 23-27; il est très probable qu'elle soit une note marginale intégrée maladroitement au texte.

1. L'expression « *exôterikoi logoi* » peut désigner soit des discours destinés au public, par opposition à des discours réservés à l'intérieur de l'école (« ésotériques »), soit des discours extérieurs à la réflexion philosophique, c'est-à-dire issus du sens commun, soit encore des propos tenus par d'autres écoles philosophiques. De ces trois possibilités, la troisième est la plus probable, car elle est reprise en 218a32 par l'expression *ek tôn paradedomenôn*, qui désigne un héritage venant de prédécesseurs. Dans la première partie de l'examen, tant le vocabulaire utilisé (« participer à l'être ») que le type de questions posées indiquent clairement que la source d'Aristote est le *Parménide* de Platon.

Que donc, il n'existe pas du tout ou à peine et obscurément, on peut le supposer d'après ceci : une partie de lui est passée et
218a1 n'est pas, l'autre est à venir et n'est pas encore. | Et c'est de celles-ci qu'est composé le temps infini et le temps toujours recommencé. Or, ce qui est composé de non-étants, il semblerait impossible que cela participe à l'être. En outre, de toute chose morcelable, si du moins elle est, il est nécessaire
5 que, lorsqu'elle est, ou bien toutes les parties | soient, ou bien quelques-unes; or, du temps, les unes sont passées, les autres sont à venir, mais aucune n'est, alors qu'il est morcelable.

Quant à l'instant[1], il n'est pas une partie, car la partie mesure et il faut que le tout soit composé des parties; or, le temps ne semble pas composé des instants. En outre, l'instant,
10 qui paraît délimiter le passé et le futur, | demeure-t-il toujours un et le même ou est-il toujours autre, ce n'est pas facile à voir. Si, d'une part, il est toujours différent et qu'aucune des parties toujours autres du temps ne coexiste avec une autre (à moins que l'une contienne et que l'autre soit contenue, comme le temps plus court est contenu dans le temps plus long), si l'instant qui n'est pas mais a été est nécessairement détruit à un
15 certain moment, | alors les instants ne coexisteront pas les uns avec les autres mais le précédent sera nécessairement toujours détruit. Pendant lui-même, donc, il ne peut avoir été détruit, puisqu'alors il était, mais pendant un autre instant l'instant précédent ne peut pas non plus avoir été détruit. Admettons, en effet, que les instants ne puissent être contigus entre eux, de

1. Je traduis « τὸ νῦν » par « l'instant » plutôt que par la traduction plus littérale « le maintenant », car ce n'est pas seulement en tant que présent (par opposition au passé et au futur) qu'il est étudié, mais aussi en tant qu'il est une limite capable de diviser en n'importe quel point le cours du temps.

même que le point au point[1]. Si donc il n'a pas été détruit dans | l'instant consécutif mais dans un autre, il existerait en même 20 temps dans les instants intermédiaires, qui sont infinis, mais c'est impossible. Cependant, il ne peut non plus demeurer toujours le même, car aucun divisible limité ne possède une limite unique, qu'il soit continu dans une seule direction ou dans plusieurs, or l'instant est une limite et on peut saisir un temps | limité[2]. En outre, si le fait d'être ensemble selon le 25 temps et de n'être ni antérieur ni postérieur, c'est être dans le même et dans l'instant, et si les choses antérieures et les choses postérieures se trouvent dans cet instant, on trouverait ensemble les événements d'il y a dix mille ans et ceux d'aujourd'hui, et rien ne serait ni antérieur ni postérieur à rien d'autre.

| Donc, en ce qui concerne les propriétés du temps, arrêtons 30 là l'exposé des difficultés ; d'autre part, ce qu'est le temps et quelle est sa nature, c'est aussi peu clair, à partir des conceptions héritées, que ce que nous venons de parcourir[3]. En effet,

1. Le contigu (*echomenon*) est défini comme « ce qui, étant consécutif, est en contact » (V, 3, 227a6). Les instants ne peuvent se toucher car, étant des indivisibles, ils n'ont pas d'extrémités par lesquelles ils seraient en contact l'un avec l'autre ; en outre, du fait qu'ils sont des limites, ils sont nécessairement séparés par du limité. Cette opinion était déjà admise par Platon, qui considérait les instants comme des indivisibles séparés par du continu (*Parménide*, 152) ; il en déduisait que le mouvement doit s'arrêter à chaque instant, opinion qu'Aristote modifiera pour concilier la continuité en acte du mouvement avec sa divisibilité en puissance seulement en chacun des instants.

2. On ne peut pas considérer qu'un même instant a commencé à un certain moment et demeure toujours non achevé, de sorte que tout serait toujours dans le même présent. En effet, on constate que le temps est divisible en périodes délimitées par des instants différents, et que les événements se succèdent en des périodes clairement distinctes.

3. Ce qui a déjà été parcouru à partir des conceptions héritées, c'est la question de l'existence du temps et celle du statut de l'instant qui appartient au temps ; se pose maintenant celle de la nature ou de l'essence du temps.

218b1 les uns disent qu'il est le mouvement du tout, | les autres la sphère elle-même[1]. Cependant la partie du mouvement circulaire est aussi un certain temps, mais elle n'est pas le mouvement circulaire, car ce qu'on a pris est une partie du mouvement circulaire et non celui-ci même. En outre, s'il y 5 avait plusieurs cieux, le temps serait pareillement | le mouvement de n'importe lequel d'entre eux, de sorte que plusieurs temps coexisteraient. D'autre part, la sphère du tout a semblé à certains être le temps parce que tout est dans le temps et dans la sphère du tout; mais cette explication est trop naïve pour qu'on en examine les impossibilités.

Puisque le temps semble surtout être un mouvement et un 10 changement, | c'est cela qu'il faudrait examiner. D'abord, le changement et le mouvement de chaque chose sont seulement dans la chose qui change, ou bien à l'endroit où se trouve la chose mue et changeante, tandis que le temps est pareil partout et en toutes choses. En outre, tout changement est plus rapide 15 et plus lent, mais pas le temps, | car le lent et le rapide sont définis par le temps, le rapide étant ce qui est mû beaucoup en peu de temps, le lent ce qui est mû peu en beaucoup de temps; mais le temps n'est pas défini par le temps, ni par le fait d'être une certaine quantité ni une certaine qualité. Que donc le temps n'est pas un mouvement, c'est manifeste, et ne distin-

1. Il est peu probable que, par l'expression « le mouvement du tout », Aristote fasse allusion à la conception de Platon dans le *Timée* (37c-39d), selon laquelle le temps, image mobile de l'éternité, est un cycle régulier mesuré par les mouvements des astres; on ne voit pas, en effet, pourquoi il y aurait fait allusion d'une manière aussi approximative. Quant à la définition du temps comme l'enveloppe sphérique de l'univers, seul le doxographe Aétius l'attribue aux pythagoriciens (fragment 58B33 DK) et nous n'avons aucun moyen de vérifier l'affirmation. Une chose est certaine, c'est qu'Aristote n'a pas trouvé beaucoup de matière à discussion à propos du temps, qui semble effectivement peu étudié par ses prédécesseurs.

guons pas pour le moment entre parler de mouvement ou de | changement[1]. 20

11. | Cependant, il n'existe pas non plus sans le changement; en effet, quand nous ne changeons pas de pensée, ou quand il nous échappe que nous changeons, il ne nous semble pas que du temps ait passé, pas davantage qu'à ceux qui, d'après la légende, ont dormi en Sardaigne à côté des héros, | lorsqu'ils se sont réveillés; car ils relient l'instant précédent à l'instant suivant et en font un seul, effaçant l'intermédiaire à cause de leur absence de sensation[2]. Ainsi, de même que, si l'instant n'était pas autre mais le même et unique, il n'y aurait pas de temps, de même aussi quand on ne s'aperçoit pas qu'il est autre, il semble ne pas y avoir de temps intermédiaire. Si donc il nous arrive de ne pas croire | qu'il y a du temps quand nous ne délimitons aucun changement, mais que notre âme paraît demeurer dans un état unique et indivisible, tandis que, lorsque nous percevons et délimitons un changement, alors nous disons qu'il s'est passé du temps, il est manifeste que le temps n'existe pas sans mouvement et changement. | Que donc le temps n'est ni le mouvement ni sans le mouvement, c'est manifeste, mais puisque nous cherchons ce qu'est le temps, il nous faut saisir, en partant de là, ce qu'il est du mouvement. En effet, nous percevons en même temps le mouvement et le temps car, même s'il fait noir et | que nous n'éprouvions rien par le corps, mais qu'il y ait un mouvement à l'intérieur de l'âme, aussitôt il nous semble que du même coup un certain temps s'est passé; et inversement, quand un temps semble

218b21 25 30 **219a1** 5

1. La distinction sera faite au livre V, chap. 2.

2. Les commentateurs nous ont transmis plusieurs versions, difficilement vérifiables, de cette légende (voir Ross, p. 597); l'essentiel pour le raisonnement est qu'il doive s'agir d'un sommeil sans rêve.

s'être passé, du même coup un mouvement semble aussi s'être passé[1]. Par conséquent, le temps est soit mouvement soit quelque chose du mouvement. Puisque donc il n'est pas mou-
10 vement, il est nécessairement | quelque chose du mouvement.

Or, puisque le mû est mû de quelque chose vers quelque chose et que toute grandeur est continue, le mouvement accompagne la grandeur; en effet, du fait que la grandeur est continue, le mouvement aussi est continu et, du fait que le mouvement est continu, le temps aussi car il semble toujours s'être passé autant de temps que de mouvement[2]. D'autre part,
15 | l'antérieur et postérieur est d'abord dans le lieu. Il est donc là par la position, et puisque l'antérieur et postérieur se trouve dans la grandeur, il se trouve aussi nécessairement dans le mouvement, proportionnellement à celui-là. Ensuite, l'antérieur et postérieur est aussi dans le temps, du fait que l'un
20 accompagne toujours l'autre[3]. | L'antérieur et postérieur dans

1. L'expérience subjective n'est pas présentée comme une garantie de l'existence objective du temps, mais comme une indication de la liaison nécessaire entre le temps et le changement. Si, en effet, on éprouve toujours ensemble un certain temps et un certain changement, et qu'on ne puisse éprouver l'un sans l'autre, on peut en déduire qu'ils ne vont pas l'un sans l'autre. Il est remarquable que l'expérience subjective soit totalement indépendante du monde extérieur, puisque toute conscience d'un changement, même limité à l'esprit du sujet et quelle que soit sa nature, suffit à la démonstration. L'existence objective du temps n'est introduite qu'au paragraphe suivant, et elle est implicitement fondée sur l'évidence des corps et de leurs changements. Sur cette évidence et la réfutation du doute sceptique concernant le monde extérieur, voir *Métaphysique* Γ 4-8.

2. Cet ordre de succession concernant la continuité est plus amplement démontré au livre VI, chap. 1.

3. Pour comprendre comment l'antérieur et postérieur peut être local avant d'être temporel, on peut s'inspirer de l'étude de l'antérieur au livre Δ de la *Métaphysique* (chap. 11) : est antérieur ce qui est plus rapproché d'un point de

le mouvement, en tant que ce qu'il est à un certain moment, est mouvement, mais son être est différent et n'est pas mouvement[1]. Cependant, nous connaissons aussi le temps quand nous avons défini le mouvement, en le définissant par l'antérieur et postérieur; et nous disons qu'il s'est passé du temps lorsque | nous prenons sensation de l'antérieur et posté- 25 rieur dans le mouvement. Or, nous définissons ceux-ci en les concevant comme toujours autres, avec entre eux un intermédiaire différent, car, lorsque nous considérons les extrémités comme différentes du milieu et que l'âme dit qu'il y a deux instants, l'un antérieur et l'autre postérieur, alors nous appelons cela le temps, car ce qui est défini par l'instant semble être le temps; | considérons cela comme établi. Lorsque donc nous 30 percevons l'instant comme unique et non comme antérieur et postérieur dans le mouvement, ni comme le même mais

départ, celui-ci étant déterminé soit arbitrairement soit par sa nature particulière dans le domaine considéré. Le plus proche dans l'espace n'est donc pas déterminé par le temps qu'on prendrait à l'atteindre, mais au contraire le temps est déterminé par l'éloignement dans l'espace, qui entraîne une plus grande quantité de mouvement.

1. L'expression « ὅ ποτε ὄν », qui revient sept fois dans l'étude du temps et seulement trois fois dans le reste du corpus, présente une difficulté redoutable tant au traducteur qu'à l'interprète (l'étude la plus complète est celle de R. Brague [1982], mais elle est peut-être inutilement compliquée). En étudiant en parallèle les sept occurrences, on comprend que l'expression est utilisée chaque fois qu'il faut rendre compte du mode d'être des étants qui sont par définition toujours différents. Tel est l'instant, qui se renouvelle sans cesse, tel est le mobile transporté, et tel est par conséquent aussi l'antérieur et le postérieur attribués à des étapes du mouvement. S'ils se définissent par le fait d'être toujours autres ou ailleurs, en revanche, lorsqu'on considère l'un d'eux à un moment arrêté du processus, on peut lui donner une identité instantanée, indépendante de ses autres situations. Dans ce premier passage, l'antérieur et postérieur, pris comme une étape du mouvement, est lui-même mouvement, même si sa définition est autre.

avec quelque chose d'antérieur et postérieur, il nous semble qu'aucun temps ne s'est passé, parce qu'il n'y a eu aucun mouvement. Lorsqu'au contraire nous percevons l'antérieur

219b1 | et postérieur, alors nous disons qu'il y a du temps, car voilà ce qu'est le temps : le nombre du mouvement selon l'antérieur et postérieur[1]. Le temps n'est donc pas mouvement mais en tant que le mouvement possède un nombre. Un indice en est que nous distinguons, d'une part, le plus et le moins par le nombre

5 et, d'autre part, un mouvement | plus ou moins grand par le temps; donc le temps est un nombre. Mais puisque le nombre existe de deux façons (car nous appelons nombre le nombré et le nombrable, et ce par quoi nous nombrons), le temps est le nombré et non ce par quoi nous nombrons. Or, c'est chose différente que ce par quoi nous nombrons et le nombré.

1. De cette célèbre définition du temps, à laquelle toute étude postérieure s'est désormais référée, c'est le terme « nombre » qui a été le plus controversé. Malgré le soin que met Aristote à distinguer le « nombre nombré » du nombre mathématique, le terme a semblé trop ambigu et inadéquat. En effet, il ne s'agit pas simplement de quantifier le mouvement, car le fait qu'il y ait beaucoup ou peu de mouvement ne se mesure pas au temps mais à l'écart de nature entre le terme initial et le terme final (par exemple, il y a plus de changement entre le noir et le blanc qu'entre le noir et le gris, indépendamment des temps respectifs des deux changements). Les stoïciens comme les épicuriens ont conservé la définition en remplaçant *arithmos* par *diastèma*, terme utilisé aussi par Aristote à propos de l'espace, avec la signification d'extension ou d'étendue. Dans les langues modernes, on serait tenté de parler de « durée », mais d'une certaine manière ce terme implique déjà le temps, ce qui rend la définition circulaire. La précision nécessaire se trouve dans la deuxième partie de la définition grâce à la notion de succession, qu'il faut comprendre comme la succession des destructions et des apparitions d'instants dont aucun ne demeure et qui ne peuvent coexister entre eux. Le temps est la succession des états non coexistants du mouvement.

Et de même que le mouvement est toujours autre, | le temps 10 aussi (mais le temps pris tout ensemble est le même, car l'instant est le même quant à ce qu'il était à un moment quelconque, quoique son être soit autre, et l'instant délimite le temps en tant qu'antérieur et postérieur[1]). L'instant est d'une certaine manière le même, d'une autre pas : en effet, en tant qu'il est toujours ailleurs, il est différent (c'était cela l'être de l'instant), mais ce | qu'est l'instant, en étant à un moment 15 quelconque, est le même[2]. En effet, comme cela a été dit, le mouvement suit la grandeur et, nous le disons, le temps suit le mouvement ; aussi, de la même manière, le transporté suit le point, et c'est grâce à lui que nous connaissons le mouvement ainsi que l'antérieur et postérieur qui s'y trouve. Ce qu'est celui-ci, en étant à un moment quelconque, est le même (car il est soit un point soit une pierre soit quelque autre chose de cette sorte), mais quant à | l'énoncé il est autre, de même que les 20 sophistes considèrent comme différent Coriscus au Lycée et

1. Cette parenthèse est une digression anticipant sur certaines caractéristiques de l'instant qui vont être explicitées par la suite (voir note suivante). L'argument ici consiste à dire que, si l'instant qui délimite est toujours le même, alors le temps n'est pas limité ni divisé et donc il est lui aussi un seul et même. (Il est nécessaire d'adopter la correction de Torstrik, éditée par Ross, pour le verbe ὁρίζει, « délimite », car le μέτρει des manuscrits, « mesure », contredit la théorie aristotélicienne selon laquelle le continu est mesuré par ses parties mais pas par ses limites). Aristote reviendra sur l'unicité du temps avec de meilleurs arguments.

2. Chaque instant considéré isolément est identique à n'importe quel autre ; cependant, si l'on considère tout le cours du temps, une infinité d'instants s'y distinguent par leur ordre de succession, et celui qu'on appelle « présent » change sans cesse. L'être et l'énoncé de cet instant-présent doivent donc exprimer sa situation relative et toujours différente.

Coriscus à l'agora[1]. Il est donc différent, lui aussi, du fait d'être toujours ailleurs; or l'instant suit le transporté comme le temps le mouvement (car c'est par le transporté que nous
25 connaissons l'antérieur et postérieur dans le mouvement, | et en tant que l'antérieur et postérieur est nombrable, il est l'instant), de sorte que, ici aussi, ce qu'est l'instant en étant à un moment quelconque, est le même (car il est l'antérieur et postérieur qui se trouve dans le mouvement) mais son être est autre (car en tant que l'antérieur et postérieur est nombrable, il est l'instant). Et celui-ci est le plus facile à connaître, car
30 le mouvement est connu grâce au | mû et le transport grâce au transporté, car le transporté est un ceci, mais pas le mouvement. D'une certaine manière donc, l'instant est dit toujours le même, d'une autre pas le même, car il en est ainsi du transporté.

Il est manifeste aussi que, si le temps n'existait pas,
220a1 l'instant n'existerait pas, | et si l'instant n'existait pas, le temps n'existerait pas, car, de même que le transporté et le transport sont ensemble, ainsi aussi le nombre du transporté et celui du transport. Car, d'une part, le nombre du transport est le temps, d'autre part, l'instant, de même que le transporté, est comme
5 l'unité du nombre. | Le temps est continu par l'instant et divisé en l'instant, car cela aussi suit le transport et le transporté; en effet, le mouvement et le transport sont un par le transporté, parce qu'il est un (non pas en tant qu'étant à un moment

1. Le transporté, pris à n'importe quel moment du transport, est le même, mais si l'on veut décrire ce qu'il est sur l'ensemble du mouvement on doit inclure la mention des différentes situations ou étapes qu'il parcourt. C'est pourquoi, la proposition attribuée aux sophistes, selon laquelle Coriscus est différent lorsqu'il change de lieu, n'est pas fausse, à condition qu'on précise *quant à quoi* il est différent et qu'on ne prétende pas qu'il l'est essentiellement ou totalement. C'est déjà l'explication de Simplicius (*in Phys.* 723, 11-20).

quelconque, car il y aurait interruption, mais par son énoncé[1]), et d'autre part il délimite le mouvement antérieur et postérieur. Et cela suit | aussi d'une certaine manière le point: le point 10 rend la longueur continue et la délimite, car il est début d'une partie et fin de l'autre. Mais lorsqu'on le considère ainsi, en se servant du point unique comme double, il y a nécessairement un arrêt, si le même point doit être début et fin; en revanche, l'instant, du fait que le transporté est mû, est toujours différent. Par conséquent, le | temps est un nombre non comme celui du 15 même point, parce qu'il est début et fin, mais plutôt comme les extrémités de la même ligne (et non comme ses parties), en raison de ce qu'on a dit, car on utilisera le point médian comme double, de sorte qu'il se produira un repos. Et en outre il est manifeste que l'instant n'est pas davantage une partie du temps que la division ne l'est | du mouvement, de même que les 20 points ne sont pas non plus des parties de la ligne, tandis que deux lignes sont des parties d'une ligne unique.

En tant donc que l'instant est limite, il n'est pas du temps, mais un accident; en tant qu'il nombre, il est nombre; car les limites appartiennent seulement à ce dont elles sont limites, tandis que le nombre de ces chevaux, la dizaine, se trouve aussi ailleurs[2]. Que donc le temps | est le nombre du mouvement 25

1. L'unité du transporté dont on a besoin pour cet argument n'est plus son identité chaque fois qu'on le considère dans un moment précis, mais l'unicité réelle du corps transporté, sans laquelle on ne peut dire qu'il y a un seul mouvement continu. Voilà pourquoi ici le transporté est dit un par l'énoncé (car l'énoncé exprime la permanence du même corps subissant le déplacement), alors que dans le raisonnement précédent il était dit différent par l'énoncé (car l'énoncé exprimait la situation toujours différente du transporté en progression).

2. En tant que limite, l'instant appartient au temps comme toute limite appartient au corps qu'elle limite, sans en être une portion. D'autre part,

selon l'antérieur et postérieur, et est continu car il est nombre d'un continu, cela est manifeste.

220a27 12. | Le plus petit nombre, considéré en général, est le deux; mais, en tant que nombre de quelque chose en particulier, en un sens il y en a, en un sens il n'y en a pas; par exemple, pour la ligne, le plus petit par la quantité est deux ou 30 une, mais par la grandeur | il n'y a pas de plus petit car toute ligne se divise toujours[1]. Par conséquent, il en va de même pour le temps: le plus petit selon le nombre est un ou deux, mais selon la grandeur il n'y en a pas.

220b1 Il est manifeste | aussi qu'on ne le dit pas rapide et lent, mais beaucoup et peu, ou long et court. En effet, d'une part, en tant que continu, il est long et court, d'autre part, en tant que nombre, il y en a beaucoup ou peu. Mais il n'est pas rapide et lent, car pas davantage aucun nombre par lequel nous 5 nombrons | n'est rapide et lent[2]. Et certes il est à la fois le même

l'instant peut lui aussi être considéré comme un nombre, non pas nombré comme le temps, ni identique au nombre mathématique (sinon il pourrait nombrer n'importe quels étants), mais probablement au sens où, en tant qu'antérieur et postérieur, il est l'instrument qui permet de nombrer un intervalle de temps. Toute la proposition est marquée d'une *crux* dans l'édition de Ross, car il a semblé étrange que l'instant soit dit nombrer.

1. Toutes les choses peuvent être comptées comme des quantités discrètes, c'est-à-dire des choses distinctes ayant chacune son unité, à l'aide des nombres mathématiques dont le plus petit est deux (le « un » étant considéré comme l'unité du nombre et non comme un nombre lui-même). Mais certaines, qui sont des quantités continues, peuvent aussi être nombrées en tenant compte de leur continuité, par exemple par un rapport mathématique entre une ligne plus courte et une ligne plus longue. Dans ce cas, il n'y a pas de plus petit nombre car le continu est divisible à l'infini.

2. C'est donc une caractéristique générale du nombre, qu'il soit nombrant ou nombré, de ne pas être rapide ou lent mais de servir à définir la rapidité et la lenteur d'une autre chose.

partout, mais avant et après il n'est pas le même, parce que le changement aussi, en tant que présent, est unique, mais, en tant que passé et à venir, est différent; or le temps n'est pas le nombre par lequel nous nombrons mais celui qui est nombré, et celui-ci arrive avant et après, | toujours différent, car les 10 instants sont différents. Le nombre est un et le même pour cent chevaux et pour cent hommes, tandis que ce dont il est le nombre diffère, les chevaux des hommes. En outre, comme il est possible qu'un mouvement soit le même et un en étant toujours recommencé, il en va de même pour le temps, par exemple, une année, un printemps, un automne [1].

Et nous ne mesurons pas | seulement le mouvement par le 15 temps, mais aussi le temps par le mouvement, du fait qu'ils se délimitent l'un par l'autre; en effet, le temps délimite le mouvement en étant son nombre, et le mouvement le temps [2].

1. Une autre manière encore de considérer le temps comme toujours le même est rendue possible par la répétition régulière de périodes naturelles (ce que l'on appelle souvent à tort un temps « cyclique » alors qu'il faudrait dire « périodique » car il ne revient jamais à son point de départ). Mais il est bien clair qu'il s'agit d'une identité spécifique et non numérique : chaque printemps est différent même si tous sont les mêmes en tant que printemps, de sorte que le temps est linéaire et irréversible.

2. Il faut bien distinguer les notions de mesure et de nombre. Le temps est nombre du mouvement, mais ce n'est pas réciproque, car le mouvement n'est pas une certaine propriété du temps. En revanche, ils se mesurent réciproquement car une unité de mesure temporelle (heure, jour, etc.) peut servir à mesurer un mouvement, et une unité de mesure cinétique (une marche du Lycée à l'agora, une chevauchée d'Athènes à Thèbes) peut servir à mesurer un temps, même si dans ce cas la mesure est moins précise. L'analogie avec le nombre des chevaux vise à montrer que cette réciprocité existe nécessairement dans tout domaine où l'on distingue une unité de mesure et une grandeur mesurée par elle. En effet, il est évident qu'une unité est nécessaire pour mesurer une grandeur, mais il faut ajouter que la grandeur est nécessaire pour délimiter l'unité qui lui convient, car c'est parce qu'elle est naturellement divisible en

Et nous disons qu'il y a beaucoup ou peu de temps en le mesurant par le mouvement, comme aussi le nombre par le nombra-
20 ble, par exemple | le nombre des chevaux par le cheval unique. En effet, c'est par le nombre que nous connaissons la quantité des chevaux, et réciproquement par le cheval unique le nombre des chevaux lui-même. Il en va de même aussi pour le temps et le mouvement, puisque nous mesurons le mouvement par le temps et le temps par le mouvement. Et ceci arrive
25 logiquement, | car le mouvement suit la grandeur et le temps le mouvement, du fait qu'ils sont quantités et continus et divisibles; c'est en effet parce que telle est la grandeur que le mouvement a ces propriétés, et, à cause du mouvement, le temps. Nous mesurons aussi la grandeur par le mouvement et le mouvement par la grandeur, car nous disons que la route est
30 longue | si le voyage est long, et que celui-ci est long si la route est longue. De même pour le temps, si le mouvement l'est, et pour le mouvement, si le temps l'est.

221a1 Puisque le temps est mesure | du mouvement et du fait de se mouvoir, et qu'il mesure le mouvement par la définition d'un certain mouvement qui sera l'unité de mesure du mouvement entier (de même que la coudée mesure la longueur par la définition d'une certaine grandeur qui sera mesure de la
5 | grandeur entière); et puisque le fait d'être dans le temps est, pour le mouvement, être mesuré par le temps, et soi-même et son être (car il mesure simultanément le mouvement et l'être du mouvement, et c'est cela, pour le mouvement, être dans le temps : le fait que son être est mesuré), il est clair que, pour les autres choses aussi, c'est cela être dans le temps : le fait que

parties simples et distinctes, que la grandeur fournit ainsi des unités additionnables.

leur être soit mesuré par le temps[1]. En effet, être dans le temps, | c'est de deux choses l'une, soit exister quand le temps existe, 10 soit comme nous disons que certaines choses sont dans le nombre. Et ceci signifie, ou bien que c'est une partie et une affection du nombre, et d'une manière générale quelque chose du nombre, ou bien qu'il y a un nombre de cette chose. Or, puisque le temps est nombre, l'instant et l'antérieur, et toutes les choses de cette sorte | sont dans le temps de la même 15 manière que sont dans le nombre l'unité, l'impair et le pair (car les uns sont quelque chose du nombre, les autres quelque chose du temps), tandis que les autres choses sont dans le temps comme dans un nombre[2]. Et s'il en est ainsi, elles sont contenues par le nombre comme les choses qui sont dans le lieu sont contenues par le lieu[3]. Il est manifeste aussi qu'être dans le temps n'est pas être lorsque le | temps est, pas plus qu'être dans 20 le mouvement ou dans le lieu lorsque le mouvement ou le lieu sont, car si être dans quelque chose était ainsi, toutes les choses seraient dans n'importe laquelle, même l'univers dans un grain de millet, parce que l'univers existe en même temps que le grain de millet. Ceci est un accident, mais la conséquence

1. L'être du mouvement et des autres choses ne peut signifier ici leur essence ou définition, mais plutôt leur existence. En effet, le temps mesure l'existence des corps et des événements, au sens où il en mesure la durée.

2. Selon la deuxième signification d'« être dans le nombre », c'est-à-dire par le fait qu'il y en a un nombre, qu'elles sont nombrées.

3. Je ne suis pas Ross, qui considère qu'il y a une lacune dans les manuscrits et ajoute : « … contenues par <le temps comme celles qui sont dans le nombre sont contenues par> le nombre… ». Cette lacune est possible, mais le texte des manuscrits est compréhensible en l'état. La comparaison avec le lieu permet de préciser que le nombre, et le temps comme nombre, enveloppent aussi d'une certaine manière une étendue, qui pour le temps est une durée d'existence.

nécessaire est celle-ci : du fait qu'une chose est dans le temps,
25 il s'ensuit | qu'il y a un temps en même temps que cette chose existe, et, du fait qu'une chose est en mouvement, il s'ensuit qu'alors le mouvement existe. Par ailleurs, puisqu'être dans le temps est comme être dans le nombre, un certain temps sera considéré comme plus grand que tout ce qui est dans le temps ; c'est pourquoi, nécessairement, tout ce qui est dans le temps est contenu par le temps de la même manière que tout ce qui est dans quelque chose, par exemple ce qui est dans un lieu est
30 contenu par | le lieu.

Il y a aussi une affection due au temps, comme nous avons coutume de dire que le temps consume, que tout vieillit sous
221b1 l'action du temps et que le temps apporte l'oubli, mais pas | que l'on apprend ni que l'on devient jeune et beau, car le temps est par lui-même plutôt cause de destruction; en effet, il est le nombre du mouvement, et le mouvement défait ce qui est[1]. Par conséquent, il est manifeste que les choses qui existent toujours, en tant qu'existant toujours, ne sont pas dans le
5 temps, car elles ne sont pas contenues par | le temps et leur être n'est pas mesuré par le temps; un indice en est qu'elles ne sont en rien affectées par le temps, parce qu'elles ne sont pas dans le temps.

1. On pourrait s'étonner qu'Aristote accepte cette conception populaire, puisque sa théorie exige que la construction, le développement, les acquisitions, se fassent tout autant dans le temps que leurs contraires. Revenant à la question en 222b16-27, il donne pour raison de cette différence que les productions ont besoin d'un autre moteur tandis que les destructions semblent pouvoir être dues au seul effet du temps.

D'autre part, puisque le temps est mesure du mouvement, il sera aussi mesure du repos par accident[1], car tout repos est dans le temps. En effet, si ce qui est dans le mouvement est nécessairement mû, | il n'en va pas de même pour ce qui est 10 dans le temps, car le temps n'est pas mouvement mais nombre du mouvement et, dans le nombre du mouvement peut se trouver aussi ce qui est en repos. En effet, tout ce qui est immobile n'est pas en repos, mais bien ce qui a été privé de mouvement, étant par nature susceptible d'être mû, comme on l'a dit précédemment. D'autre part, être dans un nombre signifie qu'il existe un certain | nombre de la chose et que l'être de 15 celle-ci est mesuré par le nombre dans lequel elle est, de sorte que, si c'est dans le temps, ce sera par le temps. Et le temps mesurera ce qui est mû et ce qui est en repos, l'un en tant que mû, l'autre en tant qu'en repos, car il mesurera de quelle quantité est leur mouvement et leur repos. Par conséquent, ce qui est mû ne sera pas mesurable absolument par le temps, | en 20 tant qu'il est une certaine quantité, mais en tant que son mouvement est d'une certaine quantité. Par conséquent, tout ce qui n'est ni en mouvement ni en repos n'est pas dans le temps, car être dans le temps c'est être mesuré par le temps, et le temps est mesure du mouvement et du repos.

Il est donc manifeste que tout le non-étant ne sera pas non plus dans le temps, par exemple tout ce qui ne peut être autrement, comme le fait que la diagonale | soit commensurable au 25 côté. D'une manière générale, en effet, si le temps est mesure

1. Ross supprime l'expression « par accident », mais elle n'est en rien gênante : le mouvement n'est que médiatement nombre du repos au sens où celui-ci est défini comme absence de mouvement et est délimité par les mouvements qui l'entourent.

du mouvement par soi, et des autres choses par accident, il est clair que tout ce dont il mesure l'être, aura son être dans le fait d'être en repos ou en mouvement. Donc, tout ce qui est susceptible d'être détruit et de venir à l'être, et qui, d'une manière
30 générale, tantôt est tantôt n'est pas, est nécessairement dans | le temps (car il y a un temps plus grand qui excède leur être et le temps mesurant leur existence), tandis que, de tous les non-étants que contient le temps, les uns étaient, comme Homère
222a1 était un jour, | les autres seront, comme une des choses futures, selon le côté où le temps les contient; et s'il les contient des deux côtés, ils pourront à la fois avoir été et devoir être; mais ceux qu'il ne contient nulle part n'étaient ni ne sont ni ne seront. Tels sont tous les non-étants dont les contraires existent
5 toujours, comme | existe toujours l'incommensurabilité de la diagonale, et celle-ci ne sera pas dans le temps. Pas davantage non plus sa commensurabilité, et c'est pourquoi elle n'est jamais, parce qu'elle est contraire à ce qui est toujours. Quant à ce dont le contraire n'est pas toujours, cela peut aussi bien être que ne pas être, et il y en a une venue à l'être et une destruction.

222a10 13. | L'instant est la continuité du temps, comme on l'a dit, car il relie le temps qui est passé et à venir, et il est d'une manière générale limite du temps[1], car il est début d'une partie

1. Tous les manuscrits possèdent un ὅλως à la ligne 12, qui est omis par Torstrik, Cornford, Carteron et Ross. Or cette précision est utile pour le sens, car l'instant est toujours limite, aussi bien quand il relie que quand il divise. Ce qui distingue ses deux fonctions, c'est qu'il assure l'une en acte et l'autre en puissance seulement, puisque le temps n'est jamais effectivement interrompu. C'est pourquoi Aristote conclut, aux lignes 19-20, que les deux fonctions sont les mêmes (en tant que limites) mais que leur être n'est pas le même (car l'une est toujours en puissance, l'autre en acte). Sur cette question, *cf.* Stevens,

et fin d'une autre, mais cela n'est pas apparent comme pour le point qui demeure fixe. D'autre part, il divise en puissance. Et en tant que tel, l'instant est toujours différent, | tandis qu'en 15 tant qu'il relie, il est toujours le même, comme pour les lignes mathématiques, car le même point n'est pas toujours pensé comme un : il est autre quand les lignes sont divisées, mais en tant que la ligne est une, il est partout le même[1]; de même, l'instant aussi est d'une part la division du temps en puissance, d'autre part la limite des deux parties et leur unification; or la division et l'unification sont la même chose au même égard, | mais leur être n'est pas le même. 20

Voilà donc une première façon de dire l'instant, mais il en est une autre, quand il s'agit du temps proche de celui-ci : « Il arrive à l'instant », parce qu'il arrive aujourd'hui, et : « Il est venu à l'instant », parce qu'il est venu aujourd'hui; ce qui s'est passé à Troie ne s'est pas passé à l'instant, pas plus que le déluge, et pourtant, le temps est continu jusqu'à eux, mais pas tout proche. L'expression | « à un certain moment » est un 25 temps défini par rapport à l'instant au sens précédent, par exemple : « Troie a été prise à un certain moment » et « à un certain moment viendra le déluge », car ce doit être limité par rapport à l'instant. Il y aura donc une certaine quantité de temps entre le présent et le futur, et il y en avait d'ici au passé.

« De l'analogie entre point et maintenant chez Aristote et Hegel », *Revue de philosophie ancienne*, 9 (2), 1991.

1. Il ne faut pas comprendre qu'un seul et même point se trouve partout sur la ligne, mais que, comme l'indique la fin de la phrase à propos de l'instant, pour chaque point de la ligne, si on la considère comme divisée, le point est double car il est fin d'une partie et début d'une autre, et si on la considère comme unifiée, le point est un car il ne distingue pas de parties.

D'autre part, s'il n'existe aucun temps qui fasse exception au fait d'être à un certain moment, tout temps sera limité. En
30 arrivera-t-il donc à faire défaut?[1] | Ou bien non, si du moins le mouvement existe toujours? Dans ce cas, est-il autre ou le même à plusieurs reprises? Il est clair que, comme est le mouvement, ainsi est le temps: si celui-là est à un certain moment le même et un, le temps aussi sera un et le même,
222b1 sinon pas. Mais puisque l'instant est fin | et début du temps, non pas du même mais fin du passé et début de l'avenir, de même que le cercle est d'une certaine façon, au même endroit, convexe et concave, ainsi le temps est toujours au début et à la
5 fin; et pour cette raison il semble toujours autre, | car l'instant n'est pas début et fin de la même chose, sinon les contraires seraient ensemble au même point. Et donc le temps ne cessera jamais car il est toujours au début.

L'expression « tout à l'heure » est la partie du temps à venir proche de l'instant présent indivisible : « Quand te promènes-tu? — Tout à l'heure », parce que le temps où il le fera est
10 proche, et aussi la partie du temps passé | qui n'est pas loin du présent : « Quand te promènes-tu ? — Je me suis promené tout à l'heure ». En revanche, nous ne disons pas que Troie a été détruite tout à l'heure, parce que c'est trop loin du présent.

1. On retrouve ici la question de savoir s'il n'existe que des temps limités, liés à des événements temporaires, ou s'il existe un temps illimité. S'il n'y a que des temps limités, il est possible que le temps s'arrête, à moins qu'un nouvel événement vienne sans cesse produire un nouveau temps. Mais Aristote trouve une garantie plus solide à l'illimitation du temps, dans le fait que les instants initient toujours une nouvelle portion de temps, aucune limite ne pouvant être l'extrémité d'un continu sans qu'autre chose se poursuive de l'autre côté. La même question et le même argument se retrouvent au début du livre VIII, à propos du mouvement.

Et « récemment » est la partie du passé proche de l'instant présent : « Quand es-tu allé ? — Récemment », si c'est dans un temps proche de l'instant actuel. Au contraire, « jadis » exprime le temps éloigné. Enfin, | « instantanément » indique la sortie d'un état dans un temps insensible par sa petitesse ; or tout changement est par nature apte à faire sortir d'un état. C'est dans le temps que tout vient à l'être et se détruit ; c'est pourquoi certains le disaient très sage, mais le pythagoricien Paron très ignorant, parce qu'en lui on oublie ; et c'est lui qui a raison. Il est donc clair | qu'il sera en soi davantage cause de destruction que de venue à l'être, comme on l'a déjà dit précédemment (car le changement est par soi apte à faire sortir d'un état), et par accident cause de venue à l'être et d'être[1]. Un indice suffisant en est que rien ne vient à l'être sans être mû d'une certaine manière et sans agir, mais qu'une chose peut se détruire sans être mue. Et c'est surtout cette destruction que | nous avons l'habitude de dire sous l'effet du temps. En réalité, le temps ne la produit pas non plus, mais par accident ce changement-là aussi se produit dans le temps. 15 20 25

Que donc le temps est, ce qu'il est, en combien de sens nous disons l'instant, et ce que signifient « à un certain moment », « récemment », « tout à l'heure », « jadis » et « instantanément », tout cela a été dit.

14. | Tout cela étant ainsi défini, il est manifeste que tout changement et tout mû sont dans le temps ; en effet, le plus **222b30**

1. Aristote accepte l'opinion commune que le temps est destructeur, pour cette raison qu'il est cause suffisante de la destruction mais pas de la venue à l'être, qui nécessite une autre cause. Il nuance néanmoins la force de l'opinion en concluant que, en réalité, ces changements se produisent non *par* le temps mais *dans* le temps.

rapide et le plus lent se trouvent dans tout changement (cela se manifeste ainsi en toutes choses). Et je dis qu'est mû plus
223a1 rapidement ce qui change le premier | jusqu'au terme posé, étant mû sur la même distance et d'un mouvement uniforme (par exemple, pour le transport, si tous deux sont mus en cercle ou tous deux en ligne droite, et de même pour les autres mou-
5 vements). Par ailleurs, l'antérieur est dans le temps, | car nous disons antérieur et postérieur selon l'écart par rapport à l'instant, et l'instant est la limite du passé et du futur, de sorte que, puisque les instants sont dans le temps, l'antérieur et postérieur sera aussi dans le temps, car là où est l'instant, est aussi l'écart par rapport à l'instant. (On appelle l'antérieur de
10 manière opposée selon que le temps est passé | ou futur : dans le temps passé, on appelle antérieur ce qui est plus éloigné de l'instant présent et postérieur ce qui est plus rapproché, tandis que dans le futur on appelle antérieur ce qui est plus rapproché et postérieur ce qui est plus éloigné.) Par conséquent, puisque l'antérieur est dans le temps, et qu'il accompagne tout
15 mouvement, il est manifeste que tout changement | et tout mouvement sont dans le temps.

Une question qui mérite aussi un examen est celle de savoir comment se situe le temps par rapport à l'âme[1], et pourquoi le temps semble être dans tout, aussi bien dans la terre, dans la

1. La question est donc de savoir s'il y a une dimension ou une condition subjective du temps. On pourrait le soupçonner, du fait que le temps est un nombre nombré et que, pour qu'une chose soit nombrée, il faut qu'existe un sujet qui la nombre. Autrement dit, le temps n'aurait d'effectivité que lorsqu'un mouvement est perçu par un être capable de nombrer. La suite de la phrase ne pose pas une question indépendante, mais plutôt une difficulté dont il faut tenir compte en répondant à celle-ci, à savoir que, si le temps est partout, il faut aussi qu'une âme nombre partout tous les mouvements.

mer et dans le ciel. Ou bien est-ce parce qu'il est une certaine affection ou possession du mouvement, puisqu'il en est le nombre, et que toutes ces choses sont mobiles (toutes, en effet, sont dans le lieu), | or le temps et le mouvement sont ensemble, 20 en puissance et en acte? Mais on pourrait éprouver une difficulté à savoir si, sans l'existence de l'âme, le temps existerait ou pas, car s'il est impossible qu'existe ce qui nombrera, il est aussi impossible qu'existe quelque chose de nombrable, par conséquent il est clair qu'il n'y aura pas non plus de nombre; en effet, le nombre est soit ce qui a été nombré soit ce qui est | nombrable. Or, si rien d'autre ne peut par nature 25 nombrer que l'âme et l'intellect de l'âme, il est impossible que le temps existe si l'âme n'existe pas, à moins que ce soit ce que le temps est en étant à un certain moment, par exemple s'il est possible que le mouvement existe sans l'âme[1]. Or, l'antérieur et postérieur est dans le mouvement; et le temps est ceux-ci en tant qu'ils sont nombrables.

On pourrait se demander | aussi de quel mouvement 30 le temps est nombre. Ou bien est-ce de n'importe lequel? C'est en effet dans le temps qu'une chose vient à l'être, se détruit, croît, est altérée et est transportée; dans la mesure donc où il y a mouvement, il est nombre de chaque mouvement. C'est pourquoi il est nombre du mouvement continu en général, | mais pas de l'un en particulier. Mais il est possible **223b1** que d'autres choses encore aient été mues maintenant, dont il y aurait un nombre de chaque mouvement. Leur temps est-il

1. Le temps considéré à un certain moment est cela même qui identifie une étape parmi d'autres d'un certain mouvement; or ces étapes et ce développement du processus ne sont pas produits par une âme qui nombre mais ils constituent le mouvement lui-même; par conséquent le temps existe dès qu'il y a mouvement et indépendamment de l'âme.

différent, et y aurait-il ensemble deux temps égaux ? Ou plutôt non, car tout temps égal et simultané est le même, et ceux qui
5 ne sont pas simultanés sont les mêmes quant à l'espèce. | En effet, si l'on a des chiens et des chevaux et que dans les deux cas il y en ait sept, le nombre est le même. Ainsi, pour des mouvements accomplis ensemble, le temps est le même, et l'un peut être rapide, l'autre pas, ou l'un un transport, l'autre une altération ; le temps est cependant le même, si le nombre est égal et simultané[1], pour l'altération et pour le transport.
10 | C'est pourquoi les mouvements sont différents et séparés, mais le temps est partout le même, parce que le nombre est partout un et le même pour des mouvements égaux et simultanés.

D'autre part, puisqu'il y a le transport, et entre autres le transport circulaire, et que chaque chose est nombrée par une seule du même genre : les unités par une unité, les chevaux par
15 un cheval, et de même le temps par un temps | déterminé ; puisqu'on mesure, comme nous l'avons dit, le temps par le mouvement et le mouvement par le temps (et ce parce que, à partir d'un mouvement déterminé, on mesure par le temps la quantité du mouvement et du temps[2]) ; si donc ce qui est

1. Ross supprime ὁ ἀριθμός, du fait qu'à la ligne 12 ce qui est dit « égal et simultané » est manifestement les mouvements.

2. Le temps et le mouvement peuvent servir de mesure l'un pour l'autre parce que les unités de mesure temporelles (jour, mois, année, etc.) permettent de mesurer des mouvements (un jour de marche, une année de travail, etc.), et inversement les unités de mesure du mouvement permettent de mesurer des temps, comme l'explique la parenthèse. En effet, les unités de temps sont déterminées à partir de certains mouvements naturels que l'on prend pour référence, par exemple la somme d'un jour et d'une nuit est invariablement donnée par la rotation complète du soleil autour de la terre (selon la cosmologie de l'époque ; pour nous, par une rotation complète de la terre sur elle-même), et ensuite le temps de ce mouvement servira à son tour d'unité de mesure pour d'autres

premier est mesure de toutes les choses du même genre, le transport circulaire uniforme est principalement mesure parce que son nombre | est le plus connu[1]. Ni donc l'altération, ni la croissance, ni la venue à l'être ne sont uniformes, mais bien le transport. C'est pourquoi aussi le temps semble être le mouvement de la sphère, parce que par ce mouvement-là se mesurent les autres mouvements et aussi le temps. Pour cette raison aussi arrive ce qu'il est habituel de dire, à savoir que | les affaires humaines sont en cercle[2], de même que pour tout ce qui possède un mouvement naturel, une venue à l'être et une destruction; et ce, parce que toutes ces choses sont distinguées par le temps et reçoivent leur fin et leur début comme selon une certaine périodicité; et en effet, le temps lui-même semble être un certain cercle. Et il le semble, à son tour, | du fait qu'il est mesure d'un tel transport et est lui-même mesuré par un tel transport. Par conséquent, dire que les choses en devenir sont

20

25

30

temps et pour d'autres mouvements. La mesure première n'est donc pas arbitraire mais repose sur le phénomène naturel le plus invariable. Selon *Métaphysique*, I 1, 1053a8-12 et *Du ciel* II 4, 287a23-26, l'unité de mesure des mouvements est le transport uniforme des astres fixes, pour cette raison supplémentaire qu'il est le plus rapide des transports astraux.

1. Ce n'est pas l'uniformité seule qui fait que le temps du transport circulaire est le plus connu, car le transport rectiligne peut aussi être uniforme; il faut y ajouter la simplicité, c'est-à-dire le fait d'être toujours identique et de ne jamais changer; or la seule référence qui soit telle dans la nature c'est le transport circulaire des astres, puisqu'aucun transport rectiligne ne peut se poursuivre toujours sans modifier sa trajectoire. Certes, on pourrait poser un autre étalon par pure convention, mais il serait beaucoup plus difficile à l'ensemble des hommes de s'y référer par la simple observation.

2. L'expression courante « *kuklos tôn anthrôpeiôn pragmatôn* », que l'on trouve notamment chez Hérodote, Thucydide et Xénophon, ne désigne pas à proprement parler une circularité mais seulement le cours des choses humaines. Dans tout ce paragraphe, le recours à l'image du cercle est très vague et peu précis.

en cercle, c'est dire qu'il y a un cercle du temps, et ce parce
224a1 qu'il est mesuré par le transport circulaire; en effet, | le mesuré ne se manifeste pas comme quelque chose d'autre que la mesure, si ce n'est que l'entier consiste en plusieurs mesures [1].

Et il est exact de dire que le nombre de chevaux et de chiens est le même si les deux groupes sont égaux, mais que la dizaine n'est pas la même, ni les dix animaux, comme ne sont pas les
5 mêmes triangles | l'équilatéral et le scalène. Et pourtant, la figure est la même, puisqu'ils sont tous deux triangles, car on appelle le même ce qui ne diffère pas par une différence, et non ce qui diffère, comme le triangle diffère du triangle par une différence; donc les triangles sont différents, mais pas par une différence de figure, parce qu'ils sont dans une seule et même
10 division. La figure peut être d'une part | le cercle, d'autre part le triangle, et, dans ce groupe-ci, cet équilatéral d'une part, ce scalène d'autre part. Comme figure, celui-ci est donc le même, car c'est un triangle, mais comme triangle il n'est pas le même. Et le nombre est assurément le même, car le nombre des animaux ne diffère pas par une différence de nombre, mais la dizaine n'est pas la même car les objets dont on parle sont
15 différents : | les uns sont des chiens, les autres des chevaux.

En ce qui concerne le temps lui-même et ses propriétés, on a terminé d'en exposer l'examen.

1. Dans tout continu, ce qui sert d'unité de mesure est une portion de ce continu qui est reportée un certain nombre de fois sur le tout. Il n'y a donc pas de différence de nature entre la mesure et le mesuré, et la mesure peut elle-même être mesurée. En retrouve ici la réciprocité déjà mentionnée entre les unités de mesure du temps et du mouvement, ainsi qu'une nouvelle explication de l'apparence cyclique du temps, fondée sur l'unité de référence qui est celle du mouvement circulaire – non pas du mouvement circulaire en général mais du mouvement réel des astres qui nous fournit nos références principales. Il est donc confirmé que le temps n'est pas lui-même cyclique mais que les moyens que nous nous donnons pour le mesurer sont des mouvements circulaires.

LIVRE V

1. | Tout ce qui change change soit par accident, comme **224a21** lorsque nous disons « le musicien marche », parce que ce à quoi il appartient d'être musicien, cela marche ; soit quand on dit qu'une chose change absolument du fait que quelque chose d'elle change, par exemple tout ce | qu'on dit d'après des 25 parties (le corps guérit parce que guérit l'œil ou la poitrine et que ce sont des parties du corps entier) ; mais il y a quelque chose qui n'est mû ni par accident ni parce que l'une de ses parties change, mais du fait d'être mû soi-même immédiatement. C'est là le mobile par soi, et il est différent selon chaque mouvement, comme | l'altérable et, dans l'altération, le guéris- 30 sable qui est différent du chauffable. Il en va de même pour le moteur : l'un meut par accident, l'autre partiellement du fait d'une de ses parties, l'autre enfin par soi immédiatement, comme le médecin guérit et la main frappe.

Et puisqu'il y a quelque chose qui meut immédiatement, il y a aussi quelque chose qui est mû, | en outre ce dans quoi cela 35 est mû, à savoir le temps, et à côté de cela, ce d'où et ce vers quoi, | car tout mouvement va de quelque chose vers quelque **224b1** chose ; on distingue, en effet, ce qui est mû immédiatement, ce vers quoi c'est mû et ce à partir de quoi, par exemple le bois, le chaud et le froid : de ceux-ci l'un est ce qui est mû, l'autre ce

vers quoi, et l'autre encore ce à partir de quoi. Il est bien clair
5 que le mouvement est dans le bois, non | dans la forme, car la forme ne meut ni n'est mue, pas plus que le lieu ou la quantité, mais il y a ce qui meut, ce qui est mû et ce vers quoi il est mû. En effet, le changement reçoit son nom de ce vers quoi il y a mouvement plutôt que de ce à partir de quoi ; c'est pourquoi la destruction est le changement vers le non-étant, quoique ce qui
10 se détruit change à partir d'un étant ; | et la venue à l'être est le changement vers l'étant, quoiqu'elle ait lieu à partir d'un non-étant.

Ce qu'est donc le mouvement, on l'a dit précédemment. Quant aux formes, aux affections et au lieu, vers lesquels sont mues les choses mues, elles sont immobiles, par exemple la science et la chaleur. Cependant, on pourrait se demander si les affections sont des mouvements, la blancheur étant une affection ; car il y aurait alors changement vers le mouvement.
15 | Mais sans doute la blancheur n'est-elle pas mouvement, mais bien le blanchissement. Et on trouve dans tout cela le mouvement par accident, celui par parties, celui qui est dû à autre chose, et celui qui est immédiatement et non dû à autre chose, par exemple : ce qui blanchit change par accident vers ce qui est pensé (car le fait d'être pensé est un accident pour la
20 couleur), | change vers la couleur parce que le blanc est une partie de la couleur, change vers l'Europe parce qu'Athènes est une partie de l'Europe, et enfin change par soi vers la couleur blanche. Comment donc une chose est mue par soi, par accident, en raison d'autre chose ou elle-même immédiate-
25 ment, c'est clair à la fois pour ce qui meut et | pour ce qui est

mû, et aussi que le mouvement n'est pas dans la forme mais dans le mû et le mobile en acte[1].

Laissons donc de côté le changement par accident car il se trouve dans toutes choses, toujours, et appartient à tout; celui qui n'est pas par accident ne se trouve pas dans toutes choses, mais dans les contraires, dans les intermédiaires et dans la contradiction : | on peut s'en convaincre par induction. Et il y a 30 changement à partir de l'intermédiaire car on l'utilise comme étant contraire à chacune des extrémités, car l'intermédiaire est d'une certaine façon les extrêmes. C'est pourquoi celui-ci est dit d'une certaine façon contraire par rapport à ceux-là et ceux-là par rapport à celui-ci; par exemple, la note médiane est aiguë par rapport à la plus basse et basse par rapport à la plus haute, et le gris | est blanc par rapport au noir et noir par rapport 35 au blanc.

Puisque | tout changement va de quelque chose vers **225a1** quelque chose (et le nom lui-même l'indique, car il indique que quelque chose vient après autre chose, et que l'un est antérieur et l'autre postérieur[2]), ce qui change peut changer de quatre façons : ou d'un sujet vers un sujet, ou d'un sujet vers un non-sujet, | ou d'un non-sujet vers un sujet ou d'un non-sujet 5 vers un non-sujet – et j'appelle sujet ce qui est désigné par une affirmation. Par conséquent, d'après ce qui a été dit, il y a nécessairement trois changements : celui qui va d'un sujet à un sujet, celui qui va d'un sujet à un non-sujet et celui qui va d'un non-sujet | à un sujet, car celui qui va d'un non-sujet à un non- 10

1. Quant à la forme, puisqu'elle ne se trouve pas en permanence dans les mêmes corps, Aristote dira qu'alternativement elle est et n'est pas, sans subir de processus de venue à l'être et de destruction » (*Métaphysique* H 5, 1044b21-22).

2. Le préfixe « *meta* » de « *metaballein* » signifie effectivement « après ».

sujet n'est pas un changement, parce qu'il ne résulte pas d'une opposition, car il n'y a là ni contraires ni contradiction.

D'abord donc, le changement d'un non-sujet vers un sujet selon la contradiction est une venue à l'être, soit absolue et au sens strict, soit partielle et de quelque chose de particulier (par
15 exemple, celle qui va | du non-blanc vers le blanc est venue à l'être de celui-ci, celle qui va du non-étant au sens strict vers une substance est venue à l'être au sens strict, selon laquelle nous disons qu'une chose vient à l'être au sens strict et non devient quelque chose). Le changement d'un sujet vers un non-sujet est une destruction, au sens strict quand elle va de la substance vers le non-étant, et partielle quand elle va vers la
20 négation opposée, comme on l'a dit | pour la venue à l'être.

Si donc le non-étant se dit de plusieurs façons, et que ne puisse être mû ni celui qui résulte de la composition ou de la division, ni celui qui relève de la puissance et est l'opposé de ce qui est au sens strict en acte [1] (car le non-blanc ou le non-bon peuvent certes être mus par accident, car le non-blanc pourrait
25 être un homme, | mais ce qui n'est absolument pas un ceci ne le peut d'aucune façon), il est impossible que ce qui n'est pas soit mû [2] et, s'il en est ainsi, il est impossible aussi que la venue à

1. Le non-étant (littéralement « ce qui n'est pas ») par composition et division est le faux, qui advient dans les propositions quand on unit ou sépare à tort un sujet et un prédicat. Le non-étant selon la puissance est ce qui n'est pas encore mais peut être effectivement. Ni un état de choses inexistant, ni un étant seulement potentiel ne sont des choses en mouvement. Il est en outre précisé que les attributs potentiels peuvent être mus par accident, c'est-à-dire par le mouvement de leur sujet, mais que les substances potentielles ne le peuvent ni par soi ni par accident (l'expression « l'opposé de ce qui est au sens strict en acte » désigne les seules substances parmi tous les étants potentiels).

2. Je considère avec Ross que cette proposition doit être la principale, et qu'il faut donc supprimer le γάρ des manuscrits (comme c'est le cas dans le

l'être soit un mouvement, car ce qui n'est pas vient à l'être ; en effet, même si sans aucun doute il vient à l'être par accident, il est néanmoins vrai de dire que ce qui n'est pas est un attribut de ce qui vient à l'être au sens strict[1] – et il en va de même pour le repos. | Ces difficultés résultent donc du fait que le non-étant 30 soit mû et que tout mû soit dans un lieu, alors que le non-étant n'est pas dans un lieu, sinon il serait quelque part.

La destruction non plus n'est pas un mouvement, car le contraire pour un mouvement est soit un mouvement soit un repos, or la destruction est le contraire de la venue à l'être.

Puisque tout mouvement est un certain changement, qu'il y a trois changements, | que nous avons cités, et que parmi eux 35 ceux qui relèvent de la venue à l'être et de la destruction | ne sont pas des mouvements mais des changements selon la **225b1** contradiction, nécessairement le changement d'un sujet vers un sujet est le seul mouvement. Les sujets sont soit contraires soit intermédiaires (considérons, en effet, comme établi que la privation aussi est un contraire ; et elle s'exprime par une affirmation : le nu, | l'édenté[2], le noir). Si donc les catégories se 5

passage parallèle de *Métaphysique* K 11, 1067b30), sinon, d'une part la phrase n'aurait pas de principale, et d'autre part ce qu'il faut démontrer serait invoqué comme une prémisse.

1. Ce qui vient à l'être au sens strict est une substance composée ; la forme essentielle qu'elle aura une fois venue à l'être et qu'elle n'a pas encore est un non-étant, attribué à la matière sous forme de privation (par exemple, la graine est encore « non-arbre »), et elle n'advient pas au sens strict car une forme ne subit pas de processus de génération, mais on peut dire qu'elle advient par accident au sens où elle est attribut de la chose qui advient.

2. Plusieurs éditeurs (notamment Prantl, Bonitz, Cornford et Ross), en suivant le passage parallèle de *Métaphysique* K (11, 1068a7), corrigent le « λευκὸν » (« blanc ») des manuscrits en « νωδὸν » (« édenté »), car le blanc

divisent en substance, qualité, lieu, temps, relation, quantité, produire et subir, il y a nécessairement trois mouvements : celui de la qualité, celui de la quantité et celui qui relève du lieu[1].

225b10 2. | Il n'y a pas de mouvement qui relève de la substance, du fait qu'aucun des étants n'est contraire à la substance. Il n'y en a pas non plus du relatif, car, si l'un des deux relatifs change, il est possible que l'autre ne soit plus vrai alors qu'il ne change en rien, de sorte que leur mouvement est par accident[2]. Pas

n'est pas une privation. L'erreur du copiste s'explique aisément par la rareté du mot, remplacé par un plus familier.

1. Les mouvements (*kinèseis*) sont donc définis comme des changements qui ont lieu entre des termes contraires (ou intermédiaires). Ces termes sont appelés ici des « sujets » (*hupokeimena*), non pas au sens habituel du corps qui reçoit des attributs, mais au sens rare et particulier d'un terme exprimé sous forme positive, sans négation (c'est pourquoi il était important de préciser que même les privations peuvent s'exprimer sans négation). La négation est réservée à l'expression de la contradiction, qui caractérise les changements entre un sujet et un non-sujet, c'est-à-dire, comme on va le voir au chapitre suivant, entre une substance et sa négation.

2. Le mouvement des relatifs est par accident parce qu'un relatif peut cesser de l'être, ou l'être autrement, alors même qu'il n'a subi aucun changement. Soient, par exemple, deux objets dont l'un est plus grand et l'autre plus petit ; si le plus petit grandit, il est possible que le plus grand devienne le plus petit alors qu'il n'a pas lui-même changé ; le fait donc qu'il soit passé de plus grand à plus petit est un changement par accident. Certes, il a été nécessaire que le plus petit grandisse réellement, mais ce changement-là est un changement de quantité, non un changement de relativité ; la modification de la relativité ne peut avoir lieu que de manière médiatisée, comme conséquence d'un changement de l'une des quatre sortes (c'est cette médiation qui est signifiée par l'expression « par accident »).

À la ligne 12, il est nécessaire d'ajouter une négation au texte des manuscrits, devant le verbe ἀληθεύεσθαι ; dans le texte de *Métaphysique* K (12, 1068a12) se trouve la négation μηδὲν, que Jaeger et Ross modifient en μὴ.

davantage il n'y a de mouvement de ce qui produit et de ce qui subit, de ce qui est mû et de ce qui meut, parce | qu'il n'y a pas 15 de mouvement du mouvement ni de venue à l'être de la venue à l'être, ni en général de changement du changement. En effet, un mouvement de mouvement est possible de prime abord de deux façons, soit en tant que mouvement d'un sujet (par exemple, un homme est mû parce qu'il change du blanc au noir; est-ce que, de la même manière, le mouvement aussi est chauffé ou refroidi ou bien se déplace, croît | ou décroît ? c'est 20 impossible, car le changement n'est pas un des sujets), soit par le fait qu'un autre sujet, à partir d'un changement, change vers une autre forme, par exemple l'homme passant de la maladie à la santé; mais cela n'est pas possible non plus, si ce n'est par accident, car le mouvement lui-même est un changement d'une forme vers une autre[1]. Et c'est pareil pour | la venue à 25 l'être et la destruction, excepté que celles-ci vont vers les opposés d'une certaine manière et le mouvement différemment. Il y a donc en même temps changement de la santé vers

1. Dans la première hypothèse, on considère que le processus lui-même peut recevoir une modification, c'est-à-dire être lui-même altéré, grandi ou déplacé; l'impossibilité repose sur l'affirmation que seuls les sujets peuvent changer (il faut signaler que, pour Aristote, des modifications de la vitesse ou d'une autre propriété d'un changement ne sont pas des changements du changement lui-même car ce ne sont pas des différences de l'espèce; *cf.* 228b26-30). Dans la deuxième hypothèse, on ne considère plus le mouvement lui-même comme le sujet qui change, mais on considère qu'un sujet, après avoir subi un certain changement, en subit aussitôt un autre, comme si c'était un seul changement qui changeait de destination. La réponse est qu'il doit s'agir de deux changements distincts, car le changement est défini par ses deux termes; en outre, comme l'explique la suite, si on ne les distingue pas, des changements opposés auraient lieu en même temps puisqu'on les considèrerait comme un seul et même.

la maladie et de ce changement même vers un autre. Il est donc clair que, quand on tombera malade, on aura changé vers un changement quelconque (car il est possible de rester en repos), et en outre ce ne sera pas toujours vers un changement au 30 hasard, | mais celui-là aussi ira de quelque chose vers autre chose, de sorte qu'il sera aussi son opposé, la guérison; mais ceci ne peut arriver que par accident: par exemple, il y a changement du souvenir vers l'oubli, parce que ce à quoi ces mouvements appartiennent change, tantôt vers la connaissance, tantôt vers l'ignorance[1]. En outre, on irait à l'infini s'il y 35 avait un changement du changement et | une venue à l'être de la venue à l'être. Il faut assurément que la précédente soit si la **226a1** suivante doit être, | par exemple si la venue à l'être au sens strict était à un certain moment en train d'advenir, l'advenant aussi était en train d'advenir, de sorte que l'advenant n'était pas encore au sens strict, mais était en train de devenir un advenant, et cela à son tour était à un certain moment en train d'advenir, de sorte qu'alors il n'était pas encore en train de devenir un advenant[2]. Or, puisque des infinis il n'y a pas de

1. Deux processus opposés, comme la remémoration et l'oubli, ne peuvent être dits se changer l'un en l'autre que par un raccourci de langage, l'expression correcte étant que le sujet des deux processus subit l'un après l'autre; c'est donc toujours le sujet qui subit les changements et non ceux-ci eux-mêmes. À la ligne 33, je suis la correction des éditeurs qui remplacent le ὑγίειαν des manuscrits par ἄγνοιαν (de même qu'en *Métaphysique* K 12, 1068a33). En effet, même si l'on peut faire le même raisonnement à propos de la maladie et de la santé, le raisonnement nécessite que l'on mentionne ensemble les deux contraires.

2. Si ce qui advient (*to gignomenon*) doit devenir advenant par un certain processus, et si ce processus lui-même doit advenir par un certain processus, les conditions pour qu'une venue à l'être commence sont renvoyées à l'infini, de sorte qu'aucune venue à l'être ne sera jamais en train de se faire. L'alternative est que le processus de venue à l'être soit entamé d'un instant à l'autre, dès que

| premier, il n'y aura pas de premier advenant, et par conséquent pas non plus de suivant. Rien ne pourra donc ni venir à l'être ni être mû ni changer. De plus, à la même chose appartient le mouvement contraire (et en outre le repos), la venue à l'être et la destruction, de sorte que ce qui devient advenant, lorsqu'il devient advenant, se détruit alors, car ce n'est ni aussitôt qu'il advient ni plus tard, car il faut que | ce qui se détruit soit[1]. En outre, il faut qu'une matière existe sous ce qui advient et sous ce qui change. Quelle sera-t-elle donc ? De même que la chose altérée est corps ou âme, ainsi que sera ce qui devient mouvement ou venue à l'être ? Et ensuite, que sera ce vers quoi ils sont mus ? Car un mouvement ou une venue à l'être doit être de quelque chose allant de ceci vers ceci. Et en même temps comment cela se fera-t-il ? | Car la venue à l'être de l'apprentissage ne sera pas un apprentissage, par conséquent pas davantage la venue à l'être de la venue à l'être, ni quoi que ce soit de quoi que ce soit. Enfin, s'il y a trois espèces de mouvement, il sera nécessaire qu'elles soient respectivement la nature sous-jacente et ce vers quoi se fait le mouvement, par exemple que le transport soit altéré ou transporté. Et d'une manière générale, puisque tout ce qui est mû est mû de trois façons, soit par | accident, soit du fait qu'une partie est mue, soit par soi, le changement pourrait seulement changer par accident, comme dans le cas où l'homme qui guérit

5 10 15 20

les causes nécessaires sont agissantes, sans que cette venue à l'être nécessite elle-même un processus de venue à l'être.

1. Toute chose venue à l'être doit se détruire ; or, dans l'hypothèse d'un enchaînement infini de venues à l'être de la venue à l'être, la chose n'a jamais fini d'advenir, de sorte que la destruction ne peut se produire après la venue à l'être ; donc il doit se produire pendant la venue à l'être, ce qui est absurde.

courrait ou apprendrait; mais nous avons laissé de côté tout à l'heure le changement par accident.

Puisqu'il n'y a mouvement ni de la substance ni du relatif ni du produire et du subir, il reste qu'il y a mouvement
25 seulement selon la qualité, la | quantité et le lieu, car en chacun d'eux se trouve une opposition. Appelons donc le mouvement selon la qualité altération, car c'est le nom commun qui lui est attaché. Et j'appelle la qualité non pas celle qui est dans l'essence (car la différence est une qualité), mais la capacité d'être affecté, selon laquelle on dit qu'une chose est affectée
30 ou inaffectée. Le mouvement | selon la quantité n'a pas de nom commun, mais est, suivant chacun des contraires, croissance et décroissance, la croissance allant vers la grandeur achevée, la décroissance partant de celle-ci. Le mouvement selon le lieu n'a de nom ni commun ni propre, mais appelons-le communément transport, quoique seules soient proprement dites
35 transportées les choses qui changent de lieu | sans avoir en
226b1 elles-mêmes la faculté de s'arrêter et toutes celles | qui ne se meuvent pas elles-mêmes selon le lieu.

Le changement vers le plus ou le moins dans la même forme est une altération, car c'est un mouvement ou bien qui part du contraire ou bien qui va vers le contraire, soit absolument soit d'une certaine façon; en effet, s'il va vers le moins,
5 on dira qu'il change vers le contraire, | si c'est vers le plus, qu'il change du contraire vers la forme même. Peu importe que le changement se fasse d'une certaine façon ou absolument si ce n'est que les contraires devront être contraires d'une certaine façon; et le plus et le moins consistent en ce qu'il se trouve plus ou moins du contraire ou pas.

Que donc ce sont là les trois seuls mouvements, c'est clair
10 d'après ceci. | Quant à l'immobile, c'est à la fois ce qu'il est

tout à fait impossible de mouvoir (comme le son est invisible), et ce qui est mû péniblement en beaucoup de temps ou qui commence lentement (c'est ce qu'on appelle difficile à mouvoir), et ce qui par nature peut être mû et en est capable mais n'est pas en mouvement au moment, au lieu et de la manière pour lesquels il est naturellement disposé – ce dernier étant le seul parmi les immobiles que je dis être en repos, | car le repos est contraire au mouvement de telle sorte qu'il serait une privation dans ce qui reçoit le mouvement. 15

Ce qu'est donc le mouvement, ce qu'est le repos, combien sont les changements et lesquels sont des mouvements, c'est manifeste d'après ce qu'on vient de dire.

3. | Disons après cela ce que c'est qu'être ensemble et séparément, en contact, intermédiaire, consécutif, | contigu et continu, et à quelles sortes de choses chacune de ces notions appartient naturellement. **226b18** 20

D'abord, on dit que sont « ensemble » selon le lieu toutes les choses qui se trouvent dans un lieu premier unique, et « séparément » toutes celles qui se trouvent dans un lieu premier différent; que sont « en contact » les choses dont les extrémités sont ensemble, et est intermédiaire ce vers quoi ce qui change arrive naturellement | avant d'atteindre l'extrémité vers laquelle il change, en changeant de façon conforme à la nature et continue. L'intermédiaire se trouve à trois conditions au moins : d'une part, son contraire est l'extrémité du changement[1]; d'autre part, est mû de manière continue ce qui ne 25

1. Ce début de phrase est déplacé par Ross, suivant Cornford, après 227a7-9, ces lignes étant elles-mêmes déplacées (*cf.* note suivante). Cette correction n'est pas nécessaire, car, tel qu'il se donne dans les manuscrits, le texte énonce effectivement les trois conditions annoncées.

présente pas ou très peu d'interruption de la chose, non du temps (car rien n'empêche que les choses soient interrompues,
30 et que immédiatement après la note la plus haute | retentisse la plus basse) mais de la chose dans laquelle il y a mouvement – on peut observer cela à la fois dans les changements selon le lieu et dans les autres changements. Enfin, est contraire selon le lieu ce qui est le plus éloigné en ligne droite, car la ligne la plus courte est limitée et le limité est mesure. Le consécutif est
35 ce qui, venant après le commencement, et | distingué par la
227a1 position ou la forme ou quelque autre chose, | ne possède pas d'intermédiaire du même genre entre lui et ce dont il est consécutif, je veux dire par exemple, pour une ligne, une ou des lignes, pour une unité, une ou des unités, pour une maison, une maison. Mais rien n'empêche qu'il y ait un autre intermédiaire, car le consécutif est consécutif à quelque chose et est
5 quelque chose de postérieur; | en effet, un n'est pas consécutif à deux, ni le premier jour consécutif au second, mais les seconds aux premiers. Le contigu est ce qui, étant consécutif, est en contact. Et puisque tout changement réside dans les opposés, que les opposés sont les contraires et les contradictoires, et que de la contradiction il n'y a pas de milieu, il est manifeste que l'intermédiaire réside dans les contraires[1].
10 | Quant au continu, il est cela même qui est contigu, mais je dis qu'on a un continu quand est une seule et même la limite de chacune des deux choses, limites par lesquelles elles sont en

1. Cette dernière phrase est déplacée par Prantl après 226b32 et par Ross après 226b23. L'ordre des manuscrits est cependant confirmé par le résumé qu'en donne *Métaphysique* K, et il n'est pas impératif pour la cohérence du texte de pratiquer une telle interversion. J'ai donc conservé l'ordre des manuscrits et de K.

contact, et quand, comme le nom l'indique, elles tiennent ensemble[1]. Or, cela n'est pas possible quand les extrémités sont deux. Ceci étant déterminé, il est manifeste que le continu se trouve dans les choses à partir | desquelles une unité est par 15 nature disposée à se faire par le contact. Et comme ce qui tient ensemble devient un à un certain moment, ainsi aussi le tout sera un, que ce soit à l'aide d'une cheville, de colle, d'une jointure ou d'une attache.

Il est manifeste aussi que le consécutif est premier, car ce qui est en contact est nécessairement consécutif, mais tout consécutif n'est pas en contact (c'est pourquoi aussi | le 20 consécutif se trouve dans des choses logiquement antérieures, comme dans les nombres, mais pas le contact), et ce qui est continu est nécessairement en contact, mais ce qui est en contact n'est pas encore continu, car les extrémités ne sont pas nécessairement une si elles sont ensemble, tandis que, si elles sont une, elles sont nécessairement ensemble. Par conséquent, l'union naturelle est dernière dans l'ordre du devenir, car les extrémités doivent être en contact | pour être unies, et les 25 choses en contact ne sont pas toutes unies; quant à celles où il n'y a pas contact, il est clair qu'il n'y a pas non plus en elles d'union naturelle. Il en résulte que, si le point et l'unité sont tels que les disent ceux qui les font séparés, le point et l'unité ne peuvent être la même chose car aux uns appartient le contact, tandis qu'aux unités | appartient le consécutif[2]. En 30

1. Le mot «continu» (συνεχές) vient du verbe συνέχειν, «tenir ensemble».

2. Pour Aristote, les points ne sont pas en contact les uns avec les autres car, s'ils ont une position, ils n'ont aucune extension et donc pas de limites par lesquelles ils pourraient être en contact (*cf.* livre VI, 1). En revanche, les lignes sont en contact par l'intermédiaire des points qui les limitent. La thèse selon

outre, pour les uns il peut y avoir un intermédiaire (car toute ligne est intermédiaire entre des points) mais pour les autres, nécessairement non, car il n'y a pas d'intermédiaire entre la dyade et l'unité.

Ainsi donc, ce qu'est être ensemble et séparé, être en **227b1** contact, ce qu'est l'intermédiaire | et le consécutif, le contigu et le continu, et à quelles sortes de choses chacun appartient, on l'a dit.

227b3 4. | Un mouvement est dit un de plusieurs façons, car nous disons l'un de plusieurs façons. Il est donc un par le genre selon 5 les figures de | l'attribution : le transport est un par le genre avec tout transport, mais l'altération est par le genre autre que le transport. Il est un par l'espèce lorsque, étant un par le genre, il se trouve aussi dans une espèce indivisible. Il y a, par exemple, des différences dans la couleur (car le noircissement est différent du blanchissement par l'espèce, donc tout blanchissement sera selon l'espèce le même que tout blanchisse- 10 ment | et tout noircissement que tout noircissement), mais il n'y en a plus dans la blancheur, c'est pourquoi le blanchissement est un par l'espèce avec tout blanchissement. Et si certaines choses sont à la fois des genres et des espèces, il est clair que le mouvement sera un par l'espèce, mais ne sera pas un par l'espèce au sens strict : par exemple l'apprentissage, si

laquelle les points sont en contact est une conséquence du fait de les poser comme indépendants des grandeurs sensibles, soit à la manière des pythagoriciens (qui, selon Aristote, concevaient les points comme des solides composant les corps), soit à la manière des platoniciens (peut-être parce que, en faisant naître les lignes à partir des points préexistants, ils devaient composer les lignes de points mis en contact l'un avec l'autre).

la science est d'une part une espèce de la conception, d'autre part le genre des sciences[1].

On pourrait se demander | si le mouvement est un par 15 l'espèce quand la même chose change du même terme vers le même terme, comme le même point de ce lieu-ci vers ce lieu-là, et inversement. S'il en est ainsi, le transport circulaire sera le même que le transport rectiligne et la rotation que la marche[2]. Ou bien il a été défini que, si le parcours est différent par l'espèce, le mouvement sera différent; | or, le circulaire est 20 différent du droit par l'espèce.

C'est donc ainsi que le mouvement est un par le genre et par l'espèce, mais le mouvement un au sens strict est celui qui est un par l'être et par le nombre[3]; lequel est de cette sorte, ce sera clair d'après les explications suivantes. Les choses que nous évoquons pour dire un mouvement sont au nombre de trois : le mû, ce dans quoi et le moment. Je veux dire qu'il est nécessaire que quelque chose soit le mû, | par exemple un 25 homme ou de l'or, et qu'il soit mû dans quelque chose, comme

1. L'unité d'espèce au sens strict est celle que confère le statut d'espèce dernière, qui n'est plus divisible qu'en individus. Mais il y a beaucoup d'espèces intermédiaires, qui sont espèces par rapport au genre dans lequel elles s'inscrivent, et genres par rapport à des divisions en espèces plus restreintes ; ce qui tombe sous une de ces espèces intermédiaires est donc un par l'espèce, mais pas au sens strict.

2. Si l'identité entre des déplacements dépend seulement des points de départ et d'arrivée, des mouvements suivant des trajectoires différentes seront considérés comme les mêmes. Il vaut donc mieux définir les mouvements par leur parcours (τὸ ἐν ᾧ).

3. Être un par le nombre signifie être un seul et même individu, avec une identité à soi continue. L'expression « un par l'être (τῇ οὐσίᾳ) » doit être comprise, dans ce contexte, au sens de l'être effectif d'un certain individu, et non comme « un quant à l'essence », qui signifierait plutôt l'identité d'espèce.

un lieu ou une affection, et à un certain moment, car tout est mû dans un temps. Parmi ceux-ci, le fait d'être un par le genre ou par l'espèce dépend de la chose dans laquelle se fait le mouvement; le fait d'être contigu dépend du temps; et le fait d'être un
30 au sens strict dépend des trois; en effet, ce dans quoi doit | être un et indivisible, par exemple la forme, ainsi que le moment, par exemple le temps doit être un et non interrompu, et le mû doit être un de manière non accidentelle (par exemple le blanc devient noir et Coriscus marche: Coriscus et le blanc sont
228a1 un, mais par accident), | ni en tant que commun (car il serait possible que deux hommes guérissent en même temps de la même maladie, par exemple l'ophtalmie, mais celle-ci ne serait pas une mais une par l'espèce; d'autre part, le fait que Socrate soit altéré de la même altération par l'espèce, plusieurs
5 fois en des temps différents, s'il | est possible que ce qui a été détruit revienne à l'être en étant un par le nombre, l'altération serait une, sinon elle serait la même mais pas une [1]).

Une autre difficulté proche de celle-là est de savoir si la santé est une et, en général, si les dispositions acquises et les affections dans les corps sont unes par l'être, car les choses qui les possèdent apparaissent comme mues et fluentes [2]. Si donc

1. Une réponse plus explicite sera donnée au paragraphe suivant, par une reformulation de la difficulté. Le dilemme tel qu'il est présenté ici a pris une importance particulière chez les stoïciens en raison de leur conception de l'éternel retour de l'identique: fallait-il considérer que les événements qui se reproduisent éternellement sont les mêmes numériquement ou seulement quant à l'espèce? Selon Alexandre, Chrysippe défendait l'identité numérique (*in Anal. Pr.*, 180, 33-36; *cf.* Simplicius, *in Phys.*, 886, 12-16).

2. Cette difficulté constitue manifestement une digression puisqu'elle ne concerne plus l'unité des mouvements mais celle des affections qui peuvent servir de termes aux mouvements. Aristote y reviendra au livre VII, chap. 3, pour préciser la distinction entre affection et altération.

| la santé est la même et une ce matin et à présent, pourquoi ne 10
le serait-elle pas aussi quand, après une interruption, on retrouve la santé, et pourquoi celle-ci et celle-là ne seraient-elles pas une par le nombre ? En effet, le raisonnement est le même, sauf qu'il diffère dans la mesure où, si elles sont deux par le nombre, de ce fait même, les dispositions acquises le sont nécessairement aussi (car est un par le nombre l'acte d'une chose une | par le nombre)[1]. Mais si la disposition acquise est 15
une, peut-être ne semblerait-il pas encore que l'acte soit un aussi, car lorsqu'on s'est arrêté de marcher, il n'y a plus de marche, mais il y en aura quand on marchera à nouveau. Si donc elle était une et la même, il serait possible que la même chose une soit détruite et soit à plusieurs reprises.

Ces difficultés sont extérieures à | notre examen actuel 20
mais, puisque tout mouvement est continu, le mouvement un au sens strict est nécessairement aussi continu si tout mouvement est divisible, et, s'il est continu, il est un. En effet, tout mouvement ne pourrait être continu à tout mouvement, pas plus que n'importe quoi d'autre à n'importe quoi, mais bien ceux dont les extrémités sont une. Mais certaines choses

1. Une distinction doit être établie entre, d'une part, les actes ponctuels comme la maladie ou la marche, d'autre part, les dispositions permanentes que le corps a acquises une fois pour toutes, comme la capacité de guérir ou de marcher. En tant que permanentes, en effet, celles-ci sont nécessairement toujours une et la même pour le même individu, tandis que les affections temporaires semblent être à chaque fois numériquement autres tout en étant les mêmes par l'espèce. Aristote soulève dès lors la difficulté de savoir si l'on peut dissocier ainsi l'identité des capacités et celle des actes qui leur sont correspondants : si les capacités sont une par le nombre, ne doit-on pas admettre que les actes correspondants sont aussi un par le nombre ? La réponse sera qu'il faut maintenir la distinction entre les deux, sinon on aboutit à l'absurdité qu'une même chose puisse disparaître et réapparaître à plusieurs reprises.

25 n'ont pas d'extrémités, et certaines en ont qui sont autres | par l'espèce et homonymes; comment, en effet, pourrait être en contact ou devenir une l'extrémité d'une ligne et celle d'une marche? Donc les mouvements qui ne sont les mêmes ni par l'espèce ni par le genre pourraient être contigus; ainsi, un homme qui court pourrait s'enfiévrer immédiatement après, et le flambeau, par exemple, porté de main en main, est un transport contigu mais non continu, car il est établi que le
30 continu est ce dont | les extrémités sont une. Par conséquent, ces mouvements sont contigus et consécutifs du fait que le temps est continu, mais le continu vient du fait que les
228b1 mouvements sont continus, et c'est le cas | quand l'extrémité des deux devient une. C'est pourquoi il est nécessaire que le mouvement continu et un au sens strict soit le même par l'espèce, qu'il soit d'une chose une et dans un temps un – ceci afin d'éviter qu'une immobilité ait lieu entre les deux, car dans
5 l'intervalle il y a nécessairement repos, donc | il y a plusieurs mouvements et non un, entre lesquels se trouvent des repos intermédiaires. Par conséquent, si un mouvement est interrompu par un arrêt, il n'est ni un ni continu; et il est interrompu s'il y a un temps intermédiaire, et si le mouvement n'est pas un par l'espèce, même sans intervalle de temps, car le temps sera un mais le mouvement sera autre par l'espèce[1]; en effet, le

1. Il est possible de conserver le texte que donnent les manuscrits (à la seule exception du E) si, au lieu de mettre entre parenthèses, comme le fait Ross, la longue période « car dans un temps interrompu… s'il y a un temps intermédiaire », on rattache la dernière partie de la phrase à ces derniers mots. Un mouvement peut donc être interrompu et divisé de deux manières : soit par un intervalle de temps (le mouvement restant de la même sorte), soit parce que se succèdent deux mouvements d'espèces différentes (le temps restant continu).

mouvement un est nécessairement | aussi un aussi par l'espèce, 10
mais celui-ci n'est pas nécessairement un au sens strict.

On a donc dit ce qu'est un mouvement un au sens strict; en outre on dit aussi qu'est un le mouvement complet, que ce soit selon le genre, selon l'espèce ou selon l'être, de même que pour les autres choses aussi le complet et l'entier relèvent de l'un. Il y a cependant des cas où, même s'il est incomplet, il est dit un, pourvu qu'il soit | continu. 15

D'une autre façon encore, à côté de ceux qu'on a mentionnés, est dit un le mouvement uniforme. En effet, le non uniforme est tel qu'il ne semble pas un, mais l'uniforme le semble davantage, comme celui qui est en ligne droite, car le non uniforme est divisible [1]. Mais la différence semble être une question de plus ou de moins. Dans tout mouvement se trouve la possibilité d'être uniforme ou non, car une chose | pourrait 20 être altérée de manière uniforme et transportée sur un parcours uniforme, comme un cercle ou une droite, et de même pour la croissance et la décroissance. L'absence d'uniformité est une différence, parfois de ce sur quoi la chose est mue (car il est impossible que le mouvement soit uniforme sur une grandeur non uniforme, tel le mouvement sur la ligne brisée, sur l'hélice ou sur une autre grandeur dont | une quelconque partie ne 25 s'ajuste pas à une quelconque autre), ou bien elle n'est différence ni de ce sur quoi ni du moment où, ni de ce vers quoi, mais de la manière; en effet, le mouvement est parfois déterminé par sa vitesse et sa lenteur, car celui dont la vitesse est la même est uniforme, celui dont elle n'est pas la même est

1. Bien entendu, en tant que continu, le mouvement est toujours divisible, mais « divisible » veut dire ici séparé en parties distinctes de telle sorte qu'il n'y ait plus un seul mais plusieurs mouvements.

non uniforme. C'est pourquoi la vitesse et la lenteur ne sont ni
30 des espèces de mouvement ni des différences, parce | qu'elles accompagnent toutes les différences selon l'espèce. Par conséquent, la pesanteur et la légèreté ne sont pas non plus des différences pour le même corps, par exemple de la terre par
229a1 rapport à elle-même ou du feu par rapport à | lui-même. Le mouvement non uniforme est donc un du fait qu'il est continu, mais il l'est moins, comme c'est le cas pour le transport brisé; et le moins est toujours un mélange du contraire. Si, d'autre part, tout mouvement un peut être uniforme ou non, les contigus qui ne sont pas les mêmes par l'espèce ne pourraient
5 être | un seul continu; comment, en effet, serait uniforme le mouvement composé d'altération et de transport? Car il faudrait qu'ils s'ajustent.

229a7 5. | Il faut encore déterminer quelle sorte de mouvement est contraire à un mouvement, et de la même manière à propos du repos. Il faut distinguer d'abord si est un mouvement contraire celui qui part d'une chose, par rapport à celui qui va vers cette même chose (par exemple, le mouvement à partir de la santé
10 | et celui vers la santé, comme aussi, semble-t-il, la venue à l'être et la destruction), ou bien celui qui part des contraires (par exemple, celui qui part de la santé, par rapport à celui qui part de la maladie), ou bien celui qui va vers les contraires (par exemple, celui qui va vers la santé, par rapport à celui qui va vers la maladie) ou bien celui qui part du contraire par rapport à celui qui va vers le contraire (par exemple, celui qui part de la santé par rapport à celui qui va vers la maladie), ou enfin celui qui part du contraire vers le contraire par rapport à celui qui part du contraire vers le contraire (par exemple, celui
15 qui va de la santé vers la maladie | par rapport à celui qui va de la maladie vers la santé). Est nécessairement vraie ou bien

l'une de ces manières ou bien plusieurs, car il n'y a pas d'autre façon de les opposer.

Premièrement, celui qui part du contraire n'est pas contraire à celui qui va vers le contraire, par exemple celui qui part de la santé à celui qui va vers la maladie, car le mouvement est le même et un (quoique leur être ne soit pas le même, comme ne sont pas les mêmes le fait de changer à partir de la santé | et le fait de changer vers la maladie); et pas davantage le 20 mouvement qui part du contraire par rapport à celui qui part du contraire, car il leur arrive ensemble de partir du contraire et d'aller vers le contraire ou vers l'intermédiaire; nous parlerons de cela ensuite, mais le fait de changer vers le contraire semblerait être cause de la contrariété davantage que le fait de changer à partir du contraire, car l'un est perte de la contrariété, | l'autre acquisition. Et chaque changement est appelé en 25 fonction de ce vers quoi il va plutôt que de ce à partir de quoi, par exemple la guérison est le changement qui va vers la santé et le fait de tomber malade est celui qui vers la maladie. Il reste donc le mouvement qui va vers les contraires et celui qui va vers les contraires à partir des contraires. Il se fait sans doute que les mouvements vers les contraires sont aussi à partir des contraires, mais leur être n'est peut-être pas le même, je veux dire celui | qui va vers la santé par rapport à celui qui part de la 30 maladie et celui qui part de la santé par rapport à celui qui va vers la maladie. Or, puisque le changement diffère du mouvement (car est mouvement le changement qui va d'un sujet vers un autre[1]), le mouvement qui part du contraire | vers le **229b1** contraire est contraire à celui qui part du contraire vers le

1. Sur le sens particulier de « sujet » dans ce contexte, *cf.* chap. 1, 225a34-b9.

contraire, comme celui qui va de la santé vers la maladie par rapport à celui qui va de la maladie vers la santé.

On voit aussi par l'induction quels semblent être les contraires : devenir malade est contraire à guérir, apprendre est 5 contraire à tomber dans l'erreur | sans en être la cause (car ils vont vers les contraires et, de même que la science, on peut aussi acquérir l'erreur par soi-même et par quelqu'un d'autre); le transport vers le haut est contraire à celui vers le bas (ils sont contraires dans la longueur), celui vers la droite à celui vers la gauche (qui sont contraires dans la largeur), et celui vers l'avant à celui vers l'arrière (car ils sont aussi contraires). 10 | En revanche, ce qui va seulement vers un contraire n'est pas un mouvement mais un changement, par exemple le fait qu'advienne du blanc sans venir de quelque chose. Et, pour ce qui n'a pas de contraire, le changement à partir de soi-même est contraire au changement vers soi-même; c'est pourquoi la venue à l'être est contraire à la destruction et la perte à l'acquisition; et ce sont des changements, pas des mouvements.

15 Quant aux mouvements vers l'intermédiaire, | pour toutes les choses qui ont un intermédiaire entre les contraires, il faut les considérer comme allant d'une certaine façon vers les contraires, car le mouvement se sert de l'intermédiaire comme d'un contraire, quel que soit le sens du changement; par exemple, le gris va du gris vers le blanc comme à partir du noir, du blanc vers le gris comme vers le noir, et du noir vers le 20 gris comme vers le blanc; car le milieu | est appelé, d'une certaine façon, par rapport à chacune des deux extrémités, comme on l'a dit précédemment.

Ainsi, le mouvement contraire au mouvement est celui qui part du contraire vers le contraire par rapport à celui qui part du contraire vers le contraire.

6. | Mais puisque le contraire d'un mouvement semble **229b23** être non seulement un mouvement mais aussi un repos, il faut rendre compte de ce fait. Au sens strict, un mouvement est contraire | à un mouvement, mais le repos y est également 25 opposé, car il est une privation, et d'une certaine manière la privation est dite contraire. Mais quel repos est contraire à quel mouvement ? Par exemple, celui selon le lieu à celui selon le lieu. Mais c'est là parler en général, car, au repos en cet endroit-ci, est-ce le mouvement qui en part qui est opposé ou celui qui y vient ? Il est clair que, puisque le mouvement est dans les deux | sujets, le repos en cet endroit est opposé au 30 mouvement qui va de cet endroit-ci vers le contraire et le repos en l'endroit contraire est opposé au mouvement qui va du contraire vers cet endroit-ci. Et en même temps les repos sont contraires entre eux, car il serait absurde, si les mouvements | sont contraires, que les repos ne soient pas opposés. Or, ceux- **230a1** ci se trouvent dans les contraires, par exemple le repos dans la santé est contraire au repos dans la maladie (et, d'autre part, au mouvement qui va de la santé vers la maladie ; car il serait illogique qu'il soit contraire au mouvement qui va de la maladie à la santé, car le mouvement qui va vers le lieu du repos | est plutôt une mise en repos, qui se produit en même 5 temps que le mouvement – or le mouvement est nécessairement l'un de ces deux-là), car le repos dans la blancheur n'est pas contraire au repos dans la santé.

D'autre part, pour toutes les choses qui n'ont pas de contraires, le changement opposé est celui qui part de la chose par rapport à celui qui va vers elle, mais ce ne sont pas des

mouvements (par exemple le changement qui part de l'étant
10 par rapport à celui qui va vers l'étant), et | ils n'ont pas de repos, mais une absence de changement. Et s'il y a un certain sujet, l'absence de changement dans l'étant est contraire à celle dans le non-étant; mais si le non-étant n'est pas quelque chose, on pourrait se demander à quoi est contraire l'absence de changement dans l'étant, et si elle est un repos. Si c'est le cas, ou bien tout repos n'est pas contraire à un mouvement, ou bien la
15 venue à l'être | et la destruction sont des mouvements. Il est donc clair qu'il ne faut pas parler de repos, sinon ces changements seront aussi des mouvements, mais l'absence de changement est quelque chose de semblable, et elle s'oppose soit à rien, soit à l'absence de changement dans le non-étant, soit à la destruction, puisque la destruction part de l'absence de changement, tandis que la venue à l'être y mène.

On pourrait se demander pourquoi, dans le changement
20 selon le lieu, | les repos et les mouvements peuvent être dus à la nature ou contre nature, mais pas dans les autres changements, par exemple une altération due à la nature et une autre contre nature (car ni la guérison ni la maladie ne sont plutôt dues à la nature que contre nature, ni le blanchissement et le noircissement); et c'est pareil pour la croissance et la décroissance (car
25 elles ne sont pas | contraires entre elles au sens où l'une serait par nature et l'autre contre nature, pas plus qu'une croissance par rapport à une croissance), et le même raisonnement vaut encore pour la venue à l'être et la destruction : nous ne voyons ni que la venue à l'être est due à la nature et la destruction contre nature (car le vieillissement est naturel), ni qu'une venue à l'être soit due à la nature et une autre contre nature. Ou
30 bien, si ce qui est par contrainte est contre | nature, est-ce que la destruction contrainte serait contraire à la destruction, du fait

qu'elle serait contre nature par rapport à celle due à la nature ? N'y a-t-il donc pas aussi certaines venues à l'être contraintes et non fixées par le destin, auxquelles sont contraires celles qui sont dues à la nature, | ainsi que des croissances et des décrois- **230b1** sances contraintes, comme les croissances des jeunes rendus trop vites pubères par la sensualité, et les blés trop vite mûrs sans être pressés par la terre ? Et qu'en est-il de l'altération ? N'est-ce pas pareil ? Certaines pourraient en effet être contraintes, d'autres naturelles, par exemple si les gens échappent à la maladie en dehors des | jours critiques ou pendant les 5 jours critiques : pour les uns, l'altération est contre nature, pour les autres due à la nature. Certaines destructions seront donc contraires entre elles, mais pas contraires à la venue à l'être. Qu'est-ce qui s'y oppose ? Car il y a des cas où c'est ainsi : si l'un est agréable, l'autre peut être pénible, de sorte que la destruction n'est pas contraire à la destruction au sens strict, mais dans la mesure où l'une est telle, l'autre telle.

| D'une manière générale donc, les mouvements et les 10 repos sont contraires de la façon qu'on a dite, par exemple celui vers le haut par rapport à celui vers le bas, car ce sont là des contrariétés du lieu. Or, par nature, le feu est porté d'un transport vers le haut, la terre vers le bas, et leurs transports sont contraires. D'autre part, le feu est porté vers le haut par nature, vers le bas contre nature, | et son transport dû à la nature 15 est contraire à celui contre nature. Il en va de même pour les repos : le repos en haut est contraire au mouvement de haut en bas, et pour la terre ce repos est contre nature tandis que ce mouvement est dû à la nature. Par conséquent, le repos dû à la nature est contraire au mouvement contre nature de la même chose, car le mouvement | de la même chose est contraire au 20

sens où l'un sera dû à la nature, celui vers le haut ou celui vers le bas, et l'autre contre nature.

Il y a une difficulté à savoir s'il y a une venue à l'être de tout repos qui n'est pas toujours, et si c'est là le fait de s'arrêter. Ainsi donc, pour ce qui demeure contre nature, comme la terre en haut, il y aurait une venue à l'être du repos ; au moment donc où elle était portée vers le haut par contrainte, elle allait vers 25 l'arrêt. Mais | ce qui va vers l'arrêt semble toujours être porté plus rapidement, alors que pour ce qui est mû par contrainte c'est le contraire. Cela sera donc en repos sans avoir été mis en repos[1]. En outre, il semble qu'aller vers l'arrêt soit simplement être porté vers son lieu propre, ou bien que les deux se produisent en même temps.

Il y a aussi une difficulté à savoir si le repos ici est contraire au mouvement qui part d'ici ; en effet, quand une chose est mue 30 de ce lieu ou le quitte, | elle semble encore garder ce qu'elle quitte, de sorte que, si le repos est contraire au mouvement qui part d'ici vers le contraire, les contraires existeront ensemble[2]. Autrement dit, n'est-il pas d'une certaine manière

1. S'il y a une venue à l'être du repos pour les mouvements naturels, elle doit ou bien être identique au mouvement vers le lieu propre ou bien coïncider avec lui. Elle sera donc caractérisée par une accélération croissante au fur et à mesure que le mobile s'approche de son point d'arrivée (Aristote se fonde sur l'observation de l'attraction gravitationnelle, mais il aurait plus de mal à appliquer cette remarque au transport naturel du feu vers le haut). Au contraire, le mouvement contraint s'épuise progressivement, de sorte qu'on ne pourrait pas parler dans ce cas d'une venue à l'être du repos. Ce passage est complété par une affirmation plus assurée en VII, 247b12-13 : « il n'y a pas de venue à l'être vers le repos car il n'y en a en général pour aucun changement, comme on l'a dit précédemment ».

2. Si le mobile conserve quelque chose de son point de départ pendant qu'il est en train de changer (par exemple, s'il garde quelque chose du blanc tandis

en repos, s'il demeure encore, et le mû, en général, n'est-il pas en partie | ici, en partie vers où il change ? C'est pourquoi aussi le mouvement est davantage contraire au mouvement que le repos. 231a1

À propos du mouvement et du repos, nous avons dit comment chacun est un et lesquels sont contraires entre eux.

| Mais on pourrait aussi se demander, à propos de la mise à l'arrêt, s'il y a un repos opposé à tous les mouvements contre nature[1]. Qu'il n'y en ait pas, c'est absurde, car le corps demeure, même si c'est par contrainte ; par conséquent, une chose sera au repos sans l'être toujours mais sans le devenir. Mais il est clair qu'elle le sera car, de même qu'elle est mue contre nature, une chose peut aussi être en repos contre | nature. D'autre part, puisque pour certaines choses il y a un mouvement dû à la nature et un contre nature, par exemple pour le feu le mouvement vers le haut est dû à la nature et celui vers le bas est contre nature, le contraire est-il celui-ci ou bien celui de la terre ? Car elle est portée vers le bas par nature. Ou bien il est clair que c'est les deux, mais pas de la même façon : celui de la terre, dû à la nature, est contraire en tant que celui du 5 10

qu'il va vers le noir), dans l'hypothèse où le repos au point de départ et le changement sont des contraires, alors les contraires, c'est-à-dire le repos et le changement, coexistent dans le mobile.

1. Le paragraphe 231a5-17 est considéré comme apocryphe par Ross, qui se fonde sur le témoignage de Simplicius selon lequel ni Porphyre ni Themistius ne le mentionnent, tandis qu'Alexandre le commente mais en signalant qu'il manque dans certains manuscrits. Simplicius estime déjà qu'il doit s'agir d'une addition postérieure car il répète 230b10-28 et suit la phrase qui sert manifestement de conclusion au chapitre. On peut encore ajouter que cette version de la question est exposée plus maladroitement que la première, car elle interroge l'existence tantôt de la mise en repos tantôt du repos du mobile contre nature, comme si c'était une seule et même question.

15 feu est lui-même dû à la nature, | et celui du feu vers le haut est contraire à celui vers le bas, en tant que l'un est dû à la nature et l'autre contre nature. Il en va de même pour les repos. Et sans doute le mouvement est-il d'une certaine manière opposé au repos.

LIVRE VI

1. | Si le continu, le contact et le consécutif sont comme il a été défini précédemment (sont continues les choses dont les extrémités sont une, sont en contact celles dont les extrémités sont ensemble, et consécutives celles entre lesquelles il n'y a aucun intermédiaire du même genre)[1], il est impossible qu'un continu soit composé d'indivisibles, par exemple la ligne de | points, si du moins la ligne est un continu et le point un indivisible. En effet, les extrémités des points ne sont pas une, car il n'y a pas d'une part une extrémité et d'autre part une autre partie de l'indivisible, et les extrémités ne sont pas ensemble, car il n'y a aucune extrémité de ce qui est sans parties, car l'extrémité est différente de ce dont elle est extrémité. En outre, il est nécessaire que | les points dont est composé le continu soient ou bien continus, ou bien en contact, et le même raisonnement vaut pour tous les indivisibles. | D'une part donc, ils ne pourraient être continus, pour la raison qu'on a dite, et, d'autre part, tout contact se fait soit entre un tout et un tout, soit entre une partie et une partie, soit entre une partie et un tout; mais puisque l'indivisible est sans parties, le contact se fera nécessairement entre un tout et un tout. Or, un

231a21 25 30 231b1

1. Voir livre V, 3.

tout en contact avec un tout ne sera pas continu, car le continu
5 | possède des parties distinctes et se divise ainsi en parties différentes et séparées quant au lieu. Cependant, le point ne sera pas non plus consécutif au point, ni l'instant à l'instant, de telle sorte qu'en soient composés la longueur ou le temps, car sont consécutives les choses entre lesquelles il n'y a aucun intermédiaire du même genre, alors qu'entre les points l'inter-
10 médiaire est toujours une ligne, et entre les | instants un temps. En outre, il se diviserait en indivisibles, puisque chacun des deux se divise en ce dont il est composé. Mais aucun continu n'était divisible en des indivisibles sans parties.

Il ne peut y avoir non plus aucun intermédiaire d'un autre genre entre les points et les instants. En effet, s'il existe, il est clair qu'il sera soit indivisible soit divisible, et, si divisible,
15 soit en indivisibles | soit en toujours divisibles, ceci étant le continu. Or, il est manifeste aussi que tout continu est divisible en parties toujours divisibles car, s'il se divisait en indivisibles, l'indivisible serait en contact avec l'indivisible, car l'extrémité des continus est une et est en contact.

Il relève du même raisonnement que la grandeur, le temps
20 et le mouvement soient composés d'indivisibles | et divisés en indivisibles, ou bien aucun d'entre eux. C'est clair d'après ceci : si la grandeur est composée d'indivisibles, le mouvement sur cette grandeur sera composé de mouvements indivisibles égaux. Par exemple, si ABC est composée des indivisibles A, B et C, le mouvement DEF dont a été mû O sur la
25 distance ABC a chacune de ses parties | indivisible. Si donc, quand il y a mouvement, il est nécessaire que quelque chose soit mû et que, si quelque chose est mû, il soit nécessaire qu'il y ait mouvement, alors le mouvement en train de se faire sera également composé d'indivisibles. Ainsi, sur la grandeur A, O a été mû du mouvement D, sur B du mouvement E, et de même

sur C du mouvement F. Si donc il est nécessaire que ce qui est mû ne soit pas mû de quelque part vers quelque part et en même temps | ait achevé son mouvement à l'endroit vers 30 lequel il était mû quand il était mû (par exemple, si quelqu'un marche vers Thèbes, il lui est impossible de marcher vers Thèbes et en même temps d'avoir fini de marcher | vers **232a1** Thèbes) et si O était mû sur la distance A qui est sans parties, en tant que s'y trouvait le mouvement D, alors, s'il a fini de la parcourir après qu'il la parcourait, le mouvement serait divisible; en effet, lorsqu'il parcourait, il n'était pas en repos ni n'avait achevé sa course, mais était entre les deux. Mais si ce qui avance, pendant qu'il avance, parcourt et en même temps a parcouru, | il aura achevé sa course et son mouvement à 5 l'endroit même où il est mû.

Si d'autre part une chose est mue sur la distance ABC entière, si le mouvement dont elle est mue est DEF, et que sur l'indivisible A rien ne soit mû, mais que le mouvement soit achevé, alors le mouvement ne serait pas composé de mouvements mais d'achèvements de mouvement et il serait possible qu'une chose ait achevé d'être mue sans avoir été mue, | car 10 elle a fini de parcourir A sans être en train de le parcourir. Par conséquent, il sera possible qu'une chose ait terminé d'avancer sans être jamais en train d'avancer, car elle a terminé d'avancer sur cette distance sans être en train d'y avancer.

Si donc tout est nécessairement soit en repos soit en mouvement, et s'il y a repos sur chaque segment de ABC, alors une chose sera de façon continue en repos et en même temps en mouvement. En effet, elle était mue sur toute la distance ABC et était en repos sur chacune de ses parties, | et par conséquent 15 sur le tout aussi. Et si, d'une part, les indivisibles constituant DEF sont des mouvements, il serait possible que, malgré la présence du mouvement, il n'y ait pas mouvement mais repos;

si, d'autre part, ce ne sont pas des mouvements, il serait possible que le mouvement ne soit pas constitué de mouvements. Et il sera nécessaire que le temps soit indivisible de la même manière que la longueur et le mouvement, et qu'il soit
20 composé des instants indivisibles. | Car si tout mouvement est divisible, et que le mobile de vitesse égale parcoure une longueur plus courte en un temps plus court, alors le temps aussi sera divisible. Et si est divisible le temps durant lequel une chose parcourt A, alors A aussi sera divisible.

232a23 2. | Puisque toute grandeur est divisible en grandeurs (car on a montré qu'un continu ne peut être composé d'insécables[1],
25 et que toute grandeur | est continue), il est nécessaire que le plus rapide soit mû davantage en un temps égal et également en un temps plus court, ou bien davantage aussi en un temps plus court selon la manière dont certains définissent le plus rapide. Soit en effet A plus rapide que B. Puisqu'est plus rapide celui qui change le premier, au temps FG où A aura changé de
30 C à D, | B ne sera pas encore en D mais aura du retard, de telle sorte que, dans le même temps, le plus rapide parcourra davantage. Mais dans un temps plus court, il aura parcouru davantage également, car au temps où A sera arrivé en D, B,
232b1 étant plus lent, sera, disons, au point E. Ainsi, puisque | A sera arrivé en D en tout le temps FG, il sera en J en un temps plus court que celui-là, soit FH. D'une part donc, le trajet CJ qu'a parcouru A est plus long que CE et, d'autre part, le temps FH est plus court que le total FG, de sorte qu'en un temps plus
5 court le plus rapide | parcourt davantage. Il est manifeste

1. Le terme *atomos* n'est pas réservé à la théorie atomiste mais est quelquefois utilisé par Aristote comme synonyme de *adiaireton* (*cf.* par exemple VI, 5, 235b33-34).

d'après ces exemples aussi que le plus rapide parcourt en un temps plus court la distance égale. En effet, puisqu'il parcourt la plus longue en un temps plus court que le plus lent et que, considéré selon lui-même, il parcourt la plus longue distance en plus de temps que la plus courte, par exemple la distance LM en plus de temps que la distance LN, alors le temps PR, durant lequel | il parcourt LM, sera plus long que le temps PS, 10 durant lequel il parcourt LN. Par conséquent, si le temps PR est plus court que le temps PX, durant lequel le corps plus lent parcourt LN, le temps PS sera également plus court que le temps PX, car il est plus court que le temps PR, et le plus court que le plus court est lui-même plus court. Par conséquent, en un temps plus court, il sera mû sur une distance égale. En outre, si tout | est mû nécessairement en un temps soit égal, soit plus 15 court, soit plus long; si ce qui est mû en un temps plus long est plus lent et en temps égal est de même vitesse, et que le plus rapide ne soit ni de même vitesse ni plus lent, alors le plus rapide ne peut être mû en un temps ni égal ni plus long. Il reste donc en un temps plus court, de sorte que, nécessairement, le plus rapide parcourt la même grandeur en un temps plus court.

| Ensuite, puisque tout mouvement est dans un temps et 20 que dans tout temps il y a possibilité de mouvement, puisque d'autre part tout mû peut être mû plus rapidement et plus lentement, alors dans tout temps sera possible un mouvement plus rapide et un plus lent. Cela étant, il est nécessaire que le temps soit continu. Et j'appelle continu | ce qui est divisible en 25 parties toujours divisibles; si l'on pose cela comme le continu, il est nécessaire que le temps soit continu. En effet, puisqu'on a montré que le plus rapide parcourt la même distance en un temps plus court, supposons A le plus rapide, B le plus lent, et que le plus lent soit mû sur la grandeur CD en le temps FG; | il 30

est bien clair que le plus rapide sera mû sur la même grandeur en un temps plus court que lui, soit le temps FH. Ensuite, puisque le plus rapide a parcouru en FH toute la distance CD, le plus lent parcourra dans le même temps la distance plus courte, 233a1 soit | CJ. Et puisque B, le plus lent, a parcouru CJ en le temps FH, le plus rapide la parcourra en un temps plus court, de sorte que le temps FH sera à son tour divisé. Et celui-ci étant divisé, la grandeur CJ le sera aussi, dans la même proportion; et si la 5 grandeur est divisée, | le temps aussi. Et il en sera toujours ainsi si l'on passe du plus rapide au plus lent et du plus lent au plus rapide en se servant de celui qui vient d'être démontré, car le plus rapide divisera le temps, le plus lent la longueur. Si donc la réciproque est toujours vraie, et que par la réciproque 10 advienne toujours | une division, il est manifeste que tout temps sera continu. Et du même coup, il est clair que toute grandeur est également continue, car le temps et la grandeur sont divisés selon des divisions mêmes et égales.

En outre, par les raisonnements usuels aussi il est manifeste que, si le temps est continu, la grandeur l'est aussi, 15 puisqu'on | en parcourt la moitié en la moitié de temps et, en général, une plus courte en un temps plus court, car les mêmes divisions vaudront pour le temps et pour la grandeur. Et si n'importe lequel des deux est infini, l'autre aussi, et de la manière dont l'un est infini, l'autre le sera aussi; par exemple, si le temps est infini par les extrémités, la longueur le sera aussi 20 par les extrémités; s'il l'est par la | division, la longueur le sera aussi par la division; si le temps l'est des deux manières, la grandeur le sera également des deux manières.

C'est pourquoi l'argument de Zénon admet à tort l'impossibilité de parcourir les infinis ou d'atteindre les infinis un par un en un temps fini[1]. En effet, la longueur et le temps, et tout continu en général, sont dits infinis de deux façons : | selon 25 la division ou par les extrémités. Les infinis selon la quantité, il n'est donc pas possible de les saisir en un temps fini, mais ceux selon la division c'est possible, car le temps lui-même est infini de cette façon. C'est, par conséquent, dans le temps infini et non dans le temps fini qu'il arrive que l'on parcoure | l'infini, 30 et l'on appréhende les infinis par les infinis, non par les finis.

Il n'est effectivement pas possible de parcourir l'infini en un temps fini, ni le fini en un temps infini mais, chaque fois que le temps est infini, la grandeur sera infinie aussi, et chaque fois que la grandeur le sera, le temps aussi. Soit, en effet, une grandeur finie | AB et un temps infini C ; prenons, d'autre part, 35 une partie finie | de ce temps, CD. Durant celle-ci est donc **233b1** parcourue une partie de la grandeur, soit BE. Cette partie mesurera soit la grandeur AB, soit moins, soit plus – peu importe. En effet, si l'on parcourt toujours une grandeur égale à BE | en un temps égal, et que celle-ci mesure entièrement la 5 totalité, le temps total de parcours sera fini, car il sera divisé en parties égales à celles de la grandeur. En outre, si l'on ne parcourt pas toute grandeur en un temps infini, mais qu'il soit possible d'en parcourir une, disons BE, en un temps fini, si

1. Par l'argument dit « de la dichotomie », Zénon d'Élée cherchait à montrer qu'une distance conçue comme divisible à l'infini ne pourrait être parcourue en un temps fini, car il faudrait d'abord en parcourir la moitié, et avant cela la moitié de cette moitié, et, en divisant toujours ainsi, on ne parcourrait jamais aucune partie. La réfutation du raisonnement consiste ici à montrer qu'une grandeur infinie par la division peut être parcourue en un temps qui sera également infini par la division, car c'est seulement l'infini selon l'extension qui ne peut être parcouru (*cf.* l'étude de l'infini au livre III, chap. 4-8). Une autre allusion à l'argument sera faite au chapitre 9, et une réfutation plus complète sera menée au livre VIII, chap. 8.

10 celle-ci mesure entièrement le tout | et que l'égale grandeur soit parcourue en un temps égal, alors le temps aussi sera fini. Que, d'autre part, on ne parcourra pas BE en un temps infini, c'est manifeste si le temps est considéré comme fini à une extrémité, car, si l'on parcourt la partie en un temps plus court, le temps sera nécessairement fini, puisqu'en tous cas une des deux limites existe. La même démonstration est également 15 valable | si la longueur est infinie et le temps fini.

Il est donc manifeste d'après ce qui a été dit que ni une ligne ni une surface ni aucun continu en général ne sera insécable, en raison non seulement de ce qu'on vient de dire mais aussi parce qu'il arriverait que l'insécable soit divisé. En effet, puisque dans tout temps il y a le plus rapide et le plus lent, 20 | et que le plus rapide parcourt davantage en un temps égal, il peut parcourir et le double et une fois et demie la longueur; prenons ce dernier rapport de vitesse. Supposons donc que le plus rapide parcourt une fois et demie la longueur dans le même temps et divisons leurs grandeurs, celle du plus rapide 25 en trois insécables : AB, BC et CD, | et celle du plus lent en deux : EF et FG. Ainsi le temps aussi sera divisé en trois insécables, puisqu'on parcourt un espace égal en un temps égal. Soit donc le temps divisé en KL, LM et MN. À son tour, puisque le plus lent est transporté sur les distances EF et FG, le temps aussi sera divisé en deux. L'insécable sera donc divisé, 30 | et on parcourra le segment sans parties non pas en un temps insécable, mais en un temps plus long. Il est donc manifeste qu'aucun continu n'est sans parties.

3. | Il est nécessaire aussi que l'instant, dit non par autre chose mais par soi et comme premier[1], soit indivisible et que dans tout | temps se trouve un tel instant. En effet, il y a une extrémité du passé où rien n'existe du futur, et inversement | une extrémité du futur, où rien n'existe du passé – ce que nous affirmons être la limite des deux[2]. Or, s'il est démontré qu'il est tel par soi et qu'il est le même, il sera du même coup manifeste qu'il est indivisible. | Il est donc nécessaire que soit le même l'instant qui est l'extrémité des deux temps, car, s'il était différent, l'un ne pourrait être consécutif à l'autre parce qu'un continu n'est pas composé d'éléments sans parties; et s'ils étaient séparés l'un de l'autre, il y aurait un temps intermédiaire, puisque tout continu est tel qu'il y a quelque chose de synonyme[3] entre les limites. Mais | si l'intermédiaire est du temps, il sera divisible, car on a montré que tout temps est divisible. Par suite, l'instant sera divisible. Or, si l'instant est divisible, il y aura quelque chose du passé dans le futur et du futur dans le passé, car ce par quoi il sera divisé délimitera le temps passé et futur. Et du même coup | l'instant ne pourrait être par soi mais par autre chose, car la division ne serait pas à cet instant par soi. En outre, une partie de l'instant sera du passé, l'autre du futur, et la même partie ne sera pas toujours

233b33 35 234a1 5 10 15

1. Comme l'indiquent les lignes 234a11-16 ci-dessous, l'instant ou le présent est considéré par soi et comme premier lorsqu'il indique précisément par lui-même la limite entre le passé et le futur; mais on appelle aussi « présent » un laps de temps dans lequel se trouve cette limite et qui la déborde de part et d'autre, de sorte que ce n'est pas par lui-même et immédiatement que ce temps marque le présent mais par l'intermédiaire d'autre chose, à savoir la limite précise qu'il contient.

2. *Cf.* livre IV, 11, 219b33-220a26.

3. Au sens technique du terme, qui signifie une appartenance au même genre.

passé ou futur. Donc l'instant ne sera pas toujours le même, car le temps est divisible en plusieurs endroits. Par conséquent, si
20 cela est impossible, il est nécessaire | que l'instant dans chacun des deux temps soit le même. Mais s'il est le même, il est manifeste qu'il est aussi indivisible, car s'il est divisible, les mêmes conséquences se produiront que précédemment. Que donc il y a quelque chose d'indivisible dans le temps, que nous affirmons être l'instant, c'est clair d'après ce qui a été dit.

Par ailleurs, que rien n'est mû dans l'instant, c'est
25 manifeste d'après ceci : | si c'était le cas, il serait possible aussi qu'un plus rapide y soit mû, de même qu'un plus lent. Soit l'instant N, et supposons qu'en lui le plus rapide a été mû du mouvement AB. Dès lors, le plus lent sera mû dans le même temps d'un mouvement plus petit que AB, à savoir AC. Cependant, puisque le plus lent a été mû du mouvement AC
30 pendant l'instant entier, le plus rapide | sera mû en un temps plus court que lui, de telle sorte que l'instant sera divisé. Or il était indivisible. Donc le mouvement n'est pas possible dans l'instant. Maintenant, le repos n'y est pas possible non plus, car nous disons qu'est en repos ce qui est par nature capable d'être mû mais n'est pas mû au moment, à l'endroit et de la manière pour lesquels il est disposé, de sorte que, puisque rien n'est par nature capable d'être mû dans l'instant, il est clair que rien non plus ne peut y être en repos.

35 De plus, | si l'instant est le même dans les deux temps, et si
234b1 une chose peut être | en mouvement dans l'un et en repos dans l'autre tout entier, si, d'autre part, ce qui est mû pendant le temps entier sera mû dans n'importe quelle partie de ce temps où il est naturellement disposé à être mû, et si, enfin, ce qui est en repos sera en repos de la même façon, alors il arrivera que la

même chose soit simultanément en repos et en mouvement, car | l'extrémité des deux temps est la même : l'instant[1]. 5

En outre, nous disons qu'est en repos ce qui est semblable, et soi-même et ses parties, maintenant et avant; or, dans l'instant il n'y a pas d'avant, et par conséquent pas non plus de repos. Il est donc nécessaire que ce soit dans le temps que soit mû ce qui est mû et que soit en repos ce qui est en repos.

4. | Il est nécessaire que tout ce qui change soit divisible. En **234b10** effet, puisque tout changement vient de quelque chose et va vers quelque chose, et puisque, quand ce qui change se trouve là vers où il changeait, il ne change plus, et quand il se trouvait, lui-même et toutes ses parties, là d'où il changeait, il ne changeait pas (car ce qui est dans le même état, soi-même et ses parties, ne change pas), | il est donc nécessaire que ce qui 15 change soit en partie ici, en partie là, car il ne lui est possible d'être ni en les deux à la fois ni en aucun des deux[2]. Et je veux dire par « ce vers quoi il change » ce qui est premier dans le changement, par exemple, à partir du blanc, le gris et non le noir, car il n'est pas nécessaire que ce qui change se trouve

1. Le raisonnement peut être paraphrasé comme suit : puisque l'instant est commun au temps précédent et au temps suivant, si un corps est mû dans l'un des deux temps (y compris dans l'instant qui en est une partie) et en repos dans l'autre temps (y compris dans l'instant qui en est une partie), alors le corps est à la fois en repos et en mouvement dans le même instant.

2. La suite éclaire cette proposition en précisant qu'on ne parle pas des deux termes du changement mais du terme de départ et de la première partie du changement accompli, par exemple du blanc et de la première nuance de gris accomplie. Pendant le changement de l'un à l'autre, le corps n'est plus tout à fait blanc mais pas encore non plus du premier gris, de sorte qu'on ne peut le concevoir que comme divisé, partiellement blanc et partiellement gris. Voir aussi au chap. 10, 241a6-14.

20 dans l'une ou l'autre des extrémités. | Il est donc manifeste que tout ce qui change sera divisible.

Quant au mouvement, il est divisible de deux façons, de l'une par le temps, de l'autre selon les mouvements des parties du mû[1], par exemple si AC est mû tout entier, AB sera mû aussi, ainsi que BC. Soit DE, mouvement de la partie AB, et EF 25 mouvement de la partie BC; | nécessairement le mouvement total DF doit être le mouvement de AC, car celui-ci sera mû selon lui, puisque chacune des deux parties est mue selon chacun des deux mouvements. Or, rien n'est mû selon le mouvement d'autre chose; par suite, le mouvement total est mouvement de la grandeur totale. En outre, si tout mouvement 30 est de quelque chose, | et que le mouvement total DF ne soit celui d'aucune des deux parties (en effet, chacun des deux mouvements est celui d'une partie) ni de rien d'autre (car là où le mouvement total est celui du tout, les parties de DF sont aussi mouvements des parties; or, ces parties sont les mouvements de ABC et non d'autres choses, car on a vu que le mouvement n'est pas un pour plusieurs choses[2]), alors le mouvement total serait celui de la grandeur ABC. En outre, s'il

1. On a vu au chapitre précédent comment le temps divisait le mouvement. Mais le mouvement d'un corps se divise aussi en autant de mouvements qu'il y a de parties de ce corps. Parmi les quatre types de changement, il sera d'abord question des trois mouvements, puis, à partir de 235b13, du changement selon la contradiction, étant entendu qu'ils suivent tous la même règle (235b17-19).

2. Je suis la leçon des manuscrits. Si l'on suit celle qu'édite Ross suivant les commentateurs, la parenthèse donne : « car là où le mouvement total est celui du tout, les parties sont aussi mouvements des parties; or, les parties sont les mouvements de AB et BC et d'aucune autre, car on a vu que le mouvement n'est pas un pour plusieurs choses ». La leçon des manuscrits présente une légère difficulté grammaticale (l'article pluriel devant ABC) mais pour le sens les deux versions ne diffèrent guère.

y a un autre | mouvement du tout, soit JI, on en soustraira 35
| le mouvement de chacune des deux parties et ces mouve- **235a1**
ments seront égaux à DE et EF, car pour une chose unique le mouvement est unique. Par conséquent, si le total JI est divisé en mouvements des parties, JI sera égal à DF ; mais s'il manque quelque chose, par exemple KI, ce mouvement ne sera de rien,
| car il ne sera ni celui du tout ni celui des parties (du fait que de 5
la chose une, le mouvement est un) ni celui de rien d'autre (car le mouvement continu est celui de choses continues). Et semblablement s'il y a un excès dans la division. Par conséquent, si cela est impossible, nécessairement le mouvement est le même et égal.

Telle est donc la division selon les mouvements des parties, | et il est nécessaire qu'elle appartienne à tout ce qui est 10
divisé en parties. Mais il en est une autre, selon le temps. En effet, puisque tout mouvement est dans le temps, que, d'autre part, tout temps est divisible et que le mouvement plus court se fait en un temps plus court, il est nécessaire que tout mouvement soit divisible selon le temps. Et puisque tout mû est mû dans quelque chose et en un certain temps, et que le mouvement est celui du tout, | nécessairement les divisions seront les 15
mêmes pour le temps, pour le mouvement, pour le mouvement en train de se faire [1], pour le mû et pour ce dans quoi se fait le mouvement (sauf que ce n'est pas de la même façon partout où il y a mouvement, mais celles de la quantité sont par soi, celles de la qualité sont par accident [2]). Prenons, en effet, A le temps

1. La distinction que fait Aristote entre *kinèsis* et *to kineisthai* consiste probablement à distinguer le mouvement en général et l'acte effectif d'un mouvement particulier en train de se faire.

2. *Cf.* 236b4-10 : les quantités sont divisibles par elles-mêmes, mais les qualités ne sont divisibles que par accident, c'est-à-dire parce que le sujet

20 où il y a mouvement, et B le mouvement. | Si donc le mouvement total s'est fait dans tout le temps, un plus court se fera dans la moitié de temps, et à nouveau un plus court si l'on divise celle-ci, et ainsi de suite. De même aussi, si le mouvement est divisible, le temps aussi est divisible, car si le mouvement total se fait dans tout le temps, la moitié se fera dans la 25 moitié et à nouveau le plus court dans le plus court. | De la même façon aussi sera divisible le mouvement en train de se faire. En effet, soit C le mouvement en train de se faire : suivant la moitié du mouvement, il sera plus petit que le total, et à nouveau suivant la moitié de la moitié, et ainsi de suite. Il est possible aussi, en présentant le mouvement en train de se faire suivant chacun des deux mouvements, par exemple suivant 30 DC et | CE, de dire que le total sera conforme au mouvement total (car s'il est autre, il sera possible que le mouvement en train de se faire soit multiple suivant le même mouvement), comme nous avons montré que le mouvement était divisible en mouvements des parties; en effet, si l'on prend le mouvement en train de se faire suivant chacun des deux mouvements, le total sera continu.

On montrera de la même façon que la longueur est 35 divisible, | ainsi que, d'une manière générale, tout ce dans quoi a lieu le changement (sauf certaines choses qui sont divisibles par accident, parce que ce qui change est divisible[1]), car, une fois l'un divisé, tous seront divisés.

auquel elles sont attribuées est divisible. Ross édite la variante τόπου (« celles du lieu ») à la place de ποσοῦ (« celles de la quantité »); le lieu est certes lui aussi du côté des divisibles par soi, mais la variante est moins bien attestée.

1. Ce sont les qualités signalées à la ligne 18. Il sera précisé au chap. 6 (237b1-2) que les termes du changement selon la substance ne sont pas non plus des continus.

Et quant au fait d'être fini | ou infini, tous se conduiront semblablement. Mais que tous soient divisés et infinis résulte surtout de la chose qui change, car le divisible et l'infini appartiennent immédiatement à la chose qui change. Pour le divisible, on l'a montré précédemment; | et pour l'infini, ce sera clair par la suite. **235b1** 5

5. | Puisque tout ce qui change change de quelque chose vers quelque chose, il est nécessaire que ce qui a changé, dès qu'il a changé, se trouve là où il a fini de changer. En effet, ce qui change sort ou quitte l'endroit d'où il change, et ou bien | le fait de changer et de quitter sont la même chose, ou bien le fait de quitter est impliqué par fait de changer. Et si quitter est impliqué par le fait de changer, alors avoir quitté est impliqué par le fait d'avoir changé car chacun des deux se situe semblablement par rapport à chacun des deux. Puisque donc l'un des changements est celui par contradiction[1], lorsqu'une chose a fini de changer du non-être vers l'être, elle a quitté | le non-être, donc elle sera dans l'être, car tout doit nécessairement ou bien être ou bien ne pas être. Il est donc manifeste que, dans le changement par contradiction, ce qui a fini de changer sera là où il a fini de changer. Et si c'est le cas dans celui-là, ce l'est aussi dans les autres, car il en va de même pour l'un et pour les autres. **235b6** 10 15

En outre, c'est manifeste aussi, pour qui les prend un par un, | s'il est nécessaire que ce qui a fini de changer se trouve quelque part ou dans quelque chose. En effet, puisque la chose a quitté ce d'où elle a fini de changer et qu'elle est nécessairement quelque part, elle sera soit là où elle a fini de 20

1. Il s'agit, on l'a vu, du changement selon la substance, c'est-à-dire de la venue à l'être et de la destruction.

changer soit ailleurs. Si, d'une part, elle est ailleurs, par exemple en C[1], la chose qui a fini de changer vers B change à nouveau de C vers B ; car C n'était pas contigu à B, puisque 25 le changement est continu. | Par conséquent, la chose qui a fini de changer, lorsqu'elle a fini de changer, change encore vers où elle a fini de changer. Or cela est impossible, et, par suite, il est nécessaire que la chose qui a fini de changer se trouve à l'endroit vers lequel elle a fini de changer. Il est donc manifeste que la chose qui est venue à l'être, lorsqu'elle a fini de venir à l'être, sera, et que celle qui a été détruite ne sera pas. En 30 effet, on l'a dit en général pour tout changement | et c'est clair surtout dans celui par contradiction.

Que donc la chose qui a fini de changer, au moment premier où elle a fini de changer, est en cet état-là[2], c'est clair. Quant à l'état premier où ce qui a changé a accompli son changement, il doit être insécable (et j'appelle « premier » ce qui est tel non parce que l'est quelque chose d'autre que lui[3]). 35 Supposons en effet AC divisible, | et divisons-le en B. Si donc ce qui change a fini de changer en AB ou bien en BC, il ne pourrait avoir fini de changer en AC comme premier. Si, d'autre part, il était en train de changer dans chacun des deux **236a1** (car il est nécessaire | qu'il ait fini de changer ou qu'il soit en train de changer, et ce dans chacun des deux), il serait en train de changer aussi dans le tout ; mais il avait fini de changer. Le même raisonnement vaut aussi pour le cas où il serait en train

1. C se trouve entre le point de départ (A) et le point d'arrivée (B).

2. Le grec dit seulement « dans cela » et, à la phrase suivante, « ce dans quoi en premier ». Je traduis par « cet état » pour maintenir un vocabulaire valable dans les quatre types de changement et ne pas privilégier le modèle local.

3. Ce qui est premier par lui-même et non par accident, c'est-à-dire par exemple parce qu'une de ses parties est première.

de changer dans l'un et aurait fini de changer dans l'autre : | il y aura un antérieur au premier, par conséquent ce dans quoi il a fini de changer ne serait pas divisible. Il est donc manifeste que ce qui a été détruit et ce qui est venu à l'être ont fini d'être détruit ou de venir à l'être dans un insécable. 5

Cependant, ce dans quoi la chose a fini de changer en premier se dit de deux façons, d'une part comme ce dans quoi en premier le changement s'est achevé (et là on a raison de dire qu'elle a fini de changer), d'autre part comme ce dans quoi en premier elle a commencé à changer. | Celui qui est appelé premier selon l'achèvement du changement existe et est, car un changement peut être achevé et il existe une fin du changement, que l'on a montrée être indivisible du fait qu'elle est une limite. Mais celui qu'on appelle premier selon le commencement n'existe absolument pas, car il n'y a pas de commencement du changement ni | de partie première du temps où il changeait. Soit, en effet, le temps premier AD. Il n'est assurément pas indivisible, car il arriverait que les instants soient contigus; en outre, si durant tout le temps CA ce qui change est en repos (supposons-le en repos), il sera en repos en A aussi, de sorte que si AD est sans parties, en même temps il sera en repos et aura fini de changer, | car il sera en repos en A et aura fini de changer en D. Mais puisque AD n'est pas sans parties, il est nécessaire qu'il soit divisible et que ce qui change ait fini de changer dans n'importe laquelle de ses parties[1], car AD étant divisé, s'il n'a fini de changer dans aucune des deux, il n'aura pas fini dans le tout non plus; s'il est en train de changer dans les deux, il le sera dans le tout aussi ; et s'il a fini de changer dans l'une des deux, | ce n'est pas dans le temps 10 15 20 25

1. « Dans n'importe laquelle » signifie « dans toutes, quelle que soit celle qu'on considère », et non « dans une seule ».

total comme premier. Par conséquent, il est nécessaire qu'il ait fini de changer dans n'importe laquelle des parties. Il est donc manifeste qu'il n'y a pas de temps premier où il a fini de changer, car les divisions sont infinies [1].

Il n'y a pas non plus de partie de la chose changée qui ait changé la première. Soit, en effet, DF la première partie changée de DE (car on a montré que tout ce qui change est 30 divisible). | Soit HI le temps dans lequel DF a changé. Si donc DF a changé en tout ce temps, en la moitié du temps ce qui a changé sera plus petit et antérieur par rapport à DF, et un autre à son tour le sera par rapport à celui-ci et un autre par rapport à ce dernier, et ainsi de suite. Par conséquent, il n'y a aucune partie de ce qui change qui a changé la première [2].

35 | Que donc ni de la chose qui change ni du temps où elle change il n'y a de première partie, c'est clair d'après ce qu'on **236b1** vient de dire. | Mais pour cela même qui change ou ce selon quoi cela change, ce n'est plus pareil. Il y a en effet trois choses que l'on dit impliquées dans le changement : la chose qui

1. Il a pu sembler étrange qu'Aristote admette un temps premier du changement accompli mais pas un temps premier du début du changement. En réalité, c'est tout à fait cohérent car, d'une part, le changement qui commence est un processus et, comme tel, est continu sur une grandeur continue ; or sur le continu les divisions n'existent qu'en puissance et sont infinies, tandis que, d'autre part, le changement accompli est un arrêt qui se situe dans l'extrémité du continu, devenue limite en acte et désormais insécable, instant ou point ; et il ne s'agit pas d'un repos, car celui-ci est, comme le changement, un processus continu.

2. Puisque la partie est toujours divisible en suivant les divisions du temps, le changement n'aura finalement eu lieu dans aucune partie comme première. Ni la partie ne pouvait être indivisible (car une limite ne change pas) ni le temps (car il n'y a pas de changement dans un instant mais toujours dans une certaine durée).

change, ce dans quoi et ce selon quoi elle change[1], par exemple l'homme, le temps et le blanc. | L'homme et le temps sont donc 5 divisibles, mais pour le blanc c'est un autre raisonnement – si ce n'est que tout est divisible par accident, car ce à quoi est attribué le blanc ou la qualité, cela est divisible –, tandis que dans tout ce qui est dit divisible par soi et non par accident il n'y aura pas de premier, | par exemple dans les grandeurs[2]. 10 Soit, en effet, une grandeur AB, et qu'une chose ait fini d'être mue à partir de B vers la première partie C. Si donc BC est indivisible, le sans parties sera contigu au sans parties; si d'autre part il est divisible, il y aura quelque chose d'antérieur à C, vers quoi le changement sera accompli, et encore autre chose d'antérieur à celui-là, et ainsi de suite, du fait que la division ne s'arrête jamais. | Par conséquent, il n'y aura pas de première 15 partie vers laquelle le changement est achevé. Et il en va de même pour le changement de quantité, car il est aussi dans un continu. Il est donc manifeste que dans le seul mouvement de qualité peut se trouver un indivisible par soi.

1. Les mss FHIKE[2] ont l'accusatif de relation ὃ, tandis que E[1]J ont εἰς ὅ. Bekker, Ross et Carteron ont choisi ce dernier, mais le premier reprend mieux les expressions de la ligne b1, αὐτὸ δὲ ὃ et καθ' ὅ. Quoi qu'il en soit, les deux leçons permettent de désigner la catégorie selon laquelle se fait le changement.

2. La grandeur est ici un exemple de « ce selon quoi » ou « ce vers quoi » se produit le changement; Aristote envisage d'abord le déplacement sur une grandeur (changement selon le lieu), puis étend le résultat aux changements selon la quantité. Dans ces deux cas, le terme du changement est toujours divisible, de sorte qu'on ne peut dire que le mobile l'atteint comme premier. En revanche, comme les qualités sont des indivisibles, dans les changements qualitatifs la qualité vers laquelle le changement s'est produit est atteinte en tant que première; par ex. le blanc qui est le terme du blanchissement est un indivisible atteint comme premier.

236b19 6. | Puisque tout ce qui change change dans le temps 20 | et puisqu'on dit changer dans le temps soit comme premier, soit par l'intermédiaire d'un autre (par exemple une chose change dans l'année parce qu'elle change dans un de ses jours), il est nécessaire que ce qui change dans le temps comme premier change dans n'importe quelle partie de celui-ci[1]. Ceci est clair par la définition (car c'est ainsi que nous disions le 25 premier[2]), mais est aussi | manifeste par ce qui suit.

En effet, soit QR le temps premier où est mû ce qui est mû, et divisons-le en K (car tout temps est divisible). Durant le temps QK, ou bien il est mû ou bien il n'est pas mû, et de même dans le temps KR. Si donc il n'est mû dans aucun des deux, il sera en repos dans le tout, car il est impossible d'être mû dans 30 le tout | en n'étant mû dans aucune de ses parties. Si, d'autre part, il est mû dans une seule des deux parties, il ne sera pas mû dans le temps QR comme premier, car le mouvement s'y trouve par l'intermédiaire d'un autre. Il est donc nécessaire qu'il soit mû dans n'importe quelle partie de QR.

Ceci étant montré, il est manifeste que tout mû doit avoir achevé un mouvement précédemment, car si dans le temps 35 premier QR une chose a été mue sur la grandeur KL, | en la moitié de temps, ce qui est mû à la même vitesse et est parti en même temps aura achevé la moitié du mouvement. Et si 237a1 une chose | de même vitesse a achevé un mouvement dans le même temps, l'autre aussi aura nécessairement achevé un

1. Au sens de « dans toute partie », et non de « dans une parmi toutes », comme en 236a21. Le raisonnement porte à présent sur le changement et non plus sur l'achèvement du changement ; c'est pourquoi il peut y avoir un temps premier de changement (alors qu'il n'y avait pas de temps premier d'achèvement) car tout changement se produit dans une certaine durée ; le temps premier sera donc la durée exacte du changement, et non une durée qui déborde celle-ci.

2. *Cf.* la définition en 235b33-34.

mouvement sur la même grandeur, de sorte que ce qui est mû aura déjà achevé un mouvement[1]. En outre, si nous disons qu'une chose a achevé un mouvement pendant tout le temps QR, ou d'une manière générale dans n'importe quel temps, en prenant | l'instant comme son extrémité (car celui-ci est ce qui 5 délimite, et l'intervalle entre les instants est le temps), on peut dire semblablement qu'elle a achevé un mouvement dans toutes les autres parties de ce temps. Or, la division est l'extrémité de la moitié. Par conséquent, dans la moitié aussi elle aura achevé un mouvement et, en général, dans n'importe laquelle des parties, car c'est toujours simultanément à la section que le temps est délimité par les instants. Si | donc tout temps est 10 divisible et si l'intermédiaire entre les instants est du temps, tout ce qui change aura achevé une infinité de changements. En outre, si ce qui change de façon continue et n'a pas été détruit ni n'a interrompu son changement doit nécessairement être en train de changer ou avoir achevé de changer en n'importe quel temps, et s'il ne peut changer dans l'instant, | il est 15 nécessaire qu'il ait achevé de changer en chacun des instants; par suite, si les instants sont en nombre infini, tout ce qui change aura achevé une infinité de changements.

Et non seulement ce qui change doit avoir fini de changer, mais ce qui a fini de changer doit aussi changer d'abord, car tout ce qui a fini de changer de quelque chose vers quelque chose a fini de changer dans le temps. | Supposons que dans 20

1. Il est impossible de saisir un temps premier où un mouvement s'est achevé, car, entre le repos qui a été quitté et n'importe quel moment du mouvement, il y a un temps infiniment divisible. Or, en chacune de ces parties du temps le mobile a accompli une certaine partie de son mouvement, de sorte que, en quelque moment qu'on le considère, il a déjà achevé un mouvement. On ne pourra jamais dire quel est le moment le plus proche du repos précédent.

l'instant une chose ait fini de changer de A vers B; ce n'est donc pas au même instant où elle se trouve en A, qu'elle a fini de changer, sinon elle serait à la fois en A et en B, car on a montré précédemment que ce qui a fini de changer, lorsqu'il a fini de changer, n'est plus là. Et si c'est dans un autre instant, il
25 y aura un temps intermédiaire, | car les instants n'étaient pas contigus. Puisque donc elle a fini de changer dans le temps et que tout temps est divisible, en la moitié de temps elle aura fini un autre changement, et encore un autre en la moitié de la moitié, et ainsi de suite; par conséquent, elle doit changer d'abord.

En outre, ce qu'on a dit est encore plus manifeste pour
30 la grandeur, du fait qu'est continue la grandeur | sur laquelle change ce qui change. Soit, en effet, une chose qui a fini de changé de C vers D. Si donc CD est indivisible, le sans parties sera contigu au sans parties. Mais puisque c'est impossible, il est nécessaire que l'intermédiaire soit une grandeur et soit divisible à l'infini, de sorte qu'elle change d'abord vers ces infinis. Il est donc nécessaire que tout ce qui a fini de changer
35 | change d'abord.

237b1 La même démonstration | vaut également pour les non continus, comme les contraires et la contradiction : nous prendrons le temps dans lequel la chose a fini de changer et nous dirons à nouveau les mêmes conséquences[1]. Dès lors, il est nécessaire que ce qui a fini de changer change et que ce
5 qui change ait fini de changer, et que | le fait d'avoir fini de changer soit antérieur au fait de changer et le fait de changer au fait d'avoir fini de changer : on n'en saisira jamais le premier.

1. On trouve dans les changements qualitatifs (entre contraires) et substantiels (entre contradictoires) la même nécessité que tout achèvement soit précédé par un changement, et tout changement par un achèvement.

La cause en est que le sans parties n'est pas contigu au sans parties, car la division va à l'infini, comme pour les lignes augmentées et retranchées.

Il est donc manifeste | que ce qui est advenu doit aussi d'abord advenir et que ce qui advient doit d'abord être advenu, du moins pour tous les divisibles et les continus, même si ce n'est pas toujours la chose elle-même qui advient mais parfois autre chose, par exemple une de ses parties, comme les fondations pour la maison. Et il en va de même pour ce qui est détruit et ce qui a été détruit, car un certain infini appartient immédiatement à ce qui vient à l'être et à ce qui est détruit, | du moins s'il est continu. Et il n'est possible ni de venir à l'être sans être déjà venu à l'être ni d'être venu à l'être sans venir à l'être, et de même pour le fait d'être détruit et pour le fait d'avoir été détruit, car le fait d'avoir été détruit sera toujours antérieur au fait d'être détruit, et le fait d'être détruit au fait d'avoir été détruit. Il est donc manifeste que ce qui est venu à l'être doit | venir à l'être d'abord et que ce qui vient à l'être doit être venu à l'être d'abord, car toute grandeur et tout temps sont toujours divisibles. Par conséquent, où que se trouve la chose, elle ne pourrait y être comme dans un état premier. 10 15 20

7. | Puisque tout ce qui est mû est mû dans le temps et sur une grandeur plus longue pour un temps plus long, rien ne peut en un temps infini | être mû d'un mouvement fini, s'il n'est pas mû du même mouvement toujours répété ou d'une de ses parties, mais de tout le mouvement durant tout le temps. Il est donc clair que, si une chose est mue à une vitesse égale, nécessairement elle est mue sur une grandeur finie en un temps fini. Prenons, en effet, une partie qui mesurera le mouvement total : en autant de temps égaux qu'il y a de parties, | elle aura achevé le mouvement total. Dès lors, puisque ces parties sont finies, chacune en quantité et toutes par le nombre de reprises, **237b23** 25 30

le temps aussi sera fini, car il sera égal au temps de la partie multiplié autant de fois que le nombre des parties. Et même si
35 la vitesse n'est pas égale, cela ne change rien. En effet, soit | la
238a1 distance finie AB, sur laquelle une chose a été mue | en un temps infini, et le temps infini CD. Si nécessairement elle a été mue sur une partie avant l'autre (et ceci est clair parce qu'elle a été mue sur une partie différente pendant les parties antérieure et postérieure du temps, car en davantage de temps elle aura toujours parcouru une autre partie, qu'elle change à vitesse
5 égale | ou non, et que le mouvement s'accélère, décélère ou se maintienne, peu importe), prenons une partie de la distance AB, soit AE, qui mesurera AB. Cette partie a été parcourue dans une partie du temps infini, car dans le temps infini c'est
10 impossible, puisque le tout l'était dans le temps infini. Et si | je reprends une partie égale à AE, nécessairement elle était parcourue dans un temps fini, car le tout l'était dans le temps infini. Et en prenant ainsi des parties, puisqu'aucune partie du temps infini ne mesurera celui-ci (en effet, il est impossible que l'infini soit composé de finis, aussi bien égaux qu'iné-
15 gaux, du fait que les finis en nombre | et en grandeur seront mesurés par une certaine unité, et qu'ils soient égaux ou inégaux, pourvu qu'ils soient limités en grandeur, ce ne sera pas moins le cas), et puisque la distance finie est mesurée par une certaine quantité de parties AE, alors le mouvement sur AB se fera en un temps fini. Et il en va de même pour le repos. Par conséquent, la même chose une ne peut être toujours en train de venir à l'être ou d'être détruite.

20 | Le même raisonnement montre aussi qu'en un temps fini il ne peut y avoir ni mouvement ni repos sur une grandeur infinie, que le mouvement soit uniforme ou non. Prenons en effet une partie qui mesurera le temps total : durant celle-ci, on parcourra une certaine quantité de la grandeur, mais pas la

totalité (car c'est dans tout le temps qu'on parcourra la totalité) et à nouveau une autre partie en un temps égal, | et de même durant chaque partie de temps, qu'elle soit égale ou inégale à celle du début (peu importe, en effet, pourvu que chacune soit finie); car il est clair qu'une fois le temps épuisé, la grandeur infinie ne sera pas épuisée, puisque le processus d'épuisement est fini et en quantité et en nombre de reprises; par conséquent, on ne parcourra pas | la grandeur infinie en un temps fini. Et peu importe que la grandeur soit infinie d'un côté ou des deux, car le raisonnement sera le même. 25 30

Une fois cela démontré, il est manifeste que la grandeur finie ne peut pas davantage parcourir l'infinie en un temps fini, pour la même raison : en une partie du temps | elle parcourra une grandeur finie, et en chaque partie semblablement, de sorte qu'en la totalité du temps elle aura parcouru une grandeur finie. Et puisque le fini ne parcourt pas l'infini | en un temps fini, il est clair que pas davantage l'infini ne parcourra le fini, car si l'infini parcourt le fini, il est nécessaire que le fini parcoure aussi l'infini : peu importe lequel des deux est le mû, car dans les deux cas le fini | parcourra l'infini[1]. En effet, quand est mue la grandeur infinie A, une de ses parties, par exemple CD, sera dans la grandeur finie B, et à leur tour une autre et une autre, et ainsi de suite. Il en résultera qu'en même temps l'infini aura été mû sur le fini et le fini aura parcouru l'infini; car sans doute | l'infini ne peut-il être mû autrement sur le fini que par le fait que le fini parcourt l'infini, soit comme transporté soit comme unité de mesure. Par conséquent, 35 **238b1** 5 10

1. Parcourir signifie passer le long de, comme peut le faire un mobile ou une unité de mesure reportée successivement sur une certaine longueur. Dans ce cas, peu importe laquelle des deux grandeurs est déplacée le long de l'autre, de toute façon elles se parcourent l'une l'autre.

puisque cela est impossible, l'infini ne peut parcourir le fini. Cependant, l'infini ne parcourra pas davantage l'infini en un temps fini, car s'il parcourt l'infini, il parcourt le fini aussi, 15 | car le fini est compris dans l'infini. En outre, si l'on considère le temps, on fera la même démonstration.

Puisque ni le fini ne parcourt l'infini ni l'infini le fini, ni l'infini l'infini en un temps fini, il est manifeste qu'il n'y aura 20 pas non plus de mouvement | infini en un temps fini; car en quoi est-il différent de considérer comme infini le mouvement ou la grandeur? Il est nécessaire que, si l'un des deux est infini, l'autre le soit aussi, car tout transport est dans un lieu.

238b23 8. | D'autre part, puisque tout ce qui en est naturellement capable est mû ou est en repos au moment, à l'endroit et de la manière dont il est capable, il est nécessaire que ce qui s'arrête, 25 lorsqu'il s'arrête, soit en mouvement, | car s'il n'est pas en mouvement, il sera en repos, mais ce qui est en repos ne peut se mettre en repos[1]. Cette démonstration faite, il est manifeste aussi qu'il s'arrête nécessairement dans le temps, car le mû est mû dans le temps, et on a montré que ce qui s'arrête est en mouvement, de sorte qu'il s'arrête nécessairement dans le temps; en outre, nous disons que le plus rapide et le plus 30 lent | sont dans le temps, et le fait de s'arrêter est plus rapide et plus lent.

Par ailleurs, ce qui s'arrête doit s'arrêter dans n'importe quelle partie du temps premier dans lequel il s'arrête. En effet, une fois le temps divisé, s'il ne s'arrête dans aucune des deux parties, il ne s'arrête pas non plus dans le tout, donc ce qui

1. Le verbe « s'arrêter » désigne très clairement ici le processus allant du mouvement au repos en un certain temps.

s'arrête ne s'arrêterait pas; et s'il ne s'arrête dans une des deux, il ne s'arrêterait pas dans le tout comme premier, | car il s'arrête en lui par l'intermédiaire d'un autre, comme on l'a dit précédemment à propos du mû[1]. Et de même qu'il n'y a pas de moment premier où ce qui est mû | est mû, de même il n'y en a pas où ce qui s'arrête s'arrête, car il n'y a pas de premier ni dans le mouvement en train de se faire ni dans l'arrêt en train de se faire. Soit en effet AB le moment premier de l'arrêt. Il ne peut être sans parties (car il n'y a pas de mouvement dans ce qui est sans parties, | du fait que le mouvement est toujours déjà achevé sur une partie, or on a montré que ce qui s'arrête est en mouvement); cependant, s'il est divisible, il y a arrêt dans n'importe laquelle de ses parties, car on a montré plus haut que ce qui s'arrête s'arrête dans n'importe laquelle des parties du moment premier où il s'arrête. Puisque donc le moment premier où il y a arrêt est du temps et n'est pas insécable, mais que tout temps | est divisible à l'infini, il n'y aura pas de moment premier de l'arrêt. 35 **239a1** 5 10

Il n'y a pas non plus de moment premier où ce qui est en repos a été en repos, car il n'a pas été en repos dans un moment sans parties, du fait qu'il n'y a pas de mouvement dans un insécable; or, là où il y a repos, il y a aussi mouvement, car nous avons dit qu'il y a repos au moment et en l'état où, étant naturellement capable d'être mû, ce qui en est capable n'est pas mû. | En outre, nous disons aussi qu'une chose est en repos lorsqu'elle est semblable maintenant et auparavant, en la jugeant non sur un seul état mais sur deux au moins; par suite, 15

1. Renvoi à 236b31-32; c'est pourquoi la leçon de EFP suivie par Ross et Cornford, καθ' ἕτερον, est meilleure que celle de HIJKS suivie par Bekker et Carteron, καθ' ἑκάτερον.

ce dans quoi il y a repos ne sera pas sans parties. Et s'il est morcelé, il sera du temps, et il y aura repos dans n'importe laquelle de ses parties, ce qu'on montrera de la même manière
20 que pour les cas précédents; | par conséquent, il n'y aura rien de premier. La raison en est que tout est en repos et en mouvement dans le temps, et qu'il n'existe pas un temps premier, ni une grandeur ni en général aucun continu, car tout continu est morcelable à l'infini.

D'autre part, puisque tout mû est mû dans le temps et change de quelque chose vers quelque chose, dans le temps où
25 il est mû par soi et non | parce que dans une partie de ce temps, il est impossible que le mû soit dans une certaine chose comme première. En effet, être en repos c'est être dans le même état pendant un certain temps, soi-même et chacune de ses parties. Nous disons en effet qu'il y a repos lorsque, considérée dans l'un ou l'autre des instants, il est vrai de dire qu'une chose et
30 ses parties sont dans le même état. Si c'est bien là le repos, | ce qui change ne peut être tout entier dans un certain état dans le temps premier; en effet, tout temps est divisible, de sorte que dans ses différentes parties il sera vrai de dire que le mû et ses parties sont dans le même état. Car s'il n'en va pas ainsi mais que ce soit dans un seul des instants, en aucun temps le mû ne
35 sera dans un certain état mais seulement dans | la limite du temps. Or, dans l'instant, il est certes toujours dans un certain
239b1 état, | mais il n'est pas en repos, car il ne peut y avoir ni mouvement ni repos dans l'instant, mais il est vrai que, dans l'instant d'une part, il n'est pas mû et il est dans un certain état, dans le temps d'autre part, il ne peut être dans un certain état en étant en repos, car il en résulterait que le transporté soit en repos.

9. | Zénon commet un paralogisme : si toute chose, dit-il, est toujours en repos[1] lorsqu'elle est dans l'égal, et si le transporté se trouve toujours dans l'instant, alors la flèche transportée est immobile[2]. Mais ceci est faux, parce que le temps n'est pas composé des instants indivisibles, pas plus qu'aucune autre grandeur[3]. **239b5**

| Il y a quatre raisonnements de Zénon sur le mouvement, qui donnent des difficultés à ceux qui veulent les résoudre. Le premier porte sur le fait que le transporté n'est pas en mouvement parce qu'il doit être arrivé à la moitié avant 10

1. Tous les manuscrits, ainsi que les commentateurs Simplicius et Philopon (mais pas Thémistius) ajoutent ici « ou en mouvement », ce qui rend le raisonnement incompréhensible ; je suis donc Zeller et Ross qui le suppriment. Une autre possibilité est d'ajouter « et si elle est en repos » (Lachelier, Carteron) ou « mais si rien ne se meut » (Diels).

2. Les prémisses supposent que le mobile est en repos dans chaque instant, de sorte qu'il l'est aussi dans le temps total. Dire qu'être dans l'instant c'est être dans l'égal suppose la conception que le changement ne se fait pas pendant l'instant. Aristote a donc bien vu que l'erreur implicite est de considérer que le temps n'est rien d'autre que les instants.

3. La deuxième prémisse est erronée car elle signifie que, durant chaque partie du transport, le transporté est dans un instant, de sorte que le transport total serait la somme des transports dans chacun des instants successifs (si donc, d'après la première prémisse, il n'y a mouvement dans aucun d'eux, alors il n'y a pas non plus mouvement dans le tout). Aristote répond donc que le transport ne se fait pas dans les instants, car le temps n'est pas composé de ceux-ci mais de parties qui sont toujours du temps et dans lesquelles le mouvement est toujours possible. Il aurait pu aussi réfuter la prémisse implicite selon laquelle le transporté est en repos dans l'instant, puisque selon sa propre conception le repos se produit aussi dans le temps; mais cela n'aurait pas réfuté tout l'argument, qui repose sur l'absence de mouvement dans l'instant, peu importe ce qu'on y met d'autre. Certains interprètes comprennent « l'égal » de la première prémisse au sens de « un espace égal à elle », le problème venant alors de la division de l'espace parcouru en une succession d'espaces sur chacun desquels il y a immobilité. La réponse consisterait alors à nier que l'espace soit composé d'insécables.

d'arriver à la fin; à son propos nous avons fait une distinction dans nos raisonnements précédents[1]. Le deuxième est celui
15 que nous appelons « Achille »; il dit | que le plus lent à la course ne sera jamais rattrapé par le plus rapide, parce que le poursuivant doit arriver d'abord au point d'où s'est élancé le fuyard, de sorte que le plus lent a nécessairement toujours de l'avance. C'est le même raisonnement que celui de la dicho-
20 tomie, mais il diffère en ce qu'il ne divise pas en deux | la grandeur ajoutée. Il résulte donc du raisonnement que le plus lent ne sera pas rattrapé, et ce pour la même raison que dans la dichotomie, car dans les deux cas il se fait qu'on n'arrive pas à la limite, la grandeur étant divisée d'une façon ou d'une autre.
25 Toutefois, ici s'ajoute le fait que même | le héros représenté comme le plus rapide, dans sa poursuite du plus lent, n'y arrivera pas. Par conséquent, il est nécessaire que la solution soit la même aussi. Et considérer que ce qui a de l'avance n'est pas rattrapé, c'est faux, car, lorsqu'il a de l'avance, il n'est pas rattrapé, mais cependant il est rattrapé si l'on admet qu'il parcourt une ligne finie.

30 Voilà donc ces deux | raisonnements; le troisième, qu'on a cité à l'instant, veut que la flèche transportée reste sur place. Il résulte du fait de considérer le temps comme composé des instants, car si l'on n'accorde pas cela, le syllogisme ne tiendra plus.

Le quatrième est celui des masses égales qui sont mues dans le stade, en sens contraire, le long d'autres masses égales,
35 les unes à partir de la fin du | stade, les autres du milieu, à

1. *Cf.* VI 2, 233a21-34 et la distinction entre l'infini par la division et l'infini par l'addition. Cette solution sera jugée insuffisante et complétée au livre VIII, 263a11-b6.

vitesse égale[1] ; d'où il arrive, | croit-il, que la moitié du temps est égale au double. Le paralogisme réside dans l'estimation que, d'une part le long de ce qui est mû, d'autre part le long de ce qui est en repos, une chose est mue sur une grandeur égale, à vitesse égale, en un temps égal. Or c'est faux. Soient, par exemple, | AA[2] les masses égales immobiles, BB celles qui partent du milieu[3], égales à celles-ci en nombre et en grandeur, et CC celles qui partent de l'extrémité, égales aux autres en nombre et en grandeur et de même vitesse que les B. Il en résulte que le premier B soit en même temps à l'extrémité[4] que le premier C, en étant mus les uns le long des autres. Et il se fait | que le C est passé le long de tous les B, tandis que le B est passé le long de la moitié <des A> ; par conséquent, son temps

240a1

5

10

1. Selon le schéma suivant, les masses A sont immobiles, les masses B partent d'une extrémité et les masses C du milieu en sens inverse (on suppose que le point de départ est décrit par un observateur qui se trouve à l'extrémité des B et décrit la situation par rapport à lui).

				B	B	B	B
		A	A	A	A		
C	C	C	C				

		B	B	B	B	←	
		A	A	A	A		
	→	C	C	C	C		

2. Selon les manuscrits, on a des séries de 2, de 3 ou de 4 lettres; elles représentent sans doute une série à un nombre quelconque d'éléments, mais pour que la démonstration soit efficace il faut que ce nombre soit pair.

3. Certains manuscrits ajoutent « des A », ce qui revient au même que du milieu du stade, puisque les A sont au milieu et qu'il ne reste que la moitié des A à parcourir.

4. À l'extrémité des A (suivant le schéma) ou bien du stade (il est indifférent d'ajouter à chaque groupe un parcours de deux cases supplémentaires, puisqu'on ne prend en considération que la portion qui se trouve le long des A).

est de moitié, puisque chacun des deux a mis un temps égal pour passer le long de chaque masse. Et en même temps il résulte que le premier B est passé le long de tous les C, car le
15 premier C et le premier | B seront en même temps aux extrémités contraires, le temps étant égal pour passer le long de chacun des B et de chacun des A, d'après lui, parce que les deux passent en un temps égal le long des A. Voilà donc ce raisonnement, qui aboutit à l'erreur qu'on a dite [1].

1. Zénon observe que le premier C a parcouru tous les B en même temps que le premier B a parcouru la moitié des A, de sorte que le temps de parcours des B est la moitié de celui des C. Mais on peut dire aussi que le premier B a parcouru tous les C, de sorte que son temps de parcours est à la fois moitié et double que lui-même (conséquence annoncée en 240a1). Le paralogisme, selon Aristote, réside dans l'axiome qu'à vitesse égale une même grandeur met un temps égal à passer devant des grandeurs égales dont l'une est en mouvement et l'autre en repos; il repose donc sur l'ignorance de la relativité du mouvement par rapport à des référentiels différents. L'interprétation la plus simple est de considérer que Zénon ignore cette relativité soit intentionnellement (pour construire un sophisme) soit réellement (ce qui est peu probable historiquement). Une interprétation plus riche, proposée par M. Caveing, est que Zénon veut faire apparaître les conditions d'intelligibilité de la relativité, qui sont la divisibilité de l'espace et du temps; en effet, l'existence de référentiels différents oblige à diviser le temps de parcours du même mobile (temps plus long par rapport à l'un des référentiels que par rapport à l'autre), et ce à l'infini car il y a une infinité de variations possibles des référentiels. Et de même pour l'espace, si le mobile met des temps différents à parcourir le même espace selon des référentiels différents : dans un temps identique pour les deux référentiels, il aura parcouru moins d'espace pour l'un que pour l'autre. Or, les prémisses adoptées par Zénon (qui seraient celles de ses adversaires) ne posent pas cette divisibilité mais présentent au contraire les masses comme des blocs indivisibles, correspondant à des fractions indivisibles du temps et de l'espace, et le mouvement comme une succession de « sauts » d'un indivisible à l'autre. Dès lors, Zénon montrerait qu'il devrait y avoir le même nombre de passages d'un point à un autre, aussi bien par rapport aux points immobiles que par rapport aux points en mouvement. Or ce n'est pas le cas, donc les prémisses sont fausses (*cf.* M. Caveing, 1982, p. 110-117).

Pas davantage pour le changement par contradiction nous n'éprouverons | quoi que ce soit d'impossible, par exemple, si 20 une chose change du non-blanc vers le blanc et n'est dans aucun des deux, comme si donc elle ne devait être ni blanche ni non-blanche; car ce n'est pas parce qu'elle n'est pas tout entière dans l'un des deux qu'elle ne sera pas dite blanche ou non-blanche, car nous disons une chose blanche ou non-blanche non parce qu'elle est telle tout entière mais parce que le sont la plupart de ses parties ou les plus | importantes; et ce 25 n'est pas la même chose de ne pas y être et de ne pas y être en entier. Il en va de même aussi pour l'être et le non-être et les autres contradictoires, car une chose sera nécessairement dans l'un ou l'autre des opposés, mais dans aucun des deux elle ne sera toujours tout entière.

À leur tour, pour le cercle et la sphère | et, en général, les 30 choses qui se meuvent sur elles-mêmes, il n'est pas difficile de réfuter le fait qu'il leur arrivera d'être en repos car elles seront dans le même lieu pendant un certain temps, et elles-mêmes et leurs parties, de sorte qu'elles seront à la fois en repos et en mouvement. D'abord, en effet, les parties ne sont dans le même lieu pendant aucun temps, | et ensuite le tout aussi **240b1** change toujours vers un autre lieu, car la circonférence prise à partir de A n'est pas la même que celle prise à partir de B ni de C ni de chacun des autres points, si ce n'est à la manière dont l'homme cultivé est le même que l'homme, parce que c'est un accident. | Par conséquent, l'une changera toujours vers 5 l'autre, et ne sera jamais en repos. Et il en va de la même manière pour la sphère et pour les autres choses qui se meuvent sur elles-mêmes.

10. | Ces démonstrations faites, nous disons que ce qui est **240b8** sans parties ne peut être mû, si ce n'est par accident, par exemple parce qu'est mû | le corps ou la grandeur où il se trouve, 10

comme ce qui est dans le navire est mû par le transport du navire ou la partie par le mouvement du tout. (Et j'appelle « sans parties » ce qui est indivisible quant à la quantité.) En effet, les mouvements des parties sont différents selon les
15 parties elles-mêmes et selon le mouvement du tout. | On peut voir cette différence principalement sur la sphère car la vitesse ne sera pas la même pour les parties proches du centre, pour les parties extérieures et pour le tout, le mouvement n'étant pas unique. Comme nous l'avons donc dit, ce qui est sans parties peut être mû comme le serait quelqu'un assis dans le navire,
20 pendant la course du navire, mais par lui-même | il ne le peut. Supposons en effet que ce qui est sans parties change de AB vers BC, que ce soit d'une grandeur vers une grandeur, d'une forme vers une forme[1] ou selon la contradiction; et soit D le temps premier dans lequel il change. Ainsi il est nécessaire que, pendant le temps où il change, il se trouve soit en AB soit
25 en BC, soit en partie dans | l'un et en partie dans l'autre, car il en est ainsi de tout ce qui change. Mais une partie de lui ne sera pas dans chacun des deux car il serait morcelé. Et pas davantage il ne sera en BC, car il aura fini de changer alors qu'on le suppose en train de changer. Il reste donc qu'il soit en AB
30 pendant le temps où il change ; alors il sera en repos, | car le fait de rester dans le même état pendant un certain temps, c'était, on l'a vu, être en repos. Par conséquent, ce qui est sans parties ne peut être mû ni, en général, changer, car il y aurait mouvement pour lui d'une seule manière, si le temps était composé d'instants, car dans l'instant il aurait toujours fini de se mou-
241a1 voir et de changer, | de sorte qu'il ne serait jamais en mouvement mais aurait toujours fini de se mouvoir. Mais que cela est

1. Le contexte montre qu'il s'agit de formes de la catégorie de la qualité, comme, par exemple, le blanc et le noir.

impossible, nous l'avons montré précédemment, car le temps n'est pas composé d'instants ni la ligne de points ni le mouvement d'achèvements de mouvements; celui qui prétend cela ne fait rien d'autre que | composer le mouvement d'insécables, 5
comme si le temps était composé d'instants ou la grandeur de points.

En outre, il est manifeste par ceci aussi que ni le point ni aucun autre indivisible ne peut être mû : pour tout ce qui est mû il est impossible d'être mû sur une distance plus longue que lui-même avant d'être mû sur une distance soit égale soit plus courte. Si donc il en est ainsi, il est manifeste que | le point 10
sera mû d'abord sur une distance plus courte ou égale; or, puisqu'il est indivisible, il ne peut être mû d'abord sur une plus courte, donc ce sera une égale à lui-même. Par conséquent, la ligne sera composée de points, car le point, toujours mû sur une distance égale, mesurera la ligne entière. Mais si cela est impossible, le mouvement de l'indivisible est également impossible.

| En outre, si tout est mû dans le temps et rien dans l'instant, 15
et que tout temps soit divisible, il y aura un temps plus court, pour n'importe lequel des mus, que celui dans lequel il est mû d'autant que lui-même. En effet, ce temps dans lequel il est mû existera parce que tout est mû dans le temps, et on a montré précédemment que tout temps est divisible. Si donc le point | est mû, il y aura un temps plus court que celui dans lequel il a 20
été mû. Mais c'est impossible car dans le temps plus court il se meut nécessairement moins, de sorte que l'indivisible sera divisible en un moindre, comme le temps en un temps moindre; en effet, ce qui est sans parties et indivisible ne pourrait être mû que d'une manière, si le mouvement était possible dans l'instant | insécable, car il ressort du même raisonnement 25

qu'il y ait mouvement dans l'instant et qu'un indivisible soit mû.

Par ailleurs, aucun changement n'est infini, car tout changement, on l'a vu, était de quelque chose vers quelque chose, et celui dans la contradiction et celui dans les contraires. Par conséquent, d'une part, pour les changements selon la contradiction, l'affirmation et la négation sont les limites, par
30 exemple l'être est celle de la venue à l'être, | le non-être celle de la destruction, et d'autre part, pour les changements dans les contraires, les limites sont les contraires, car ceux-ci sont les extrémités du changement, donc de toute altération (car l'altération part de certains contraires) et de même de la croissance
241b1 et la décroissance, car la limite de la croissance | est celle de la grandeur achevée selon la nature propre, et la limite de la décroissance est la sortie de cette grandeur. Quant au transport, il ne sera pas limité de cette façon car il ne se fait pas toujours dans les contraires, mais puisque ce qui est incapable d'être
5 coupé au sens où il n'admet pas d'être coupé | (car l'impossible se dit de plusieurs façons), ce qui est ainsi incapable n'admet pas d'être coupé, pas plus que, de manière générale, ce qui est incapable de venir à l'être n'admet de venir à l'être, alors pas davantage ce qui est incapable de changer n'admettrait de changer vers ce vers quoi il est incapable de changer. Si donc le transporté change vers quelque chose, c'est qu'il est capable
10 de changer. Par suite, | le mouvement ne sera pas infini et il ne sera pas transporté à l'infini, car il est impossible de parcourir celui-ci[1].

1. On ne peut dire qu'un corps est capable de parcourir l'infini, puisque celui-ci est par définition impossible à parcourir; par suite, on ne peut dire non plus qu'un corps est en mouvement vers l'infini puisqu'aucun corps n'en est capable et que seuls se réalisent les mouvements possibles.

Que donc le changement n'est pas infini d'une façon telle qu'il ne serait pas déterminé par des limites, c'est manifeste. Mais il faut examiner si le changement peut être infini par le temps, en étant un seul et même. Car s'il n'est pas un, rien | ne 15 l'empêche sans doute d'être infini, par exemple si après le transport il y a une altération et après l'altération une croissance et ensuite une venue à l'être : ainsi il y aura toujours un mouvement quant au temps, mais il ne sera pas un, parce que le composé de tous ne fait pas un. Pour qu'il soit un, il ne peut être infini quant au temps, à une exception près : | le transport 20 circulaire.

LIVRE VII

1. | Tout mû est nécessairement mû par quelque chose; **241b34** | en effet, si un corps n'a pas en lui-même le principe du 35 mouvement, il est manifeste qu'il est mû par autre chose, car le moteur sera autre; si d'autre part il l'a en lui-même, soit AB ce qui est mû par soi-même mais non du fait que l'une de ses parties est mue[1]. D'abord, supposer que AB est mû de soi-même, | parce qu'il est mû tout entier et par aucune des choses 40 extérieures, est semblable à nier, si KL meut LM et est mû lui-même, que KM soit mû par quelque chose, du fait qu'on ne voit pas clairement quel est le moteur et quel est le mû[2]. Ensuite, ce qui n'est pas mû par quelque chose, | il n'est pas **242a35** nécessaire que cela cesse d'être mû parce qu'autre chose est en repos, mais si une chose est en repos parce qu'une autre a cessé d'être mue, il est nécessaire qu'elle soit mue par quelque

1. Les mots τῷ τῶν manquent dans tous les manuscrits mais ils sont nécessaires à la syntaxe et peuvent être suppléés par référence au *textus alter* (sur ces deux versions du livre VII, voir, dans l'Introduction, la note sur les manuscrits).

2. Aristote cherche à montrer que même les corps automoteurs (par exemple, les vivants) sont mus par quelque chose qui n'est pas le corps lui-même; en effet, même si cela n'apparaît pas toujours clairement, un corps est toujours mû par une de ses parties et ce n'est jamais le tout ensemble qui est à la fois mû et moteur.

chose. Si on le considère ainsi, tout mû sera mû par quelque chose. En effet, si l'on prend le mû AB, il est nécessairement
40 divisible, | car tout mû est divisible[1]. Divisons-le donc en C; si CB n'est pas mû, AB ne sera pas mû car, s'il est mû, il est clair que AC serait mû alors que BC serait en repos, de sorte qu'il ne sera pas mû par soi et comme premier[2]. Mais on a supposé qu'il était mû par soi et comme premier, donc il est nécessaire
45 que, si CB n'est pas mû, AB soit en repos. | Or, ce qui est en repos parce que quelque chose n'est pas mû, on a reconnu que cela était mû par quelque chose, de sorte que tout ce qui est mû est nécessairement mû par quelque chose; en effet, le mû sera toujours divisible et, si la partie n'est pas mue, il est nécessaire que le tout aussi soit en repos.

50 Puisque tout mû | est nécessairement mû par quelque chose, si une chose est mue d'un mouvement local[3] sous l'action d'un autre mû, et qu'à son tour le moteur soit mû sous l'action d'un autre mû, et ce dernier sous l'action d'un autre, et ainsi de suite, il est nécessaire que quelque chose soit le premier moteur et qu'on ne remonte pas à l'infini. Supposons
55 en effet qu'il n'y en ait pas mais que ce soit infini : | que A soit mû par B, B par C, C par D, et toujours le contigu par le contigu. Puisque donc on a supposé que le moteur meut en étant mû, il est nécessaire qu'advienne en même temps le mouvement du mû et celui du moteur (car c'est en même temps

1. *Cf.* VI 4, 234b10-20 et 10, 241a6-14.

2. Si une partie seulement d'un tout est mue, le tout n'est pas mû en tant que tel et n'est pas sujet premier du mouvement, mais par l'intermédiaire de sa partie.

3. La règle générale est exemplifiée par un mouvement local, choisi probablement parmi les différents types de mouvement parce qu'il permet de voir le plus facilement l'enchaînement des moteurs et des mus.

que meut le moteur et qu'est mû | le mû); il est manifeste que 60
seront en même temps les mouvements de A, de B, de C et de chacun des moteurs mus. Prenons donc le mouvement de chacun et appelons E celui de A, F celui de B, G et H ceux de C et de D; si chacun est toujours mû par chacun, on pourra néanmoins | saisir pour chacun un mouvement un par le 65
nombre; en effet, tout mouvement est de quelque chose vers quelque chose et n'est pas infini à ses extrémités; j'appelle donc un par le nombre le mouvement qui advient d'une chose la même par le nombre vers une chose la même par le nombre, en un temps le même par le nombre. En effet, un mouvement peut être le même par le genre, par l'espèce et par le nombre : | par le genre, quand il concerne la même catégorie, par exem- **242b35**
ple la substance ou la qualité; par l'espèce, quand il va d'une chose de même espèce vers une chose de même espèce, par exemple du blanc vers le noir ou du bon vers le mauvais, celui-ci n'étant pas différent par l'espèce; et par le nombre, quand il va d'une chose une en nombre vers une chose une en nombre dans le même temps, par exemple de ce blanc vers ce noir ou de ce | lieu vers cet autre, pendant ce temps; car si c'est en un autre 40
temps, le mouvement ne sera plus un par le nombre mais par l'espèce. Mais on a parlé de cela précédemment [1].

Considérons à présent le temps dans lequel A a achevé son mouvement, soit le temps K. Le mouvement de A étant fini, le temps aussi | sera fini. Mais puisque les moteurs et les mus sont 45
infinis, le mouvement EFGH, composé de tous les mouvements, sera également infini. Il se peut, en effet, que soient égaux le mouvement de A et de B et des autres choses, et il se peut que les uns soient plus grands que les autres, de sorte que,

1. *Cf.* V 4, 227b20-228b15.

qu'ils soient toujours égaux ou qu'ils soient plus grands, dans
50 les deux cas le total est infini (car nous considérons | ce qui est possible). Mais puisque A est mû en même temps que chacun des autres, le mouvement total sera dans le même temps que celui de A; or celui de A est dans un temps fini, donc un mouvement infini serait dans un temps fini, ce qui est impossible.

Il semblerait qu'on ait ainsi montré la proposition de
55 départ[1], et pourtant ce n'est pas démontré, | parce qu'on n'a rien montré d'impossible; en effet, il est possible qu'un mouvement infini soit dans un temps fini, s'il n'est pas d'une seule chose mais de plusieurs. Et c'est ce qui arrive pour les choses mentionnées, car chacune est mue de son propre mouvement mais il n'est pas impossible que plusieurs soient mues en même temps[2]. Mais si ce qui meut en premier, selon le lieu et
60 | d'un mouvement corporel, est nécessairement en contact ou continu avec le mû, comme nous le voyons dans tous les cas, il est nécessaire que les mus et les moteurs soient continus ou en contact l'un avec l'autre, de manière à former une seule chose à partir de tous[3]. Et que cela soit fini ou infini, peu importe
65 pour l'instant, car de toute façon | le mouvement sera infini

1. C'est-à-dire la nécessité d'arriver à un moteur premier et de ne pas poursuivre l'enchaînement des moteurs à l'infini (242a53-54).

2. Une infinité de choses peuvent donc être mues en même temps, ce qui constituerait un mouvement infini, non pas au sens où il durerait un temps infini, mais au sens où l'on aurait une série infinie de corps se communiquant le mouvement.

3. Il est important de remarquer que la règle du contact nécessaire entre le moteur et le mû est d'abord explicitement limitée au mouvement local et au mouvement transmis d'un corps à un autre; cette dernière restriction sera toujours maintenue, mais la première sera supprimée au chap. 2, la règle étant étendue aux mouvements qualitatif et quantitatif.

puisque les choses sont infinies, s'il est vrai que les mouvements peuvent être soit égaux soit plus grands les uns que les autres, car ce qui est possible, prenons-le comme existant. Si donc le composé de ABCD est un infini et est mû selon le mouvement EFGH durant le temps K, qui est fini, il en résulte qu'en | un temps fini l'infini parcoure soit le fini soit l'infini. Or c'est impossible des deux façons ; par conséquent, il est nécessaire qu'on s'arrête et qu'il y ait un premier moteur mû. Peu importe en effet que l'impossibilité résulte d'une hypothèse, | car l'hypothèse a été considérée comme possible et, une fois le possible posé, il ne convient pas qu'en advienne une impossibilité. 70 **243a30**

2. | Le premier moteur, non pas au sens de ce en vue de quoi mais au sens de ce d'où vient le principe du mouvement, est ensemble avec le mû (et je dis « ensemble »[1] parce qu'il n'y a aucun intermédiaire entre eux), car cela est commun | à tout mû et à tout moteur. D'autre part, puisque les mouvements sont trois : celui selon le lieu, celui selon la qualité et celui selon la quantité, il est nécessaire que les moteurs soient également trois : ce qui transporte, ce qui altère et ce qui fait croître ou **243a32** 35

1. Le terme ἅμα n'a pas ici le sens temporel de « simultanément » mais le sens spatial de « ensemble » ; l'expression du contact est cependant moins précise par ce terme que par les termes ἅπτεσθαι et συνεχὲς du chapitre précédent. Une nouvelle restriction est ainsi apportée à la règle du contact nécessaire entre le moteur et le mû, précisant qu'elle n'est valable que pour un moteur qui est cause comme origine et non comme fin du mouvement, celui-ci pouvant être immobile et séparé du mû. La généralisation qui vient justifier la règle ne s'applique donc pas universellement mais seulement aux cas qui satisfont les conditions mentionnées. La démonstration se fait d'abord à propos du mouvement local (*cf.* la conclusion des deux types de démonstration, respectivement en 244a5-6 et 244b1-2), puis est étendue au mouvement qualitatif et au mouvement quantitatif.

décroître. Parlons donc d'abord du transport, car c'est le
40 premier | des mouvements[1].

Tout transporté est mû soit par lui-même soit par autre chose. Dans tous ceux qui sont mus par eux-mêmes, il est manifeste que le mû et le moteur sont ensemble car le premier
15 moteur se trouve en eux, de sorte | qu'il n'y a rien entre eux. Quant à tous ceux qui sont mus par autre chose, ils doivent l'être nécessairement de l'une des quatre façons, car il y a quatre espèces de transport par autre chose : la traction, la poussée, le portage, le roulement. Tous les mouvements selon le lieu se ramènent en effet à ceux-là : l'impulsion est une poussée, quand ce qui meut en éloignant de soi pousse
20 en accompagnant, la répulsion | quand, après avoir mû, il
243b1 n'accompagne pas, la projection quand | il produit le mouvement à partir de lui plus fort que le transport naturel et transporte la chose jusqu'à ce que le mouvement de celle-ci domine. À leur tour, la dilatation et la condensation sont répulsion et traction : d'une part, la dilatation est répulsion (car la répulsion se fait ou bien à partir de soi ou bien à partir d'autre
5 chose), | et la condensation est traction (car la traction se fait ou bien vers soi ou bien vers autre chose). Par conséquent, c'est le cas aussi pour toutes les espèces de celles-ci, par exemple le serrement et l'étalement du tissage, car l'un est condensation, l'autre dilatation. Et de même pour les autres assemblages et séparations, car ils seront tous dilatations et condensations, sauf ceux qui relèvent de la venue à l'être et de la destruction.

1. Le transport circulaire uniforme est déjà dit premier au livre IV 14, 223b18-20, selon le critère épistémologique du plus connaissable, mais l'antériorité à la fois ontologique et chronologique du mouvement local en général sur les autres changements sera longuement démontrée au livre VIII 7, 260a20-261a26.

| Et en même temps il est manifeste que l'assemblage et la 10
séparation ne sont pas un autre genre de mouvement, car tous se répartissent dans l'une des classes qu'on a dites. En outre, l'inspiration est traction, l'expiration est poussée, de même que le crachement et tous les autres mouvements corporels de rejet ou d'absorption, car les uns sont tractions, | les autres 15
répulsions. Et il faut aussi y ramener les autres mouvements selon le lieu car tous tombent dans ces quatre classes. Parmi eux, à leur tour, le portage et le roulement entrent dans la traction et la poussée. En effet, le portage se fait de l'une de ces trois façons : d'une part, ce qui est porté est mû par accident parce qu'il se trouve dans | ou sur une chose mue ; d'autre part, 20
ce qui porte porte en étant soit tiré soit | poussé soit roulé, de **244a1**
sorte que le portage est commun à tous les trois. Quant au roulement, il est composé de traction et de pousée, car il est nécessaire que ce qui fait rouler tire d'un côté et pousse de l'autre, puisque d'un côté il éloigne de lui, de l'autre il mène à lui. Par conséquent, si ce qui pousse et | ce qui tire sont avec ce 5
qui est poussé et ce qui est tiré, il est manifeste qu'entre ce qui est mû et ce qui meut selon le lieu il n'y aucun intermédiaire.

Mais ceci est clair aussi d'après les définitions[1]. En effet, la poussée est le mouvement à partir de soi-même ou d'autre chose vers autre chose, la traction est le mouvement à partir d'autre chose vers soi-même ou vers autre chose, quand est plus rapide le mouvement | de ce qui tire, qui sépare l'un de 10
l'autre les continus ; car c'est ainsi qu'il y a attraction mutuelle. (Il semblerait peut-être qu'il existe une traction d'une autre

1. Après la démonstration par induction ou observation, vient la démonstration par la définition des sortes de mouvements locaux, qui toutes comportent le même genre divisé par une différence spécifique.

façon encore, car ce n'est pas ainsi que le bois attire le feu. Mais le fait de tirer ne diffère pas, que ce qui tire soit en mouvement ou en repos, car tantôt il tire vers où il est, tantôt
15 vers où il était.) Mais il est impossible | de mouvoir, que ce soit de soi-même vers autre chose ou d'autre chose vers soi-même,
244b1 | sans contact, de sorte que manifestement, entre le mû selon le lieu et le moteur, il n'y a aucun intermédiaire.

Ensuite, il n'y en a pas davantage entre ce qui est altéré et ce qui altère. Ceci est clair par induction : dans tous les cas il
5 arrive que sont ensemble la dernière chose | qui altère et la première qui est altérée, sous l'effet de tout ce que nous avons cité[1]. Car ce sont là les affections de la qualité sous-jacente : nous disons qu'en étant chauffée, adoucie, condensée, raréfiée ou blanchie, une chose est altérée, et nous le disons semblablement pour l'inanimé et pour l'animé, et, chez les animés, aussi
10 bien pour les parties non | sensitives que pour les sensations elles-mêmes. En effet, d'une certaine manière, les sensations

1. Par rapport au *textus alter*, un passage manque ici dans tous les manuscrits, que Ross reconstitue comme suit à partir de Simplicius : « En effet, nous avons supposé que les choses altérées sont altérées en étant affectées selon les qualités appelées « affectables ». Car tout corps diffère d'un autre par des sensibles plus ou moins nombreux ou par une plus ou moins grande quantité des mêmes sensibles ; or ce qui est altéré est aussi altéré sous l'effet de ce que nous avons cité. » Il me semble peu probable que tel ait été le texte original. L'explication de Simplicius est ici trop abrégée pour être claire ; elle est un peu plus claire dans la version plus longue proposée par Prantl pour combler la lacune, mais les deux versions restent insatisfaisantes en ce qu'elles ne fournissent pas d'antécédent au « τῶν εἰρημένων », alors que le *textus alter* fournit une longue liste d'exemples de qualités sensibles. D'une manière générale, il ne me semble pas justifié d'emprunter au commentaire de Simplicius (qui n'est pas ici une citation) plutôt que de supposer un contenu similaire à celui du *textus alter*. Je préfère donc traduire le texte des manuscrits, qui reste compréhensible malgré sa lacune évidente.

aussi sont altérées, car la sensation en acte est un mouvement à travers le corps, la sensation subissant quelque chose[1]. Ainsi, tout ce dont l'inanimé est altéré, l'animé en est altéré aussi, mais tout ce dont l'animé est altéré, l'inanimé n'en est pas altéré, car il n'est pas altéré | par les sensations, et l'un n'a pas conscience d'être affecté, | l'autre bien. Cependant, rien n'empêche que l'animé n'en ait pas conscience non plus, lorsque l'altération ne se fait pas par les sensations. Si donc ce qui est altéré est altéré par les choses sensibles, dans tous les cas il est manifeste que sont ensemble la dernière chose qui altère | et la première chose altérée, car à l'une est continu l'air et à l'air est continu le corps, et à leur tour la couleur à la lumière et la lumière à la vue; et de la même manière le sont aussi l'ouïe et l'odorat, car le premier moteur du côté de la chose mue, c'est l'air; et semblablement pour le goût, puisque l'aliment est ensemble avec le goût[2]. | Et c'est pareil aussi pour les

15 **245a1** 5 10

1. La formulation est correcte si l'on considère que le même mot *aisthèsis* signifie tantôt l'acte de sensation, tantôt l'organe sensoriel qui est altéré. De même, dans le *De anima*, la sensation est définie comme un mouvement au sens d'une modification du rapport (*logos*) que l'organe sensoriel entretient avec le milieu extérieur, et au sens où cette modification est transmise depuis l'organe sensoriel périphérique jusqu'au siège central où les différentes sensations sont synthétisées et deviennent conscientes (voir notamment II 5, 416b32-35; II 12, 424a21-24). La sensation est donc une certaine altération, mais Aristote précise qu'il faut entendre le terme en un autre sens que le sens courant qui signifie une certaine destruction, car il s'agit plutôt de la conservation dans l'acte de ce qui était en puissance (II 5, 417b1-7). La distinction y est également faite entre la sensation et l'altération subie par les êtres non sensitifs, comme les plantes et les inanimés (II 12, 424a32-b18).

2. Les corps sont donc affectés soit par contact direct, soit à distance grâce à un ou plusieurs corps intermédiaires qui sont en contact entre eux, de sorte que la règle du contact nécessaire entre le moteur et le mû se vérifie aussi pour les altérations. Le rôle du milieu dans la transmission des sensations est longue-

inanimés et les insensibles. Par conséquent, il n'y aura pas d'intermédiaire entre ce qui est altéré et ce qui altère.

Pas davantage, non plus, entre ce qui croît et ce qui fait croître, car la première chose qui fait croître fait croître en s'ajoutant, de manière à former un seul tout. À son tour, ce qui fait décroître fait décroître en enlevant une des parties de ce qui 15 décroît. | Il est donc nécessaire que ce qui fait croître et ce qui fait décroître soient continus, et entre les continus il n'y a aucun intermédiaire. Par suite, il est manifeste qu'entre le mû **245b1** et | le premier moteur, c'est-à-dire le dernier en allant vers le mû, il n'y a rien au milieu.

245b3 3. | Le fait que tout ce qui est altéré est altéré par les choses sensibles et que l'altération existe seulement dans toutes ces 5 choses qui | sont dites être affectées par soi par les choses sensibles, il faut l'étudier d'après ce qui suit. Plus que partout ailleurs, on pourrait supposer que c'est surtout dans les figures, dans les formes, dans les dispositions acquises, et dans les acquisitions et les pertes de celles-ci, que réside l'altération. Pourtant elle ne se trouve dans rien de tout cela. En effet, ce qui 10 est figuré et transformé, lorsqu'il est achevé, | nous ne disons pas qu'il est ce dont il est fait, par exemple que la statue est bronze, la pyramide cire ou le lit bois, mais, par dérivation, nous disons l'une « en bronze », l'autre « en cire », l'autre « en bois ». Au contraire, ce qui a été affecté et altéré, nous

ment développé dans le *De anima*, II 7-11, où Aristote montre que l'organe sensoriel n'est, pour aucun des cinq sens, directement en contact avec le sensible, mais qu'il y a toujours un corps intermédiaire qui transmet le sensible par contact. Pour certains sens le corps intermédiaire doit être extérieur à l'être sentant (air, eau, air en tant que lumineux), pour d'autres il en est une partie (la chair pour le toucher et le goût).

l'appelons ainsi : nous appelons le bronze humide, chaud et dur, ainsi que la cire, | et non seulement cela mais nous 15 appelons même bronze l'humide et le chaud, en appelant la matière par le même nom que l'affection. | Par conséquent, si **246a1** dans le cas de la figure et de la forme on ne donne pas à ce qui est venu à l'être le nom de ce dans quoi se trouve la figure, tandis qu'on le fait dans le cas des affections et des altérations, il est manifeste que les venues à l'être ne pourraient être des altérations[1].

En outre, parler ainsi semblerait absurde, | si l'on disait que 5 l'homme ou la maison ou une chose quelconque venue à l'être a été altéré – quoiqu'il soit sans doute nécessaire, pour que chaque chose vienne à l'être, qu'une autre soit altérée, par exemple que la matière soit condensée, raréfiée, chauffée ou refroidie ; il n'en reste pas moins que ce qui vient à l'être n'est pas altéré et que la venue à l'être n'est pas une altération.

| Pas davantage les dispositions acquises, qu'elles soient 10 du corps ou de l'âme, ne sont des altérations. En effet, les vertus et les vices font partie des dispositions acquises, or ni la vertu ni le vice n'est une altération, mais la vertu est un certain achèvement (car c'est lorsque chaque chose a reçu sa vertu propre qu'on la dit achevée, puisqu'elle est alors le plus

1. Dans le premier cas, un corps (un morceau de bronze ou de bois) reçoit une nouvelle forme essentielle (celle de statue ou de lit), qui en fait une nouvelle substance composée ; dans ce cas, on n'appelle pas la substance nouvelle par le nom de l'ancienne, qui désormais lui sert de matière. Dans le second cas, le même corps reçoit une altération mais sans cesser d'être le même corps ; dans ce cas, on peut toujours l'appeler par son nom précédent ou bien par le nom de la qualité dont il vient d'être altéré. La manière dont on désigne les choses reflète ainsi la différence entre une venue à l'être (qui transforme le corps en une nouvelle substance) et une altération (qui ajoute au même corps une qualité).

15 | conforme à sa nature; par exemple, un cercle est achevé quand il est devenu tout à fait cercle, et le mieux possible[1]) et le vice est la destruction et l'abandon de cet état. De même donc que nous n'appelons pas altération l'achèvement de la maison (car il est absurde que soit altération le revêtement des murs et les tuiles ou que, quand elle est revêtue et couverte, la maison 20 soit altérée | et non achevée), de la même manière pour les **246b1** vertus | et les vices et pour ceux qui les ont ou les acquièrent, car les unes sont des achèvements et les autres des abandons, donc pas des altérations.

En outre, nous disons que toutes les vertus résultent d'une manière d'être relative[2]. En effet, celles du corps, comme 5 la santé | et la bonne constitution, nous les plaçons dans le mélange et l'équilibre entre les éléments chauds et froids, soit les uns par rapport aux autres à l'intérieur du corps, soit par rapport au milieu ambiant; et il en va de même pour la beauté, la vigueur et les autres vertus et vices, car chacun réside dans le fait d'être relatif à quelque chose, et dispose bien ou mal ce qui 10 le possède vis-à-vis des affections qui lui sont propres | (et lui

1. La traduction littérale de *aretè* par « excellence » fait mieux comprendre sa mise en relation avec l'achèvement le meilleur possible de toute chose. S'il n'y avait pas le risque de confusion avec la catégorie de la qualité, la traduction par « qualité » conviendrait bien, puisqu'il s'agira de considérer les qualités physiques, les qualités du caractère, les qualités d'un objet en général; et à l'inverse le vice désigne la mauvaise qualité en général. Je conserve cependant les traductions traditionnelles, tout en mettant en garde contre une compréhension qui les réduirait au domaine moral.

2. L'expression ἐν τῷ πρός τι πὼς ἔχειν ne s'applique pas seulement aux étants de la catégorie du relatif (πρός τι), mais désigne tout ce qui dépend d'un certain rapport entre des choses. Elle est assez rare dans l'ensemble de l'œuvre d'Aristote, mais elle est également appliquée aux vertus dans l'*Éthique à Nicomaque*, I 12, 1101b13. Le *textus alter* indique partout πρός τι.

sont propres celles sous l'effet desquelles il est naturellement disposé à venir à l'être et à se détruire). Puisque donc les relatifs ne sont pas eux-mêmes des altérations et qu'ils n'ont eux-mêmes ni altération ni venue à l'être ni aucun changement en général, il est manifeste que ni les dispositions acquises ni les pertes et acquisitions des dispositions acquises ne sont des altérations, mais peut-être est-il nécessaire qu'elles viennent à l'être et | soient détruites lorsque certaines choses sont altérées, 15 comme c'est le cas pour la forme essentielle, par exemple lorsque sont altérés les éléments chauds et froids ou secs et humides ou tout ce dans quoi elles se trouvent en premier. En effet, chaque vice ou vertu se dit en rapport avec ces choses par lesquelles ce qui les possède est naturellement altéré, car la vertu rend soit insensible soit sensible d'une certaine façon, | et 20 le vice sensible ou insensible de façon contraire.

Il en va semblablement | pour les dispositions acquises de **247a1** l'âme, car elles relèvent toutes d'une manière d'être relative, et les vertus sont des achèvements tandis que les vices sont des abandons. En outre, la vertu dispose bien vis-à-vis des affections propres, le vice mal. Par conséquent elles ne seront pas non plus | des altérations, pas plus que leurs pertes et leurs 5 acquisitions. Toutefois, il est nécessaire qu'elles viennent à l'être lorsque la partie sensitive est altérée. Or, elle sera altérée par les choses sensibles; en effet, toute vertu éthique se rapporte aux plaisirs et aux peines du corps, et ceux-ci se trouvent dans l'action, dans le souvenir ou dans l'espoir. Ceux | qui se 10 trouvent dans l'action se font par la sensation, de sorte qu'ils sont mus par quelque chose de sensible, et ceux qui se trouvent dans la mémoire et dans l'espoir sont mus à partir de ceux-là, car on a du plaisir à se souvenir de ce qu'on a éprouvé ou à espérer ce qu'on éprouvera. Dès lors, il est nécessaire que tout plaisir de cette sorte advienne sous l'effet des choses sensibles.

15 Et puisque, lorsqu'adviennent plaisir et | peine, adviennent aussi le vice et la vertu (car ils s'y rapportent), et que les plaisirs et les peines sont des altérations de la partie sensitive, il est manifeste que quelque chose doit être altéré pour qu'on les perde ou les acquière. Par conséquent, leur venue à l'être accompagne l'altération mais eux-mêmes ne sont pas
247b1 | des altérations[1].

Cependant, les dispositions acquises de la partie noétique ne sont pas non plus des altérations, et elles n'ont pas de venue à l'être. En effet, nous disons que la faculté connaissante relève bien plus encore d'une manière d'être relative[2]. En outre, il est manifeste aussi qu'il n'y en a pas de venue à l'être, car la faculté connaissante en puissance devient connaissante
5 non parce qu'elle a été modifiée | elle-même mais du fait qu'une autre chose lui appartient. En effet, lorsqu'est advenu le particulier, on connaît d'une certaine façon le général grâce au particulier[3]. À leur tour, l'exercice et l'acte n'ont pas de venue à l'être, à moins de croire qu'il y a une venue à l'être de la vue et du toucher, car l'exercice et l'acte leur sont sembla-
10 bles. | Quant à l'acquisition initiale de la science, elle n'est pas

1. Dans l'*Ethique à Nicomaque*, le plaisir n'est pas considéré comme une altération mais comme un acte supplémentaire résultant de diverses activités (VII 13, 1153a7-12; X 2, 1173a29-b4; 3, 1174a13-4, 1174b23).

2. *Cf. Catégories*, 7b22-35 : la science est relative à l'objet de science alors que la réciproque n'est pas vraie.

3. Les choses connaissables particulières sont sensibles et subissent des processus physiques, tandis que les choses connaissables générales sont des formes non soumises aux processus physiques, issues des particuliers par l'opération d'induction. L'acquisition d'une forme connue nouvelle n'est pas une modification physiologique de la faculté connaissante. De même, selon la phrase suivante, l'actualisation d'une forme précédemment acquise n'est pas non plus un processus physique.

une venue à l'être ni une altération, car nous disons connaître et penser du fait que la pensée discursive est en repos et en arrêt[1]; or, il n'y a pas de venue à l'être vers le repos car il n'y en a en général pour aucun changement, comme on l'a dit précédemment[2]. En outre, de même que, quand quelqu'un passe de l'ivresse, du sommeil ou de la maladie vers leurs contraires, | nous ne disons pas qu'il est redevenu savant (et pourtant il était incapable auparavant d'exercer la science), de même nous ne le disons pas non plus quand quelqu'un acquiert initialement une disposition acquise, car c'est par l'apaisement de l'âme après l'agitation naturelle qu'on devient réfléchi et savant. C'est pourquoi les petits enfants ne peuvent ni apprendre ni juger d'après les sensations | de la même manière que les plus âgés, car chez eux l'agitation et le mouvement sont importants. Et l'agitation s'apaise et se repose par rapport à certaines choses sous l'effet de la nature elle-même, par rapport à d'autres sous l'effet d'autres choses, mais dans les deux cas lorsque certaines parties dans le corps sont altérées, comme | dans le cas de l'exercice et de l'acte, lorsqu'on est redevenu sobre et réveillé.

15

248a1

5

Il est donc manifeste, d'après ce qu'on a dit, que le fait d'être altéré et l'altération adviennent dans les sensibles et dans la partie sensitive de l'âme, mais dans aucune autre, si ce n'est par accident.

4. | On pourrait se demander si tout mouvement est comparable à tout autre ou pas. Si tout mouvement est comparable et si est de même vitesse ce qui est mû d'autant en un

248a10

1. La connaissance est le résultat de la recherche par raisonnements que mène la pensée discursive (*dianoia*).

2. *Cf.* V, 2 et VI, 8.

temps égal, alors une ligne circulaire sera égale à une droite, et donc aussi plus longue et plus courte. En outre, une altération et un transport seront égaux lorsque, dans un temps égal, une
15 chose a été altérée et une autre transportée. | L'affection sera donc égale à la longueur – mais c'est impossible[1]. Mais faut-il dire que, quand elle est mue d'une quantité égale en un temps égal, une chose est alors de même vitesse, mais qu'une affection n'est pas égale à une longueur, de sorte qu'une altération n'est ni égale à un transport ni plus petite, de sorte que tout mouvement n'est pas comparable? Et pour le cercle et la
20 droite, comment cela se passera-t-il? | Il serait absurde que cette chose-ci ne puisse être mue en cercle semblablement à celle-ci sur la droite, mais qu'aussitôt l'une soit nécessairement plus rapide ou plus lente, comme si elle descendait et que l'autre montait – et cela ne change rien au raisonnement si l'on dit que l'une doit nécessairement se mouvoir plus rapidement ou plus lentement, car dans ce cas le cercle sera plus grand ou
25 plus petit | que la droite, de sorte qu'il peut aussi être égal. En
248b1 effet, si dans le temps A | une chose a parcouru la ligne B et l'autre la ligne C, B sera plus longue que C (car c'est ainsi qu'on disait le plus rapide); donc dans un temps plus court aussi, s'il parcourt autant, il est plus rapide, par conséquent il y aura une partie de A durant laquelle le corps B parcourra autant sur le cercle que le corps C sur la ligne C pendant la totalité

1. La vitesse étant le rapport de la distance au temps, il ne suffit pas que le temps de deux mouvements soit égal pour que les mouvements soient comparables; il faut aussi qu'ils se fassent sur le même genre de quantité, car accomplir une certaine quantité d'altération ou une certaine quantité de longueur n'est pas comparable. L'incomparabilité sera ensuite étendue aux mouvements de même genre, lorsque les quantités sur lesquels ils se produisent sont spécifiquement différentes, comme le transport rectiligne et le transport circulaire.

de A[1]. Cependant, | s'ils sont comparables, il arrive ce qu'on 5
vient de dire, que la droite est égale au cercle. Or, ils ne sont pas comparables, donc les mouvements non plus.

Mais tout ce qui n'est pas homonyme est comparable[2]; par exemple, pourquoi ne peut-on comparer si est plus aigu le stylet, le vin ou la nète? Parce qu'ils sont homonymes, ils ne sont pas comparables, mais la nète est comparable à la paranète, | parce que l'aigu signifie la même chose pour les deux. 10
Est-ce donc que « rapide » ne signifiait pas la même chose ici et là, et encore bien moins dans l'altération et le transport?[3] Ou bien faut-il dire d'abord qu'il n'est pas vrai que, si des choses ne sont pas homonymes, elles sont comparables? En effet, « beaucoup » signifie la même chose pour l'eau et pour l'air, et ils ne sont pas comparables. Et sinon, le double en tous cas | signifie la même chose (c'est-à-dire deux par rapport à un), et 15

1. Cette expérience montre qu'il y a bien variation proportionnelle des vitesses sur les deux distances, c'est-à-dire comparabilité des vitesses. Mais, comme l'ajoute la phrase suivante, il n'en résulte pas une comparabilité des mouvements eux-mêmes, car celle-ci exige l'identité spécifique.

2. Plusieurs variantes existent dans les manuscrits pour cette expression, dont, après avoir exclu celles dont le sens est erroné, on peut retenir deux principales: « tout ce qui n'est pas synonyme est incomparable » (édité par Ross) et « tout ce qui n'est pas homonyme est comparable ». Cette dernière formulation introduit mieux les exemples d'homonymie et permet de mieux construire l'argument. En effet, Aristote introduit par ces mots une objection selon laquelle seuls les homonymes sont incomparables, or ce n'est pas le cas des mouvements, qui sont des espèces d'un genre. Il répondra donc, à partir de la ligne 12, que l'incomparabilité des homonymes n'entraîne pas la comparabilité de tout ce qui n'est pas homonyme.

3. Si c'est en raison d'une homonymie que les mouvements ne sont pas comparables, il faudrait, suivant l'exemple des choses dites aiguës, considérer que la vitesse est un homonyme. Ce n'est pas l'hypothèse qu'Aristote retient, mais il rectifie l'explication à partir de la ligne 12.

les choses doubles ne sont pas comparables. Ou bien le même raisonnement vaut pour eux aussi ? car « beaucoup » est aussi homonyme. Mais dans certains cas même les énoncés sont homonymes, par exemple si l'on dit que « beaucoup » c'est « autant et plus », « autant » signifie autre chose selon les cas;
20 l'égal aussi est homonyme, et l'un, | si ça se trouve, est à son tour homonyme. Et si celui-ci l'est, le deux l'est aussi, car pourquoi certains seraient-ils comparables et pas les autres, s'ils ont une seule nature ?[1]

Ou bien faut-il dire qu'ils sont dans un autre réceptacle premier? Ainsi, le cheval et le chien sont comparables quant à savoir lequel est plus blanc (car le réceptacle premier du blanc est le même, c'est la surface), et de même pour la grandeur, mais l'eau et la voix ne le sont pas, car le réceptacle
25 est différent. | Ou bien il est clair qu'on pourra ainsi tout
249a1 ramener à un, | mais en disant que chaque chose est dans un autre réceptacle, et ce sera même chose que l'égal, le doux et le blanc, mais chacun dans un autre réceptacle ?[2] En outre,

1. La généralisation des homonymes est manifestement exagérée par rapport à la conception qu'en donne Aristote dans le premier chapitre des *Catégories* et au livre I de la *Métaphysique*, de sorte qu'il faut sans doute exclure la dernière hypothèse, mais pas celle selon laquelle il y a d'autres incomparables que les homonymes.

2. Cette proposition n'exprime pas une conséquence de la comparabilité des attributs du même réceptacle premier, puisqu'elle ne concerne au contraire que le cas des attributs de réceptacles différents. C'est pourquoi, il me semble qu'elle ne constitue pas une réfutation de l'hypothèse mais une admission de la comparabilité par analogie : telle qu'est une certaine blancheur dans la surface, ainsi est une autre blancheur dans la voix. C'est seulement au paragraphe suivant qu'est introduite l'exigence qu'il n'y ait pas de différence dans le réceptacle.

n'importe quoi n'est pas réceptacle mais un seul est à chaque fois le premier.

Mais ne faut-il pas que les comparables non seulement ne soient pas homonymes, mais aussi n'aient pas de différence, ni | quant à la chose ni quant au réceptacle ? Je veux dire, 5 par exemple, que la couleur possède une division, donc qu'il n'est pas de comparaison possible selon elle (par exemple pour savoir lequel des deux objets est le plus coloré, non selon une certaine couleur, mais en tant qu'il y a couleur) mais qu'il faut comparer selon le blanc.

De même aussi, pour le mouvement, est de même vitesse le mouvement en un temps égal de telle quantité égale ; si donc, sur telle partie de la longueur, l'un a été altéré et l'autre transporté, | cette altération sera-t-elle égale et de même 10 vitesse que le transport ? Mais c'est absurde, et la cause en est que le mouvement possède des espèces, de sorte que, si les choses transportées en un temps égal sur une longueur égale sont de même vitesse, alors la droite est égale au cercle. La cause est-elle donc que le transport est un genre ou bien que la ligne est un genre | (car le temps est toujours le même 15 par l'espèce), ou bien que les deux diffèrent ensemble par l'espèce[1] ? En effet, le transport possède des espèces si en possède ce sur quoi il y a mouvement (et parfois aussi ce par quoi : par exemple, si les pieds en ont, la marche aussi, si les ailes en ont, le vol aussi – ou bien ce n'est pas le cas, mais le transport est autre par les types de chemins ?) Dès lors, les choses mues en un temps égal sur la même grandeur | sont de 20

1. Pour cette dernière ligne qui comporte plusieurs variantes manuscrites, je ne suis pas l'édition de Ross qui reproduit Simplicius, mais les manuscrits eux-mêmes, dont les leçons convergent quant au sens.

vitesse égale, et la même chose est sans différence d'espèce et sans différence de mouvement, de sorte que c'est cela qu'il faut examiner : qu'est-ce que la différence de mouvement. Et ce raisonnement signifie que le genre n'est pas un mais que derrière lui se cache une pluralité et que, parmi les homonymies, les unes sont très éloignées, les autres possèdent une certaine similitude, les autres encore sont proches par le genre
25 | ou par analogie, raison pour laquelle elles ne semblent pas être des homonymies.

Quand donc l'espèce est-elle autre : quand elle est la même dans autre chose ou quand elle est autre dans autre chose ? Et quelle est la limite, ou par quoi jugeons-nous que le blanc ou le doux est le même ou un autre : parce qu'il apparaît autre dans autre chose ou parce qu'il n'est absolument pas le même ?

D'autre part, à propos de l'altération, comment une
30 différente sera-t-elle de même vitesse qu'une différente ? | Si guérir c'est être altéré, l'un peut guérir vite, l'autre lentement,
249b1 et certains en même temps, de sorte que | l'altération sera de même vitesse puisqu'ils ont été altérés en un temps égal. Mais de quoi ont-ils été altérés ? Car on ne peut parler ici d'une quantité égale mais, comme l'égalité se trouve dans la quantité, ici se trouve la similitude. Mais considérons comme de même vitesse ce qui change de la même chose en un temps
5 égal ; faut-il donc comparer ce dans quoi se trouve | l'affection ou l'affection ? Ici assurément, parce que la santé est la même, on peut considérer qu'il n'y en a ni plus ni moins mais semblablement. Mais si l'affection est différente, par exemple si sont altérées une chose qui blanchit et une chose qui guérit, rien en elles n'est le même ni égal ni semblable, dans la mesure où l'on y voit désormais des espèces d'altération et qu'elles ne font
10 pas | une seule, pas davantage que les transports. Par conséquent, il faut considérer combien il y a d'espèces d'altération

et combien de transport. Si donc les mobiles, qui ont un mouvement par eux-mêmes et non par accident, diffèrent par l'espèce, les mouvements aussi différeront par l'espèce ; et si c'est par le genre, ce sera par le genre, et si par le nombre, par le nombre.

Mais est-ce à propos de l'affection | qu'il faut examiner si elle est la même ou semblable lorsque les altérations sont de même vitesse, ou bien à propos du corps altéré, par exemple si l'un a blanchi d'autant et l'autre d'autant ? Ou alors c'est à propos des deux, et l'altération est la même ou autre d'après l'affection, si celle-ci est la même, et égale ou inégale si celle-ci est inégale[1]. 15

Il faut aussi mener le même examen pour la venue à l'être et la destruction. | Comment la venue à l'être est-elle de vitesse égale ? Si dans un temps égal vient à l'être la même chose indivisible, par exemple un homme mais pas un animal. Et elle est plus rapide si dans un temps égal vient à l'être une autre chose[2] (car nous n'avons pas deux réceptacles pour la différence, comme c'était le cas pour la dissemblance[3]), ou bien, si la substance est un nombre, un nombre de même espèce plus grand et plus petit[4] ; mais il n'y a pas de mot pour exprimer le 20

1. Je traduis le texte des manuscrits sans les additions de Ross, en acceptant le caractère elliptique de la formulation.

2. Comme le temps de gestation est propre à chaque espèce, si deux animaux d'espèces différentes viennent à l'être en le même temps, c'est que la gestation de l'un a été plus rapide relativement à celle de l'autre qui s'est faite dans le temps normal pour son espèce.

3. Les altérations pouvaient différer suivant les espèces d'affection et aussi suivant les espèces de choses auxquelles étaient attribuées ces affections ; comme ici on compare des substances, on n'a plus affaire qu'à des sujets.

4. L'allusion renvoie à la théorie platonicienne selon laquelle chaque forme (ou idée) est un certain nombre, de sorte que tous les exemplaires de la

25 commun et chacun des deux contraires, | comme on a « plus » pour l'affection plus grande ou qui surpasse, et « plus grand » pour la quantité[1].

249b27 5. | Puisque le moteur meut toujours quelque chose, dans quelque chose et jusqu'à quelque chose (et je dis « dans quelque chose » parce que c'est dans le temps et « jusqu'à quelque chose » parce que la longueur est une certaine quantité; en effet, c'est toujours simultanément qu'il meut et a mû, 30 de sorte | qu'il y aura une certaine quantité de mouvement accompli, et une certaine quantité de temps), si donc A est le 250a1 moteur, | B le mû, C la quantité de longueur parcourue et D le temps du mouvement, dans le temps égal la même force A[2] mouvra la moitié de B sur le double de C, et sur C en la moitié 5 du temps D, car telle sera la proportion. Et | si la même force meut en ce temps-ci sur autant de distance la même chose que sur la moitié en la moitié de temps, alors la moitié de la force mouvra la moitié de la chose en un temps égal sur une distance égale. Par exemple, soit E la moitié de la force A et F la moitié de B : ils sont disposés de la même manière, et la force est proportionnelle au poids, de sorte que les deux forces mou- 10 vront d'autant en un temps égal. | Et si E meut F dans le temps

même forme sont du même nombre spécifique (*arithmos homœidès*), mais peuvent différer par la taille (comme si l'on comparait un petit 5 et un grand 5, ou encore, à la manière pythagoricienne, un pentagone composé de 5 points et un pentagone composé de 12 points). Cette théorie est réfutée au livre N de la *Métaphysique* (chap. 3), et il n'y a aucune raison de penser que, si elle est mentionnée ici comme une hypothèse sans être explicitement rejetée, ce passage doit être antérieur à l'affranchissement d'Aristote par rapport à Platon.

1. Il n'y a pas de mots pour dire « de gestation égale », « de gestation plus courte » et « de gestation plus longue ».

2. La force motrice est exprimée tantôt par *dunamis* tantôt par *ischus*.

D sur la distance C, il n'est pas nécessaire qu'en un temps égal E meuve le double de F sur la moitié de C : si A meut B pendant D sur autant de distance que C, la moitié de A, à savoir E, ne mouvra pas B dans le temps D, ni dans une certaine partie de D sur une certaine partie de C, | proportionnellement à la totalité 15 de C, comme A à E, car il peut arriver qu'elle ne meuve rien du tout, car si la force entière a mû sur autant de distance, la moitié ne mouvra ni sur autant ni en aucun temps, car alors un seul homme mouvrait le navire, si la force des hâleurs était divisée selon leur nombre, ainsi que la distance sur laquelle ils mouvaient tous. C'est pourquoi | le raisonnement de Zénon 20 n'est pas exact, selon lequel n'importe quelle partie du mil fait du bruit; car rien n'empêche qu'en aucun temps celle-ci ne meuve l'air que le médimne entier a mû en tombant[1]. Et donc elle ne mouvra pas non plus une partie du tout de la grandeur qu'elle mouvrait par elle-même; car il n'y en a aucune, si ce n'est en puissance, dans le | tout. Mais si les moteurs sont deux, 25 et que chacun meuve chacun des corps d'autant en autant de temps, les forces mises ensemble composées mouvront la somme des poids sur une distance égale et en un temps égal, car c'est proportionnel.

En est-il donc de même pour l'altération et la croissance? Il y a en effet quelque chose qui fait croître, quelque chose qui croît, une quantité de temps | et une quantité selon laquelle l'un 30 fait croître et l'autre croît. Et quant à ce qui altère et ce qui est altéré, de la même manière la chose a été altérée d'une certaine

1. *Cf.* Zénon d'Élée, A 29 DK. Selon Simplicius, cet argument aurait été opposé par Zénon à Protagoras, dans un entretien dialectique. Il repose sur la proportionnalité stricte entre la quantité de la force et la quantité de l'effet produit. Mais Aristote lui oppose qu'il y a une limite à la proportionnalité, un seuil sous lequel la force ne produit plus aucun effet.

250b1 quantité selon le plus et | le moins, et dans une certaine quantité de temps ; et dans le double du temps la quantité sera double, et la quantité double dans le double du temps, et la moitié en la moitié du temps (ou en la moitié du temps la moitié[1]), ou bien en un temps égal, le double. Mais si ce qui altère ou fait croître fait croître ou altère d'autant en autant de temps, il n'est pas 5 nécessaire que | la moitié le fasse en la moitié de temps et qu'en la moitié de temps se fasse la moitié, mais, si cela se trouve, elle n'altèrera rien ou ne fera rien croître, comme c'est le cas aussi pour le poids.

1. Les deux expressions ne sont pas tautologiques car l'expérience n'est pas tout à fait la même si l'on divise d'abord la quantité, ce qui entraîne la division proportionnelle du temps, ou d'abord le temps, ce qui entraîne la division de la quantité. Même remarque à la ligne 5.

LIVRE VIII

1. | Le mouvement est-il apparu un jour, alors qu'il n'était **250b11** pas auparavant, et disparaîtra-t-il ensuite de sorte que rien ne soit mû ? Ou bien est-ce qu'il n'est pas apparu et ne disparaîtra pas, mais il était toujours et sera toujours, et, immortel et incessant, il appartient aux étants comme une sorte de vie pour toutes les choses | naturellement constituées ? Que le mouve- 15 ment existe, tous ceux qui parlent de la nature l'affirment, parce qu'ils décrivent la mise en ordre du monde et font tous porter leur étude sur la venue à l'être et la destruction, étude impossible si le mouvement n'existe pas. Mais tous ceux qui affirment l'existence d'une infinité de mondes, dont les uns viennent à l'être et les autres sont détruits, | affirment que le 20 mouvement existe toujours (car nécessairement leurs venues à l'être et destructions s'accompagnent de mouvement) ; et tous ceux qui disent qu'il y a un seul monde, ou qu'il n'existe pas toujours, établissent en conséquence leurs hypothèses sur le mouvement.

Si donc il est possible qu'à un certain moment rien ne soit mû, il est nécessaire que cela se passe de deux façons : ou bien comme le dit Anaxagore (car il dit que, | toutes choses étant 25 ensemble et en repos pendant un temps infini, l'intellect y a produit le mouvement et établi les distinctions[1]); ou bien comme Empédocle, disant qu'il y a alternativement mouvement et à nouveau repos, mouvement lorsque l'amitié produit l'un à partir du multiple ou la discorde le multiple à partir de l'un, et repos dans les temps intermédiaires :

30 | « De cette façon tantôt l'un a appris à naître du multiple,
251a1 | tantôt à nouveau de la dispersion de l'un s'accomplissent des choses multiples.
D'une part, les choses adviennent et n'ont pas de temps de vie ferme,
d'autre part, en changeant continuellement elles ne cessent jamais,
et ainsi elles vont toujours en cercle, immobiles »[2].

(On doit en effet supposer que par « en changeant », 5 il veut dire « d'ici vers là ».) | Il faut donc examiner ce qu'il en est à ce propos, car il est important de voir la vérité, non seulement pour l'étude de la nature, mais aussi pour la recherche concernant le principe premier[3].

1. *Cf.* Anaxagore, B 13 DK.

2. *Cf.* Empédocle, B 17 DK, vers 9-13. Je suis Diels, Ross et la plupart des éditeurs des fragments d'Empédocle, qui font du οὕτως le premier mot de la citation, et non Bekker, Cornford et Carteron, qui le rattachent au λέγων.

3. L'opposition établie entre les deux recherches, consacrées respectivement aux étants en devenir et à la condition première de tout devenir, ne signifie pas encore nécessairement qu'une science non physique devra s'occuper du principe premier; à ce stade, la même science pourrait encore être consacrée à la fois aux phénomènes et à leur condition ultime. Tout dépendra du statut ontologique qu'il faudra accorder à ce principe. C'est seulement au terme d'un long raisonnement occupant tout le dernier livre qu'Aristote en viendra à la nécessité de poser au moins un étant non physique.

Commençons par ce que nous avons déterminé précédemment dans les questions de physique[1]. Nous affirmons que le mouvement est l'acte | du mobile en tant que mobile. Il est donc nécessaire qu'existent d'abord les choses susceptibles d'être mues selon chaque mouvement. Et même sans la définition du mouvement, tout le monde reconnaîtrait que nécessairement est mû ce qui a la puissance d'être mû selon chaque mouvement, par exemple est altéré ce qui est altérable, transporté ce qui | peut changer de lieu, de sorte que le brûlable doit exister avant d'être brûlé, de même que le brûlant avant de brûler. Par suite, il est nécessaire que ces choses ou bien soient apparues un jour, alors qu'elles n'existaient pas auparavant, ou bien soient éternelles. Si, d'une part, chacun des mobiles est venu à l'être, il est nécessaire qu'avant celui que nous considérons un autre changement et mouvement soit venu à l'être, grâce auquel | est venu à l'être ce qui peut être mû ou mouvoir. Si, d'autre part, des étants existaient depuis toujours sans qu'il y ait de mouvement, cela paraît déjà absurde quand on s'arrête ici, mais bien plus encore quand on va plus loin. Si en effet, les uns étant mobiles, les autres moteurs, tantôt il y en aura un qui mouvra en premier et un qui sera mû, | et tantôt aucun mais tout sera en repos, il est nécessaire que ceci change d'abord; en effet, il y a une cause au repos, puisque le repos est privation de mouvement. Par conséquent, avant le premier changement, il y aura un changement antérieur[2]. Certaines choses en effet meuvent

1. Renvoi à la définition du mouvement établie au livre III.

2. La première hypothèse soutient directement l'éternité du mouvement, sous forme d'une série de productions successives. La seconde (celle d'Anaxagore), qui postule l'éternité des étants mais pas du mouvement, est jugée impossible car l'apparition du mouvement dans un univers immobile

d'une seule façon, d'autres selon des mouvements opposés;
30 par exemple, le feu chauffe | et ne refroidit pas, tandis que la science semble être une pour les contraires. Il apparaît donc là aussi quelque chose du même type, car le froid chauffe dans un certain sens quand il se détourne et se retire, comme aussi le savant se trompe volontairement quand il utilise la science
251b1 à contresens. | Cependant toutes les choses susceptibles de produire et de subir ou de mouvoir et d'être mues, n'en sont pas capables dans toutes les conditions, mais quand elles sont disposées d'une certaine façon et rapprochées l'une de l'autre. Aussi, lorsqu'elles se rapprochent, l'une meut et l'autre est mue, et ce quand elles existent de manière telle que l'une soit
5 motrice | et l'autre mobile. Si donc les choses n'étaient pas mues toujours, il est clair que c'est parce qu'elles n'étaient pas disposées de manière à être aptes, les unes à être mues, les autres à mouvoir, et qu'il fallait changer l'une d'elles; c'est ce qui arrive nécessairement dans les relatifs, par exemple si ce qui n'était pas double est double maintenant, c'est que l'un des deux a changé, si pas tous les deux. Il y aura donc un
10 changement | antérieur au premier.

Outre cela, comment l'antérieur et postérieur existera-t-il si le temps n'existe pas? ou encore le temps, si le mouvement n'existe pas? Si donc le temps est le nombre du mouvement ou un certain mouvement, puisque le temps est toujours, il est nécessaire que le mouvement soit également éternel. Or, à propos du temps, excepté un seul, tous paraissent avoir une
15 | conception semblable, car ils disent qu'il est sans naissance.

constitue un changement, qui lui-même devrait être causé par un autre changement, et ainsi de suite.

C'est en effet par là que Démocrite montre l'impossibilité que tout soit venu à l'être, car le temps est sans naissance. Platon seul le conçoit engendré : il dit qu'il est venu à l'être simultanément à l'univers et que l'univers est venu à l'être[1]. Si donc il est impossible que le temps existe | et soit pensé sans l'instant, 20 et si l'instant est une certaine médiété constituant à la fois un début et une fin, début du temps futur et fin du temps passé, il est nécessaire que le temps existe toujours. En effet, l'extrémité du dernier temps considéré sera dans un des instants (car on ne peut rien saisir dans le temps | excepté l'instant), de sorte 25 que, puisque l'instant est début et fin, il est nécessaire que sur ses deux côtés se trouve toujours du temps. Mais si le temps est toujours, manifestement il est nécessaire que le mouvement le soit aussi, puisque le temps est une certaine affection du mouvement[2].

1. Aristote interprète littéralement le mythe du *Timée* (37d), selon lequel le temps a été créé conjointement à l'univers sensible et comme une copie mobile de l'éternité. Certains platoniciens défendront par la suite une interprétation non littérale, disant que le mythe de la création répondait à des besoins pédagogiques mais devait être compris comme exprimant la relation éternelle entre le principe et ce qui dépend du principe. S'il est vrai que le mythe est annoncé par Platon comme une fiction présentant de manière approximative des événements qui ne peuvent être l'objet d'une science véritable, il n'en demeure pas moins que la venue à l'être de l'univers repose sur l'affirmation que rien de corporel ne peut être éternel, ce qui semble bien être la conviction de Platon.

2. Ici se trouve le seul argument positif de toute la démonstration, le reste étant constitué de réfutations de thèses adverses et de réponses à des objections. L'éternité du mouvement repose donc sur celle du temps, et celle-ci sur l'impossibilité de saisir un instant qui ne serait limite du temps que d'un seul côté (argument déjà exposé en IV 13, 222a29-b7). Il faut noter que l'éternité (exprimée par l'adverbe *aei* et l'adjectif *aidion*) a désormais une double signification : d'une part, comme chez Platon, c'est la fixité ontologique de ce qui ne change jamais; d'autre part, c'est aussi l'existence infinie de ce qui change toujours.

Le même raisonnement s'applique au fait que le mouvement est indestructible : de même que, pour la venue à
30 l'être | du mouvement, il arrivait qu'il y ait un changement antérieur au premier, de même ici il y en aura un postérieur au dernier, car une chose ne cesse pas en même temps d'être mue et mobile (par exemple d'être brûlée et d'être brûlable, puisqu'elle peut être brûlable même sans être brûlée), ni
252a1 | d'être motrice et en train de mouvoir. Ce qui détruit devra donc encore être détruit au moment où le destructible est détruit, et ce qui détruit celui-là devra être détruit à son tour plus tard, car la destruction est un certain changement. Si donc tout cela est impossible, il est clair que le mouvement est
5 éternel, et non que tantôt il était, tantôt non, | car parler ainsi ressemble plutôt à une fiction.

Il en va de même lorsqu'on dit que c'est ainsi par nature et qu'il faut considérer cela comme un principe, ce que semble bien dire Empédocle, pour qui le fait que l'amitié et la discorde dominent et meuvent alternativement appartient aux choses par nécessité, ainsi que leur repos pendant le temps intermé-
10 diaire. | Et sans doute ceux qui conçoivent un seul principe, comme Anaxagore, parleraient-ils de la même manière. Cependant, rien n'est sans ordre dans les choses qui sont par nature et conformes à la nature, car la nature est cause d'ordre pour toutes choses[1]. Or l'infini n'a aucune proportion avec l'infini, et tout ordre est une proportion. Mais être en
15 repos pendant un temps infini, puis être mû | à un moment quelconque, sans qu'il n'y ait aucune différence pour laquelle

1. *Cf.* livre II : la nature est le nom donné au principe immanent qui cause la régularité des phénomènes et fait en sorte qu'ils ne puissent se produirent autrement qu'ils se produisent.

cela se passe maintenant plutôt qu'auparavant, et en outre sans avoir aucun ordre, ce n'est plus une œuvre de la nature. En effet, ou bien ce qui est par nature se fait absolument et non tantôt d'une manière tantôt d'une autre (par exemple, le feu est par nature porté vers le haut et non tantôt oui tantôt non), ou bien ce qui n'est pas absolu possède une règle. C'est pourquoi il vaut mieux, comme | Empédocle et quiconque aurait dit la 20 même chose, soutenir que le tout est alternativement en repos et puis en mouvement, car quelque chose de tel possède déjà un certain ordre[1]. Toutefois qui dit cela ne doit pas seulement l'affirmer, mais aussi en dire la cause et ne rien poser ni considérer comme axiome sans raisonnement, mais fournir soit une induction | soit une démonstration. En effet les hypothèses ne 25 sont pas elles-mêmes des causes, et ce n'était pas cela non plus l'être de l'amitié ou de la discorde, mais bien pour l'une le fait de rassembler, pour l'autre le fait de séparer. Et si l'on veut définir davantage l'alternance, il faut dire pour quelles choses c'est ainsi, par exemple qu'il y a quelque chose qui réunit les hommes : l'amitié, et que les ennemis se fuient | entre eux ; en 30 effet, on suppose que cela se passe aussi dans le tout, du fait

1. La thèse de l'alternance est meilleure que celle d'une apparition unique du mouvement à un certain moment de l'univers, comme la conçoit Anaxagore. En effet, celui-ci devrait justifier pourquoi cela se passe à ce moment et pourquoi il n'y avait que du repos avant, de sorte qu'il tombe sous l'objection, formulée au paragraphe précédent, qu'un changement antérieur doit expliquer ce changement donné pourtant comme premier. Au contraire, l'ordre des phases de mouvement et de repos est justifié chez Empédocle par la lutte entre les deux principes moteurs, mais Aristote ajoute dans les lignes suivantes que la justification est incomplète car elle ne donne pas la raison 1) du fait que les forces d'attraction et de répulsion mènent au mouvement et au repos; 2) du fait que cela s'applique à toutes choses; 3) du fait que les phases de mouvement et de repos sont de durée égale.

que cela apparaît ainsi dans certains cas. Et que ce soit durant des temps égaux, cela aussi demande une raison. En général, considérer comme un principe suffisant le fait qu'une chose est ou se produit toujours ainsi (principe auquel Démocrite ramène les causes dans la nature) ne permet pas une concep-
35 tion correcte, | comme aussi le fait que cela se produisait auparavant; et il n'estime pas nécessaire de chercher le principe du « toujours », qu'il attribue avec raison à certaines
252b1 choses | mais dont il dit à tort qu'il vaut pour toutes. En effet, le triangle a toujours ses angles égaux à deux droits, mais il y a néanmoins quelque chose d'autre qui est cause de cette éternité; tandis que pour les principes il n'y a pas une autre cause du fait qu'ils sont éternels[1].

5 | Que donc il n'y avait ni n'y aura aucun temps où il n'y avait ou n'y aura de mouvement, on l'a dit suffisamment.

252b7 2. | Ce qui s'oppose à cela n'est pas difficile à défaire. Il pourrait sembler, pour qui l'examine à partir de tels arguments, que le mouvement peut tout à fait être à certains moments sans être de toute façon, d'abord parce qu'aucun
10 changement n'est éternel, | car tout changement est par nature de quelque chose vers quelque chose, de sorte que nécessairement les limites de tout changement sont les contraires dans lesquels il advient, mais rien n'est mû à l'infini. En outre, nous voyons que peut être mû ce qui n'est pas mû ni ne possède en soi-même aucun mouvement; par exemple, dans les choses
15 inanimées, dont aucune partie | ni la totalité n'est en mouve-

1. Les propriétés toujours vraies de certains étants ont pour cause et principe l'essence de leurs sujets. Si donc on considère le mouvement et le repos comme des phénomènes éternels, il faut les expliquer par l'essence des éléments de l'univers dont ils constitueraient des propriétés nécessaires.

ment mais en repos, un mouvement se produit à un certain moment. Or il conviendrait que le mouvement soit toujours ou bien jamais, s'il est vrai qu'il ne vient pas à l'être alors qu'il n'est pas. Ce genre de chose est du reste encore bien plus manifeste chez les êtres animés, car lorsque parfois il n'y a en nous aucun mouvement, et que nous nous reposons, à un certain moment nous bougeons et un | début de mouvement se 20 produit en nous de notre propre initiative, même si rien n'a mû de l'extérieur. Nous ne voyons rien de semblable dans les choses inanimées, mais c'est toujours autre chose qui les meut de l'extérieur, tandis que l'animal, affirmons-nous, se meut lui-même. Par conséquent, s'il est à un certain moment totalement en repos, un mouvement pourrait advenir dans un immobile, à partir de lui-même et non de l'extérieur. Et si | cela peut advenir 25 dans un animal, qu'est-ce qui empêche que la même chose arrive aussi dans le tout ? En effet, si le mouvement advient dans un petit monde, il adviendra aussi dans un grand[1], et s'il advient dans le monde, il adviendra aussi dans l'infini, pour autant que l'infini puisse être mû et être en repos tout entier.

De ces arguments, le premier, selon lequel n'est pas toujours le même ni | numériquement un le mouvement qui va 30 vers les opposés, est correct. Car c'est probablement là une nécessité, si précisément il est impossible que soit toujours un et le même le mouvement d'une seule et même chose; je veux dire, par exemple : le son d'une seule corde est-il un et le même, ou bien toujours autre, quand elle reste semblable et est

1. Un jeu de mots est possible en grec entre les deux significations de *kosmos* : « ordonnance » et « monde » (celle-ci dérivant de la première, car le monde est l'ensemble des corps ordonnés).

35 mue semblablement ? | Mais, quoi qu'il en soit, rien n'empêche 253a1 qu'un mouvement soit le même | par le fait d'être continu et éternel ; cela sera plus clair par la suite[1].

D'autre part, que ce qui n'est pas mû se mette en mouvement n'est en rien absurde, si ce qui mouvra de l'extérieur tantôt est tantôt n'est pas. Cependant, il faut chercher comment cela se pourrait, je veux dire, que la même chose, 5 sous l'action | du même moteur, tantôt soit mue tantôt non ; car celui qui dit cela ne demande rien d'autre que pourquoi, parmi les étants, les uns ne sont pas toujours en repos, les autres toujours en mouvement.

C'est surtout le troisième argument qui semblerait causer de l'embarras, selon lequel un mouvement advient dans quelque chose où il n'était pas auparavant, ce qui arrive 10 chez les êtres animés ; | en effet, d'abord en repos, ils marchent ensuite, sans que rien d'extérieur, semble-t-il, ne les ait mus. Mais ceci est faux, car nous voyons qu'est toujours mue dans l'animal l'une de ses parties naturelles, et du mouvement de celle-ci l'animal lui-même n'est pas la cause, mais peut-être son environnement. Et il se meut lui-même, disons-nous, non 15 de tout mouvement, mais du mouvement | local. Rien n'empêche donc, et peut-être est-ce plutôt nécessaire, que beaucoup de mouvements adviennent dans le corps sous l'action du milieu environnant, que certains d'entre eux meuvent la

1. Le premier argument (252b9-12) pourrait ruiner la thèse de l'éternité d'un seul et même mouvement, s'il s'avérait que tous les mouvements doivent nécessairement s'arrêter lorsqu'ils ont atteint une extrémité. Mais Aristote annonce déjà qu'il va montrer l'existence d'un mouvement qui soit numériquement toujours le même et ne doive jamais s'arrêter ; cette démonstration se trouve aux chap. 7-8.

pensée ou le désir, et que celui-ci meuve alors l'animal tout entier, comme cela se passe dans le sommeil ; en effet, quand il n'y a en eux aucun mouvement sensitif, | mais qu'il y en a un 20 cependant, les animaux se réveillent. Mais cela sera manifeste par la suite[1].

3. | Le point de départ de notre examen, qui correspond **253a22** aussi à la difficulté mentionnée[2], est la question de savoir pourquoi certains des étants sont tantôt mus tantôt à nouveau en repos. Il est assurément nécessaire, ou bien que tout soit toujours en repos, ou bien | que tout soit toujours en mouve- 25 ment, ou bien que certaines choses soient en mouvement, les autres en repos, et que, parmi celles-ci, ou bien celles qui sont en mouvement soient toujours en mouvement et celles qui sont en repos toujours en repos, ou bien que toutes soient par nature capables d'être aussi bien en mouvement qu'en repos, ou bien il reste encore une troisième possibilité, car il se peut que, parmi les étants, les uns soient toujours immobiles, les autres toujours mus, et que les autres encore | participent aux deux. 30 C'est précisément ceci qu'il nous faut dire, car là se trouve la

1. L'hypothèse que le mouvement du tout puisse être conçu sur le modèle du mouvement des êtres animés sera réexaminée au chap. 6, 259b1-20. Par opposition aux mouvements des inanimés, l'avantage de celui-ci est qu'aucune cause extérieure ne semble nécessaire pour provoquer des alternances de mouvement et de repos. Il faut cependant distinguer, dans les vivants, les mouvements dont ils se meuvent vraiment eux-mêmes et ceux dont ils ne sont pas responsables, comme les fonctions physiologiques, qu'elles soient permanentes comme les battements du cœur ou temporaires comme les digestions. Ensuite, Aristote montrera que même les mouvements dont l'animal est responsable, c'est-à-dire les déplacements causés par le désir, ont une origine extérieure.

2. Il s'agit du deuxième argument, exposé en 253a2-7.

solution de toutes les difficultés, et c'est pour nous le but de cette étude[1].

D'abord, affirmer que tout est en repos et en chercher une raison en abandonnant la sensation, est une maladie de la pensée ; c'est aussi porter la contestation sur un ensemble et
35 non sur une partie, | contestation qui s'oppose non seulement
253b1 au physicien mais à toutes les | sciences, pour ainsi dire, et à toutes les opinions, parce qu'elles se servent toutes du mouvement. En outre, pour ce qui est des objections à propos des principes, de même que dans les discours sur les mathématiques elles ne sont pas dirigées contre le mathématicien, pas
5 plus que dans les autres sciences, de même sur | ce qui vient d'être dit, elles ne concernent pas le physicien, car c'est pour lui une hypothèse que la nature est principe du mouvement[2].

Peut-être bien l'affirmation que tout est mû est-elle fausse également, mais moins opposée à notre discipline que la première, car il a été posé que la nature est, dans les étants naturels, principe de repos comme de mouvement, et que de même le mouvement est quelque chose de naturel[3]. Certains

1. Selon sa méthode habituelle, Aristote présente toutes les hypothèses envisageables, pour ensuite les mettre à l'épreuve et ne retenir que celle qui résiste aux objections. Il est rare, cependant, que la solution soit annoncée d'emblée et qu'elle ne résulte pas des réfutations. Mais le passage est surtout remarquable par l'annonce que la même théorie physique peut rendre compte des trois sortes d'étants : ceux qui sont toujours mus, ceux qui sont toujours immobiles et ceux qui sont tantôt mus et tantôt immobiles, car ils sont liés entre eux par des relations nécessaires de causes à effets, qu'il s'agit précisément de mettre en évidence.

2. Sur l'acquisition par chaque science de ses principes, *cf.* l'Introduction, p. 30 *sq*.

3. C'est tout autant un principe de la physique de dire que le repos est produit naturellement dans certains étants, de sorte que nier l'existence du repos

disent | que parmi les étants, il n'est pas vrai que les uns sont mus, les autres pas, mais tous et toujours, mais que cela échappe à notre sensation ; quoiqu'ils n'aient pas défini de quel mouvement ils parlent ou si c'est de tous, il n'est pas difficile de les réfuter[1]. En effet, ni la croissance ni la décroissance ne peuvent être continues, mais il y a aussi un milieu entre les deux[2]. Le raisonnement est le même | que pour l'usure par écoulement d'eau et la division des pierres par les plantes qui y poussent : si la goutte a creusé ou enlevé une certaine quantité, cela ne signifie pas qu'elle a d'abord enlevé la moitié en la moitié du temps, mais, comme pour le halage, telle quantité de gouttes meut telle quantité, mais en aucun temps une partie d'entre elles n'en mouvra autant[3]. | Ce qui a été enlevé se divise donc en plusieurs parties mais aucune n'a été mue séparément : elles l'ont été ensemble. Manifestement donc, il n'est pas nécessaire que toujours quelque chose se détache, du fait que la décroissance est divisée en une infinité, mais bien que le tout se détache à un certain moment. Et il en va de même pour l'altération, quelle qu'elle soit, car si l'altéré est divisible à l'infini, ce n'est pas pour autant le cas | de l'altération, mais elle advient souvent en bloc, comme la congélation. En outre, lorsque quelqu'un tombe malade, un temps viendra nécessairement où il guérira, sans changer dans une limite de temps ;

constitue une mise en question partielle des principes physiques. La correction de ὁμοίως en ὅμως, éditée par Ross, ne me semble pas nécessaire.

1. Allusion probable au *Théétète*, où Platon attribue à Héraclite la thèse extrême selon laquelle tout se meut sans cesse de tous les mouvements à la fois.

2. Pour les choses qui croissent et décroissent, l'observation révèle une étape intermédiaire durant laquelle elles ne subissent ni l'un ni l'autre de ces mouvements.

3. *Cf.* VII 5, 250a28-b7.

et il est nécessaire qu'il change vers la santé et vers rien d'autre. Par conséquent, dire qu'une chose est altérée de façon
30 continue contredit trop les apparences, | car l'altération se fait vers le contraire, mais la pierre ne devient ni plus dure ni plus molle[1]. Quant au transport, il serait étonnant qu'à notre insu la pierre ait été portée vers le haut ou soit restée sur la terre. En outre, la terre et chacun des autres éléments demeurent par
35 nécessité en leur lieu propre et en sont mus par contrainte; | si
254a1 donc certains d'entre eux sont en leur lieu propre, | nécessairement tout n'est pas mû non plus selon le lieu. Ainsi donc, qu'il est impossible soit que toutes choses soient toujours en mouvement, soit que toutes choses soient toujours en repos, on peut en être convaincu d'après ces arguments et d'autres de cette sorte.

Mais il n'est pas possible non plus que les unes soient
5 toujours en repos, les autres toujours en mouvement | et aucune tantôt en repos tantôt en mouvement. Il faut dire que c'est impossible à leur propos, comme à propos de ce qu'on a dit précédemment (car nous voyons arriver aux mêmes choses les changements mentionnés), et en outre, que celui qui conteste cela se bat contre des évidences, car ni la croissance ni le
10 mouvement contraint n'existeront si n'est pas mue | contre nature une chose auparavant en repos. Ce discours supprime donc la venue à l'être et la destruction. Or, il semble à tous qu'être mû c'est pour ainsi dire devenir quelque chose et cesser de l'être, car ce vers quoi une chose change, elle devient

1. Outre l'argument de l'usure non continue, une altération de la pierre devrait la rendre plus dure ou plus molle, ce qui n'est jamais le cas. Quant à l'exemple du malade, il sert à rappeler qu'entre la fin d'un mouvement et le début du mouvement contraire, il y a un repos intermédiaire car, lorsqu'il y a un arrêt effectif, la limite est dédoublée.

cela ou dans cela, et ce d'où elle change, elle est détruite en tant que cela ou dans cela. Par conséquent, il est clair qu'à certains moments certaines choses sont mues, les autres | en repos. 15

Quant à la conception que tout est tantôt en repos tantôt en mouvement, il faut la rattacher aux arguments de tout à l'heure et reprendre pour point de départ, à partir de ce qu'on vient de définir, le même que celui par lequel nous avons commencé précédemment : ou bien tous les étants sont en repos, ou bien tous en mouvement, ou bien les uns en repos et les autres en mouvement. Et si | les uns sont en repos et les autres en mouve- 20 ment, nécessairement ou bien tous sont tantôt en repos tantôt en mouvement, ou bien les uns sont toujours en repos, les autres toujours en mouvement et les autres encore tantôt en repos tantôt en mouvement. Que donc tous ne puissent pas être en repos, cela a déjà été dit; mais disons-le encore maintenant. En effet, s'il en est en vérité | comme le prétendent certains, à 25 savoir que l'étant est infini et immobile, en tous cas ce n'est pas ce qui apparaît à la sensation, mais plutôt que de nombreux étants sont en mouvement[1]. S'il est vrai que c'est là une opinion fausse ou simplement une opinion, le mouvement existe cependant, même si c'est une imagination, même s'il semble qu'il en est tantôt ainsi tantôt différemment, car l'imagination et l'opinion | semblent être des mouvements. Mais examiner 30

1. D'après les fragments de Mélissos (notamment B 8 DK), les Éléates ne cherchaient pas à nier l'existence de choses en devenir se manifestant à la sensation, mais refusaient de les confondre avec l'être, qui, lui, est immobile et ne se révèle qu'à la pensée. Toute l'épistémologie d'Aristote consiste, au contraire, à établir une complémentarité entre nos facultés cognitives de telle manière qu'ensemble elles saisissent tous les aspects des mêmes étants. L'argument qui suit réfute radicalement le doute hyperbolique à propos du mouvement : si tout mouvement est illusion, l'illusion même est un mouvement de notre esprit.

cela et chercher une raison pour des choses dont nous avons mieux à faire qu'à demander raison, c'est mal juger le mieux et le pire, le fiable et le non-fiable, le principe et le non-principe.

D'autre part, il est semblablement impossible que toutes choses soient mues ou que les unes soient toujours mues et les
35 autres toujours | en repos : une seule conviction suffit pour
254b1 s'opposer à tout cela, car nous voyons | certaines choses tantôt en mouvement tantôt en repos. Par conséquent, il est manifestement impossible de la même façon que toutes choses soient en repos, que toutes soient en mouvement continuellement, et que les unes soient toujours en mouvement et les autres toujours en repos.

Il reste dès lors à étudier si toutes sont telles qu'elles
5 peuvent être mues | et être en repos, ou si quelques-unes sont telles tandis que quelques-unes sont toujours en repos et quelques-unes toujours en mouvement (car c'est ceci qu'il nous faut montrer).

254b7 4. | Parmi les choses qui meuvent et qui sont mues, les unes meuvent et sont mues par accident, les autres en elles-mêmes ; par accident, par exemple toutes celles qui le font parce qu'elles appartiennent aux choses qui meuvent ou sont mues,
10 | et celles qui le font en une de leurs parties ; en elles-mêmes, toutes celles qui ne le font pas parce qu'elles appartiennent à un moteur ou à un mû ni parce que l'une de leurs parties meut ou est mue [1]. Parmi les choses mues en elles-mêmes, les unes le

1. Il y a donc deux manières de mouvoir ou d'être mû par accident : l'une consiste à appartenir à un sujet qui meut ou est mû, l'autre à avoir une partie qui meut ou est mue ; dans les deux cas, la chose dont on parle ne meut pas ou n'est pas mue directement elle-même. Je traduis *kath'hauta* par « en elles-mêmes »

sont sous leur propre action, les autres sous l'action d'autre chose, et les unes par nature les autres par contrainte et contre nature. En effet, ce qui est mû soi-même sous sa propre action | est mû par nature, comme chacun des animaux (car l'animal 15 est mû lui-même sous sa propre action; et toutes les choses qui ont en elles le principe de mouvement, nous disons qu'elles sont mues par nature; c'est pourquoi le tout de l'animal se meut lui-même par nature, quoique son corps puisse être mû à la fois par nature et contre nature : cela dépend de quel mouvement | il se trouve mû et de quel élément il est constitué); et 20 parmi les choses mues sous l'action d'autre chose, les unes aussi sont mues par nature, les autres contre nature : contre nature, comme les choses terrestres vers le haut et le feu vers le bas, et en outre les parties des animaux sont souvent mues contre nature, contre leurs positions et leurs modes de mouvement. Et le fait | que le mû soit mû sous l'action de quelque 25 chose est manifeste surtout dans les choses mues contre nature, parce qu'il est clair qu'elles sont mues sous l'action d'autre chose. Après les choses mues contre nature, les plus manifestes parmi celles qui sont mues par nature sont celles qui sont mues elles-mêmes sous leur propre action, par exemple les animaux, car ce qui est obscur ici n'est pas de savoir s'ils sont mus par quelque chose, mais comment il faut y distinguer ce qui meut et ce | qui est mû. Il est vraisemblable en effet que, 30 comme dans les navires et dans ce qui n'est pas constitué naturellement, dans les animaux aussi soient distincts ce qui meut et ce qui est mû, et que de cette façon le tout se meuve lui-même.

plutôt que par le plus habituel « par elles-mêmes », pour réserver cette dernière expression à la mention de l'agent.

Mais ce qui reste de la dernière division qu'on a dite présente le plus de difficulté : parmi les choses mues 35 sous l'action d'autre chose, | nous avons établi que les unes sont mues contre nature, et il reste à établir qu'au contraire **255a1** les autres | sont mues par nature. Ce sont celles-là qui présenteraient la difficulté de savoir sous l'action de quoi elles sont mues, par exemple les légères et les lourdes, car elles sont mues par contrainte vers les lieux opposés, et vers leurs lieux propres, le léger vers le haut, le lourd vers le bas, par nature ; 5 mais sous l'action | de quoi, ce n'est plus manifeste comme ce l'était pour les mouvements contre nature. Dire, en effet, qu'elles se meuvent elles-mêmes sous leur propre action est impossible, car c'est le propre du vivant et des êtres animés, et elles pourraient s'arrêter elles-mêmes (je veux dire que, si une chose est pour elle-même la cause du fait de marcher, elle l'est aussi du fait de ne pas marcher), de sorte que, si pour le feu le fait d'être porté vers le haut dépend de lui-même, il est 10 clair | que dépend de lui aussi le fait d'être porté vers le bas. Il est absurde aussi qu'elles ne se meuvent par elles-mêmes que d'un seul mouvement, si vraiment elles se meuvent elles-mêmes[1]. En outre, comment quelque chose de continu et d'homogène peut-il se mouvoir lui-même ? Dans la mesure, en effet, où il est un et continu non par contact, dans cette mesure il n'est pas affecté ; mais dans la mesure où il y a eu séparation, une partie est disposée par nature à produire, l'autre à subir. 15 | Donc aucune de ces choses ne se meut elle-même (car elles sont homogènes), ni rien d'autre de continu, mais il est néces-

1. Les signes par lesquels se reconnaissent les automoteurs sont donc, outre la capacité de s'arrêter aussi bien que de se mouvoir, celle de se mouvoir selon l'un ou l'autre des mouvements contraires.

saire qu'en chacune le moteur soit distinct du mû, comme nous le voyons dans les choses inanimées, lorsque les meut un des animés. Mais il se fait qu'elles aussi sont toujours mues sous l'action de quelque chose, et cela deviendra manifeste si l'on distingue | les causes. 20

Il est possible aussi de saisir ce qu'on a dit en examinant les moteurs, car les unes sont motrices contre nature, par exemple le levier n'est pas par nature moteur du lourd, les autres par nature, par exemple le chaud en acte est moteur du chaud en puissance. Et il en va de même pour les autres choses de cette sorte. Et de la même façon | est mobile par nature ce qui est en 25 puissance de telle qualité, de telle quantité ou quelque part, lorsqu'il possède un tel principe en lui-même et non par accident (car la même chose pourrait être de telle qualité et de telle quantité, mais que l'une soit un accident de l'autre et ne lui appartienne pas par soi). Ainsi donc, le feu et la terre sont mus sous l'action de quelque chose, par contrainte quand c'est contre nature, par nature | quand, étant en puissance, ils vont 30 vers leurs propres actes. Mais puisque « en puissance » se dit de plusieurs façons, c'est la raison pour laquelle il n'est pas manifeste de savoir sous l'action de quoi les choses de cette sorte sont mues, par exemple le feu vers le haut et la terre vers le bas. Est d'une autre façon savant en puissance celui qui apprend et celui qui a déjà la connaissance mais n'étudie pas[1]. Mais dans les deux cas, quand sont ensemble ce qui peut produire | et ce qui peut subir, ce qui est en puissance devient 35

1. Pour toutes les dispositions acquises, on distingue comme première puissance celle d'acquérir la faculté, et comme seconde puissance celle d'exercer cette faculté ; cette dernière est également appelée « effectivité première », puisqu'elle est déjà un acte par rapport à une puissance mais est encore en puissance de devenir « effectivité seconde ».

255b1 parfois en acte[1] : | celui qui apprend, à partir de ce qu'il est en puissance, devient autre chose en puissance (car celui qui a la science mais n'étudie pas est d'une certaine façon un savant en puissance, mais pas de la même façon qu'avant d'avoir appris), et lorsqu'il est ainsi disposé, si rien ne l'en empêche, il
5 sera en acte et étudiera; sinon il sera dans | l'état contradictoire, c'est-à-dire dans l'ignorance. Et il en va de même pour les choses naturelles, car le froid est chaud en puissance et, quand il a changé, il est feu et brûle, si rien ne l'empêche et n'y fait obstacle. De même pour le lourd et le léger : le léger advient à partir du lourd, par exemple l'air à partir de l'eau, car
10 il est d'abord cela en puissance | et, devenu léger, il sera en acte immédiatement si rien ne l'en empêche. Or, l'acte du léger est d'être quelque part vers le haut, et il est empêché lorsqu'il se trouve dans le lieu contraire. Et c'est pareil pour la quantité et pour la qualité.

Cependant, ce que l'on cherche, c'est à cause de quoi sont mues vers leur lieu propre les choses légères et les choses
15 lourdes. | La cause en est qu'elles y sont disposées par nature et que c'est là l'être du léger et du lourd, d'être déterminé l'un par le haut, l'autre par le bas[2]. Par ailleurs, une chose est légère et

1. Le « parfois », présent dans presque tous les manuscrits, n'est pas édité par Ross, peut-être parce qu'il semble contredire le « toujours » du début de la phrase. Celui-ci cependant, tel qu'il est placé, sert probablement à introduire ce que possèdent en commun les deux types de puissance qui viennent d'être distingués, plutôt qu'à exprimer une nécessité inconditionnelle du passage à l'acte ; en effet, celui-ci, comme on l'a vu déjà au chap. 1, 251b1-7, ne se fait que sous deux conditions : que l'agent et le patient soient rapprochés, et qu'il n'y ait aucun obstacle. Je garde donc le ἐνίοτε majoritairement attesté, dont l'interpolation serait difficile à expliquer, et traduis le ἀεὶ par « dans les deux cas ».

2. Ici se trouve donc la réponse à la question de savoir ce qui meut les corps lourds et légers, puisqu'ils ne se meuvent pas eux-mêmes : c'est l'être du lourd

lourde en puissance de plusieurs façons, comme il a été dit ; en effet, quand elle est eau, elle est d'une certaine façon légère en puissance et, quand elle est air, elle est encore en puissance, parce qu'elle peut | être empêchée de monter; mais si l'on enlève l'obstacle, elle est en acte et monte toujours plus haut. De la même manière la qualité change vers l'être en acte, car celui qui a la science étudie immédiatement si rien n'y fait obstacle[1], et la quantité s'étend si rien n'y fait obstacle. 20

Quant à celui qui a mû l'obstacle et l'empêchement, | il est moteur d'une certaine manière mais pas d'une autre ; par exemple, celui qui soustrait la colonne d'un édifice ou soulève la pierre de l'outre posée dans l'eau, celui-là meut par accident, de même qu'une balle qui rebondit est mue non par le mur mais par celui qui l'a lancée. Que donc rien de cela ne se 25

et du léger, autrement dit c'est une propriété nécessaire et essentielle de ces corps. Il n'y a pas de moteur extérieur, sauf par accident, comme précisé en 256a1-2, lorsqu'un obstacle est enlevé ou lorsqu'un producteur fabrique un tel objet). Cependant, il n'y a pas non plus de moteur interne tel que le désir (*orexis*) chez les animaux, car un tel moteur doit aussi être capable de mise au repos ou de mouvement en sens inverse. Le mouvement vers le bas ou vers le haut est donc considéré comme un attribut par soi de tous les corps (à l'exception du corps éthéré), comparable au pair et à l'impair pour les nombres. Par ailleurs, si le lourd et le léger sont définis à partir du bas et du haut, comment sont définis ceux-ci ? Le haut dans l'univers est ce qui se rapproche le plus du corps en rotation circulaire, et le bas ce qui se rapproche le plus de son opposé, le centre de la sphère. Le repère ultime est donc la révolution astrale. Or, il faut signaler que les atomistes concevaient, dans leur univers infini, une infinité de mondes limités par un tel mouvement circulaire, de sorte que des conditions locales de pesanteur et de légèreté ne s'opposaient pas à une isotropie dans le vide infini.

1. Ces obstacles sont toutes les autres activités qui requièrent notre attention, ainsi que les fatigues qu'elles occasionnent et qui commandent le repos. Dans le traité *De l'âme*, Aristote se demande pourquoi nous ne pensons pas continuellement, puisque nous avons toutes les notions disponibles dans notre esprit (III 4, 430a5-6).

30 meut soi-même, c'est clair. | Mais cela possède un principe de mouvement, non pour mouvoir ou pour produire, mais pour subir[1].

Si dès lors tout ce qui est mû l'est par nature ou contre nature et par contrainte, et si ce qui l'est par contrainte et contre nature est mû par quelque chose et par autre chose, tandis que parmi les choses mues par nature, les unes, mues par elles-
35 mêmes, | et les autres, non mues par elles-mêmes, sont toutes mues par quelque chose (ainsi, les légères et les lourdes, soit
256a1 par ce qui a généré et produit le lourd et le léger, | soit par ce qui les a délivrées des obstacles et empêchements), alors tout ce qui est mû sera mû par quelque chose.

256a4 5. | Et cela se fait de deux façons : ou bien le moteur ne meut
5 pas de lui-même, mais par | autre chose qui meut le moteur, ou bien de lui-même, et dans ce cas il vient soit directement après l'extrémité, soit passe par plusieurs intermédiaires, comme le bâton qui meut la pierre et est mû par la main mue par l'homme, celui-ci n'étant plus mû par autre chose. Nous disons donc que tous les deux meuvent, et le dernier et le
10 premier des moteurs, | mais davantage le premier, car c'est lui qui meut le dernier et non le dernier qui meut le premier, et sans le premier le dernier ne mouvra pas, tandis que l'inverse est possible ; par exemple, le bâton ne mouvra pas si l'homme ne meut pas.

1. Pour tous les phénomènes dus à la pesanteur, les corps n'ont que le principe passif, c'est-à-dire la capacité d'être mus, non celle de mouvoir (mais ce n'est pas le cas pour tous les mouvements des inanimés, car le feu, par exemple, a la capacité active de chauffer). La nécessité inscrite dans l'essence n'est donc pas considérée comme une automotricité.

Si donc il est nécessaire que tout ce qui est mû soit mû par quelque chose, et que ce soit ou bien par un autre mû | ou bien non, et que, si c'est par un autre mû, il y ait nécessairement un moteur premier qui ne soit plus mû par autre chose, tandis que, si tel est le premier, l'autre n'est plus nécessaire (il est impossible en effet que se poursuive à l'infini le moteur lui-même mû par autre chose, puisque des infinis il n'est pas de premier), si donc tout ce qui est mû est mû par quelque chose, | et que le premier moteur soit mû, mais non par autre chose, nécessairement il est mû par lui-même. 15 20

On peut encore recourir à ce même raisonnement comme ceci : tout moteur meut quelque chose et par quelque chose, puisque ce qui meut meut soit par lui-même soit par autre chose, par exemple un homme meut soit lui-même soit avec un bâton, et le vent a renversé lui-même ou bien | c'est la pierre qu'il a poussée. Or, il est impossible que ce par quoi il meut meuve sans ce qui se meut soi-même ; mais si cela se meut par soi-même, il n'est pas nécessaire qu'il y ait autre chose par quoi il meut, et si ce par quoi il meut est différent, il y a quelque chose qui mouvra non par autre chose mais par lui-même, ou bien on ira à l'infini. Si donc quelque chose meut en étant mû, il est nécessaire de s'arrêter et de ne pas aller à l'infini, | car si le bâton meut parce qu'il est mû par la main, c'est la main qui meut le bâton, et si autre chose la meut, ce qui la meut est aussi quelque chose de différent. Ainsi, quand par une chose on meut toujours une chose différente, il est nécessaire qu'il y ait d'abord ce qui se meut par soi-même ; si donc celui-là est mû mais ce qui le meut n'est pas autre chose, nécessairement il se meut lui-même. | Par conséquent, selon ce raisonnement aussi, ou bien ce qui est mû est mû directement par ce qui se meut soi-même, ou bien on arrive à un moment quelconque à un tel moteur. 25 30 **256b1**

Outre ce qu'on vient de dire, en examinant la question comme suit on arrivera aux mêmes conclusions: si tout mû
5 est mû par un mû, | ou bien cela appartient aux choses par accident, de sorte que le mû meut mais non du fait d'être lui-même mû, ou bien ce n'est pas par accident mais en soi[1]. D'abord donc, si c'est par accident, il n'est pas nécessaire que le moteur soit mû, et s'il en est ainsi, il est clairement possible qu'à un certain moment aucun des étants ne soit mû,
10 car | l'accidentel n'est pas nécessaire mais peut ne pas être. Si donc nous posons que le possible existe, il n'en résultera rien d'impossible même si c'est probablement faux. Mais il est impossible que le mouvement ne soit pas, car on a montré précédemment que nécessairement le mouvement existe toujours[2]. Et ce résultat est atteint en bonne logique, car il est
15 nécessaire d'avoir trois choses : le | mû, le moteur et l'intermédiaire. Il est donc nécessaire que le mû soit mû, mais pas qu'il meuve; que l'intermédiaire meuve et soit mû, car il change conjointement, étant simultané et au même endroit que le mû

1. Pour réfuter la thèse « tout mû est mû par un mû », Aristote va montrer que les deux manières dont on peut la comprendre, par soi ou par accident, sont également impossibles. En effet, si c'est par accident que tout moteur est mû et non par nécessité pour être moteur (256b7-27), il se pourrait qu'un moteur ne soit pas mû, et l'on pourrait envisager que l'ensemble des étants soient de tels moteurs non mus, de sorte que rien ne serait mû (certes, il est peu probable que cela se réalise, mais ce n'est pas impossible); or l'immobilité totale est impossible pour d'autres raisons, de sorte qu'il faut abandonner la thèse. D'autre part, si c'est par soi et nécessairement que tout moteur est mû (256b27-257a14), il doit être mû ou bien du même mouvement que celui qu'il produit ou bien d'un autre, mais dans les deux cas on montre que c'est impossible.

2. À vrai dire la démonstration ne sera terminée que lorsqu'on aura répondu aux trois objections mentionnées au chap. 2; mais Aristote se contente ici de renvoyer implicitement à son seul argument positif, développé au livre IV et rappelé au début de ce livre-ci (251b12-28).

(ceci est clair pour les choses qui meuvent selon le lieu, car il est nécessaire qu'elles soient en contact l'une avec l'autre pendant un certain temps); | et que le moteur qui n'est pas 20 un intermédiaire soit immobile. Et puisque nous voyons le dernier, qui peut être mû mais ne possède pas le principe du mouvement, et ce qui est mû non par autre chose mais par lui-même, il est logique, pour ne pas dire nécessaire, qu'il y ait une troisième chose, qui meut en étant immobile[1]. C'est pourquoi aussi Anaxagore | a raison de dire que l'Intellect est impassible 25 et sans mélange, puisque justement il en fait un principe de mouvement; car c'est seulement ainsi qu'il peut mouvoir : en étant immobile, et dominer : en étant sans mélange[2].

Cependant, si le moteur n'est pas mû par accident mais par nécessité, et que s'il n'était pas mû il ne pût mouvoir, il est nécessaire que le moteur, en tant qu'il | est mû, soit mû ou bien 30 selon la même espèce de mouvement ou bien selon une autre. Je veux dire ceci : ou bien ce qui chauffe est lui-même chauffé, ce qui guérit est guéri et ce qui transporte est transporté, ou bien ce qui guérit est transporté et ce qui transporte est accrû.

1. Il y a anticipation ici sur la théorie du mouvement des automoteurs, selon laquelle le désir qui meut le corps est lui-même mû par un moteur immobile, représentation imagée ou pensée de la chose désirable. Cette théorie est longuement développée en *De anima* III et *De motu animalium*.

2. Cornford, suivant Thémistius, déplace le passage 256b13-26 à la fin du chapitre, après 258b9, estimant qu'il interrompt l'argumentation. On peut cependant considérer que ce passage renforce la réfutation de la première hypothèse en montrant que celle-ci rend impossible la distinction entre moteur premier et moteur intermédiaire : en effet, s'il est indifférent pour tout moteur d'être mû ou non mû, rien ne distingue plus le bâton de l'homme qui le pousse. Il semble bien en outre qu'Aristote approuve Anaxagore contre Platon, refusant définitivement la conception platonicienne selon laquelle le premier principe de tous les mouvements est lui-même automoteur (*Lois*, X, 894b8-895b8).

257a1 Mais il est manifeste que c'est impossible, car il faut | poursuivre les divisions jusqu'aux insécables, par exemple, ce qui enseigne la géométrie doit être enseigné de la même chose en géométrie, ce qui lance doit être lancé selon le même mode de lancement. Ou bien il n'en va pas ainsi mais chacun est mû
5 d'un autre genre, par exemple ce qui porte est accrû, | ce qui accroît celui-ci est altéré par une autre chose et ce qui altère celle-ci est mû d'un autre mouvement encore. Mais il est nécessaire de s'arrêter, car les mouvements sont limités. Quant à dire qu'on revient au départ, et que ce qui altère est porté, c'est faire la même chose que dire directement que ce qui porte
10 est porté et que | ce qui enseigne est enseigné (car il est clair que tout mû est mû par le moteur antérieur, et davantage par le premier des moteurs). Mais cela est impossible, car il en résulte que ce qui enseigne apprend, alors que nécessairement l'un n'a pas et l'autre a la connaissance [1].

15 En outre, est plus illogique encore | la conséquence que tout moteur est mobile, si tout mû est mû par un mû [2]; en effet, il sera mobile de la même manière que si l'on disait que tout ce qui peut soigner et soigne est soignable, et que tout ce qui peut

1. Que donc tous les moteurs soient mus du même mouvement qu'ils produisent est impossible car dans certains cas l'acquisition de la capacité ne peut être simultanée avec sa transmission. Qu'ils soient mus chacun d'un mouvement différent est impossible aussi parce qu'il y a un nombre limité de types de mouvement, de sorte qu'on devrait repasser par les mêmes, ce qui revient à la première hypothèse. Il est donc nécessaire de poser des moteurs premiers non mus pour chaque type de mouvement.

2. Si tout ce qui produit un mouvement doit aussi le subir, il s'ensuit, en passant des actes aux puissances correspondantes, que tout ce qui est apte à produire est aussi apte à subir le même mouvement, conséquence dont l'absurdité est manifeste dès qu'on l'applique à un exemple tel que la construction d'une maison.

bâtir est bâtissable, que ce soit immédiatement ou en passant par plusieurs intermédiaires – je veux dire, par exemple, si tout moteur est mobile sous l'action d'autre chose, | non pas mobile 20 selon le même mouvement que celui selon lequel il meut son voisin mais selon un mouvement différent, par exemple si ce qui peut soigner peut être enseigné, mais qu'en remontant ainsi on arrive à un certain moment à la même espèce, comme nous l'avons dit précédemment. La première de ces hypothèses est donc impossible, la deuxième fictive, car il est absurde que, par nécessité, ce qui peut altérer puisse être accrû. | Il n'est donc pas nécessaire que le mû soit toujours mû par 25 autre chose et que cette chose soit mue; on s'arrêtera donc. Par conséquent, ou bien le premier mû sera mû par un corps au repos, ou bien il se mouvra lui-même. Cependant, si l'on devait examiner si la cause et le principe du mouvement est ce qui se meut soi-même ou ce qui est mû sous l'action d'autre chose, tout le monde poserait que c'est le premier, | car ce qui 30 est cause par soi-même est toujours antérieur à ce qui l'est par autre chose.

Par conséquent, il faut examiner, en prenant un autre point de départ, si quelque chose se meut soi-même, comment cela meut et selon quel mode. Il est assurément nécessaire que tout ce qui est mû soit divisible en parties toujours divisibles, car ceci a été montré précédemment, dans les livres | consacrés à la **257b1** nature en général[1], que tout ce qui est mû par soi est continu. Il est donc impossible que ce qui se meut soi-même se meuve soi-même en totalité, car il serait tout entier transporté et transporterait selon le même transport, étant un et insécable

1. Livre VI, 4.

par la forme, ou bien il serait altéré et altèrerait, de sorte qu'il
5 enseignerait | et apprendrait à la fois, et soignerait et serait soigné selon la même guérison. En outre, on a défini que ce qui est mû c'est le mobile; or, celui-ci est le mû en puissance, non en acte, mais ce qui est en puissance va vers l'acte, et le mouvement est l'acte inachevé du mobile. En revanche, ce qui
10 meut est déjà en acte; par exemple, le chaud réchauffe | et, en général, ce qui possède la forme engendre. Par suite, la même chose, selon la même chose, sera à la fois chaude et non chaude[1]. Et il en va de même pour chacune des autres choses dont le moteur possède nécessairement la forme synonyme[2]. Ainsi donc, une partie meut et l'autre est mue, dans ce qui se meut soi-même.

Par ailleurs, qu'il ne soit pas possible de se mouvoir soi-même de telle manière que chacune de deux parties soit mue
15 par l'autre, | c'est manifeste d'après ceci : il n'y aura aucun premier moteur si chacun des deux meut l'autre (car l'antérieur est davantage cause du mouvement que son contigu et il mouvra davantage; car il était possible de mouvoir de deux façons : d'une part, en étant mû par autre chose, d'autre part, en étant mû par soi-même; or ce qui est plus éloigné du mû est
20 plus proche du | principe que l'intermédiaire). En outre, il n'est pas nécessaire que le moteur soit mû, s'il ne l'est pas par lui-même; c'est donc par accident que l'autre le meut en retour. J'ai donc considéré comme possible que celui-ci ne meuve

1. Le moteur doit posséder la forme avant de la transmettre au mobile (*cf.* III 2, 202a9-11); si donc l'automoteur est tout entier moteur et tout entier mû, en même temps il aura déjà et n'aura pas encore la même forme.

2. Cette objection n'est donc valable que pour les mouvements selon lesquels le moteur transmet une forme qu'il possède lui-même, ce qui n'est pas le cas du déplacement ni de nombreuses altérations.

pas; on a donc d'une part ce qui est mû et d'autre part ce qui meut en étant immobile. En outre, il n'est pas nécessaire que le moteur soit mû en retour mais il est nécessaire que quelque chose meuve soit en étant immobile soit | en étant mû par soi- 25 même, s'il est nécessaire que le mouvement existe toujours. En outre, il serait mû du même mouvement qu'il meut, de sorte que ce qui chauffe serait chauffé.

Cependant, il n'est pas vrai non plus que, de ce qui se meut soi-même comme premier, une ou plusieurs parties se mouvront chacune elle-même. En effet, si le tout est mû lui-même par lui-même, ou bien il sera mû par l'une de ses parties, ou bien | le tout sera mû par le tout. Si donc c'est parce qu'une 30 partie se meut elle-même, alors celle-là serait la première chose qui se meut elle-même (car si elle est séparée, elle se mouvra encore elle-même mais plus le tout); si, d'autre part, le tout est mû par le tout, c'est par accident que ses parties pourraient se mouvoir elles-mêmes. Dès lors, si ce n'est pas nécessairement, considérons qu'elles ne sont pas mues | par **258a1** elles-mêmes. De la totalité donc, une partie mouvra en étant immobile et l'autre sera mue, car c'est seulement ainsi qu'une chose peut être automobile. En outre, si la totalité se meut elle-même, une partie d'elle mouvra, l'autre sera mue. Donc la totalité AB sera mue par elle-même et par | A. 5

Et puisque meut d'une part ce qui est mû par autre chose, d'autre part ce qui est immobile, et qu'est mû d'une part ce qui meut, d'autre part ce qui ne meut rien, il est nécessaire que ce qui se meut soi-même soit composé d'une partie immobile qui meut et d'une partie mue qui ne meut pas nécessairement mais possède les deux possibilités. En effet, soit A ce qui meut en étant immobile, B ce qui est mû | par A et qui meut C, celui-ci 10 étant mû par B mais ne mouvant rien (même si l'on peut passer par plusieurs intermédiaires jusqu'à C, considérons un seul).

Le tout ABC se meut donc lui-même. Mais si j'enlève C, AB se mouvra lui-même, A mouvant et B étant mû, tandis que C
15 ne se mouvra pas | lui-même ni ne sera mû d'aucune façon. Cependant, BC ne se mouvra pas lui-même sans A, car B meut du fait d'être mû par autre chose et non par une de ses propres parties. Donc seul AB se meut lui-même. Il est donc nécessaire que ce qui se meut soi-même possède ce qui meut mais est
20 immobile et ce qui est mû | mais ne meut rien nécessairement, étant en contact soit tous deux réciproquement, soit l'un des deux avec l'autre. Si donc le moteur est continu (car le mû est nécessairement continu), chacun des deux sera en contact avec chacun des deux [1].

Il est donc clair que le tout se meut lui-même, non du fait qu'une partie est telle qu'elle se meut elle-même, mais il se
25 meut lui-même tout entier, étant mû et mouvant | du fait qu'il a une partie motrice et une partie mue. Car ce n'est pas l'ensemble qui meut ou est mû, mais A seul meut et B seul est mû; [quant à C, il n'est plus mû par A, car c'est impossible] [2].

1. Un seul manuscrit (le I) possède les mots ἅψεται ἑκάτερον ἑκατέρου. Cependant, Ross a certainement raison de les éditer car il est beaucoup plus vraisemblable que ceux-ci constituent la conséquence de l'hypothèse « si ce qui meut est continu » plutôt que la phrase suivante, qui est manifestement une reprise de la conclusion générale (d'autant plus qu'elle est introduite par un δὴ dans la plupart des manuscrits). Cette précision à propos du contact est importante car elle annonce la distinction entre un moteur corporel, susceptible d'être lui-même affecté par un changement, et un moteur incorporel, seul capable d'être totalement immuable. Ce dernier sera en contact non réciproque avec le mû, au sens où il le modifiera sans être modifiable par lui. Un exemple d'un tel moteur immobile est fourni dans le traité *De la génération et la corruption* (I 6, 323a28-32) : une personne affligée peut nous toucher sans rien faire et sans être touchée en retour.

2. Tous les manuscrits sauf E possèdent ce dernier membre de phrase, mais il est assez douteux (et Ross l'édite entre crochets), car, d'une part, dans ce

Il y a cependant une difficulté si l'on enlève une partie de A (si le moteur immobile est continu) ou de B qui est mû : le reste de A mouvra-t-il | et celui de B sera-t-il mû ? Si c'est le cas, en 30 effet, AB ne serait pas mû comme premier sous sa propre action puisque, si l'on enlève une partie de AB, le reste de AB se mouvra encore lui-même. Ou alors, rien n'empêche que | chacun des deux ou l'un des deux, le mû, soit divisible en **258b1** puissance mais indivisible en acte, et que, s'il était divisé, il n'ait plus la même capacité, de sorte que rien n'empêche une partie de se trouver comme première en puissance dans les divisibles[1].

Il est donc manifeste d'après cela que ce qui meut comme premier | est immobile ; en effet, soit qu'on arrête immédiate- 5 ment ce qui est mû mais mû par quelque chose, au premier immobile, soit qu'on poursuive jusqu'à un mû, mais qui se meut et s'arrête lui-même, dans les deux cas le résultat est que, pour toutes les choses mues, ce qui meut en premier est immobile.

6. | Puisqu'il faut que le mouvement soit toujours et ne **258b10** s'interrompe jamais, il est nécessaire qu'il y ait quelque chose d'éternel qui meuve en premier, soit un soit plusieurs, et que le

paragraphe il n'est plus question que de deux parties, et d'autre part le dernier mû est d'une certaine façon mû par le premier moteur.

1. Tant que le moteur et le mû ne sont pas divisés, ils sont respectivement l'agent et le patient premiers du mouvement ; mais puisqu'ils sont divisibles, si cette division était réalisée, leurs parties deviendraient alors premières et eux-mêmes ne seraient plus tout entiers l'agent et le patient. Tant que le tout est indivisé, les parties sont premières en puissance mais non effectivement. À la ligne b3, Ross édite « la même nature », suivant certains manuscrits, à la place de « la même capacité », mais il me semble que les rôles d'agent et de patient sont plutôt des capacités que des natures.

premier moteur soit immobile. Que chacun des moteurs immobiles soit éternel, cela ne concerne en rien le raisonnement présent[1]. Mais qu'il existe nécessairement quelque chose
15 d'immobile selon tout mouvement extérieur, | et absolument et par accident, mais capable de mouvoir autre chose, c'est clair si l'on réfléchit comme suit.

Admettons, si l'on veut, que pour certaines choses il soit possible d'être et de ne pas être à certains moments, sans venue à l'être ni destruction (peut-être en effet est-il nécessaire que, si une chose sans parties tantôt est tantôt n'est pas, toute chose
20 de cette sorte, sans changer, tantôt soit | tantôt ne soit pas). Et que parmi les principes immobiles mais capables de mouvoir, quelques-uns tantôt sont tantôt ne sont pas, admettons-le aussi. Mais ce n'est certes pas possible pour tous, car il est clair que, pour les choses qui se meuvent elles-mêmes, il y a une cause au fait de tantôt être tantôt ne pas être. En effet, tout ce qui se meut
25 soi-même | possède nécessairement une grandeur, si aucun insécable n'est mû, tandis que pour le moteur ce n'est en rien nécessaire, d'après ce qu'on a dit. Assurément le fait que certaines choses viennent à l'être et que d'autres soient détruites, et que ce soit de façon continue, aucun des immobiles non éternels n'en est la cause, et pas davantage ceux-ci ne sont causes de ces moteurs-ci et ceux-là des autres. En effet,
30 | ni chacun d'eux ni tous ensemble ne sont causes de ce qui est toujours et continu, car être tel est éternel et nécessaire tandis

1. Il y a en effet des moteurs immobiles qui commandent les mouvements des animaux et qui ne sont pas éternels (*cf.* 256b24 et la note). C'est de ceux-là qu'il est question à la phrase suivante, car les formes sensibles et pensables existent au moment où il y a sensation ou pensée, et ensuite n'existent plus (si ce n'est en puissance), sans qu'elles aient pour autant subi un processus de génération puis de destruction.

que tous ceux-là sont infinis et n'existent pas tous ensemble[1]. Il est clair par conséquent que, même si quelques principes, parmi les | immobiles qui meuvent, sont principes des milliers **259a1** de fois, même si plusieurs des choses qui se meuvent elles-mêmes sont détruites et que d'autres viennent à l'être, même si tel immobile meut telle chose, un autre telle autre chose, il n'en existe pas moins quelque chose qui contient tout et qui, à part de chacune, est cause que les unes soient | et les autres pas et 5 cause du changement continu; et ceci est la cause du mouvement pour celles-là, et celles-là pour les autres[2]. Si donc le mouvement est éternel, le premier moteur sera aussi éternel, s'il est un; et s'il est multiple, les éternels seront multiples. Or, il faut l'estimer plutôt un que multiple et plutôt fini qu'infini car, dans les mêmes circonstances, | il faut toujours choisir le 10 fini, car dans les choses naturelles il faut que le fini et le meilleur, si possible, existent de préférence. Et c'est suffisant s'il y a un premier parmi les immobiles, qui, étant éternel, sera principe de mouvement pour les autres choses[3].

1. Pour expliquer des phénomènes éternels, il faut invoquer des principes qui sont eux-mêmes éternels et nécessaires, ce que ne sont pas les formes qui suscitent les mouvements des animaux. En effet, elles sont trop dispersées dans le temps et dans l'espace pour former une seule cause continue.

2. Les vivants automoteurs sont les causes de nombreux changements grâce aux formes immobiles qui suscitent leurs activités, mais eux-mêmes doivent avoir une cause qui explique la succession continue de leurs naissances et de leurs morts; Aristote fait remonter celle-ci à la double action du cercle des fixes et du cercle oblique qui rend compte de l'éloignement et du rapprochement réguliers du soleil, et par là des saisons et des cycles du vivant (cf. *Gen. corr.*, II 10, 336a15-b 24; *Météorologiques* I 9, 346b20-23).

3. Selon un principe méthodologique d'économie, un seul moteur immobile éternel est suffisant pour garantir l'éternité du mouvement. Cela

Il est manifeste d'après ceci aussi que nécessairement le
15 premier moteur est quelque chose d'un et d'éternel. | On a en effet montré la nécessité que le mouvement soit toujours, et, s'il est toujours, la nécessité qu'il soit aussi continu, car ce qui est toujours est continu, tandis que le consécutif n'est pas continu. Cependant, s'il est continu, il est un, et est un le mouvement d'une seule chose qui meut et d'une seule qui est
20 mue, car si c'est toujours autre chose qui meut autre chose, | le mouvement total n'est pas continu mais consécutif[1].

Pour ces raisons donc, on peut être convaincu qu'il y a un premier immobile, et aussi en observant les principes des moteurs. L'existence de certains étants qui sont tantôt en mouvement tantôt en repos est manifeste; et par là il est devenu clair que tous ne sont pas mus, ni tous en repos, ni les
25 uns | toujours en repos et les autres toujours en mouvement, car ceux qui participent aux deux et ont la faculté d'être tantôt en mouvement tantôt en repos montrent ce qu'il en est. Et puisque ceux de ce type sont clairs pour tous, mais que nous voulons

n'empêche pas que les moteurs immobiles cosmiques doivent être multiples pour une autre raison, développée au livre Λ, chap. 8, de la *Métaphysique*, à savoir pour rendre compte des mouvements complexes des planètes. En effet, suivant les propositions des astronomes Eudoxe et Callippe, Aristote admet une multiplicité de moteurs premiers immobiles commandant chacun de manière indépendante le mouvement de l'un des cercles qui entraînent les planètes. *Cf.* aussi ci-dessous, 259b31 et la note.

1. Aristote ne réfute pas explicitement l'hypothèse que l'éternité du mouvement soit celle d'une succession ininterrompue de mouvements consécutifs. Il y a cependant répondu implicitement en disant que toute succession ininterrompue doit avoir un principe qui garantisse son renouvellement éternel, principe qui lui-même doit être unique et éternel, faute de quoi il aurait à son tour besoin d'une garantie de renouvellement, et ainsi de suite jusqu'à ce qu'on arrive au principe éternel.

aussi montrer la nature de chacun des deux autres types, à savoir que les uns sont toujours immobiles et les autres toujours mus, en progressant | vers ce point et en posant que 30 tout ce qui est mû est mû par quelque chose et que ce quelque chose est soit immobile soit mû, et si mû, soit par lui-même soit toujours par autre chose, nous sommes arrivés à considérer que le principe des mus est, parmi les mus, ce qui se meut soi-même, | et, parmi toutes choses, ce qui est immobile; et nous **259b1** voyons aussi qu'existent manifestement des étants tels qu'ils se meuvent eux-mêmes, comme le genre des vivants et celui des animaux[1]. Ceux-là sont à l'origine de l'opinion selon laquelle le mouvement peut advenir alors qu'il n'était absolument pas, du fait que chez eux | nous voyons que cela se produit 5 (car étant immobiles à un certain moment, ils sont ensuite mus, à ce qu'il semble). Il faut en fait considérer qu'ils se meuvent d'un seul mouvement, et que ce n'est pas de façon souveraine, car la cause ne vient pas de l'animal lui-même mais d'autres mouvements naturels existent en eux, dont ils ne sont pas mus par eux-mêmes, par exemple la croissance, la destruction, la respiration, dont | est mû chaque animal alors qu'il est au repos 10 et n'est pas mû de son propre mouvement. Et la cause en est ce qui l'entoure et de nombreuses choses qui y entrent, par exemple, pour certains, la nourriture, car quand elle est digérée ils s'endorment et quand elle a été répartie ils s'éveillent et se

1. Selon sa propre définition du vivant, celui-ci, qu'il soit plante ou animal, possède en lui-même le principe de son développement. Cependant, juste après Aristote restreindra le mouvement automoteur au déplacement, de sorte que, parmi les vivants, seuls les animaux qui se déplacent sont automoteurs.

mettent en mouvement, le principe premier étant extérieur[1], raison pour laquelle ils ne sont pas mus toujours et de façon 15 continue par eux-mêmes; | en effet, le moteur est autre chose, lui-même mû et changeant par rapport à chacun des étants qui se meuvent eux-mêmes. Dans tous ceux-ci, le premier moteur, c'est-à-dire la cause du fait de se mouvoir soi-même, est mû sous son propre effet mais par accident, car le corps change de lieu, de sorte que c'est le cas aussi de ce qui se trouve dans le 20 corps | et qui se meut soi-même par son action de poussée[2].

1. Les animaux ne sont automoteurs que pour le déplacement; ils ne sont pas responsables des changements physiologiques qui se passent en eux, pour lesquels ils ne peuvent décider ni de les arrêter ni de les faire se mouvoir en sens inverse. Cependant, même pour les déplacements, ils ne sont pas totalement souverains, car ceux-ci sont pour la plupart causés par des contraintes à la fois physiologiques et extérieures. Aristote exagère sans doute ici le caractère involontaire des mouvements des animaux, pour les besoins de son argument. Il lui faut en effet montrer qu'un automoteur est dépendant de son environnement extérieur, afin d'établir par contraste que l'univers entier ne peut être conçu sur ce modèle. Il est cependant exact de dire que même les mouvements volontaires des animaux, qui suivent le désir ou la pensée, n'ont de sens que par rapport à un monde extérieur offrant des objets désirables ou pensables.

2. Le terme μοχλεία n'a pas d'autre occurrence chez Aristote, et à cette époque il n'est utilisé que dans le vocabulaire médical, notamment pour signifier la réduction d'une luxation (par dérivation de μοχλός, le levier). Il se trouve en revanche chez les commentateurs néo-platoniciens, probablement sous l'influence de Plotin qui l'utilise comme une variante de ὦσις, la poussée. C'est ainsi que Simplicius interprète le passage : l'âme est mue par accident en raison de la poussée qu'elle imprime au corps. Cependant, Aristote ne parle de poussée que lorsqu'il y a action d'un corps sur un autre, tandis que l'âme agit sur le corps en tant qu'elle désire ou pense, c'est-à-dire comme une cause incorporelle. Le terme paraît donc à la fois anachronique et inadéquat, et il est très probable que les mots τῇ μοχλείᾳ ou même καὶ τῇ μοχλείᾳ κινοῦν ἑαυτό aient été

Par là on peut se convaincre que, si une chose fait partie des immobiles qui meuvent et qui sont eux-mêmes mus[1] par accident, il lui est impossible de mouvoir d'un mouvement continu. Par conséquent, puisqu'il est nécessaire qu'existe continuellement un mouvement, il faut que le premier moteur soit un immobile même par accident, si doit exister, comme | nous l'avons dit, dans les étants un mouvement ininterrompu 25 et immortel, et que l'étant doive demeurer lui-même en lui-même et dans le même, car du fait que le principe demeure, il est nécessaire que le tout aussi demeure, étant continu par rapport au principe[2]. Et ce n'est pas pareil d'être mû par accident sous son propre effet et sous l'effet d'autre chose, car être mû sous l'effet | d'autre chose appartient aussi à 30 quelques principes des choses célestes, de celles qui sont

introduits à tort dans le texte par contamination à partir de l'un des commentaires anciens. Quoi qu'il en soit, l'important pour Aristote est de distinguer ce qui se meut soi-même au sens strict, c'est-à dire le corps, et ce qui se meut soi-même par accident seulement, c'est-à-dire le principe moteur qui est dans le corps et qui, lorsqu'il déplace le corps, se déplace lui-même indirectement.

1. La leçon de la plupart des manuscrits, αὐτῶν κινουμένων, est meilleure que le réflexif ἑαυτά ou αὐτά qu'édite Ross, car la proposition doit être valable pour tout mouvement accidentel d'un moteur, qu'il soit causé par sa propre action ou par autre chose.

2. L'étant signifie ici le tout de l'univers, qui existe toujours dans le même mode d'être, non pas immobile mais soumis à un mouvement régulier. Le principe évoqué est garant de la permanence du mouvement de l'univers mais pas de son existence même, qui est garantie par l'éternité des éléments premiers. Comment comprendre que ce principe, premier moteur absolument immobile et absolument séparé de la matière, soit dit continu par rapport au tout? On ne peut comprendre ici « continu » dans son sens technique de « ce dont les extrémités sont les mêmes », mais probablement de la même manière qu'en 267b16-17, au sens où le moteur et le mû se trouvent dans une *relation* continue et toujours identique.

transportées selon plusieurs transports[1], tandis que l'autre façon n'appartient qu'aux choses périssables[2].

Cependant, si existe toujours quelque chose de tel, qui meut mais est lui-même immobile et éternel, il est nécessaire **260a1** que la première chose mue par lui | soit également éternelle. Ceci est clair aussi d'après le fait que la venue à l'être, la destruction et le changement ne peuvent exister autrement pour les autres étants, si quelque chose ne meut pas en étant mû. Car l'immobile mouvra toujours de la même façon et du 5 même mouvement unique, | vu que lui-même ne change rien vis-à-vis du mû, tandis que ce qui est mû par la chose mue mais mue désormais par l'immobile[3], du fait qu'il est toujours autre

1. Grâce aux explications plus détaillées fournies en Métaphysique Λ 8, on comprend que ces « choses célestes » sont les planètes, le soleil et la lune, dont les mouvements complexes sont expliqués par la résultante des mouvements de plusieurs sphères, les astres eux-mêmes étant immobiles et fixés sur elles. L'expression « quelques principes » (ἐνίαις ἀρχαῖς) des choses célestes ne peut désigner les moteurs immobiles responsables des mouvements des sphères, puisque vient de leur être refusé même le mouvement par accident (en effet, ce doit être pareil pour chacun des moteurs de chaque sphère, car chacun d'eux doit être éternellement en acte, et par conséquent séparé de la matière). Ces principes sont donc les sphères elles-mêmes, puisqu'elles sont causes du mouvement pour les astres. En effet, outre le mouvement propre à chacune, du fait qu'elles sont contiguës et imbriquées l'une sous l'autre, elles sont également entraînées par accident par le mouvement de celles qui les entourent.

2. Un exemple de chose périssable mue par accident sous son propre effet est l'âme des animaux dont il est question au paragraphe précédent, car, même si elle est incorporelle, l'âme est liée au corps et est mue par accident avec lui lorsqu'elle provoque son déplacement. C'est précisément ce modèle qu'Aristote refuse d'appliquer aux mouvements célestes.

3. L'expression désigne probablement le soleil, dont la sphère est entraînée non seulement par son propre mouvement mais aussi par celui de la sphère des astres fixes, de sorte que la composition des deux produit un mouvement variable quoique régulier, qui influence de façons diverses les phénomènes météorologiques et les activités des vivants. Je suis la leçon des manuscrits FHIK,

par rapport aux choses, ne sera pas cause du même mouvement mais, se trouvant dans des lieux ou dans des formes contraires, il rendra chacun des autres mû de façon contraire et tantôt | en repos tantôt en mouvement. Il est donc désormais manifeste d'après ce qu'on vient de dire (et c'était notre question initiale) pourquoi toutes choses ne sont pas en mouvement ni toutes en repos, ni les unes toujours en mouvement et les autres toujours en repos, mais certaines alternativement. La cause en est claire à présent, c'est que les unes | sont mues par quelque chose d'immobile et d'éternel, et c'est pourquoi elles sont toujours mues, les autres par quelque chose de mû et de changeant, de sorte que nécessairement elles changent aussi. Quant à l'immobile, comme on l'a dit, puisqu'il demeure absolument, semblablement et dans le même, il mouvra d'un mouvement un et simple. 10 15

7. | Cependant, en prenant un autre point de départ aussi, on rendra cela plus manifeste. Il faut, en effet, examiner si un certain mouvement peut être continu ou non, et si oui, quel il est et quel est le premier des mouvements, car il est clair que, s'il est nécessaire qu'un mouvement existe toujours et si celui-ci est premier et continu, | le premier moteur meut de ce mouvement-là, qui est nécessairement un et le même, continu et premier[1]. **260a20** 25

choisie par Cornford et Ross, tandis que Prantl et Carteron suivent celle de Simplicius et Themistius : « par la chose immobile ou par une chose déjà mue ». En effet, la phrase précédente vient d'exclure ce qui est mû par l'immobile. En outre, l'erreur de cette dernière leçon s'explique aisément par un saut du même au même.

1. La démonstration propre au livre VIII, qui est celle de la perpétuité d'un certain mouvement dans l'univers, reçoit une nouvelle confirmation par l'identification d'un type de mouvement qui est à la fois antérieur aux autres et

Des trois mouvements qui existent, celui selon la grandeur, celui selon l'affection et celui selon le lieu, que nous appelons transport, celui-ci est nécessairement le premier. En effet, la
30 croissance est impossible si l'altération | ne préexiste pas, car ce qui est accrû, dans certains cas, est accrû de quelque chose de semblable, dans d'autres cas de quelque chose de dissemblable : on dit que la nourriture du contraire est le contraire, et tout s'ajoute en devenant semblable au semblable. Il est donc nécessaire qu'existe l'altération, qui est le changement vers les
260b1 contraires. | Cependant, s'il y a altération, il faut que quelque chose soit ce qui altère et ce qui, du chaud en puissance, produit le chaud en acte. Il est donc clair que ce moteur n'est pas toujours semblablement disposé, mais est tantôt plus près
5 tantôt plus loin de la chose altérée. Or, sans le transport, | cela ne se peut. Si donc il est nécessaire qu'un mouvement existe toujours, il est nécessaire aussi que le transport existe toujours, premier parmi les mouvements, et le premier des transports, s'il y en a un premier et un second.

En outre, le principe de toutes les affections est la condensation et la raréfaction. En effet, le lourd et le léger, le
10 mou et le dur, le chaud | et le froid, semblent être des densités et des raretés. Or, condensation et raréfaction sont assemblage et séparation, suivant lesquels on dit qu'il y a venue à l'être et destruction des substances. Or ce qui est assemblé et séparé change nécessairement de lieu. Quant à la grandeur de ce qui croît et décroît, elle change aussi selon le lieu.

le seul à pouvoir être éternellement continu. C'est donc de ce type-là que devra être le mouvement dont le premier moteur immobile garantit l'éternité en acte. Pour prouver que ce type est premier, l'argumentation consistera à montrer que lui seul n'a pas pour condition un mouvement antérieur, tandis que tous les autres impliquent d'une manière ou d'une autre un transport.

| En outre, en l'examinant à partir de ceci, il sera manifeste 15 aussi que le transport est premier. Le premier dans le cas du mouvement se dira de plusieurs façons, de la même manière que dans les autres cas. Or, on dit qu'est antérieur ce sans quoi les autres ne seront pas tandis que celui-là est sans les autres, que ce soit par le temps ou par l'être[1]. Par conséquent, puisqu'il | est nécessaire qu'un mouvement existe de façon 20 continue et que peut exister de façon continue le mouvement continu ou le mouvement consécutif, mais plutôt le continu (le continu vaut mieux que le consécutif et nous prenons toujours comme principe que le mieux existe dans la nature, s'il est possible – or le continu est possible, on le montrera plus tard, maintenant supposons-le), et | puisque celui-ci ne peut être 25 aucun autre que le transport, il est nécessaire que le transport soit premier. En effet, aucune nécessité n'oblige ce qui est transporté à être accrû ou altéré, ni à venir à l'être ou à être détruit, tandis qu'aucun de ces mouvements n'est possible sans l'existence du mouvement continu que meut le premier moteur[2].

En outre, il est premier par le temps car les étants | éternels 30 ne peuvent être mus que de ce mouvement. Cependant, pour

1. Les différents critères d'antériorité sont détaillés au chap. 12 des *Catégories* et en *Métaphysique* Δ 11. La définition générale peut s'entendre soit chronologiquement, parce qu'une chose doit précéder pour qu'une autre existe, même si elle n'en est pas nécessairement la cause, soit ontologiquement, parce que l'être de la seconde dépend de celui de la première.

2. On pourrait objecter à Aristote que, s'il a démontré la nécessité pour tout autre changement d'être rendu possible par un transport, il n'a pas démontré la nécessité que tous dépendent du même transport un et continu. Il se repose sans doute implicitement sur sa conclusion de 258b32-259a6 (voir notes *ad loc.*). Cette conclusion est d'ailleurs rappelée dans l'argument suivant (voir ci-dessous).

n'importe quelle chose parmi celles qui possèdent la venue à l'être, le transport est nécessairement le dernier des mouvements, car après la venue à l'être vient d'abord l'altération et la croissance, tandis que le transport est le mouvement des **261a1** choses déjà achevées. | Mais il faut qu'une autre chose soit mue d'abord selon le transport, qui sera aussi cause de la venue à l'être pour les choses qui adviennent, sans être elle-même en train d'advenir, par exemple ce qui a engendré pour ce qui a été engendré, puisque la venue à l'être semblerait être le premier des mouvements, pour cette raison que la chose doit d'abord 5 venir à l'être. | Il en est ainsi pour n'importe laquelle des choses qui viennent à l'être, mais il faut qu'une autre chose soit mue antérieurement à elles, qui existe déjà et ne soit pas en train d'advenir, et une autre antérieurement à celle-ci[1]. Mais puisque la venue à l'être ne peut être première (car toutes les choses mues seraient destructibles), il est clair qu'aucun non 10 plus des mouvements suivants n'est | premier, et j'appelle

1. Si l'on pose que la venue à l'être est le premier des changements puisqu'une chose doit d'abord exister avant de se modifier, on peut concevoir une succession ininterrompue de venues à l'être dont les causes ont toutes été elles-mêmes générées. Aristote a montré qu'une telle série infinie était impossible dans le cas du transport, car pour ce mouvement tous les moteurs doivent agir simultanément, de sorte que, s'il n'y en a pas de premier, aucun mouvement ne se fera. Cependant, on pourrait objecter à Aristote qu'une telle possibilité ne semble pas valable pour les venues à l'être, qui ne se font pas toutes en même temps. En outre, même dans l'hypothèse où existent des substances mues éternelles (les astres), rien n'empêche ce type d'éternité de coexister avec l'éternité des venues à l'être de substances périssables. Certes, si l'on veut que la succession ne s'interrompe jamais, il faut en garantir la nécessité par un principe ; mais cela n'oblige pas à concevoir un autre changement antérieur. Le seul argument probant reste donc qu'une chose n'en génère pas une autre sans subir d'abord elle-même une certaine modification, de sorte que, même si l'on remonte à l'infini, logiquement l'autre type de changement est premier.

suivants la croissance, puis l'altération, la décroissance et la destruction, car tous ils sont postérieurs à la venue à l'être; par suite, si celle-ci n'est pas antérieure au transport, aucun des autres changements ne l'est.

De manière générale, il apparaît que ce qui vient à l'être est inachevé et va vers son principe, de sorte que le postérieur par la venue à l'être est antérieur par la nature[1]. Or, le transport existe en dernier lieu | pour toutes les choses en devenir, c'est 15 pourquoi certains parmi les vivants sont complètement immobiles, par manque de l'organe approprié, comme les plantes et de nombreux genres d'animaux, tandis que le transport existe chez les vivants achevés. Par conséquent, si le transport appartient davantage à ceux qui se sont davantage approprié leur nature, ce mouvement est aussi premier parmi les autres selon | l'être, pour la raison qu'on a dite et aussi parce que, 20 parmi les mouvements, la chose mue s'éloigne le moins de son être durant le transport; en effet, selon lui seul rien de l'être ne change, comme c'est le cas pour la qualité de ce qui est altéré et la quantité de ce qui croît ou décroît. Et il est surtout clair que ce qui se meut soi-même se meut souverainement de ce mouvement selon le | lieu, or nous affirmons que l'automoteur est 25 le principe des moteurs mus et le premier parmi les mus.

1. La nature est comprise, dans cet argument, comme la cause finale d'une génération, c'est-à-dire la pleine réalisation de la forme. Il faut donc que la forme préexiste à la chose générée, sinon elle ne pourrait guider son développement. Cette règle devient un argument pour la priorité du transport du fait que celui-ci, ne se trouvant que chez les vivants les plus complexes, se révèle lié à la phase la plus achevée du genre animal. L'argument suppose un saut de la finalité individuelle (où l'on voit bien comment la forme doit préexister) à une finalité générique (où la préexistence de la forme spécifique la plus complexe est loin d'être aussi justifiée).

Que le transport est assurément le premier des mouvements, c'est manifeste d'après ce qui précède; mais quel transport est le premier, voilà ce qu'il faut montrer maintenant. En même temps sera manifeste par la même démarche ce qui est supposé maintenant comme précédemment, à savoir
30 la possibilité | qu'il y ait un mouvement continu et éternel. Qu'aucun des autres mouvements ne peut donc être continu, c'est manifeste d'après ceci : tous les mouvements et changements vont des opposés vers les opposés; par exemple, pour la venue à l'être et la destruction, l'être et le non-être sont les
35 limites; pour l'altération, | les affections contraires; pour la croissance et la décroissance, la grandeur et la petitesse ou bien l'achèvement et le non-achèvement de la grandeur; et sont
261b1 contraires les mouvements qui vont | vers les contraires. Or, ce qui n'est pas toujours mû de ce mouvement-ci, mais qui existait auparavant, était nécessairement en repos auparavant. Il est donc manifeste que ce qui change sera en repos dans le contraire. Et il en va de même pour les changements, car la destruction et la venue à l'être s'opposent en
5 général | et la particulière à la particulière. Par conséquent, s'il est impossible de changer en même temps selon les changements opposés, le changement ne sera pas continu mais il y aura un temps intermédiaire entre eux. Peu importe, en effet, que soient contraires ou non les changements selon la contradiction, pourvu qu'il leur soit impossible de se trouver ensem-
10 ble dans la même chose; ceci | n'est en rien utile au raisonnement. Pas davantage la question de savoir s'il n'est pas nécessaire d'être en repos dans l'état contradictoire, ni si le changement est le contraire du repos (car le non-être n'est probablement pas en repos et la destruction va vers le non-être), pourvu qu'il y ait un temps intermédiaire, car ainsi le changement n'est pas continu; car dans les exemples précé-

dents non plus l'important n'était pas la contrariété | mais 15
l'impossibilité de se trouver ensemble.

D'autre part, il ne faut pas se troubler de ce qu'une même chose sera contraire à plusieurs, par exemple le mouvement à la fois à l'arrêt et au mouvement en sens contraire, mais il suffit d'admettre que le mouvement contraire s'oppose d'une certaine manière et au mouvement et au repos, comme l'égal et le mesuré | à l'excédant et à l'excédé, et qu'il n'est pas 20
possible que se trouvent ensemble ni des mouvements ni des changements opposés[1]. En outre, pour la venue à l'être et la destruction, il semblerait même tout à fait absurde que, dès qu'elle est advenue, une chose doive nécessairement être détruite et ne demeure en aucun temps. Par conséquent, à partir de ces changements-là | la conviction adviendra aussi pour les 25
autres, car il est naturel que ce soit semblable pour tous.

8. | Disons à présent qu'il peut y avoir un mouvement **261b27**
infini, qui soit un et continu, et que c'est là le mouvement circulaire. En effet, tout transporté est mû soit en cercle soit tout droit soit d'un mouvement mixte tel que, | si l'un des deux 30
n'est pas continu, le composé des deux ne pourra l'être non plus. Que ce qui est porté d'un mouvement droit et fini n'est pas porté de façon continue, c'est clair; en effet, il revient sur ses pas, et ce qui revient sur ses pas en ligne droite est mû de mouvements contraires, car le mouvement vers le haut est contraire selon le lieu à celui vers le bas, le mouvement | vers 35

1. Ces discussions sur les contraires et les contradictoires font partie des *topoi* dialectiques de l'époque, et il semble qu'il était incontournable de prévenir toute objection à leur propos. L'étude la plus complète d'Aristote sur cette question se trouve au livre I de la *Métaphysique*, chap. 3-7.

l'avant à celui vers l'arrière, et le mouvement vers la gauche à celui vers la droite, car ce sont là des contrariétés du lieu.

262a1 On a défini précédemment ce qu'est le mouvement un | et continu, à savoir le mouvement d'un seul corps, en un temps un et dans ce qui ne diffère pas par l'espèce (car on avait trois choses : le mû, par exemple un homme ou un dieu, le moment, c'est-à-dire un temps, et troisièmement ce dans quoi, à savoir un lieu, une affection, une forme ou une grandeur)[1]. Or, les 5 contraires diffèrent par l'espèce et ne sont pas un; | et les différences qu'on a dites sont celles du lieu. Un indice que le mouvement de A vers B est contraire à celui de B vers A est qu'ils s'arrêtent et se font cesser l'un l'autre quand ils adviennent en même temps. Et il en va de même sur un cercle, par exemple le mouvement à partir de A du côté de B est 10 contraire à celui à partir | de A du côté de C, car ils s'arrêtent, même s'ils sont continus et qu'il n'y a pas de rebroussement, parce que les contraires se détruisent et se font mutuellement obstacle; mais le mouvement transversal ne s'oppose pas au vertical.

Il est manifeste surtout que le mouvement sur la droite ne peut être continu, du fait que, rebroussant chemin, nécessaire- 15 ment il s'arrête, et pas seulement sur la droite | mais aussi s'il est porté sur un cercle. En effet, ce n'est pas la même chose d'être porté circulairement et sur un cercle, car il y a un moment où il poursuit son mouvement et un moment où, revenu au même point d'où il est parti, il rebrousse chemin en sens inverse[2]. La conviction que l'arrêt est nécessaire ne vient

1. *Cf.* livre V, chap. 4, en particulier 227b23-26.

2. L'expression « sur un cercle », rendue en grec par le simple accusatif κύκλον, désigne une trajectoire courbe entre deux points précis; ce cas ne diffère pas du trajet sur une droite, puisque dans les deux cas le point d'arrivée

pas seulement de la sensation mais aussi du raisonnement. Le principe est celui-ci : puisqu'il y a trois choses, | début, milieu 20 et fin, le milieu est à la fois début et fin, selon qu'on le rapporte à l'un ou à l'autre, et il est un par le nombre, deux par la définition[1]. En outre, c'est autre chose d'être en puissance et en acte, de sorte qu'un point quelconque situé entre les extrémités de la droite est milieu en puissance mais pas en acte, à moins qu'un mû l'ait divisée à cet endroit et, après s'être arrêté, recommence | à se mouvoir; ainsi le milieu devient 25 début et fin, début de la ligne postérieure, fin de la première (je veux dire, par exemple, si le transporté A s'est arrêté en B et est à nouveau porté jusqu'à C). Mais lorsqu'il est transporté de façon continue, A ne peut ni être arrivé ni s'être éloigné du point B, mais seulement | y être dans l'instant, et en aucun 30 temps si ce n'est celui dont l'instant est une division, c'est-à-dire la totalité[2]. Si l'on pose qu'il y est arrivé et s'en est éloigné, alors le transporté A sera toujours arrêté, car il est impossible | qu'en même temps A soit arrivé en B et s'en soit **262b1** éloigné ; ce sera donc toujours en un autre point du temps, donc il y aura du temps au milieu; par conséquent, A sera en repos en B. Il en va semblablement pour les autres points, car le raisonnement est le même pour tous. | Lorsque donc le 5 transporté A se sert du milieu B comme fin et comme début, il

est distinct du point de départ. En revanche, le transport circulaire (κύκλῳ) est celui qui, décrivant des cercles complets, peut repasser indéfiniment par son point de départ sans jamais marquer de temps d'arrêt, car ce point n'est pas dédoublé en départ et arrivée.

1. Le point central est unique mais il est défini différemment selon qu'on le considère comme la fin de la première moitié ou comme le début de la seconde.

2. Tous les manuscrits sauf deux ajoutent ici « ABC », mais Ross a raison de l'éditer entre crochets, car la totalité mentionnée doit être celle du temps, dans lequel se situe globalement le mobile à chaque point du trajet.

est nécessaire qu'il s'arrête puisqu'il le rend double, de la même manière qu'on peut le faire par la pensée. Mais il s'est éloigné du point A initial et est arrivé en C lorsqu'il a achevé son mouvement et s'est arrêté.

C'est pourquoi il faut répondre de la même façon à la
10 difficulté, car il y a une difficulté, que voici : | si la ligne E est égale à la ligne F, et que A soit transporté de façon continue de l'extrémité vers C; si A se trouve au point B en même temps que D est porté de l'extrémité de F vers G[1], de façon uniforme et à la même vitesse que A, D arrivera à G avant que A n'arrive
15 à C, car ce qui s'est élancé et | est parti avant arrive nécessairement avant. Ce n'est donc pas en même temps que A est arrivé et s'est éloigné de B, et c'est pourquoi il est plus tard; si c'était en même temps, il ne serait pas plus tard, mais ici il sera nécessaire qu'il s'arrête. Il ne faut donc pas poser que, lorsque A arrive en B, simultanément D est mû de l'extrémité de F,
20 car si A est arrivé en B, | il devra encore s'en éloigner, et pas simultanément; mais il y était dans une coupure du temps et non dans un temps.

Il est donc impossible dans ce cas de parler ainsi du continu, mais de ce qui rebrousse chemin il est nécessaire de parler ainsi, car si G était porté vers D et, ayant rebroussé
25 chemin, redescendait, il aurait utilisé l'extrémité D | comme

1. G étant le milieu de F et les lignes étant égales, A devrait parcourir la deuxième moitié de sa ligne dans le même temps que D parcourt la première moitié de la sienne. Mais, en faisant commencer A au milieu de sa ligne, on fait comme s'il était possible de distinguer en ce point le moment d'arrivée et le moment de départ. Il en résultera que ce mobile sera plus lent que si on ne suppose aucun dédoublement d'aucun point de son trajet. La conclusion est qu'il est impossible de situer un mobile en un point précis de son trajet car, à moins d'y marquer un arrêt, il ne se trouve en chaque point qu'en un instant sans durée et insaisissable.

fin et début, c'est-à-dire un seul point comme double ; c'est pourquoi il est nécessaire qu'il se soit arrêté et ne soit pas simultanément arrivé en D et reparti de D, car alors à la fois il y serait et n'y serait pas dans le même instant.

Cependant, il ne faut pas reprendre la solution de tout à l'heure, car il n'est pas possible de dire que G est en D dans | une coupure de temps et n'est pas arrivé ni ne s'est éloigné ; en effet, il devait nécessairement aller vers un but existant en acte et non en puissance. Celui du milieu est donc en puissance, mais celui-là est en acte, et vu d'en bas il est fin, | vu d'en haut il est début ; dès lors il en va de même aussi pour les mouvements. Il est donc nécessaire que ce qui rebrousse chemin sur la droite s'arrête. Par conséquent, un mouvement continu sur la droite ne peut être éternel. 30 **263a1**

Il faut répondre de la même façon à ceux qui objectent | l'argument de Zénon et considèrent que, s'il faut toujours passer par la moitié, et que celles-ci soient en nombre infini, il est impossible de parcourir l'infini. Ou encore, certains objectent le même argument différemment, considérant que, en même temps que le mouvement se fait sur la moitié, on compte d'abord chaque moitié advenue, de telle sorte que, quand on a parcouru le tout, | on en arrive à avoir compté un nombre infini ; et cela, de l'aveu général, est impossible. 5 10

Dans nos premiers exposés sur le mouvement[1], nous avons donné une solution par le fait que le temps possède en lui-même une infinité, car il n'est en rien absurde qu'en un temps infini on parcoure une infinité, et l'infini existe de la même façon dans la longueur et | dans le temps. Toutefois, cette solution était suffisante par rapport à la demande (car on demandait 15

1. Renvoi à VI 2, 233a21-34.

si, dans un temps limité, on pouvait parcourir ou compter une infinité), mais elle n'est pas suffisante par rapport à la chose elle-même et à la vérité. Si, en effet, laissant de côté la longueur et la question de savoir si l'on peut parcourir 20 une infinité dans un temps fini, | on se demande cela à propos du temps lui-même (car le temps possède des divisions infinies), cette solution ne suffira plus, mais il faudra dire le vrai, c'est-à-dire ce que nous venons de dire dans nos derniers arguments : si l'on divise la ligne continue en deux moitiés, 25 on se sert du point unique comme de deux, car on en fait | un début et une fin ; et c'est ce que fait celui qui compte et celui qui divise en moitiés. Mais si l'on divise ainsi, ni la ligne ni le mouvement ne seront continus, car le mouvement continu appartient à un continu, et dans le continu il y a certes une infinité de moitiés, mais pas en acte, seulement en puissance. 30 Si on les prend en acte, on ne produira pas | des continus mais on s'arrêtera, et il est manifeste que c'est ce qui arrive à celui qui compte les moitiés, car il compte nécessairement un point **263b1** unique | comme deux, puisque celui-ci sera, d'une part, fin de la première moitié et, d'autre part, début de la seconde, si on ne compte pas la ligne continue comme une mais comme deux moitiés. Par conséquent, il faut répondre à celui qui demande s'il est possible de parcourir une infinité soit dans le temps soit dans la longueur, que d'une certaine manière c'est possible, 5 | d'une autre pas : si elle est en acte c'est impossible, mais en puissance c'est possible, car quelqu'un qui se meut de façon continue a parcouru par accident une infinité, mais pas au sens absolu, car c'est un accident pour la ligne d'être une infinité de moitiés, mais son essence et son être sont autres[1].

1. La solution de l'aporie zénonienne du point de vue ontologique repose

Il est clair aussi que, si l'on ne fait pas appartenir le point | qui divise le temps en antérieur et postérieur, toujours à ce qui 10 est postérieur pour la chose, la même chose sera à la fois étant et non étant, et, une fois advenue, ne sera pas étant. Le point est donc commun aux deux, et à l'antérieur et au postérieur, et il est le même et un par le nombre quoiqu'il ne soit pas le même par la définition (car de l'un il est la fin, de l'autre le début), mais pour | la chose il appartient toujours à l'affection posté- 15 rieure[1]. Soit le temps ACB et la chose D. Elle est blanche au temps A, n'est pas blanche au temps B ; donc en C elle est blanche et non blanche. En effet, il est vrai de dire qu'elle est blanche en n'importe quelle partie de A, si elle était blanche pendant tout ce temps, et qu'en B elle n'est pas blanche ;

donc sur la distinction entre l'infini en acte et l'infini en puissance, et sur l'affirmation que toute grandeur infinie par la division n'est infinie qu'en puissance. Dans le *De Sensu*, la même distinction permet d'expliquer à la fois la continuité de la gamme de chaque qualité sensible et l'impossibilité pour nous d'en distinguer chaque division : « Puisqu'il faut dire les affections comme des espèces mais qu'il y a toujours en elles de la continuité, il faut considérer qu'elles sont différentes en puissance et en acte ; et c'est pourquoi la dix millième partie d'un grain de millet échappe à notre vision, même si celle-ci l'a parcourue, de même que le son à l'intérieur du demi-ton nous échappe, même si l'on entend la totalité de la mélodie qui est continue : c'est que l'intervalle entre les extrémités nous échappe. » (445b29-446a4). Il est d'ailleurs fait référence à la *Physique* en 445b20.

1. Pour les divisions du temps, il est indifférent d'attribuer un point à la partie passée ou à la partie future, puisqu'il est indifféremment les deux. Mais lorsqu'on considère la division correspondante d'une modification dans un corps, il faut considérer qu'en chaque limite le corps possède le dernier stade de la modification et non le précédent qui vient d'être quitté. Cette nécessité est bien illustrée dans l'exemple qui suit, où C est la limite entre deux étapes du blanchissement. Cela correspond à l'observation qu'il n'y a pas de moment dernier du mouvement en train de se faire mais un moment premier du mouvement achevé (*cf.* VI, 5, 235b6-236b18).

20 or C est dans les deux. | Il ne faut donc pas concéder qu'elle est blanche dans tout A mais excepter l'instant final C, qui appartient déjà au postérieur[1]. Et si elle devenait non blanche et cessait d'être blanche pendant tout le temps A, elle a fini de devenir et de cesser d'être au temps C. Par conséquent, il est vrai de dire que la chose est blanche ou non blanche pour la première fois en ce point-là. Sinon, une fois advenue, elle 25 ne sera pas, et, une fois détruite, elle sera, ou bien | elle sera nécessairement à la fois blanche et non blanche et, en général, à la fois étant et non étant.

Si, d'autre part, ce qui est mais n'était pas auparavant doit nécessairement devenir étant, et si pendant qu'il devient il n'est pas, le temps ne peut être divisé en temps insécables. En effet, si D devenait blanc en A et qu'il ait fini de devenir et soit 30 blanc dans un autre temps insécable | contigu, le temps B ; si en A il devenait et n'était pas tandis qu'il est en B, il faut qu'il y ait **264a1** un devenir intermédiaire, et par conséquent aussi | un temps dans lequel il devenait. En effet, le même raisonnement ne vaudra pas pour ceux qui refusent les insécables, mais on dira que la chose a fini de devenir et est dans le point ultime du temps dans lequel elle devenait, par rapport auquel aucun n'est contigu ni consécutif, tandis que les temps insécables sont 5 consécutifs. Et il est manifeste que, | si dans tout le temps A il devenait, il n'y a pas plus de temps là où il a fini de devenir et devenait que là où il devenait seulement.

Tels sont donc quelques-uns des raisonnements appropriés par lesquels on peut se convaincre. Mais si on l'étudie logiquement, il semblerait qu'on arrive au même résultat, car pour tout 10 ce qui est mû | de façon continue, si rien ne le détourne,

1. Ou, si l'on suit les manuscrits plutôt que Ross, « est déjà le postérieur ».

l'endroit où il est arrivé par son transport est celui-là même vers lequel auparavant il était transporté ; par exemple, s'il est arrivé en B, c'est qu'il était transporté vers B, et ce non quand il était tout près mais immédiatement quand il commençait à être mû ; en effet, pourquoi maintenant plutôt qu'auparavant ? Et il en va de même pour les autres mouvements. Ce qui donc est porté de A vers C, | lorsqu'il sera arrivé en C, retournera vers A 15 en étant mû d'un mouvement continu[1]. Au moment donc où il est porté de A vers C, il est aussi porté du mouvement qui va de C vers A, de sorte que les mouvements contraires se feront simultanément, car sont contraires les mouvements sur une droite. Et en même temps, il change à partir de là où il n'est pas. Si donc c'est impossible, il est nécessaire | qu'il s'arrête en 20 C. Par conséquent, le mouvement n'est pas un, car celui qui est coupé d'un arrêt n'est pas un.

En outre, on le voit plus généralement pour tout mouvement d'après ceci : si tout mû est mû d'un des mouvements qu'on a dits et est en repos selon un des repos qui y sont opposés (car il n'en existe pas d'autre qu'eux) ; si ce qui n'est pas | mû toujours de ce mouvement-ci (j'entends par là tous les 25 mouvements différents par l'espèce et non un mouvement qui serait une partie du mouvement total) est nécessairement d'abord en repos selon le repos opposé (car le repos est privation de mouvement), si donc sont opposés les mouvements sur une droite et qu'il soit impossible d'être mû à la fois selon les opposés, alors ce qui est porté de A | vers C ne pourrait 30

1. Toujours dans le but de réfuter la continuité du mouvement sur une droite, Aristote propose à présent un argument par l'absurde : si l'on considère qu'un mouvement d'aller et retour sur une droite finie est continu, alors il faut considérer que dès l'aller la destination du retour est déjà visée, de sorte que les deux mouvements contraires sont considérés comme un seul et même.

être porté en même temps de C vers A. Et puisqu'il n'est pas porté en même temps, mais sera pourtant mû de ce second mouvement, il est nécessaire qu'il soit d'abord en repos en C, car c'est celui-là le repos opposé au mouvement issu de C.
264b1 Il est donc clair | d'après ce qu'on vient de dire que le mouvement n'est pas continu.

On peut encore avancer cet argument-ci, plus particulier que les précédents : c'est en même temps qu'a été détruit le non-blanc et qu'est advenu le blanc. Si dès lors l'altération est continue vers le blanc et à partir du blanc et que celui-ci ne
5 demeure pas pendant un certain temps, | en même temps le non-blanc a été détruit et le blanc est advenu et le non-blanc est advenu, car pour les trois le temps sera le même. En outre, ce n'est pas parce que le temps est continu que le mouvement l'est aussi, mais il peut être consécutif ; et comment l'extrémité serait-elle la même pour les contraires, comme celle du blanc et du noir ?

10 Quant au mouvement circulaire, il sera un et continu, | car rien d'impossible n'en résulte. En effet, ce qui est mû à partir de A sera mû en même temps vers A, selon la même impulsion, car le point où il arrivera est aussi celui vers lequel il est mû, mais il ne sera pas mû en même temps selon des mouvements contraires ou opposés. En effet, tout mouvement vers ceci n'est pas contraire ou opposé au mouvement à partir de ceci,
15 mais sont contraires les mouvements sur une ligne droite | (car c'est par elle que s'établissent les contraires selon le lieu, par exemple par la diagonale, car ce sont les plus éloignés), et sont opposés les mouvements sur la même longueur. Par conséquent, rien n'empêche le mouvement circulaire d'être mû de façon continue et de n'être interrompu en aucun temps, car il

va du même vers le même, tandis que le mouvement rectiligne va du même vers un autre[1], et le | circulaire n'est jamais 20 dans les mêmes points, tandis que le rectiligne l'est souvent. Celui donc qui se trouve toujours ailleurs peut être continu, mais celui qui se trouve souvent aux mêmes points ne le peut, car nécessairement les mouvements opposés se produiraient ensemble. Par suite, ni sur le demi-cercle, ni sur aucun autre | arc de cercle, il n'est possible d'être mû de façon continue, car 25 le mobile doit être mû plusieurs fois sur les mêmes points et changer selon des changements contraires, car il ne fusionne pas sa fin avec son début. Mais le mouvement du cercle les fusionne et est le seul complet.

Il est manifeste d'après cette division que les autres mouvements non plus ne peuvent | être continus car dans tous 30 il arrive que le mouvement passe plusieurs fois par les mêmes points, par exemple, dans l'altération, par les intermédiaires, dans le changement de quantité, par les grandeurs moyennes, et de même pour la venue à l'être et la destruction. Il est en effet indifférent de considérer comme peu nombreux ou nombreux les points où | passe le changement, et d'ajouter ou de **265a1** retirer un intermédiaire, car dans les deux cas il résulte que le mouvement passe plusieurs fois par les mêmes points.

Il est donc clair d'après cela qu'ont tort les physiologues qui prétendent que toutes les choses sensibles sont toujours

1. Plusieurs manuscrits ont les pronoms réflexifs : « de lui-même vers lui-même », et Ross estime ces leçons préférables en suggérant qu'elles signifient « de leur propre place vers leur propre place » (car les pronoms, étant au neutre, ne peuvent être accordés aux mouvements, qui sont féminins). Il me semble cependant qu'une telle signification ne peut être exprimée par un simple réflexif, de sorte qu'il vaut mieux, avec les commentateurs grecs, lire chaque fois un « *auto* » non réflexif.

mues; en effet elles doivent être mues | selon l'un de ces mouvements, et d'après eux c'est surtout selon l'altération, car ils disent que toujours elles coulent et décroissent, et en outre que la venue à l'être et la destruction sont des altérations[1]. Or, le raisonnement vient d'expliquer, d'une façon générale pour tout mouvement, que le mouvement continu n'est possible selon aucun d'entre eux, excepté le circulaire; par suite, ni selon | l'altération ni selon la croissance. Que donc aucun changement n'est infini ni continu, excepté le transport circulaire, considérons que nous l'avons suffisamment dit.

265a13 9. | D'autre part il est clair que le transport circulaire est le premier des transports. En effet, tout transport, comme nous l'avons dit précédemment, est soit circulaire soit | rectiligne soit mixte; or il est nécessaire que ceux-là soient antérieurs à celui-ci car il est composé à partir d'eux; et le circulaire est antérieur au rectiligne, parce qu'il est plus simple et plus achevé[2]. En effet, il n'est pas possible d'être porté sur une

1. Cette dernière confusion est notamment attribuée à Anaxagore au livre I (4, 187a30) et en *De la génération et la corruption*, I 1, 314a13-15; d'une manière générale, dans ce traité, Aristote démontre longuement pourquoi il faut affirmer l'existence d'une génération « absolue » et non seulement de la génération «de quelque chose» dans un sujet, c'est-à-dire d'une qualité, d'une quantité ou d'une localisation.

2. Il faut comprendre *teleios* dans le présent argument au même sens que lorsqu'il s'agit de distinguer un acte d'un mouvement : l'acte est achevé parce qu'il est immédiatement son propre résultat (par exemple, la vision se réalise immédiatement et n'est pas atteinte au terme d'un processus), tandis que le mouvement est inachevé parce qu'il est le processus qui mène à un achèvement (*cf.* III 2, 201b31-33 et la note). Le mouvement éternellement continu constitue donc une exception parmi les mouvements au point de recevoir le statut de l'acte immédiat; en effet, puisque le mobile ne va pas vers un point précis où il doit s'arrêter, à tout instant il est dans son achèvement qui est le mouvement lui-même.

droite infinie (car l'infini ainsi entendu n'existe pas, et même s'il existait, rien ne serait mû, car l'impossible n'advient pas et | parcourir l'infini est impossible), et quant au mouvement sur 20 une droite finie, s'il rebrousse chemin, il est composé et les mouvements sont deux, s'il ne rebrousse pas chemin, il est inachevé et destructible. Or, par la nature et par la définition et par le temps, l'achevé est antérieur à l'inachevé et l'impérissable au périssable. En outre, le mouvement qui peut être éternel est antérieur à celui | qui ne le peut pas; le circulaire 25 peut donc être éternel mais, parmi les autres, ni le transport ni aucun autre ne le peut, car un arrêt doit se produire et, s'il y a arrêt, le mouvement est détruit.

Il en a résulté logiquement que le mouvement circulaire est un et continu, et non le mouvement rectiligne. Du mouvement sur la droite, en effet, et le début | et la fin et le milieu sont 30 déterminés, et il les a en lui-même, de sorte qu'il y a un point d'où partira le mouvement et un point où il aboutira (car aux limites il y a toujours repos, aussi bien au départ qu'à l'arrivée), tandis que pour le circulaire ils sont indéterminés, car quel point quelconque de la ligne serait-il davantage limite ? Chacun est semblablement et début et milieu et fin, de sorte qu'on est toujours | et jamais au début et à la fin. C'est **265b1** pourquoi la sphère est mue et, en un certain sens, elle est en repos, car elle occupe le même lieu; la raison en est que tout cela est attribué au centre : il est le début, le milieu et la fin de cette grandeur[1], de sorte que, comme il est extérieur | à la 5 périphérie, il n'y a pas d'endroit où le mobile sera en repos

1. Le centre peut être dit début et fin de la sphère au sens où il est début et fin de tous ses rayons; il en est aussi le milieu au sens où il est le milieu de tous les diamètres. Les commentateurs anciens ont exprimé ces propriétés de manières diverses mais qui se ramènent plus ou moins directement à celle-là.

parce qu'il sera arrivé ; en effet il est toujours transporté autour du milieu, mais pas vers l'extrémité. Et à cause de cela, le tout demeure et est toujours d'une certaine façon en repos, et est mû de façon continue.

L'implication est réciproque car, du fait que le transport circulaire est mesure des mouvements, il doit être le premier

10 | (car toutes choses sont mesurées par le premier) et, parce qu'il est premier, il est mesure des autres [1]. En outre, seul le transport circulaire peut être uniforme. En effet, les choses mues sur une droite ne sont pas portées uniformément du début vers la fin, car toutes, plus elles s'éloignent de l'état de repos, plus

15 elles sont portées rapidement [2] ; tandis que, | du seul transport circulaire, ni le début ni la fin ne se trouvent par nature en lui, mais en dehors.

D'autre part, que le transport selon le lieu soit le premier des mouvements, tous ceux qui ont fait mention du mouvement en témoignent, car ils attribuent les principes du

1. L'unité de mesure est, dans chaque domaine, ce qu'on y considère comme premier, soit naturellement soit conventionnellement, du fait de sa simplicité (*Métaphysique*, I 1, 1052b15-1053a20; N 1, 1087b33-1088a14). Le transport circulaire est le premier des mouvements parce que c'est à partir de tels mouvements cosmiques que l'on fixe les unités de mesure temporelles nécessaires pour mesurer tous les autres, principalement l'année et la somme toujours égale d'un jour et d'une nuit. Sur la réciprocité de la mesure du temps et du mouvement, voir aussi IV 12, 220b15-32.

2. L'accélération du mouvement rectiligne vaut surtout pour les chutes de corps lourds; pour d'autres, comme les projections, il y aurait plutôt décélération vers la fin. En revanche, pour tous les mouvements dont le moteur continue à agir et à être en contact avec le mû (ce qui représente le cas standard pour Aristote), rien n'empêche qu'un rectiligne soit uniforme. Il semble que l'argument vise uniquement à privilégier le transport naturel circulaire par rapport aux autres transports naturels, qui impliquent nécessairement une accélération (*cf.* V 6, 230b21-28).

mouvement aux moteurs de ce mouvement-là. | En effet, la 20 séparation et la réunion sont des mouvements selon le lieu, et ainsi meuvent l'amitié et la discorde, car l'une sépare et l'autre réunit. Anaxagore aussi dit que l'Intellect, qui est le premier moteur, sépare. Et de même pour ceux qui ne reconnaissent pas une telle cause mais disent qu'il y a mouvement à cause du vide, | car eux aussi affirment que la nature est mue du mouve- 25 ment selon le lieu (car le mouvement dû au vide est un transport et s'y trouve comme dans un lieu). Quant aux autres mouvements, aucun, pensent-ils, n'appartient aux choses premières mais à leurs composés ; ils disent en effet que les choses croissent, décroissent et sont altérées parce que sont assemblés et séparés les corps insécables. | Procèdent de la 30 même manière aussi tous ceux qui expliquent la venue à l'être et la destruction par condensation ou raréfaction, car ils constituent celles-ci par assemblage et séparation. Enfin, chez ceux qui font de l'âme la cause du mouvement, ce qui se meut soi-même est principe des choses mues, or l'animal et tout étant animé se meut | lui-même du mouvement selon le lieu[1]. **266a1** Et nous disons que seul est mû au sens propre ce qui est mû du mouvement selon le lieu ; si, en revanche, une chose est en repos au même endroit, mais croît ou décroît ou se trouve

1. Si l'on veut voir ici une allusion à Platon, il faut considérer l'argument comme composé d'une première partie platonicienne et d'une seconde partie aristotélicienne ; en effet, pour Platon l'âme est automotrice et est la cause de tous les mouvements (*cf. Lois* X, 896a5-b2 ; 896e8-897a5), et pour Aristote l'animal est automoteur et comme tel est cause seulement des déplacements (*cf.* chap. 6, 259b6-20). Il est cependant plus vraisemblable que la première partie de la phrase ne renvoie pas à Platon mais que l'argument tout entier concerne ceux qui proposent la même explication qu'Aristote pour le mouvement animal.

altérée, nous disons qu'elle est mue d'une certaine façon, mais pas au sens absolu[1].

5 | Ainsi donc, que le mouvement était toujours et sera pendant tout le temps; quel est le principe du mouvement éternel; en outre, quel est le premier mouvement et quel est le seul mouvement qui puisse être éternel; et enfin que le premier moteur est immobile – tout cela est dit.

266a10 10. | Que d'autre part celui-ci est nécessairement sans parties et ne possède aucune grandeur, disons-le maintenant, après avoir défini les propositions préalables. L'une d'elles est que rien de fini ne peut mouvoir pendant un temps infini. En effet, il y a trois choses : le moteur, le mû, et troisièmement ce dans quoi se produit le mouvement, le temps. Ils sont soit tous 15 infinis, | soit tous finis, soit une partie d'entre eux, c'est-à-dire deux ou un seul. Soit donc A le moteur, B le mû, C un temps infini. Supposons que D meuve une partie de B, E; ce ne sera assurément pas en un temps égal à C, car le plus long se fait en plus de temps; par conséquent, le temps F n'est pas infini. 20 Ainsi donc, en ajoutant à D j'épuiserai A et | à E j'épuiserai B, mais je n'épuiserai pas le temps en enlevant toujours une part égale, car il est infini; par conséquent A tout entier mouvra B tout entier en un temps fini C. Donc rien ne peut être mû d'un mouvement infini sous l'effet d'un moteur fini.

1. Un dernier argument est tiré de l'usage courant du terme *kinèsis*, qui est le plus souvent réservé au déplacement et n'est étendu aux autres mouvements que de manière secondaire. Jusqu'ici, la théorie d'Aristote s'inscrivait plutôt à l'encontre de cet usage en plaçant au même niveau les trois mouvements et en les traitant systématiquement en commun; c'est seulement par l'observation de leurs particularités appliquées à des exemples effectifs qu'on en revient à une primauté du transport, cette fois selon des arguments scientifiques.

Que donc le fini ne peut mouvoir pendant un temps infini, c'est manifeste; mais que, d'une manière générale, il n'est pas | possible qu'une puissance infinie soit dans une grandeur 25 finie, c'est clair d'après ceci: soit toujours plus grande la force qui produit le même effet en un temps plus court, par exemple en réchauffant, en adoucissant, en lançant, et en général en mouvant. Il est donc nécessaire que l'affecté soit affecté par le moteur fini mais qui possède une puissance infinie, | et 30 davantage que par un autre, car la puissance infinie est plus grande. Mais il ne peut y en avoir aucun temps, car si le temps A est celui où la force infinie a chauffé ou poussé, et le temps AB celui où l'a fait une force finie, | en ajoutant toujours à **266b1** celle-ci une force finie plus grande, j'arriverai à un certain moment au mouvement qui s'était achevé durant le temps A, car en ajoutant toujours au fini je dépasserai tout limité, et en retranchant je serai en-dessous de la même manière. La puissance finie mouvra donc en un temps égal à la puissance | infinie. Or c'est impossible, donc rien de fini ne peut avoir 5 une puissance infinie. Mais pas davantage une puissance finie ne peut se trouver dans une chose infinie[1]. Et pourtant il est

1. On peut se demander ce que ce troisième argument apporte à la démonstration, puisqu'il est acquis que le moteur doit avoir une puissance infinie. Selon Ross, il s'agit de répondre à l'objection que certains corps, même plus petits, ont davantage de puissance que des corps plus grands, de sorte qu'à l'inverse un corps infini pourrait avoir une puissance moins grande que certains corps finis. La réponse implicite est que l'on doit comparer des corps de même nature, de sorte que les plus grands auront une puissance plus grande, et les infinis une infinie. La démonstration qui suit consiste à montrer qu'en augmentant le corps moteur à l'infini, on diminuera le temps à l'infini aussi, de sorte qu'il aura bien une puissance infinie. Cependant, ce n'est là qu'une expérience de pensée car il n'existe aucun corps infini (cette prémisse essentielle est rappelée en 267b21); quelle que soit donc la puissance que l'on attribue à un corps infini, cette hypothèse n'est pas valable pour expliquer les mouvements

possible qu'une puissance plus grande se trouve dans une grandeur plus petite, mais davantage encore une plus grande dans une grandeur plus grande. Soit AB une grandeur infinie, 10 et BC possédant une puissance qui | a mû D en un certain temps EF. Si je prends le double de BC, il mouvra en la moitié du temps EF (prenons en effet cette proportion), soit le temps FG. En procédant toujours ainsi, je ne parcourrai jamais AB mais je prendrai un temps toujours plus court que le temps 15 donné. La puissance sera donc infinie, | car elle dépasse toute puissance finie (si du moins de toute puissance finie il est nécessaire que le temps aussi soit fini, car si une telle meut en un tel temps, une plus grande mouvra dans un temps plus court mais limité, de façon inversement proportionnelle[1]) et toute 20 puissance, de même que toute pluralité | et toute grandeur, quand elle dépasse tout limité, est infinie. On peut encore le montrer de cette façon : nous prendrons une puissance identique par le genre à celle de la grandeur infinie, mais se trouvant dans une grandeur finie, et qui mesurera la puissance finie 25 se trouvant dans la grandeur infinie. | Que donc il n'est pas possible qu'une puissance infinie se trouve dans une grandeur finie ni une puissance finie dans une grandeur infinie, c'est clair d'après cela.

cosmiques. Les deux affirmations (aucun fini n'a de puissance infinie ; aucun infini n'a de puissance finie) sont dites avoir été démontrées dans les livres « sur le mouvement » en *Du ciel* I 7, 275b21-23.

1. Je suis Ross, qui édite « si du moins de toute puissance… », quoique la leçon alternative « mais de toute puissance… » soit attestée dans plus de manuscrits. En effet, on voit mal quelle place cette parenthèse aurait dans le raisonnement, si ce n'est de préciser une condition sans laquelle il ne serait pas valide : si une puissance finie pouvait mouvoir en un temps infini (non infiniment grand, mais infiniment petit), alors aucune puissance ne pourrait l'excéder ; or il s'agit de montrer qu'elle est excédée par une puissance infinie.

Mais au sujet des corps transportés, il est bon de discuter d'abord d'une difficulté[1]. Si en effet tout mû est mû par quelque chose, comment se fait-il que certains, qui ne sont pas automoteurs, soient mus de façon continue | sans rester 30 en contact avec ce qui les a mus, comme les projectiles? Si celui qui les a mus meut en même temps aussi autre chose, par exemple l'air, qui meut en étant mû, il est de même impossible que celui-ci soit mû si le premier ne le touche et ne le meut pas, mais c'est ensemble que tout doit être mû et | s'être arrêté **267a1** lorsque le premier moteur s'est arrêté, même si celui-ci, comme la pierre[2], rend capable de mouvoir ce qu'il a mû. Il faut donc dire que ce qui a mû en premier rend capable de mouvoir soit l'air, soit l'eau, soit quelque autre corps capable par nature de mouvoir et | d'être mû, mais que celui-ci ne cesse 5 pas en même temps de mouvoir et d'être mû : il cesse d'être mû en même temps que le moteur cesse de mouvoir, mais il

1. Aristote revient sur la difficulté d'expliquer le mouvement des projectiles (à laquelle il a fait déjà allusion au livre IV : *cf.* IV 8, 215a14-19 et la note), dans le but d'écarter ce qui pourrait apparaître comme un autre exemple de mouvement continu sans contact physique avec son moteur. Dans ce contexte, l'explication des projections n'a pas d'importance par elle-même, et cela explique sans doute pourquoi elle reste assez confuse et négligée; il importe seulement de montrer que ce mouvement n'est pas continu mais constitue un enchaînement de plusieurs mouvements contigus. On peut ensuite revenir à la question principale du livre, qui concerne le seul véritable mouvement continu (conclusion du paragraphe, en 267a19-20).

2. Même si le moteur, en poussant le premier mû, entraîne que celui-ci meut à son tour un autre, tout cela devrait se passer en même temps et non se prolonger au-delà de la poussée initiale. Il est probable que la comparaison avec « la pierre » désigne la pierre d'Héraclée, citée comme exemple du même phénomène dans le *Timée* (80c), c'est-à-dire une pierre magnétique, qui non seulement fait se mouvoir vers elle certains objets mais aussi leur transmet ce pouvoir pendant qu'ils sont eux-mêmes aimantés.

est encore moteur. C'est pourquoi aussi il meut un autre corps contigu, et pour celui-ci le raisonnement est le même. Mais cela s'arrête lorsque la force motrice dans le contigu devient toujours plus faible, et s'arrête complètement lorsque
10 | l'antérieur ne rend plus moteur mais seulement mû[1]. Au contraire, dans l'autre hypothèse, tout s'arrête nécessairement en même temps : le moteur, le mû et le mouvement entier. Ce mouvement-là advient donc dans ce qui peut être tantôt en mouvement tantôt en repos, et il n'est pas continu, même s'il semble l'être; en effet il appartient à des choses qui sont soit
15 consécutives soit en contact, | car le moteur n'est pas un mais plusieurs contigus entre eux. C'est pourquoi dans l'air ou dans l'eau se produit ce type de mouvement, que certains appellent échange de places réciproque. Mais il est impossible de résoudre les difficultés autrement que de la manière qu'on a dite. Quant à l'échange de places réciproque, il fait que tout est mû et meut en même temps, et par conséquent aussi que tout
20 s'arrête[2]. Mais en réalité, il est manifeste | qu'une seule chose est mue continûment; par quoi donc? Car ce n'est pas par la même cause.

1. L'air poussé pousse à son tour l'air qui lui est contigu, et celui-ci à son tour un autre, et ainsi de suite. Cependant, la force avec laquelle chaque parcelle d'air pousse l'autre a tendance à diminuer d'intensité, jusqu'à une dernière parcelle qui est encore poussée mais ne peut plus rien pousser. Pour expliquer pourquoi le projectile continue sa course, il faut probablement comprendre, conformément à l'explication du *Timée*, que les poussées successsives chassent l'air sur ses côtés en un mouvement courbe de telle manière que certaines parcelles se retrouvent derrière le projectile et le poussent.

2. La différence importante pour Aristote entre sa propre explication et celle par l'*antiperistasis* réside dans le fait que, selon cette dernière, l'ensemble des déplacements d'air se fait en même temps, tandis que selon la sienne il s'agit d'une succession de mouvements contigus, nécessaire pour rendre compte de la durée de la projection.

Puisqu'il y a nécessairement dans les étants un mouvement continu et que celui-ci est un, puisque nécessairement ce mouvement un appartient à une grandeur (car ce qui est dépourvu de grandeur n'est pas mû), est d'une seule chose et sous l'effet d'une seule chose (sinon le mouvement ne sera pas continu mais contigu d'une partie à l'autre et divisé), alors | le moteur, s'il est un, meut soit en étant mû, soit en étant immobile. Si c'est en étant mû, il devra être entraîné et changer lui-même, et en même temps | être mû par quelque chose. Par conséquent on arrêtera la série et on en arrivera au mouvement dû à un moteur immobile, car il ne sera pas nécessaire que celui-là change conjointement mais il pourra toujours mouvoir (car mouvoir ainsi se fait sans peine) et ce mouvement-là sera uniforme, soit lui seul, soit plus que tous, car ce moteur ne possède | aucun changement. Mais il faut que le mû n'ait pas non plus de changement par rapport à lui, pour que le mouvement soit le même. Et il est nécessaire qu'il se trouve ou au centre ou sur la périphérie, puisque ce sont là les principes[1]. Mais les mus les plus rapides sont les plus proches du moteur; or tel est le mouvement de la périphérie; c'est donc là que se trouve le moteur[2].

25

267b1

5

1. Ross introduit la phrase par un δή alors que la majorité des manuscrits indique δέ, expliquant que sinon la phrase précédente reste sans suite. Cependant, il n'est pas rare qu'Aristote juxtapose différentes observations sans prendre la peine d'établir le lien entre elles. L'inconvénient du δή est qu'on ne voit pas en quoi la localisation au centre ou à la périphérie est une conséquence de l'immuabilité du rapport entre moteur et mû.

2. On pourrait s'étonner de cette localisation du premier moteur, qui semble contradictoire avec son absence de grandeur et sa nécessaire immobilité. Il y a cependant d'autres cas d'incorporels qui sont situés, par exemple l'âme dans le corps. Pour éviter que le moteur ne soit mû par accident comme

10 Il reste cependant une difficulté quant à savoir si | un mû peut mouvoir de façon continue, mais non comme ce qui pousse encore et encore, en étant continu du fait d'être consécutif. Car ou bien lui-même doit pousser ou tirer ou les deux, ou bien un autre reçoit chaque fois le mouvement d'une autre, comme nous l'avons dit précédemment à propos des projectiles, si, l'air ou l'eau étant divisible, une autre partie 15 meut chaque fois en étant mue. | Cependant, dans les deux cas le mouvement ne peut être un, mais contigu. Seul donc est continu le mouvement que meut l'immobile, car celui-ci, étant toujours le même, sera par rapport au mû aussi toujours le même et continu. Ceci étant déterminé, il est manifestement impossible que le premier moteur immobile ait une grandeur. 20 En effet, s'il a une grandeur, il est nécessaire | qu'elle soit ou finie ou infinie; d'abord donc, il est impossible qu'une grandeur soit infinie : on l'a montré précédemment dans les livres de physique[1]; ensuite, il est impossible que le fini ait une puissance infinie et que quelque chose soit mû par un fini pendant un temps infini : on vient de le montrer. Or, le premier 25 moteur meut d'un mouvement éternel | et durant un temps infini; il est donc manifeste qu'il est indivisible, sans parties et sans grandeur.

l'est celle-ci, on peut comprendre que c'est son action qui est située à la périphérie et non lui-même.

1. *Cf.* Livre III, 5.

LIVRE VII, TEXTUS ALTER

1. | Tout ce qui est mû est nécessairement mû par quelque chose; si donc | il n'a pas en lui-même le principe du mouvement, il est manifeste qu'il est mû par autre chose, car ce qui meut sera autre; si d'autre part il l'a en lui-même, soit AB ce qui est mû sans que ce soit du fait que l'une de ses parties est mue. D'abord, supposer que AB est mû par lui-même du fait qu'il est mû tout entier et par rien d'extérieur, est semblable | à supposer que, DE mouvant EZ et étant mû lui-même, DEZ est mû par lui-même parce qu'on ne voit pas quelle partie est mue par quelle partie, si c'est DE par EZ ou EZ par DE. Ensuite, ce qui est mû par lui-même | ne cessera jamais d'être mû du fait qu'un autre mû s'arrête; il est donc nécessaire que, si une chose cesse d'être mue parce qu'une autre s'arrête, elle soit mue par celle-là. Une fois ceci devenu manifeste, il est nécessaire que tout mû soit mû par quelque chose. | En effet, puisqu'on a pris AB comme mû, il sera divisible, car tout mû était divisible. Divisons-le donc en C. Nécessairement, si CB est en repos, AB aussi sera en repos; sinon, supposons qu'il soit mû : lorsque donc CB est en repos, CA sera mû, de sorte que AB n'est pas mû par lui-même. Mais on a supposé | qu'il était mû par soi et comme premier. Il est donc clair que, si CB est en repos, BA aussi sera en repos, et alors il cessera d'être mû. Mais si une chose s'arrête et cesse d'être mue du fait

241b24 · 25 · 30 · 242a1 · 5 · 10

qu'une autre est en repos, c'est qu'elle est mue par l'autre. Il est donc manifeste que tout ce qui est mû est mû par quelque
15 chose ; car tout mû est divisible | et, si une partie est en repos, le tout aussi sera en repos.

Puisque tout ce qui est mû est mû par quelque chose, nécessairement aussi tout ce qui est mû dans le lieu est mû par autre chose. Et ce qui meut, puisqu'il est mû aussi, est mû sous l'effet d'autre chose, et ceci à son tour par autre chose. On n'ira
20 certes pas à l'infini mais on s'arrêtera | quelque part, et il y aura quelque chose qui sera en premier la cause du mouvoir. Car si ce n'est pas le cas mais qu'on aille à l'infini, soit A mû par B, B par C, C par D, et de cette manière avançons à l'infini. Puisque le moteur et la chose même sont mus simultanément, il est clair
25 que A et B seront mus simultanément, | car, une fois B mû, A aussi sera mû, et, B étant mû, C le sera, et si C, D aussi. Seront donc simultanés les mouvements de A, de B, de C et de chacun des autres. Et nous pourrons prendre chacun d'entre eux car,
30 si chacun est mû par chacun, il n'en reste pas moins que | le mouvement de chacun est un par le nombre et n'est pas infini aux extrémités, puisque précisément tout mû est mû de quelque chose vers quelque chose. En effet, il arrive qu'un mouvement soit le même par le nombre ou par le genre ou par l'espèce ; j'appelle donc le même par le nombre le mouvement qui se produit d'une chose la même par le nombre vers une
242b1 chose la même par le nombre, en un temps le même | par le nombre, par exemple de ce blanc, qui est un par le nombre, vers ce noir, pendant ce temps, qui est un par le nombre ; car si c'est en un autre temps, le mouvement ne sera plus un par le nombre mais par l'espèce. Par ailleurs, le mouvement le même
5 par le genre est celui qui se trouve dans la même | catégorie de l'être ou du genre, et par l'espèce celui qui va d'une chose de même espèce vers une chose de même espèce, par exemple du

blanc vers le noir ou du bon vers le mauvais. Mais on a déjà dit cela précédemment.

Prenons donc le mouvement de A, soit E, celui de B, soit F, et celui de CD, | soit GH, ainsi que le temps du mouvement 10 de A, soit K. Le mouvement de A étant fini, le temps aussi sera fini et K ne sera pas infini. Mais dans le même temps étaient mus A, B et chacun des autres; il arrive dès lors que le mouvement EFGH, qui est infini, se produit dans le temps fini | K, car dans le temps où A était mû, tous les consécutifs à A, 15 qui sont infinis, étaient mus aussi, de sorte qu'ils sont mus dans le même temps. En effet, ou bien le mouvement de A sera égal à celui de B [1], ou bien il sera plus grand, mais cela ne change rien car de toutes façons il arrive que le mouvement infini se produit en un temps fini, et cela est impossible.

| Il semblerait qu'on ait ainsi montré la proposition de 20 départ, et pourtant ce n'est pas montré, parce qu'il n'arrive rien d'absurde; en effet, il est possible qu'en un temps fini se produise un mouvement infini, qui ne soit pas le même, mais toujours un autre, de choses mues nombreuses et infinies, ce qui est précisément le cas ici. Mais si ce qui est mû en premier, | selon le lieu et d'un mouvement corporel, est nécessairement 25 en contact ou continu avec le moteur, comme nous voyons que cela se passe dans tous les cas (car le tout, formé de tous, sera un ou continu), prenons donc ce qui est possible, soit la grandeur ou le continu ABCD et son mouvement EFGH; | peu 30 importe que ce continu soit fini ou infini, car il sera mû semblablement dans le temps fini K, qu'il soit infini ou fini, or

1. On ne voit pas pourquoi Ross suit ici le seul manuscrit E, qui omet τῇ τοῦ B, alors que le sens l'exige manifestement. Même remarque pour le κατὰ τόπον καὶ de 242b25, et pour les parties de phrase qu'il supprime en 245a26, 245b21.

chacun des deux est impossible. Ainsi donc, il est manifeste qu'on s'arrêtera à un moment donné et que ne se poursuivra pas à l'infini le fait d'être mû toujours par un autre, mais qu'il y
243a 1 aura une première chose mue. Et cela ne change rien | de le montrer après avoir posé une hypothèse, car une fois le possible posé, rien d'absurde ne devait arriver.

243a3 2. | Le premier moteur, non pas au sens de ce en vue de quoi mais au sens de ce d'où vient le principe du mouvement, est
5 ensemble avec le mû. Et je dis « ensemble », | du fait qu'il n'y a aucun intermédiaire entre eux, car cela est commun à tout mû et à tout moteur. D'autre part, puisque les mouvements sont trois : celui selon le lieu, celui selon la qualité et celui selon la quantité, il est nécessaire que les moteurs soient également trois ; celui selon le lieu est le transport, celui selon la qualité
10 est l'altération, celui selon la quantité est | la croissance et la décroissance. Parlons d'abord du transport, car c'est le premier des mouvements.

21 | Tout transporté est mû soit par lui-même soit par autre chose. Si, d'une part, il est mû par lui-même, il est manifeste que, puisque le moteur se trouve en lui, le moteur et le mû seront ensemble et qu'il n'y aura aucun intermédiaire entre eux. D'autre part, celui qui est mû par autre chose est mû de l'une des quatre façons, car les mouvements sous l'effet
25 d'autre chose sont quatre : la poussée, | la traction, le portage, le roulement. En effet, il arrive que tous les autres se ramènent à ceux-là. Dans la poussée, il y a l'impulsion et la répulsion : il y a impulsion quand le moteur ne quitte pas ce qui est mû, répulsion quand ce qui a repoussé quitte le mû. Le portage sera dans les trois mouvements : d'une part, ce qui est porté n'est
243b21 pas mû par lui-même mais par accident (car | il est mû du fait d'être dans un mû ou sur un mû) ; d'autre part, ce qui porte est

mû en étant soit poussé, soit tiré, soit roulé. Il est donc manifeste que le portage sera dans les trois mouvements. Il y a traction lorsque le mouvement de ce qui tire, soit vers soi-même, soit vers autre chose, est plus rapide, sans être séparé du mouvement de ce qui est tiré. En effet, | la traction peut être vers soi-même et vers autre chose. Et les autres tractions, les mêmes par l'espèce, se ramèneront à celles-là, par exemple l'inspiration et l'expiration, le crachement et tous les mouvement des corps, soit de rejet soit d'absorption, ainsi que le serrement et l'étalement du tissage, car l'un est assemblage et l'autre séparation. Ainsi donc, tout mouvement selon le lieu est assemblage et séparation. D'autre part, le | roulement est composé de traction et de poussée, car le moteur pousse d'un côté et tire de l'autre. Il est donc manifeste que, puisque ce qui pousse et ce qui tire sont ensemble avec ce qui est tiré et ce qui est poussé, il n'y a aucun intermédiaire entre ce qui est mû et ce qui meut[1].   25 **244a16**

Mais ceci est clair aussi à partir des choses définies. En effet, la poussée est le mouvement à partir de soi-même ou | d'autre chose vers autre chose, la traction est le mouvement à partir d'autre chose vers soi-même ou vers autre chose. En outre, il y a la condensation et la dilatation. Il y a projection lorsque le mouvement devient plus rapide que le mouvement naturel du mû, la poussée étant devenue plus forte, et il en résulte que le transport se poursuit jusqu'à ce que le mouvement du transporté soit plus fort. Il est donc manifeste que le mû et le moteur sont ensemble, et qu'il n'y a entre eux aucun intermédiaire.   20

1. L'incohérence de ce passage, correspondant aux lignes 243a17-244a6 de la première version, exclut qu'il puisse avoir été écrit tel quel par Aristote.

25 | Ensuite, il n'y a pas non plus d'intermédiaire entre ce qui est altéré et ce qui altère. Ceci est clair par induction : dans tous les cas il arrive que sont ensemble la dernière chose qui altère et la première qui est altérée. En effet, la qualité est altérée du fait d'être sensible, et sont sensibles les choses par lesquelles **244b16** | les corps se différencient entre eux, comme la lourdeur et la légèreté, la dureté et la mollesse, le son et l'absence de son, la blancheur et la noirceur, la douceur et l'amertume, l'humidité et la sécheresse, la densité et la rareté, ainsi que leurs intermédiaires, et semblablement aussi pour les autres choses qui tombent sous les sensations, parmi lesquelles se trouvent la 20 chaleur et le froid, le | lisse et le rugueux. En effet, ce sont là les affections de la qualité sous-jacente, car c'est par elles que se différencient les caractères sensibles des corps ou selon qu'ils subissent plus ou moins l'une d'elles : sont chauffés ou refroidis ou rendus doux ou amers ou affectés selon quelque autre chose que nous avons citée, tant les corps animés que les 25 inanimés, ainsi que | les parties inanimées des animés. Et les sensations elles-mêmes sont altérées ; en effet, elles sont affectées, car leur acte est un mouvement à travers le corps, du fait que la sensation subit quelque chose. Ainsi, tout ce dont les inanimés sont altérés, les animés en sont altérés aussi, mais **245a17** tout ce dont les animés | sont altérés, les inanimés n'en sont pas altérés, car ils ne sont pas altérés par les sensations ; et les inanimés n'ont pas conscience d'être altérés. Mais rien n'empêche que les animés n'aient pas non plus conscience d'être 20 altérés, lorsque leur altération | ne se fait pas par les sensations. Si donc les affections sont sensibles et que l'altération se fasse par elles, pour elles en tous cas il est manifeste que sont ensemble ce qui est affecté et l'affection, et qu'entre eux il n'y a aucun intermédiaire. En effet, à l'une est continu l'air et à l'air est continu le corps, et la surface à la lumière et la lumière

à la vue; et semblablement l'ouïe et l'odorat, par rapport à | leur moteur premier; et de la même manière sont ensemble 25 le goût et la saveur. Et c'est pareil pour les inanimés et les insensibles.

Il en va de même pour ce qui croît et ce qui fait croître, car la croissance est une addition, de sorte que ce qui croît et ce qui fait croître sont ensemble; ainsi que pour la décroissance, car la cause de la décroissance est un retranchement. Il est donc manifeste que, entre la dernière chose qui meut et | la première **245b17** qui est mue, il n'y a aucun intermédiaire au milieu du moteur et du mû.

3. | Le fait que tout ce qui est altéré est altéré par les choses **245b19** sensibles et | que l'altération existe seulement dans toutes 20 ces choses qui sont affectées par soi par les choses sensibles, étudions-le d'après ce qui suit. Parmi les autres choses, en effet, on pourrait supposer qu'elle est surtout dans les figures, dans les formes, dans les dispositions acquises, et dans les acquisitions et les pertes de ceux-ci, car il semble que s'y trouve l'altération[1]. Cependant, elle ne se trouve pas non plus dans tout cela, mais tout cela advient lorsque certaines choses sont altérées | (puisque la matière est rendue dense ou rare ou 25 chaude ou froide); ce n'est cependant pas une altération. En effet, ce d'où est advenue la forme de la statue, nous ne l'appelons pas la forme, ni ce d'où est advenue la figure de la pyramide ou du lit, mais, par dérivation, nous disons l'une « en bronze », l'autre « en cire », l'autre « en bois »; mais nous

1. L'expression τὸ τῆς ἀλλοιώσεως est à plusieurs reprises utilisée à la place de ἡ ἀλλοίωσις, sans introduire, semble-t-il, aucune différence de signification (*cf.* aussi 246a29, b26, 248a27). Cette bizarrerie stylistique compte parmi les indices d'inauthenticité du *textus alter*.

disons ce qui est altéré : nous disons que le bronze est humide
246a21 ou chaud ou | dur (et non seulement cela, mais nous appelons même bronze l'humide et le chaud), donnant à la matière le même nom qu'à l'affection. Puisque donc on n'appelle pas ce d'où vient la forme et la figure et la chose advenue du même nom que les figures qui en viennent, alors qu'on appelle ce qui est affecté du même nom que les affections, il est manifeste
25 que | l'altération se trouve seulement dans les sensibles.

En outre, c'est encore absurde d'une autre façon, car dire que l'homme a été altéré ou que la maison a atteint son achèvement est ridicule si nous prétendons que l'achèvement de la maison, c'est-à-dire le revêtement des murs ou les tuiles, est une altération, ou que, lorsque la maison est revêtue ou couverte, elle est altérée. Il est donc clair que l'altération ne se trouve pas dans les choses qui viennent à l'être.

En effet, elle ne se trouve pas non plus dans les dispositions
30 acquises. | Celles-ci sont les vertus et les vices, or toute vertu et
246b21 tout vice font partie des | relatifs; par exemple la santé est un équilibre d'éléments chauds et froids, soit à l'intérieur du corps soit par rapport au milieu ambiant. Et semblablement la beauté et la vigueur font partie des relatifs. Elles sont en effet des dispositions de l'homme meilleur vis-à-vis du meilleur, et j'appelle le meilleur ce qui conserve et dispose en ce concerne
25 la nature. Puisque donc les vertus | et les vices font partie des relatifs, que ceux-ci ne sont pas des venues à l'être et qu'il n'y en a ni venue à l'être ni altération en général, il est manifeste que l'altération ne se trouve aucunement dans les dispositions acquises. Pas davantage donc dans les vertus et vices de l'âme, car la vertu est un certain achèvement (car c'est lorsque chaque chose a reçu sa vertu propre qu'on la dit achevée et le plus con-
30 forme à sa nature, de même que le cercle | est le plus conforme
247a20 à sa nature quand il est tout à fait cercle) et le vice | est la

destruction et l'abandon de cela. Ainsi donc, l'acquisition de la vertu et la perte du vice adviennent lorsque quelque chose est altéré, quoique aucun des deux ne soit une altération. Mais il est clair que quelque chose est altéré, car la vertu est soit une insensibilité soit une puissance de sentir d'une certaine façon, et le vice est une puissance de sentir ou une sensibilité contraire à la vertu.

D'une manière générale, il arrive que la vertu éthique se trouve dans les plaisirs et les peines, car | ce qui concerne le plaisir est soit en acte, soit médié par la mémoire ou par l'espoir. Si donc il est en acte, la cause en est une sensation, et s'il est médié par la mémoire ou par l'espoir, il vient de celle-ci aussi, car le plaisir arrive quand nous nous souvenons de ce que nous avons éprouvé ou quand nous espérons ce que nous éprouverons. 25

Ensuite, il n'y a pas davantage d'altération dans la partie dianoétique de l'âme car c'est surtout ce qui connaît qu'on dit appartenir aux relatifs. Et ceci est clair parce que | ce qui concerne la science n'advient pas lorsque nous sommes mus par une quelconque puissance, mais du fait que quelque chose se trouve en nous; | en effet, c'est à partir de l'expérience partielle que nous acquérons la science générale. L'acte n'est pas non plus une venue à l'être, à moins de dire que la vue et le toucher sont également des venues à l'être, car l'acte est quelque chose de ce genre. Et l'acquisition initiale de la science n'est ni une venue à l'être ni une altération, car on devient savant et réfléchi du fait que l'âme se met en repos et s'arrête. De même donc que, quand | un homme endormi s'éveille ou un homme ivre cesse de l'être ou un malade se rétablit, il n'est pas devenu savant (et pourtant il était incapable précédemment d'utiliser et d'agir conformément à la science), de même, lorsqu'ensuite l'agitation s'est retirée et 30 **247b20** 25

que la pensée discursive entre dans le repos et l'arrêt, alors on possède la puissance pour l'utilisation de la science. Quelque chose de ce genre advient aussi dans la présence initiale de la
30 science, car il y a | un repos et un arrêt de l'agitation. Aussi, les
248a26 petits enfants ne peuvent ni apprendre ni | juger d'après leurs sensations de la même manière que les plus âgés, car chez eux l'agitation et le mouvement sont importants. Et l'agitation s'apaise et cesse tantôt par la nature tantôt sous l'effet d'autres
248b26 choses, mais dans les deux cas | il arrive que quelque chose est altéré, comme lorsqu'on s'éveille et devient sobre pour l'acte.

Il est donc manifeste que ce qui concerne l'altération se trouve dans les sensibles et dans la partie sensitive de l'âme, mais dans aucune autre, si ce n'est par accident.

GLOSSAIRE[1]

ἀγένητος : ingénérable, inengendré
ἀδιαίρετος : indivisible
ἀΐδιος : perpétuel, éternel
αἴσθησις : sensation ; τὸ αἰσθητόν: le sensible
αἰτία, αἴτιον : cause
ἀλλοίωσις : altération (mouvement selon la qualité)
ἅμα : ensemble, simultané (226b 21 ; 243a 5)
ἀνάγκη : nécessité ; ἀναγκαῖον : nécessaire (200a 14, note)
ἀναλογία : analogie
ἄνισος : inégal
ἄνω : en haut
ἀόριστος : indéfini
τὸ ἄπειρον : l'infini
ἀπόδειξις : démonstration
ἀπορία : aporie, difficulté, embarras
ἀρετή : vertu, excellence (246a 11, note)
ἀριθμός : nombre
ἄρτιον : pair
ἀρχή : commencement, origine, principe
ἄτομος : insécable
αὔξησις : croissance (mouvement selon la quantité)
αὐτόματον : mouvement spontané (195b 30, note)
ἁφή : contact (226b 23)
ἄφθαρτον : impérissable, indestructible

1. Les références renvoient soit à une définition dans le texte, soit à une note explicative, soit aux deux.

γένεσις : venue à l'être, devenir
γένος : genre
γίγνεσθαι : devenir, advenir, venir à l'être (189b 30-190a 13, notes)
γιγνώσκειν : connaître
γραμμή : ligne

δεκάς : décade, nombre dix
δεκτικόν : réceptacle, ce qui peut recevoir
διὰ πασῶν : octave (intervalle musical)
τὸ διὰ τί : le pourquoi
διαίρεσις : division
διάνοια : pensée discursive
διαφορά : différence
δυάς : dyade, nombre deux
δύναμις : puissance, faculté

εἰδέναι : savoir
εἶδος : forme (193a 31, note) ; espèce
εἶναι : être
τὸ καθ'ἕκαστον : le particulier (par opp. au général)
ἔλεγχος : réfutation
ἕν : un (227b 3-228a 22)
τὸ ἐναντίον : le contraire (189a 18, 28, notes)
ἐνέργεια : acte (186a 3)
ἐντελέχεια : acte, effectivité (*idem*)
ἕξις : état, disposition acquise (228a 6-15)
ἐπαγωγή : induction (185a 14, note)
ἐπιστήμη : science
τὸ ἔσχατον : le dernier
εὐθύς : immédiatement
τὸ ἐφεξῆς : le consécutif (226b 34)
τὸ ἐχόμενον : le contigu (227a 6)

ἠρεμία : repos

θεωρία : étude

ἴσος : égal
ἵστασθαι : s'arrêter

τὸ καθόλου : le général
κακία : vice (246a 11)
κατηγορία : attribution, catégorie
κάτω : en bas
τὸ κενόν : le vide
κινεῖν : mouvoir
κίνησις : mouvement

λόγος : parole ; argument, raisonnement ; définition, énoncé (191a 13, note) ; proportion

μέγεθος : grandeur
μέθοδος : méthode
μέρος : partie
μεταβολή : changement (225a 1)
μεταξύ : intermédiaire (226b 23)
τὸ μέτρον : la mesure
μονάς : monade, unité du nombre
μορφή : forme

νόησις : pensée
νοῦς : intelligence, intellect, pensée d'un concept simple
τὸ νῦν : le maintenant, l'instant

ὁμώνυμον : homonyme (248b 7-21, notes)
τὸ ὄν : l'étant, ce qui est
ὅπερ ὄν : cela même qu'est l'être (186a 33, note)
ὁρισμός : définition
τὸ οὗ ἕνεκα : ce en vue de quoi (194a 28, 36, notes)
οὐρανός : univers, ciel
οὐσία : substance (185a 23, 193a 10, notes), essence

πάθος : affection
πέρας : limite
περιττόν : impair
πλῆθος : multiplicité (quantité non continue)
ποίησις : production, création
τὸ ποιόν : la qualité (une des dix catégories)
πολύ : beaucoup ; ὡς ἐπὶ τὸ πολύ : le plus souvent, dans la plupart des cas

τὸ ποσόν : la quantité (une des dix catégories)
πρᾶξις : action (domaines éthique et politique)
προαίρεσις : choix (186b 18, note)
τὸ πρός τι : le relatif (une des dix catégories) (246b 4, note)
τὸ πρότερον καὶ ὕστερον : l'antérieur et postérieur
πρῶτος : premier

στέρησις : privation
στιγμή : point
στοιχεῖον : élément, principe immanent
συμβαίνειν : arriver ; τὸ συμβεβηκός : propriété, accident (188a 35, 196b 23, notes)
τὸ συνεχές : le continu (227a 10)
συνώνυμον : synonyme, c'est-à-dire de même nom et de même définition (234a 9, 257b 12, notes)
σχῆμα : figure (notamment géométrique)
σῶμα : corps

τέλος : fin, achèvement ; τέλειος : achevé, complet
τέχνη : art, technique (192b 18, note)
τὸ τί ἐστι : le ce-que-c'est, l'essence
τὸ τί ἦν εἶναι : l'être essentiel (185b 9-10, note)
τόδε τι : le ceci, la chose déterminée (191a 12, note)
τόπος : lieu (208a 27, note)
τύχη : hasard (195b 30, note)

ὕλη : matière (190b 25, 191a 10, 192a 31, notes)
ὑποκείμενον : sujet (190a 15, note)

φθίσις : décroissance (mouvement selon la quantité)
φθορά : destruction
φορά : transport (mouvement selon le lieu)
φύσις : nature (192b 21, note)

χρόνος : temps (219b 1, note)
χώρα : place (208b 7, note), espace (209b 12, note)
χωριστός : séparé (185a 31, note)

ψυχή : âme

TABLE DES MATIÈRES

Achevé d'imprimer le 10 juillet 2020
sur les presses de
La Manufacture - Imprimeur – 52200 Langres
Tél. : (33) 325 845 892

N° imprimeur 200502 - Dépôt légal : novembre 2012
Imprimé en France